C'était les Daudet

Du même auteur

Mémoires et souvenirs du comte de Lavalette, 1769-1830, Mercure de France, 1994.

Le Hussard du Général, entretiens avec Jacques Dauer, La Table ronde, 1994.

Charles Maurras félibre. L'itinéraire et l'œuvre d'un chantre, Les Amis de la langue d'oc, 1995 (prix Peiresc de l'Académie des jeux floraux de Toulouse, 1996).

T. S. Eliot ou le Monde en poussières, Jean-Claude Lattès, 2002 (prix de l'Académie française).

Charles Maurras, le chaos et l'ordre, Flammarion, 2008.

Kamikaze d'été (roman), Éditions du Rocher, 2008.

Mishima, Yûkoku, rites d'amour et de mort (DVD), Éditions Montparnasse, 2008.

Une histoire politique de la littérature, Flammarion, 2009.

Stéphane Giocanti

C'était les Daudet

Flammarion

ISBN : 978-2-0812-7228-6

À maître Cornille

Avant-propos

Il y a quelques années, je surpris dans un couloir de collège une haute conversation littéraire entre deux élèves d'une classe de cinquième à qui je faisais découvrir les *Lettres de mon moulin.* Selon le premier, la chèvre de M. Seguin appartenait à M. Seguin. Pour l'autre, indigné, cette chèvre était à Alphonse Daudet… Face à ce lourd problème de propriété littéraire, discuté avec un léger sourire, je préférai me taire tout en admirant que ce débat surgisse avec une telle simplicité à Sarcelles.

Au-delà de cette confusion collégienne, facile à résoudre, mille injustices frappent cet écrivain : vieillot, bourgeois, auteur pour manuel scolaire, bête comme Tartarin, fade, écrivain populaire et plagiat, que sais-je encore ? Ce sort est d'autant plus frappant qu'Alphonse Daudet compte parmi les écrivains les plus lus de son temps et du temps de ses enfants et petits-enfants, tout en étant reconnu des plus grands. La majorité de ses romans sont en définitive tournés vers la modernité – la ville, le monde « contemporain » –, avec des thèmes *actuels* ou précurseurs comme la finance, l'entreprise, le japonisme, l'emprise des sectes, les dégâts collatéraux au cours des guerres, etc. Bref, Alphonse Daudet reste à lire et à redécouvrir comme un auteur quasi méconnu, que ce soit sur papier, téléchargement ou tablette numérique.

Mais un autre phénomène est vite apparu au cours de mes lectures et de mes travaux littéraires, qui devaient modifier définitivement mon regard. En lisant, en écrivant, je ne rencontrai pas « un » Daudet, mais plusieurs, comme différentes têtes voisines dont les relations demeuraient à identifier. Avais-je affaire à un frère, à une sœur, à un cousin, à un parent lointain ou bien encore, à un homonyme ? Derrière Alphonse, une forêt de noms. En préparant mon édition des *Mémoires et souvenirs* de Lavalette, le ministre des Postes de Napoléon, je rencontrai d'abord le nom d'Ernest Daudet, le frère de l'écrivain, qui fut un excellent historien. Plus tard, en travaillant sur Charles Maurras pour une thèse de littérature, puis une biographie, je me familiarisai cette fois avec Léon Daudet, l'indomptable directeur du journal *L'Action française*. Son verbe haut, ses souvenirs littéraires et ses évocations de la Provence, l'improbable suicide de son fils Philippe me frappèrent tout autant que ses *Morticoles*, l'un des pamphlets les plus époustouflants qui aient émergé sous forme romanesque. Pourtant, avec Alphonse, Ernest et Léon, je n'avais encore parcouru que partiellement cette étonnante galaxie.

Les lectures m'aidèrent ensuite à en compléter les limites. La correspondance de Marcel Proust et les biographies qui lui ont été consacrées me firent connaître Lucien Daudet, le frère cadet de Léon. Je m'imaginais alors une espèce de dandy mondain qui n'aurait vécu qu'à l'ombre des grandeurs crépusculaires. Ensuite, la correspondance de Flaubert et le *Journal* des Goncourt me firent découvrir l'existence de Julia Daudet, la femme d'Alphonse dont le rôle littéraire fut tellement débattu de son vivant. Avec quelques autres Daudet rencontrés au passage, mon travail de repérage était à peu près achevé.

De fait, Alphonse, Ernest, Julia, Léon, Lucien, Marthe (alias « Pampille ») et Charles Daudet ont tendu aux historiens et aux auteurs d'index autant de pièges, puisque le nom qu'ils portent ne suffit pas à les distinguer. Un réputé spécialiste de Proust attribuait encore récemment des études de médecine à *Lucien* Daudet...

Encore convient-il de dépasser ces simples distinctions. Quand on pénètre l'univers des Daudet, on se prend à considérer la littérature comme un phénomène familial, presque tribal, puisque aucun de ses membres n'est absolument indépendant de l'autre. Les biographies individuelles que l'on a consacrées à Alphonse et à Léon vérifient encore cette vérité, par l'intérêt qu'elles portent au berceau familial, propice à l'éclosion de tant d'œuvres. L'évidence de ce creuset commun s'est imposée à un précédent biographe, qui voulut embrasser tous ces Daudet dans un ouvrage de ton vulgaire qui les fait passer pour une méchante tribu.

Mais alors, une foule de questions surgissent. Pourquoi tant de membres de la famille Daudet ont-ils reçu l'inspiration des Muses ? Pourquoi ne retrouve-t-on pas ce phénomène chez Zola, Flaubert, Maupassant ou Proust ? Lorsque l'on s'intéresse à l'un de ces « Daudet », on est forcément conduit à rencontrer les autres et à interroger le mystérieux terreau favorable qui les a fait éclore. On en arrive vite à dessiner les contours d'une chronique familiale, que l'on peut aussi bien appeler saga. À cheval entre deux siècles, et pour deux générations, a existé une « famille Daudet » comparable à la « famille Bach » : grâce à une entraide dont les fils restent à dénouer, les membres de cette fratrie ont chacun publié des ouvrages et des articles plus ou moins marquants. Ils ont noué entre eux des liens étroits, connu des bonheurs et des conflits cachés au public, ils ont souvent fait bénéficier l'un de leurs parents de leurs recommandations et de leurs relations, de leur expérience et de leurs doutes, et ils ont communié dans une ambition littéraire et artistique comparable, à laquelle Alphonse a donné le *la*. Sans Léon, Alphonse n'aurait peut-être pas trouvé l'idée de *L'Évangéliste*. Sans Lucien, Léon Daudet n'aurait sans doute pas compris toute l'ampleur du génie de Proust. Sans sa femme Marthe, la moitié des œuvres de Léon Daudet eussent été différentes. La lecture des romans de Léon et de ceux de Lucien fait apparaître l'existence d'une fabrique Daudet, d'un savoir-faire « maison », comme on le dit chez certains grands cuisiniers. (De même, chez les Bach, on composait des concertos de père en fils.) Il n'est pas jusqu'au jeune Marcel Proust et au jeune Jean Cocteau qui n'aient été admis comme des enfants adoptifs d'Alphonse et de Julia, comme si la force d'attraction de la famille Daudet dût l'enrichir de plusieurs étoiles.

Quel aiguillon a piqué tout d'un coup cette souche méridionale, sous Louis-Philippe, pour que tout s'efface ensuite avec une égale soudaineté, au début de la Ve République ? Quel contexte social et historique a pu faire flotter cet étrange vaisseau pour une traversée qui devait durer pas moins de cent ans, encadrée par l'obscurité de ceux qui n'écrivent ou qui ne brillent pas ? Ces questions traversent nécessairement une saga familiale *et littéraire* qui s'attache à l'un des noms les plus célèbres de la littérature française.

Pourtant, ici, il n'est pas question de faire entrer aucune individualité dans un moule factice – rien de plus contraire au tempérament Daudet. Si chaque membre de cette famille s'est demandé comment se faire un prénom après Alphonse – lui-même n'imaginait sûrement pas à quelle gloire il saurait porter le sien –, chacun a suivi un parcours singulier en affrontant les conditions de son identité personnelle : Julia, en tant que femme de lettres, Lucien, comme homosexuel à peine dissimulé, Léon, en tentant de concilier l'héritage littéraire de son nom – un devoir-être-écrivain – et la responsabilité de l'engagement politique.

Aussi bien, grâce à ces vedettes et aux sans-grades qui les entourent, c'est toute une époque de la France qui se révèle : littérature, politique, « mœurs », société, religion, histoire nationale et locale, il n'est aucun de ces domaines que le moment Daudet n'éclaire, à travers le prisme d'individualités souvent prononcées et récalcitrantes vis-à-vis des institutions. Un rapport au temps s'y dessine également : de Napoléon III au général de Gaulle, de Berlioz à Darius Milhaud, de Delacroix à Picasso, du fiacre à la DS Citroën, de la monarchie constitutionnelle à la Constitution de la Ve République, la famille Daudet, comparable à ses contemporains, a traversé une période où l'histoire s'est accélérée de manière vertigineuse ; la France où mourra Marthe Daudet ne sera plus celle dans laquelle Alphonse est né. Au début du XXIe siècle, il ne semble pas inutile de méditer l'exemple – ou le cas – de ces aînés, confrontés à un changement de rythme historique comparable à celui qu'affrontent les hommes d'aujourd'hui.

I

Des Arécomiques à Paris
1840-1870

Chapitre premier

Des Arécomiques aux pathétiques

IIe siècle et quelques jours avant Jésus-Christ.
Sous une lourde chaleur estivale, une peuplade partie du Danube s'installe au sud de la Gaule, où le soleil attire toutes sortes de bohèmes. Même s'ils ne sont pas toujours d'humeur légère, on appelle ces gens-là les Volques Arécomiques, des Celtes mêlés à d'autres ethnies séduites au cours de leur long voyage. Entre l'actuel Languedoc, le Rhône éternel et les montagnes Noires, ces immigrés se trouvent si bien sur leur nouveau territoire qu'ils ne veulent plus le quitter et fondent une jolie cité : Nemausos, du nom d'un dieu assez amical pour protéger une source sacrée et les habitants qui la vénèrent. Cette ville nouvelle, plantée au milieu des garrigues où dorment les cigales, prendra plus tard le nom de Nîmes.

On oublie qu'au cours de sa conquête d'une Gaule déjà romanisée, Jules César a rencontré l'un de ces Arécomiques et lui a consacré quelques lignes que les historiens sérieux ont négligées. D'après la *Guerre des Gaules*, ce Gaulois de belle figure, à la chevelure brune et aux yeux tendres, était d'un tempérament encore plus emporté et impatient que celui des Latins, déjà notoire. Ce *Tartarinus* avait l'habitude de contrevenir aux lois non écrites des Gaulois, qui interdisaient à ce peuple d'écrire. De nuit comme de jour, et malgré sa myopie, il passait sa vie à rédiger des histoires émouvantes sans que rien ne puisse le perturber, au point que l'on pouvait entrer chez lui comme dans un moulin. Sa femme Juliana aidait son mari dans son travail, malgré les cris d'un gros bébé qui voulait tout savoir. Aucun archéologue n'est encore parvenu à mettre la main sur les récits de cet Arécomique très prolifique. L'empereur Jules ne l'évoque qu'une fois dans ses célèbres mémoires, et il n'est question de ce rêveur ancien dans aucun autre document de l'histoire humaine.

De Tartarinus à Alphonse Daudet, on ne compte guère plus de soixante-quatorze générations, riches d'amours et de rêves. Dans celles qui précèdent immédiatement cet écrivain, la fièvre de la littérature sommeille en quelque lieu mystérieux des montagnes cévenoles. On trouve pour la première fois des Daudet au village de Concoules, et la première trace écrite, début d'un long roman familial, est l'acte de baptême d'un Claude Daudet, le 13 mai 1674. Il n'est donc pas vrai qu'Alphonse remonte à Shéhérazade, comme l'affirmera son ami Paul Arène, et quoiqu'il soit hasardeux de spéculer sur les mystères célestes, on ne saurait suivre l'historien Giocanti lorsqu'il le fait remonter aux étoiles, à propos desquelles l'écrivain laissa pourtant une bonne nouvelle [1].

Au XVIIIe siècle, l'ancienne Nemausos gauloise est devenue Nîmes. Célèbre pour sa tour Carrée, ses arènes, sa tour Magne, cette petite Rome française a connu un fabuleux essor économique. Les descendants des Arécomiques ont manifesté quelque violence au cours des guerres de Religion et de la Révolution française. Un oncle d'Alphonse y est massacré en 1790. Après avoir essayé la Terreur rouge, les Nîmois tentent la Terreur blanche, mais le résultat est toujours le même : des morts, des blessés, des familles en deuil, et une ville abîmée, à l'image de la France du citoyen Robespierre. Sitôt remis de ces écarts ensanglantés, les Nîmois reviennent à leurs activités commerciales, vérifiant à l'avance l'adage de Benjamin Constant, selon lequel, dans les nations vraiment modernes, l'étal remplace le sabre. À Nîmes, on rencontre des menuisiers, des bijoutiers, des taffetassiers, des ferronniers, des potiers et – déjà envahissants – des banquiers.

Il n'est pas vrai que seuls le Nord, les Flandres et le Brabant aient été couverts de fabricants de tissus. La Provence et le Languedoc sont hérissés d'artisans et de petites industries, dont plusieurs styles et motifs ont traversé les siècles. Dans le chef-d'œuvre de Frédéric Mistral, *Mirèio* (1859) – *Mireille*, un prénom créé par le poète –, celui-ci fait chanter les « magnanarelles », les femmes préposées à l'éducation des vers à soie. Au début de cette épopée provençale, la jeune Mirèio, belle comme un fruit mûr, cueille les feuilles de mûrier pour donner du travail à ces petites bêtes. À Nîmes, on connaît donc bien cette technique et son vocabulaire spécifique, qui a engendré des noms de famille : Magnan, Mani, Magnaud... L'un de ces entrepreneurs courageux et ambitieux, digne héritier des Arécomiques, se nomme Vincent Daudet : c'est le père d'Alphonse.

Né le 30 août 1806 à Concoules, au pied du mont Lozère, ce bel homme a, comme ses lointains ancêtres, un tempérament coléreux et volontaire, le verbe haut, et il est un fervent royaliste. « Un joli homme à vingt ans que ce Vincent, avec sa tête bourbonienne, ses cheveux noirs, son teint rosé, ses yeux à fleur de tête, serré dans une étroite redingote et cravaté de blanc, comme un magistrat – habitude qu'il conserva toute sa vie, écrit son fils Ernest Daudet. Son instruction n'avait pas dépassé le rudiment du latin, son père l'ayant "attelé aux affaires" dès l'âge de seize ans [2]. » Alors que d'autres montent à Paris pour s'ouvrir une carrière glorieuse, lui préfère descendre à Nîmes pour s'établir comme courtier en soieries, suivant en cela l'exemple paternel. Jacques Daudet avait été taffetassier avant de diriger un atelier de tissage et de se lancer dans le commerce.

Un an après, le 8 septembre 1829, Vincent épouse Adeline Reynaud, la fille d'un courtier en fil de soie bien plus riche que lui, née le 25 nivôse an XIII. Les Reynaud descendent aussi de la montagne, avec une origine ardéchoise. On parle notamment d'un Jehan Reynaud qui s'est installé en 1645 dans le canton de Joyeuse. Le grand-père d'Adeline, lui, s'était fixé à Nîmes en 1795. Sous la restauration monarchique, les deux familles, celle des Daudet et celle des Reynaud, connaissent une véritable prospérité. Les Reynaud sont aussi royalistes que Vincent Daudet, et plus encore que certains rois. La mère d'Adeline, Françoise, éprouve une réticence instinctive face à la Révolution, qui lui a guillotiné son premier mari. Quant à l'oncle Baptiste, il était chapelier de Marie-Antoinette et de la princesse de Lamballe. Ainsi, la fidélité politique se conjugue parfaitement avec la nécessité financière pour unir Vincent et Adeline.

Cependant, il y a entre eux une différence balzacienne qui fait songer à *Eugénie Grandet* et aux portraits de femmes du grand romancier. Pour l'épouse aimante, il s'agit d'un mariage d'amour.

Son homme est le plus beau, le plus grand, il est très travailleur, sérieux comme un Arécomique, avec un regard aussi sévère pour la Révolution qu'un républicain peut l'être envers l'idée d'une restauration royale. Pour l'époux, passé la première fièvre amoureuse, il s'agit d'un mariage d'intérêt destiné à l'élever peu à peu dans la bonne société nîmoise. De mauvaises langues assurent que Vincent se montre plus ardent dans son royalisme de Blanc du Midi que dans son mariage. Pourtant, il est responsable des dix-sept grossesses de son épouse et des quatre enfants qui survivront. C'est le signe d'une vitalité familiale que le petit-fils Léon analysera à la fois en tant que témoin et sujet : « La possession, si voluptueuse qu'elle soit, n'est qu'une absence, qu'une carence, qu'un grand vide dû à la poursuite d'un mirage. En Provence, où les paysans sont des princes, affinés quant à l'amour de façon toute particulière et hantés par le désir de la beauté, avec l'exaltation du soleil et de l'ail, en Provence, les amoureux "se tuent l'un sur l'autre[3]". » Le premier de ces enfants s'appelle Henri, comme Henri II, Henri III, Henri IV… Il naît en 1832. Le deuxième, Ernest, naît le 31 mai 1837. Quant au troisième, Alphonse, il vient au monde avec l'aide des étoiles déjà mentionnées, le 13 mai 1840, dans un bel hôtel particulier, la maison Sabran, tout près de l'église Saint-Charles. On baptise quelques jours après ce garçon chétif, dont la constitution inquiète les parents déjà éprouvés par tous les enfants mort-nés. De santé fragile, Adeline ne peut allaiter elle-même son enfant. Une grosse paysanne, Élisabeth, accepte de la remplacer. Le bébé s'habitue très vite à cette abondante solution.

Très vite, on décide de confier Alphonse à la famille Garimond, qui habite à Fons, à quelques kilomètres de Nîmes. La vie en plein air commence bien pour cet enfant, mais on lui trouve parfois un air de charmante petite taupe, car il est frappé d'une myopie extrême qui confine à la cécité. Cette infirmité a pour conséquence de développer l'ouïe d'Alphonse, dont la sensibilité musicale sera toujours très vive. Une fois sevré, le petit garçon retrouve ses parents à Nîmes. Habitué aux cigales, aux fleurs, à la bonne nature, il regimbe dans cette ville trop agitée, sur ce cours bruyant, si bien que l'on décide de le renvoyer à la campagne, chez la famille Trinquier. Ces paysans, qui habitent Bezouce, sur la route de Nîmes à Avignon – autre ville de taffetassiers – vont l'accueillir pendant trois ans, au cours desquels le petit garçon découvre à travers l'aînée des filles, Trinquierette, de nouveaux aspects de la beauté naturelle. Dans ce milieu rural, qui vit au rythme des saisons, Alphonse apprend des trésors de chants, de coutumes, de mots provençaux et de proverbes. On l'envoie néanmoins à l'école, où il apprend à lire. Mais rien ne l'éveille davantage que la contemplation de la nature, des fleurs, des fruits, et de cette petite Trinquierette avec qui il court à la messe le dimanche.

De retour chez ses parents, Alphonse n'oublie pas les Trinquier. Il leur rendra visite à Bezouce chaque été, car c'est une seconde famille, dont l'image s'apparente de plus en plus à celle d'un paradis perdu.

Ces va-et-vient, ce partage du temps, pour le petit Alphonse, s'explique aisément. L'enfant a une santé fragile et le couple Daudet s'entend mal. On a tendance à délaisser l'éducation du petit garçon. Le frère aîné, Henri, ayant surtout des préoccupations spirituelles – il voudrait entrer au séminaire –, c'est Ernest qui va prendre soin de lui, comme une seconde mère. Ernest Daudet se souviendra avec tendresse de son petit frère, « un beau petit garçon de trois ou quatre ans, avec de larges yeux bruns, des cheveux châtains, un teint mat et des traits d'une exquise délicatesse [4] ». Alphonse tient néanmoins de son père et de ses deux grands-mères une tendance à l'emportement qui diminuera avec le temps. Vincent Daudet était d'« une nature enflammée, violente, exagérée, aimant les cris, la casse et les tonnerres, confirme le romancier ; au fond, un très excellent homme, ayant seulement la main leste, le verbe haut et l'impérieux besoin de donner le tremblement à tout ce qui l'entourait [5] ».

Fiers de leur ascension sociale, Vincent et sa femme communient dans le Christ et le roi. Toute sa vie, le père de famille regrettera de ne pouvoir effectuer le voyage jusqu'au château de Frohsdorf, en Autriche, où tant de royalistes vont rencontrer le prince héritier, Henri V, comte de Chambord. Mais il se rendra trois fois à Paris pour le saluer. Quel bonheur et quelle fierté lorsqu'il recevra de lui un papier cacheté avec une devise écrite de sa main : « *Fides et Spes.* Donné à M. Daudet. Henri » ! Religieusement, il conserve aussi une copie filigranée du testament de Louis XVI.

Alphonse et Ernest s'adonnent, eux, à des jeux de marionnettes, ou à des imitations de processions religieuses impressionnantes, au cours desquelles les deux frères marchent d'un pas solennel sous les voûtes de la maison, là où Vincent a installé l'atelier des ourdisseuses – les dévideuses de soie. Le grenier devient une église illuminée et enchantée, consacrée à des parodies de la liturgie dont Henri apprend les secrets au séminaire. La scolarité des garçons est laissée au hasard. Les deux frères passent d'abord par l'institution Canivet, puis par les Frères des écoles chrétiennes, de 1845 à 1847. Cette année-là, la famille Daudet déménage dans le local de la soierie de Vincent, sur le chemin d'Avignon. « Il y avait là, rapporte Ernest, de vastes pièces, de l'air, de l'espace ; nous y étions confortablement installés. Nous nous y retrouvions, chaque soir, avec mon frère, au retour de l'école ; nous y passions les jeudis et les dimanches à courir dans les cours, sur lesquelles s'ouvraient les vastes ateliers déserts, à nous faire des retraites mystérieuses dans la machine à vapeur [6]. »

Dans un premier temps, la fabrique de Vincent semble fleurir. Elle parvient à exporter des foulards en Italie, en Espagne, et jusqu'en Algérie. Pourtant, l'activité commerciale ralentit dangereusement. Depuis 1835, les pays étrangers augmentent leurs droits, provoquant une grave crise dans l'exportation française des soieries. La foire de Beaucaire, célèbre dans toute l'Europe, connaît un lent déclin qui frappe l'économie nîmoise.

Cette foire brillante remontait au XIIIe siècle, et avait pris toute son ampleur entre le XVIIe et le XVIIIe siècle, avec un développement des échanges particulièrement extraordinaire sous le règne de Louis XVI [7]. Elle accueillait des centaines de bateaux venus d'Orient. À la grande époque, les marchands venaient de Tunis, d'Alexandrie, de Syrie et de Constantinople. Vénitiens, Aragonnais, Catalans, Portugais, Anglais, Allemands et négociants de toute la France se rassemblaient pour de fabuleux négoces dans une douce atmosphère méridionale. Près de cent mille étrangers s'ajoutaient chaque année aux habitants de la ville, près de six cent mille, l'année 1789. Dans *Numa Roumestan*, Alphonse brosse le tableau de cet événement annuel dont il a aperçu les derniers feux : « La foire de Beaucaire était, sous prétexte de commerce, quinze jours à un mois de la vie libre, exubérante, imprévue d'un campement bohémien. On couchait çà et là chez l'habitant, dans les magasins, sur les comptoirs, en pleine rue, sous la toile des charrettes à la chaude lumière de juillet. Ah ! les affaires sans l'ennuyeux de la boutique ! les affaires traitées en dînant, sur la porte, en bras de chemise ; les baraques en file le long du Pré, au bord du Rhône, qui, lui-même n'était qu'un mouvant champ de foire, balançant ses bateaux de toutes formes, ses barques venues d'Arles, de Marseille, de Barcelone et des Baléares, chargées de vin, d'anchois, de liège, d'oranges et parées d'oriflammes, de banderoles qui claquent au vent frais, se reflétant dans l'eau rapide. Et ces clameurs, cette foule bariolée d'Espagnols, de Sardes, de Grecs en longues tuniques avec les babouches dorées, d'Arméniens en bonnets fourrés, de Turcs avec leurs vestes galonnées, leurs éventails, leurs larges pantalons de toile grise, se pressant aux restaurants en plein vent, aux étalages de jouets d'enfants, de cannes, ombrelles, orfèvrerie, pastilles du sérail, casquettes, etc. [8]... » Malheureusement, avec la Révolution et l'Empire, le déclin des marchés méditerranéens, la disparition des marchands espagnols, toscans et génois, la voie ferrée qui s'est ouverte à Tarascon en 1839, la foire résiste, mais dépérit. Souvent, de retour de Beaucaire, Vincent rapporte à ses enfants une cravache, une boîte de géographie, un sabre, un clairon, *Robinson Crusoé* en deux tomes illustrés, et des volumes remplis d'histoires signées par les écrivains à la mode. La foire de Beaucaire est une fête pour les enfants Daudet.

En 1848, la famille se réjouit d'une nouvelle naissance : les trois frères ont désormais une petite sœur, Anna, qui fait presque oublier la menace de la banqueroute. Mais les journées révolutionnaires éclatent un peu partout en France, dans un climat d'utopie et d'aventure politique. Tout comme Paris, le Midi s'énerve, et au lieu d'un président républicain comme Lamartine, c'est un président Bonaparte, et bonapartiste, qui émerge. Le commerce ayant toujours besoin de stabilité politique et d'ordre public, les troubles de 1848 portent un coup imprévu aux commandes de Vincent. En juin, c'est la faillite. Mme Daudet ne cesse de pleurer.

L'année suivante, on est obligé de fermer la fabrique de tissus, rachetée par des carmélites. Face à la menace de la misère, Vincent décide de déménager avec les siens à Lyon, où l'on pourrait trouver plus facilement des emplois.

La famille Daudet prend la diligence jusqu'à Valence, puis le bateau jusqu'à Lyon. C'est l'exil. « Rien que d'écrire ce nom de Lyon, mon cœur se serre, confiera Alphonse. Je me rappelle un ciel bas, couleur de suie, une brume perpétuelle montant de deux rivières [9]. » Quant aux Lyonnais, « ce sont des teints blafards, des yeux endormis, des paresses de prononciation s'étalant en accents circonflexes sur des syllabes allongées, je ne sais quoi de veule et de mou dans la voix, dans le geste », le contraire de la faconde et du riant provençaux. De cette « ville cléricale et industrielle [10] », Alphonse visite néanmoins les quartiers, celui de la Grande Côte notamment, où il entend le battement des métiers Jacquard. Et « entre les montants des métiers, dans l'entrecroisement des longues mailles », il perçoit « tout un peuple de tisseurs, hommes, femmes, enfants » s'affairant derrière les vitres : corps professionnels que le jeune Pierre-Joseph Proudhon a découverts à Lyon quelques années auparavant, pour en tirer des leçons politiques et sociales. Alphonse visite le plateau de Fourvière avec ses marchands d'objets de piété, imageries religieuses, chapelets de corail ou de nacre. Aux « bondieuseries » de tout acabit, qui ne le rapprochent pas de la foi, Alphonse préfère les aventures galantes, pour lesquelles il montre une précocité et une gourmandise qui n'ont d'égal que son appétit littéraire. Inversement, Ernest accompagne son frère aîné à Notre-Dame de Fourvière, quartier dont la ferveur religieuse le touche, et il s'entretient avec lui sur la vie des saints.

En 1850, Alphonse et Ernest entrent au lycée Ampère, à Lyon. Là, ces boursiers se sentent différents des autres ; ils croisent dans la cour des élèves élégants qui considèrent de haut ces espèces de paysans habillés en Nîmois pauvres. Au bout de quelques mois, Alphonse se met à faire l'école buissonnière tout en calculant bien : l'enfant se débrouille pour être présent les jours de composition, si bien que le gamin aux semelles de vent obtient prix sur prix. Un jour, il brillera tellement qu'il sera mis hors concours avec éloge. Son professeur principal, M. Cargan, fustigeant l'allure chétive et la myopie du garçon, le hèle souvent : « Hé, toi, le petit Chose ! », expression dont il saura se souvenir.

À l'extérieur du lycée, Alphonse se met à boire de l'absinthe et à fumer la pipe avec des blagueurs de son âge. Il est surtout fasciné par le fleuve. Il y a « un coin de quai, près d'une certaine passerelle Saint-Vincent, auquel je ne pense jamais, même aujourd'hui, sans émotion. Je revois l'écriteau cloué au bout d'une vergue : *Cornet, bateaux de louage*, le petit escalier qui s'enfonçait dans l'eau, tout glissant et noirci de mouillure, la flottille de petits canots fraîchement peints de couleurs vives [11]... » Le père Cornet était une gloire lyonnaise qui fabriquait et louait des embarcations sur la Saône. « Ç'a été le satan de mon enfance, ma passion douloureuse, mon péché, mon remords. M'en a-t-il fait commettre des crimes avec ses canots ! Je manquais l'école, je vendais mes livres. Qu'est-ce que je n'aurais pas vendu pour un après-midi de canotage ! »

Amoureux du fleuve et des bateaux, Alphonse part à la recherche d'îles merveilleuses. Il rêve de Robinson Crusoé et de toutes sortes de marins fabuleux. Mais l'atmosphère est lourde après l'échec de Vincent. Le chef de famille et sa femme doivent sans cesse compter leur argent. Tandis qu'Henri entre au séminaire, Alphonse et Ernest sont envoyés dans la manécanterie de l'église Saint-Pierre des Terreaux. Le Petit Chose n'a décidément rien d'un élève discipliné. Il se souvient des parodies mises en scène dans le grenier et trouve plus excitant d'apprendre à servir la messe que d'apprendre à l'école les rigueurs du latin et du grec. Ses pitreries mettent bientôt fin à cette expérience assez peu convaincante au plan spirituel. Alphonse préfère naviguer, canoter, ou bien rimer à la Musset, car les vers lui viennent un peu comme le vent dans les voiles. Bien sûr, il redoute les colères de son père, qui minent aussi Adeline. Un jour, excédé par les fugues d'Alphonse, Vincent le coince à la fenêtre et s'apprête à le frapper lorsque l'enfant lance un « Pas ça ! » qui brise instantanément le père et le fait s'effondrer en larmes. Alphonse et Vincent s'embrassent. C'est la dernière scène de violence que le *pater familias* lui a infligée [12].

Généralement couvert par Ernest, qui ose signer les mots d'excuse à la place de son père, un jour, Alphonse frôle la catastrophe après un retour tardif. Alors qu'il risque une royale semonce, l'enfant lance un génial « le pape est mort » qui tétanise les parents, fervents catholiques.

« Ô maman... si vous saviez !...

— Quoi donc ?... Qu'est-ce qu'il y a encore ?...

— Le pape est mort.

— Le pape est mort !... », fit la pauvre mère [13].

Oubliant soudain le péché du garçon, les parents se mettent à prier pour le défunt sans vérifier l'exactitude de l'information. Ce petit mensonge deviendra l'un des *Contes du lundi*. Plaisanterie provençale dans le goût de Frédéric Mistral : dans ses *Mémoires et récits*, l'Homère de Provence raconte ses nombreux *plantié*, ses fugues, et les blagues qu'il osait faire aux grandes personnes à l'âge de l'insouciance et de la liberté.

Malgré ses absences, sa bougeotte, son goût des îles et des rêves, Alphonse réussit à obtenir accessit sur accessit en latin, en grec et en allemand. Le soir, il lit autant qu'Ernest. Il écrit des centaines de vers qu'il soumet à son frère et dont il publie une partie ensuite à *La Gazette de Lyon*, sous le nom d'Alphonse Reynaud – celui de ses grands-parents maternels. Cependant, les études sont incomplètes. Alphonse ne sera jamais formé à la philosophie, et certains biographes, moins philosophes que lui, s'empareront de ce détail pour en faire un vaurien et un inculte. Il doit ce qu'il sera à sa grande sensibilité, à sa mémoire, à son prodigieux sens de l'observation, à son imagination, mais aussi à son habileté verbale et à sa générosité. Alphonse Daudet est un immense lecteur, dévorant aussi bien les livres d'histoire que la littérature de France et d'ailleurs. À Edmond de Goncourt, il avouera s'être abîmé autour de douze ans dans des lectures passionnées, qui ont ponctué ses promenades de bohème. Sa mère lui a instillé ce goût : « Ma mère, une liseuse de romans… C'est de cela que je suis sorti [14]. »

Après le coup d'État du 2 décembre 1851, la ville de Lyon est en proie aux agitations de rue. Les deux jeunes frères se réjouissent de l'animation extraordinaire dont toute la cité frémit : attroupements devant les proclamations et les nouveaux décrets, campement des soldats sur les quais, canons dressés en batterie à la tête des ponts.

Au moment où Louis-Napoléon Bonaparte triomphe, la famille Daudet connaît une descente aux enfers de la ruine. On comprend mieux la satisfaction d'Alphonse Daudet, « écrivain à succès », lorsque l'on se reporte à ses années d'adolescence, où le déclin et la gêne matérielle sont des réalités quotidiennes. Un jour, les huissiers commencent le récolement du mobilier, quand soudain un généreux client, prévenu par Ernest, interrompt leur visite. Un autre, il faut vendre l'argenterie au mont-de-piété, où Ernest ira bientôt travailler, avec l'impression de plus en plus pénible d'être exploité. Au bout de quelques mois, il trouve un emploi de commis chez un entrepreneur de roulage. Quant à Alphonse, il préfère rester à la maison pour éviter d'assister dans la rue à de tristes scènes en présence de ses parents : « Ma pauvre mère avait une robe si minable et mon père, dont je sentais la dégringolade, s'arrêtait à causer avec des gens si inférieurs, d'un si laid aspect, avec des femmes qui avaient des boutons sur la figure, de vilains maux [15]... »

Belle solidarité que celle qui unit les deux frères, mus par des rêves parfois identiques en dépit des catastrophes qui s'abattent sur la famille. « Nous ne nous étions encore dit ni l'un ni l'autre que nous donnerions notre vie aux lettres, raconte Ernest. Mais il est remarquable que plus les circonstances s'acharnaient à nous éloigner de la carrière que nous avons ensuite embrassée, plus une vocation mystérieuse s'éveillait en nous et nous y préparait [16]. » Les deux garçons achètent des livres ou en échangent. Ils découvrent un bouquiniste qui leur fait l'effet d'une mine de pierres précieuses ayant pour noms Shakespeare, Boccace, Lamartine, Chateaubriand... Ernest décide de proposer de la critique littéraire à la *Gazette de Lyon*, qui l'accueille aussi largement qu'Alphonse. Là, les garçons sont immergés dans un climat royaliste qui ne déplaît pas à Vincent. Ce milieu ne sera pas sans influencer Ernest – il a dix-huit ans. Quant au cadet, il achève en 1854 son premier roman, *Léo et Chrétienne Fleury*, dont l'intrigue mélodramatique et pathétique convient au goût du temps. Le soir, il lit cela à sa famille, qui l'écoute en pleurant. Le jour où Ernest apporte le manuscrit à l'éditeur Mayeri, ce dernier ne croit pas possible qu'un gamin de quinze ans ait pu écrire un tel texte. Il promet de le publier, moyennant quelques corrections, mais le roman sera finalement perdu.

Ployant sous les dettes et défait par le sort, Vincent décide d'abandonner le commerce de la soierie, après sept ans de dur labeur à Lyon. Il vend les marchandises qui lui restent, apure ses comptes et obtient des délais pour le remboursement de ses dettes. Il est obligé de travailler comme représentant dans un négoce de vin, Plissonnier et Peyrou, avant de connaître une errance professionnelle de plusieurs années, où il s'essaiera à plusieurs commerces et à des emplois dans l'administration. Lorsque la maison ferme, les Daudet quittent la rue du Pas-Étroit pour gagner un entresol de la rue de Castries. À peine sont-ils installés que l'aîné des enfants, Henri, passe soudainement du séminaire au ciel, emporté par une fièvre cérébrale. Le deuil brutal s'ajoutant à la vie précaire, les garçons tentent de se distraire en sortant. Place Bellecour, ils aiment assister à l'arrivée du maréchal de Castellane, vêtu d'un uniforme brillant qui attire tous les regards. Là, le commandant militaire de Lyon et la population viennent écouter la musique que l'on joue dans le kiosque de la place. Nous sommes entrés dans l'ère de la fête impériale.

Vincent ne peut payer les frais d'inscription d'Alphonse pour sa dernière année de baccalauréat. Le garçon doit interrompre ses études et, si possible, gagner sa vie. Cependant, le père a demandé à son cousin, Louis Daudet, d'intervenir auprès du recteur et de l'inspecteur d'académie de Nîmes pour faire nommer Alphonse maître d'études au collège d'Alès, à une quarantaine de kilomètres de sa « petite patrie ». Malgré son jeune âge, on ne peut refuser un tel emploi au petit-neveu de l'abbé Reynaud. Les parents Daudet ont peur de se séparer de leur dernier enfant, et redoutent pour lui un statut fort méprisé. Les plus grandes craintes sont celles d'Ernest, qui n'a jamais manqué d'attention et de tendresse pour son petit frère : « Seize ans, une âme tendre, une imagination délicate, la faiblesse de son âge, une insigne maladresse devant les difficultés matérielles, une myopie désespérante, comment se tirerait-il d'affaire [17] ? » Pourtant la famille n'a guère le choix, et Adeline a conservé de bons souvenirs de ce collège où elle a été une élève heureuse.

Après un séjour dans sa famille nîmoise, Alphonse se met en route. Il arrive au collège impérial, qui compte cent trente élèves. Évidemment, les historiens, les biographes ont fait la part entre la vérité et la fiction dans le fameux *Petit Chose*, récit que cette expérience collégienne inspirera en 1868 à Alphonse. Ils ont montré que le petit maître d'étude, ultrasensible et de faible constitution, n'a pas été aussi malheureux que le roman le montre. C'est à Alès qu'Alphonse se lie d'amitié avec Mathieu Lacroix, un « trouvère-maçon » à qui il soumet ses essais poétiques et dont il goûte lui-même les poèmes provençaux. Chez ses cousins Gébelin, à Lasalle, il flirte avec la belle Joséphine, de huit ans plus âgée, tout en s'amusant avec ses deux sœurs, Octavie et Marie-Antoinette. À la

« Miss anglaise », comme il l'appelle, il dédiera un poème, « La perle des vallons » ; et c'est ce havre de paix fort cossu qui lui inspire le plus célèbre de ses poèmes : « Les prunes ». Cependant, tout n'est pas inventé dans *Le Petit Chose*, dont la rédaction est postérieure de dix ans. Déjà, en 1859, il publiera un récit extrêmement critique dans *Le Figaro*, dont le ton est celui de la plainte et du pathétique : « Dix-neuf fois maudit le jour où je suis entré dans cette infernale baraque, quand j'avais mille autres routes ouvertes. Je suis sans fortune, c'est vrai ; mais combien qui ne valaient pas mieux et qui n'ont pas fait comme moi : Margarot s'est engagé ; Quarteron a pris la robe [18]. »

Alphonse est condamné à espionner, à surveiller, à corriger. Pire que tout, il souffre de la solitude. « Je n'ai personne au monde à qui je puisse ouvrir mon cœur, personne capable de comprendre mes innombrables souffrances et d'y compatir un brin. » Seul, inquiet pour ses parents ruinés, miné par la pauvreté, Alphonse médite sur la souffrance des hommes, leur misère, et la sienne. Aucune expérience ne lui enseignera davantage le sens de la compassion. Qui sait, ce rôle de « pion » a sûrement contribué à faire d'Alphonse Daudet un écrivain plein de sensibilité et d'attention pour les autres, relativement indifférent aux idéologies politiques, un peintre capable de coups d'œil profonds, qui sait jouer de menus détails pour révéler l'humanité.

Le mystère est longtemps demeuré sur les circonstances dans lesquelles Alphonse quitte précipitamment le collège – au bout de six mois. Le jeune homme aurait eu une liaison avec la femme de chambre de la sous-préfète. Découvert, il doit ranger ses affaires et décamper aussitôt. L'affaire le plonge dans de tels abîmes de tristesse et d'incertitude qu'il songe à se suicider. C'est peut-être une des racines de la nouvelle intitulée « L'Arlésienne », dont le personnage de Jan met fin à ses jours parce qu'il a perdu sa petite Arlésienne pour toujours.

Chapitre 2

ENFANT DE BOHÈME

À LA FIN du mois d'octobre 1857, sous un ciel bas et lourd, Alphonse quitte Alès muni de ses précieux dictionnaires, pour les apporter à Paris où il a décidé de rejoindre son frère. Le voyage dure deux jours, et il est obligé de payer une surtaxe pour ses nombreux livres : arrivé à destination, il ne lui reste que 2 francs en poche. Comment pourra-t-il sortir de la gêne matérielle ? La capitale lui offrira-t-elle enfin un avenir que Lyon et Nîmes lui ont refusé ? Le garçon sait que son père se démène entre divers emplois, qu'Adeline et Anna se sont réinstallées à Nîmes, et que l'entresol de la rue de Castries, à Lyon, a obligé la famille à vendre tout le mobilier. Cette image de misère, de déroute et d'éparpillement familial restera à jamais ancrée en lui.

Heureusement, Ernest est là pour l'attendre. Son frère est arrivé à Paris dès le mois de septembre, après avoir demandé à son tailleur des vêtements décents. Maladroit, comme Lucien de Rubempré arrivant d'Angoulême, Ernest a été pris au piège d'une addition trop élevée pour ses moyens, chez le célèbre restaurateur Tortoni. Heureusement, il avait avec lui plusieurs lettres de recommandation signées par les directeurs de la *Gazette de Lyon*, qui étaient devenus des amis personnels et politiques. L'une de ces missives s'adresse à Armand de Pontmartin, censeur maniaque de Balzac, mais méridional et légitimiste, apte à comprendre ses compatriotes fraîchement débarqués à Paris. Dès leur première rencontre, le comte a passé son bras sous celui d'Ernest, pour le conduire rue Bergère, au siège du journal orléaniste *Le Spectateur*. Deux jours après son arrivée dans la capitale, le nouveau Parisien est propulsé rédacteur avec un appointement de 200 francs. Comment n'appellerait-il pas Alphonse à le rejoindre ? En attendant sa venue, il a découvert le théâtre parisien et il s'est entiché de la fabuleuse comédienne Rachel.

C'est donc en novembre 1857 qu'Alphonse rejoint son frère à Paris, sur le quai de la gare. Ernest découvre un garçon exténué, mourant de froid, enveloppé dans un vieux pardessus usé. Heureusement, il est venu avec une charrette à bras et un commissionnaire pour les bagages d'Alphonse. Très tôt le matin, ils parviennent au 7 rue de Tournon, dans une sorte de caserne d'étudiants avec appartements meublés, portant le nom pompeux d'« Hôtel du Sénat ». Si l'espace est réduit – une mansarde au cinquième étage –, les deux frères sont heureux d'être enfin réunis et de se raconter les détails de leurs vies séparées. Ernest est frappé par la « beauté invraisemblable » de son frère cadet, que célébrera Théodore de Banville : « La peau d'une pâleur chaude et couleur d'ambre, les sourcils droits et soyeux ; l'œil, enflammé, noyé, à la fois humide et brûlant, perdu dans la rêverie, n'y voit pas, mais est délicieux à voir ; la bouche voluptueuse, songeuse, empourprée de sang, la barbe douce et enfantine, l'abondante chevelure brune, l'oreille petite et délicate, concourent à un ensemble fièrement viril, malgré la grâce féminine [1]. »

Impressionné par la ville immense, myope et timide, Alphonse ne s'aventure pas trop loin. Peu à peu, il ose pénétrer dans le Quartier latin, où la vie étudiante domine. Parmi les camarades qu'il se fait alors, l'un s'appelle Léon Gambetta, l'autre Louis Bouilhet, écrivain et ami de Flaubert. Un jour, il croise ces deux derniers dans la rue, bras dessus, bras dessous ; une autre fois, dans une librairie, chez Mme Gaut, il découvre Barbey d'Aurevilly en grande conversation avec Jules Vallès. Comment oser parler à ces hommes célèbres, ces écrivains auxquels Alphonse rêve de ressembler un jour ?

Après tout, certains inconnus d'aujourd'hui deviennent les célébrités de demain. Dans leur mansarde, les deux frères reçoivent Henri Rochefort, « un petit employé de la ville, garçon très froid, très en dedans, qui venait de débuter au *Charivari* [2] », journal satirique qui s'est rendu célèbre pour ses caricatures de Louis-Philippe en forme de poire. Rochefort, qui deviendra l'un des plus féroces pamphlétaires, radicalement opposé à Napoléon III, était alors un inconnu. Il évoquera plus tard l'allure du jeune Alphonse, « cet enfant à la tête de Daphnis, qui semblait tout frais débarqué des bords de l'Ilyssus [3] ». Rue de Tournon, Ernest et Alphonse dînent ou déjeunent aussi avec un étudiant de droit originaire de Cahors, encore italien, et non moins ambitieux : Léon Gambetta. Ce nouvel ami, qui passe son temps à fréquenter les républicains du Quartier latin, finira par s'installer à la même adresse. Lorsqu'il vient voir les deux frères, originaires du Midi comme lui, il ne vient pas seul. « Ils étaient là une bande de Méridionaux du vilain Midi, trop noirs, trop luisants, et grossiers, et criards. Ils avaient tous des têtes de cheval. [...] C'est Gambetta qui menait le chœur. Vous ne pouvez rien vous figurer de plus bavard, de plus hurleur que ça, et sans esprit [4]... » Avec la distance, Alphonse reconnaîtra que sous ce bruit, « mais bien en dessous », se cachait l'éloquence d'un tribun. Il essaiera bien de lier Rochefort et Gambetta, mais le courant ne passe pas entre le premier, introverti, et le second, bruyant et cabotin.

Au temps d'Offenbach et de Henry Murger, comment ne pas s'amuser, s'offrir les plaisirs à la portée de tous les plumitifs en herbe et journalistes confirmés, quand on a vingt ans ? Alphonse découvre le Paris impérial. Il vit au milieu de drôles, de ratés, de buveurs, de charmeurs, de fainéants, mais aussi d'artistes qui ne songent qu'à écrire et à se faire jouer dans les salles populaires de cette capitale dont Zola ne retiendra que les travers. Dans la brasserie des Martyrs se confondent les chansons, les déclamations, les conversations et les bruits. Tous les soirs, une centaine de garçons se rejoignent pour fumer la pipe, boire des chopes en causant, et oublier l'ordre moral imposé par la bourgeoisie triomphante. Alphonse y rencontre l'écrivain des *Scènes de la vie de bohème* (1851), Henry Murger en personne, trônant à la table du milieu. À côté d'anonymes vivants et joyeux, de prosateurs et d'hommes de théâtre, il aperçoit le compositeur Ernest Reyer, futur auteur de *Sigurd* – méchamment qualifiée de « *Walkyrie* du pauvre » –, Gustave Champfleury, le père du réalisme, et Charles Baudelaire. « Correct et froid, d'un esprit coupant comme l'acier anglais, d'une politesse paradoxale, à la brasserie il étonnait les habitués en buvant de la liqueur d'outre-Manche en compagnie de Constantin Guys, le dessinateur, ou de l'éditeur Malassis [5]. » Bientôt Alphonse est invité chez Augustine Brohan, une actrice dont les mots d'esprit séduisent tout Paris. C'est chez elle, rue Lord-Byron, en haut des Champs-Élysées, qu'il vit sa première grande soirée parisienne. Après y avoir dansé le quadrille et banqueté, le jeune Provençal un peu étourdi s'égare dans les quartiers plus obscurs des Halles, pour y dénicher une soupe aux choux alors fameuse, chez Gaidras.

C'est l'époque de la « jeunesse de sacripant [6] » et des traversées dans « les milieux canailles » qu'il évoquera plus tard à Edmond de Goncourt. S'il blague avec du beau monde, court les filles et console les copains désespérés, le bel Alphonse passe aussi des heures à la bibliothèque de l'Arsenal, accompagné d'Ernest. Ce lieu conserve un air de « cénacle » qui rappelle les causeries présidées naguère par Nodier. On y discute à tout rompre avec divers oiseaux, qui sculpteur, qui peintre, qui dramaturge… D'amitié en amitié, Alphonse et Ernest fréquentent le salon d'Eugène Loudun et quelques autres à la mode, chez des dames dont l'histoire retient à peine les noms. Rue Saint-Guillaume se tient le salon de Mme Ancelot, tel un musée rempli des charmes d'autrefois. « Tout se fane et vieillit autour d'elle, en même temps qu'elle : les roses des tapis, les rubans des tentures, les êtres et les souvenirs ; et tandis que le siècle avance, cette vie arrêtée, cet intérieur d'un autre âge, immobiles comme un bateau à l'ancre, s'enfoncent silencieusement dans le passé [7]. » Dans ce salon qui se tient le mardi, la vedette est Alfred de Vigny, puis la perruche qu'il lègue à Mme Ancelot. Ce glorieux volatile sera bientôt baptisé Éloa en souvenir du poète disparu.

Déjà la vie d'Alphonse commence à dessiner la géographie mondaine et littéraire de Paris, que Napoléon III transforme en capitale moderne. Le jeune écrivain se lie avec le peintre James Tissot, qui lui fera rencontrer Fantin-Latour, Alfred Stevens et Édouard Manet. Tissot est alors étudiant aux Beaux-Arts et exécute un joli dessin intitulé « Alphonse Daudet à dix-huit ans ». Plus tard, il exécutera le portrait de Julia Daudet. Au salon Ortolan, Alphonse continue de croiser des personnalités qui l'impressionnent. Là, il rencontre l'un des plus farouches opposants à l'Empire (que Napoléon III aura l'habileté de retourner en sa faveur), Émile Ollivier, accompagné de sa femme et de son beau-père, Franz Liszt. Alphonse parvient à surmonter sa timidité et à parler au grand homme, qui l'invite à venir causer chez lui.

C'est aussi à cette époque qu'il rencontre Marie Rieu, courtisane et actrice aux sentiments passionnés, plus âgée que lui. Les deux amants se lancent dans une aventure enchantée et orageuse qui va se prolonger sept ans durant ; un rythme saccadé que l'on retrouve dans le roman très autobiographique *Sapho*. Avant de s'attacher au bel Alphonse, Marie a été la maîtresse de Théodore de Banville, celle de Nadar, et d'autres artistes moins connus, dont le roman fixera également les ombres. Si Marie est la première maîtresse du jeune Alphonse, elle n'est pas la première femme dont il goûte les faveurs. Précoce en littérature, il l'est plus encore en amour ; chez lui, c'est un véritable aiguillon pour vivre et pour écrire, presque un viatique.

Grâce à ses nouvelles relations, Alphonse peut enfin publier son premier recueil de poèmes, *Les Amoureuses*. Il n'a que dix-sept ans. L'éditeur Tardieu imprime 550 exemplaires, dont la plupart resteront invendus. Cependant, plusieurs journaux font l'éloge du jeune poète, et pas des moindres : *Le Figaro* et *Le Moniteur*. Même si ces vers semblent bien mièvres aujourd'hui, ils plaisent au lectorat de ce temps. En 1942, plusieurs poèmes figureront encore dans un recueil de référence, l'*Anthologie des poètes français contemporains* de G. Walsh [8], témoin du goût d'une autre génération. Alphonse Daudet, qui n'est pas encore père, chante ainsi les nouveau-nés :

Enfants d'un jour, ô nouveau-nés,
Petites bouches, petits nez,
Petites lèvres demi-closes,
  Membres tremblants,
  Si frais, si blancs,
    Si roses ;

Enfants d'un jour, ô nouveau-nés,
Pour le bonheur que vous donnez
À vous voir dormir dans vos langes,
  Espoir des nids,
  Soyez bénis,
    Chers anges [9] !

L'impression d'être enfin considéré comme un écrivain et poète donne confiance au jeune homme, qui peut s'adresser à Jules Vallès, à Barbey d'Aurevilly, et à tous ceux qu'il n'avait pas osé aborder.

Tandis qu'une petite notoriété vient s'attacher à son frère, Ernest est victime d'un coup dur. Après l'attentat d'Orsini contre Napoléon III, en janvier 1858, un décret impérial supprime *Le Spectateur*, qui a publié un article d'une insigne maladresse vis-à-vis du régime. Le jeune journaliste ne perd pas de temps. Ernest obtient à Blois un poste de rédacteur en chef intérimaire de *La France centrale*, en attendant mieux. Dès qu'il revient à Paris, il se met en quête d'un autre emploi, plus durable. Prenant son courage à deux mains, il décide de frapper à la porte du vicomte de La Guéronnière, une copie conforme de son maître Napoléon III, et directeur du service de presse du ministère de l'Intérieur. Admirablement reçu par ce personnage officiel, Ernest se voit proposer quelques jours après la rédaction en chef de *L'Écho de l'Ardèche*. Pour ce frais Parisien, quelle déconvenue d'avoir à revenir en arrière, dans ce Sud qu'il avait abandonné, dans la province profonde des gorges de l'Ardèche, à Privas. C'est dans cette ville qu'il apprend de bonnes nouvelles d'Alphonse, plus chanceux : Hippolyte de Villemessant, l'un des plus gros patrons de presse du siècle, vient de l'engager au *Figaro*. « *Le Figaro*, notera Ernest, c'était pour un écrivain comme une consécration, un brevet de talent, la porte des éditeurs ouverte [10]. »

Lorsqu'il revient à Paris, quelques mois plus tard, pour trouver de nouvelles entrées dans le journalisme, Ernest s'installe 39 rue Bonaparte, où Alphonse le rejoint aussitôt. James Tissot habite l'appartement du dessus. Dans *Sapho*, Alphonse notera qu'un beau portrait de Fanny – Marie Rieu – signé par ce peintre décore la chambre de cette femme à artistes. Mais un autre ami se rapproche de lui : Alphonse apprend que Frédéric Mistral est monté à Paris le 8 avril pour faire campagne en faveur de son épopée, *Mirèio*. Lamartine est émerveillé par ce génie poétique qui a su habiller en princesse la langue provençale qu'il avait trouvée en paysanne. Aussi Mistral court-il de visite en visite auprès de plus grands écrivains, obtenant des articles élogieux, comme celui de Barbey d'Aurevilly. Habile, le « Maillanais », comme on le surnomme, utilise Paris pour s'imposer en Provence et faire reconnaître l'existence d'une littérature provençale à la fois authentique et douée d'une portée universelle. Alphonse l'invite. La conversation se tient au moins en partie en provençal. Pour le moment, on en est encore au vouvoiement. Comment ne pas admirer la fière allure de ce grand maître au lyrisme audacieux, qui a le courage de s'exprimer dans la langue de ses aïeux en sachant qu'il aura à affronter les préjugés sur le prétendu patois, la littérature de clocher et les vains soupçons de séparatisme ? L'amitié entre les deux hommes est scellée.

Le jeune Alphonse Daudet correspond en tous points à l'image que l'on peut se faire d'un Provençal à Paris, même s'il n'écrit qu'imparfaitement *la lengo dóu miejour* – la langue du Midi. Il vient d'achever *Audiberte*, un récit d'amour tragique situé au cœur du Gard, dans le petit village de Bezouce où il avait séjourné enfant. Publié dans *Paris-Journal* en 1859, c'est le premier roman méridional d'Alphonse. Imprégné de souvenirs, de chants, d'expressions, d'évocations de lieux provençaux, on y reconnaît déjà son sentimentalisme et son goût pour le pathétique. Dans le même journal, il publie aussi une série d'articles intitulée « Une visite à Bicêtre », l'un des plus anciens hôpitaux de Paris, où, avant le XIXe siècle, on enfermait les épileptiques, les handicapés et les mendiants malades, dans de piteuses conditions. En reporter, Alphonse vient observer l'asile d'aliénés, des plus doux aux plus dangereux ; enfants, adultes, tous emprisonnés dans cette « fosse aux lions ». Il en sort bouleversé, plein d'idées pour ses articles. Dans un autre papier, il raconte comment, s'aventurant dans un bal en banlieue, il a manqué se faire battre par un gaillard rempli de fiel pour les gens de son espèce : « Dans toute la banlieue de Paris, écrit Daudet, on a pour le Parisien une haine implacable [11]. »

Malheureusement, *Paris-Journal* venant à disparaître, Alphonse est obligé de reprendre une chambre rue de Tournon, dans le même Hôtel du Sénat, où le rejoint Marie Rieu. Soit qu'il pense aux difficultés matérielles qu'il a rencontrées, soit qu'il s'inspire des contes d'Hoffmann, il écrit l'un de ses contes les plus fameux, « La légende de l'homme à la cervelle d'or ». Le récit est publié le 7 juillet 1860 dans *Le Monde illustré*. Plus qu'une condamnation de l'argent, c'est la passion amoureuse qu'Alphonse met en scène, en donnant l'image d'une consumation progressive et d'un sacrifice mortel, dans le sillage de *La Peau de chagrin* de Balzac. Un peu plus tard, une autre idée lui vient, dont il accouche sous forme de conte en octosyllabes : *La Double Conversion*. Cette fois, Alphonse raconte l'histoire d'une jeune juive et de son amant catholique. Chacun décide de se convertir secrètement à la religion de l'autre, mais cette relation finit par échouer. Dans ses récits, l'écrivain brosse des portraits d'amants dévoués et capables de se sacrifier. Dans sa vie, Alphonse vogue sur un nuage sensuel et bohème grâce auquel ce séducteur adoré des femmes les possède sans s'attacher à aucune.

Alors que sa situation se stabilise dans le journalisme, en 1860, il rencontre un des personnages les plus puissants et célèbres du Second Empire, sans qui ce régime ne serait peut-être pas né : le duc de Morny. Demi-frère de l'empereur et fils naturel de la reine Hortense, Morny fut le principal artisan du coup d'État du 2 décembre, avant d'être le conseiller permanent du prince Louis-Napoléon. Il est alors président du corps législatif et député du Puy-de-Dôme. Ami d'Offenbach, mécène, noceur éperdu, fondateur du Vésinet et de la station balnéaire de Deauville, le duc de Morny se pique de littérature. Il apprécie la prose et la poésie de Daudet. Lorsque, conseillé par Pierre Véron et Ernest Lépine, il propose un poste au jeune écrivain, Alphonse pense à la loyauté paternelle, aux rois aimés par Vincent Daudet, et ne peut pas s'empêcher d'exprimer son scrupule :

« — Je suis légitimiste.

Le duc riposte joliment, d'un air impertinent et tranquille :

— L'impératrice l'est aussi [12]. »

C'est ainsi qu'Alphonse devient troisième secrétaire du duc de Morny. Une fois engagé, il commence sa nouvelle vie par… des vacances dans le Midi. Après être passé à Nîmes, où il revoit sa famille, il séjourne auprès de Mistral et de ses amis : ces derniers communient dans l'amour de la Provence et de la poésie, et ils se retrouvent dans une association que leur maître, Frédéric Mistral, a appelée Félibrige – nom qui renverrait à la foi (*fe* en provençal) et à la liberté. Ils s'appellent donc *félibres*, et s'organisent en « maintenances » dans la moitié sud de la France. Repas, rasades, fêtes encadrent les rencontres d'Alphonse avec ces poètes infatigables qui creusent le sillon de la littérature provençale moderne. Au cours de ces moments allègres, il entend parler et chanter provençal, langue qu'il comprend sans la pratiquer couramment. S'il éprouve des réticences envers Joseph Roumanille, pourtant surnommé « le bon Rouma », et auteur de très beaux *Contes provençaux*, Daudet s'entend tout de suite avec le poète Anselme Mathieu, l'un des fondateurs du Félibrige. Ce dernier lui demande s'il accepterait de représenter dans la capitale son vin de Châteauneuf-du-Pape. À compter de ce séjour, Alphonse et Frédéric vont se tutoyer. Les lettres que le second envoie au premier se terminent par « Ton chaperon rouge pour la vie ».

De retour à Paris au mois de juillet 1861, le nouveau secrétaire de Morny commence son office, au comble de la satisfaction. Naturellement, Alphonse observe le duc, ses façons, son rire, ses mots d'esprit : dans le *Nabab*, il apparaîtra sous les traits de Mora. Les bureaux où il travaille permettent à Alphonse de faire la connaissance de son collègue Ludovic Halévy, futur librettiste d'Offenbach et de Bizet, destiné à devenir l'une des gloires les plus populaires du Second Empire. On raconte qu'Halévy a écrit avec Morny *M. Choufleury restera chez lui*, et que la première représentation a eu lieu dans les salons mêmes du corps législatif, avant qu'Offenbach n'en fasse une opérette. Quant à son supérieur, Ernest Lépine, Alphonse découvre en lui un plaisant compagnon pour parler de théâtre et de musique à longueur de journée. C'est dans cette atmosphère, plus littéraire et musicale que parlementaire, qu'Alphonse vit désormais. La carrière administrative ? Une aubaine, en attendant l'indépendance qu'assurera un jour le succès littéraire.

Peu après, Alphonse est rejoint par son frère Ernest, de retour de Privas. Son aîné est fier de lui, et peut-être un peu jaloux de lui voir une aussi belle place. Peu importe : Alphonse obtient pour ce frère longtemps protecteur un poste de secrétaire-rédacteur qui tombe à point. La situation d'Ernest était d'autant plus inconfortable qu'il doit se fiancer avec sa cousine germaine, Marie Vermez, de la branche pharmacienne et nîmoise des Reynaud – dont il aura trois enfants. Attaché désormais au Corps législatif, Ernest se voit confier des travaux sur l'histoire du Premier Empire. En consultant les bibliographies, en recherchant des sources, en rédigeant des fiches, la vocation d'historien se révèle à lui. Méticuleux et doué d'une conscience professionnelle exigeante, ce monarchiste voué au service de l'Empire montera en grade et deviendra chef de cabinet du grand référendaire du Sénat, en 1869. Cette contribution de dix ans au régime impérial fera hésiter Ernest entre bonapartisme et légitimisme, jusqu'au grand effondrement de 1870 et à l'instauration de la république.

Contrairement à son aîné, Alphonse n'aime pas la politique. Le coup d'État de Louis-Napoléon Bonaparte, la répression policière qui le suivit, ce sont déjà, à ses yeux, des histoires du passé. Après la révolution de 1848, le pays a connu une crise institutionnelle dont il fallait sortir d'une façon ou d'une autre, et au lendemain du 2 décembre, Paris n'a pas compté plus de mille cinq cents insurgés. Le coup de force en lui-même, préparé depuis plusieurs mois par Morny et Persigny, a été économe de sang humain, et les pays européens l'ont accueilli favorablement, puisqu'une nouvelle stabilité a été trouvée après des années d'incertitude. Bien loin d'être acquise aux idées républicaines, la France a plébiscité le prince Louis-Napoléon à la fin décembre, avec sept millions de voix contre six cent mille. Soutenu par les paysans, le clergé, l'armée et une partie des parlementaires, le président a finalement trouvé la dignité impériale par décision d'un sénatus-consulte en novembre 1852. Sous Napoléon III, la France est en train de se moderniser, développant ses chemins de fer et rénovant sa capitale à grand renfort de spéculations. Entre les opérettes d'Offenbach et les Expositions universelles, Paris s'amuse comme jamais.

Ni Alphonse Daudet ni Ludovic Halévy ne pensent se compromettre, et ils estiment n'avoir de compte à rendre à personne. Si Hugo voue une telle haine à Napoléon III, c'est qu'il a d'abord soutenu Louis-Napoléon Bonaparte, notamment dans le journal *L'Événement*. Michelet refuse de prêter serment à l'Empire. Mais les écrivains ne sont pas tous hostiles au régime impérial et à la personne de l'empereur. Renan accepte la mission sur la Phénicie que le souverain lui offre : en 1860-1861, il est à la tête d'une expédition française au Liban et en Syrie d'où il rapportera l'une de ses principales enquêtes archéologiques. Mérimée est un familier de l'impératrice. Élevée dans le culte de Napoléon Ier, George Sand se lie d'amitié avec Napoléon III. Gautier est un ami de la princesse Mathilde et de la famille impériale… Au reste, Morny se montre charmant avec Alphonse. Il le traite comme un sympathique cadet qui, de temps en temps, lui coupe agréablement les cheveux. Le duc écoute avec une indulgence fraternelle les confidences que, très éloigné des grands problèmes politiques, Alphonse lui livre sur sa vie sentimentale, légère comme l'Empire. Le troisième secrétaire du duc est invité plusieurs fois dans la propriété de ce grand seigneur, au château de Nades, dans l'Allier, en compagnie de Ludovic Halévy et d'Offenbach, parmi des dizaines d'illustres et de courtisans.

Auprès de son puissant protecteur, Alphonse assiste à la première de *La Belle Hélène*. Paris est une fête. « Voilà les Parisiens du boulevard : les jambes de Nadar, Scholl au bras de Jouvin, le grand Cham portant son petit chien [...]. Ran plan plan ! Des pompons, des crépons, des chignons, des rubans, du frou-frou, de la soie, du velours, des dentelles, du satin, de l'or, du fer, de l'acier, des petites bottes, de grands talons, des bas à jour, du khôl, des parfums, du blanc de perle, des lèvres de carmin, des pâleurs mates, de grands yeux froids qui brûlent. Ce sont les demoiselles de Paris ; tout le bataillon du diable qui passe, avec une fausse natte rouge pour étendard.

Ah ! Paris [13] !... »

Bien qu'il soit modeste, le traitement d'Alphonse lui permet d'emménager avec Marie Rieu 24 rue d'Amsterdam, où cette grande amoureuse déploie des trésors d'attention et de soins pour plaire à son homme. Celui-ci oublie la gêne que sa famille a rencontrée dans le passé, la faillite de Vincent, le déménagement inévitable, les années lyonnaises, et les débuts difficiles à Paris. Désormais, le jeune fonctionnaire est reçu aux Tuileries pour les après-midi organisés par l'impératrice. En 1863, il adressera à cette dernière la nouvelle édition de ses *Amoureuses*, en lui rappelant : « Votre Majesté a bien voulu manifester son approbation, en entendant aux Tuileries quelques vers de moi cet hiver. Cette marque de bienveillance a été pour moi un très précieux encouragement, et je pense que Votre Majesté me pardonnera la liberté que je prends de lui adresser ces vers qui ont fixé son attention un instant [14]. » L'une des lectrices d'Eugénie a le coup de foudre pour ce beau jeune homme, qui la récompense bientôt de ses faveurs sexuelles. Quelques mois après, Alphonse se met à tousser et à éprouver des maux de gorge : cette dame de la haute société lui a transmis une maladie dont les filles de joie l'avaient épargné, une vérole « avec bubons et tout [15] ». Lorsqu'il confie cette histoire à son maître Morny, le duc trouve décidément le garçon très sympathique, et s'attache définitivement à ce bon disciple.

Emporté par la fièvre parisienne, Alphonse mène une vie insouciante et dissipée. Il multiplie les conquêtes féminines à un point tel qu'un biographe prétendra qu'il change plus souvent de femme que de chemise. Au bal Mabille, à la Closerie des Lilas, à la Reine Blanche, dans les bals plus populaires du quartier Bréda, fréquenté par Gavarni, il lui est facile de cueillir des dames et des danseuses. Son ami Alfred Delvau l'attire au bal de l'Opéra, où l'on joue des valses de Johann Strauss. Pour se distraire de Paris, il canote à la Grenouillère, au sud de la Marne. Mais son bonheur est la capitale de l'Empire ; et là, lorsque M. Daudet sort le soir, il s'habille en Parisien et porte le monocle. Au Théâtre-Italien, ce mélomane impénitent écoute la grande soprano Adelina Patti dans *Le Barbier de Séville* de Rossini et *Les Noces de Figaro* de Mozart. Lorsque l'opéra de Wagner, *Tannhäuser*, est joué pour la première fois le 13 mars 1861, à l'Opéra, Alphonse assiste à cet événement musical. Ce qui ne l'empêche pas de commettre une faute, et de compter parmi les « imbéciles » dont Baudelaire se plaindra à Wagner, dans la lettre sublime qu'il lui adressera après cette création mémorable. Dans *Le Figaro*, Daudet publie en effet une fantaisie mythologique en vers, « Les dieux à l'hôpital », où il se moque de Wagner avec l'impertinence du boulevard [16]. L'orchestre imaginé par Daudet, bigarré, mêle des castrats aux flûtes, convoque brahmanes et Vishnou, anciens dieux, Mercure, Apollon, Aphrodite, avec éclair craché du plafond et tintamarre... Cette mauvaise farce aux rimes faibles ne se distingue pas par sa lucidité : avec la distance, il est facile de lui opposer le *Tannhäuser à Paris* que Baudelaire publie la même année dans la *Revue européenne*, et qui reconnaît pleinement le génie de Wagner. Théophile Gautier n'avait-il pas manifesté son enthousiasme pour le même opéra, dès 1857, lorsqu'il l'avait vu monter à Wiesbaden ? Mais en 1861, le public français donne au compositeur allemand autant d'admirateurs que d'adversaires, parmi lesquels l'innocent Alphonse. Heureusement, comme plus tard son fils Léon, ce Daudet sait reconnaître ses erreurs, et adorera ce qu'il aura commencé, bêtement, à brûler.

C'est à cette époque de fêtes et de bals qu'Alphonse collabore à la *Revue fantaisiste* de Catulle Mendès, qui semble résumer l'esprit d'une époque. Théodore de Banville, Baudelaire, Villiers de L'Isle-Adam, et l'auteur des *Excentriques*, Jules Champfleury, participent à cette arche improbable, qui apparaîtra de plus en plus comme un laboratoire de la littérature future et comme le berceau – bruyant – du mouvement poétique parnassien. Des talents très divers se retrouvent en effet dans cette revue mensuelle, repérable de loin avec sa couverture jaune chamois. L'un cultive le grec, l'autre, le parler du boulevard, et la plupart terminent leur soirée par un dîner chez Tortoni. Temps de fantaisie enfiévrée, témoignera Mendès, au cours duquel on voit l'éméché Paul Verlaine agresser le pauvre Alphonse après un banquet. Lui-même brosse son portrait de poète conteur : « Je vais par la vie à cheval sur une chimère, un oiseau bleu dans chaque poche, je cours les rues grimaçant, gesticulant, composant. J'ai des attaques d'épilepsie ou d'enthousiasme à chaque heure du jour. [...] Je rêve aux étoiles [17]. » Voyant dans l'ironie un remède revigorant, il écrit une « blague » (mot qui symbolise l'époque) où il semble se mettre en scène lui-même, en débarquant d'Alès, un jour d'automne : « Histoire d'un chien qui n'avait jamais vu Paris [18] ».

Ce faisant, Alphonse peut bientôt réunir plusieurs contes et récits qu'il a publiés dans la *Revue fantaisiste* ou ailleurs, pour les confier à Michel Lévy, en 1862. *Le Roman du chaperon rouge, scènes et fantaisies*, rassemble ainsi « Le roman du chaperon rouge », « Les âmes du Paradis », « Un concours pour Charenton », « L'amour-trompette », « Les sept pendules de Barbe-Bleue » et « Les rossignols du cimetière ». Le premier conte parodie avec un humour débridé le conte de Perrault, traitement analogue à celui qu'Offenbach inflige à la mythologie grecque. Cette fois, il se trouve que le petit chaperon a déjà lu l'histoire du petit chaperon rouge. À Polonius (le conseiller du roi dans *Hamlet*), son compagnon de route, il déclare que tous les chaperons rouges finissent par se faire bouffer. Croisant un enfant, il déguste avec lui des confitures, en attendant que le loup survienne, qui ne fera que passer... Plus loin, le chaperon croise un homme de lettres qui s'est arrêté dans la forêt pour y écrire un roman d'après nature. Maître ès fantaisies, conseiller des amoureux, ami d'un fou, chaperon rouge donne à tous de mauvais conseils, ne connaissant qu'ironie, calembours et emphases ronflantes. Malgré les efforts de Polonius pour le retenir, il disparaît tandis que le fou achève l'histoire en sautant dans un puits !

Chapitre 3

VOYAGES ET ASCENSIONS

MOINS FANTAISISTE, LA maladie vénérienne qu'Alphonse a contractée l'indispose souvent et le fait parfois souffrir. Pour la dissimuler à la possessive Marie, il décide d'effectuer un séjour en Provence, invoquant la nécessité de revoir sa famille. C'est alors qu'il rencontre son cousin Henri Reynaud. Insatisfait de l'existence morne qu'il mène dans le petit village gardois de Montfrin, où il est né, cet homme avale d'innombrables ouvrages exotiques et trouve une occupation extrêmement héroïque : la chasse – d'où son surnom, « *lou cassaïre* », le chasseur... Tout cela amuse extrêmement Alphonse, qui engrange aussitôt quantité d'observations et de remarques à propos de son truculent parent. Il en tire une nouvelle humoristique qu'il publiera dans *Le Figaro*, « Chapatin le tueur de lion », qui deviendra *Tartarin de Tarascon*.

À son retour à Paris, il ressent de nouveau des douleurs. Soucieux de la santé de son secrétaire, Morny lui accorde plusieurs congés pour l'aider à retrouver des forces. Alphonse voyagera successivement en Corse, en Algérie et en Sardaigne, moyennant une lettre de reconnaissance par mois à son illustre protecteur.

Le 19 décembre 1861, Alphonse et son cousin s'embarquent donc sur *Le Zouave*, à Marseille. Comme Tartarin, ils reviendront en métropole en février 1862. Quelle aventure, pour ces Dupont et Dupond provençaux. « Nous faisions, mon compagnon et moi, un beau couple de jobards... Ah ! il y croyait celui-là à l'Orient... et tout ce qu'avaient bien voulu lui raconter ses livres. [...] Moi, fidèle comme le chameau de mon histoire, je le suivais dans son rêve héroïque [1]. » Au cours de cette équipée, Alphonse découvre la vie algérienne, la beauté de la mer, la Casbah, et une partie de l'arrière-pays. Place du Gouvernement, à Alger, les deux compères écoutent les polkas et les valses à la mode. Avec le félibre Alphonse Tavan, rencontré par hasard à Alger, Daudet visite le cimetière musulman de Mustapha. Il emprunte la même diligence de Blidah à Miliana que plus tard Tartarin. Attaché aux paysages de Provence, Alphonse s'enchante de la beauté des sites qu'il traverse. Dans *Le Monde illustré*, il évoquera « ces immenses ravins et leurs écroulements de verdure ; ces forêts de thuyas, de caroubiers, d'oliviers sauvages [2] » qui « s'abîment dans des profondeurs embaumées, toute cette flore vigoureuse et bizarre qu'arrosent avec des bruits charmants un millier de petites sources ».

Dans ces départements coloniaux, Alphonse observe la relation entre les militaires et les « indigènes », mais il est également frappé par le mélange des populations : Arabes, Juifs, Bédouins, Kabyles, Européens, mixité dont il trouve un exemple singulier dans l'immense marché qui se tient dans la vallée du Chélif. Il n'hésitera pas, dans *Tartarin de Tarascon*, à faire la satire des autorités françaises, montrant comme celles-ci empêchent les grandes familles arabes de participer aux pouvoirs locaux [3]. À Alger, ses frasques ne sont pas moins nombreuses qu'à Paris. Quant au cousin chasseur de lion, c'est lui qui, par un renversement comique, se voit pisté, traqué, presque dévoré par une femme algérienne qui veut le retenir pour toujours : ce pittoresque épisode est l'origine du chameau de Tartarin, qui va le poursuivre jusqu'à Tarascon.

Pendant son absence, Alphonse a le bonheur d'apprendre le triomphe de sa nouvelle pièce, écrite l'année précédente avec Ernest Lépine – sous le pseudonyme d'Ernest Manuel. Le 4 février 1862, *La Dernière Idole* remporte à l'Odéon un succès marqué par la présence de Napoléon III et de l'impératrice Eugénie. Elle ne sera pas représentée moins de cinquante-neuf fois. Parmi les éloges dans la presse, on rencontre celui de Jules Claretie, l'une des grandes plumes de la critique, et celui du jeune Georges Clemenceau, qui signe l'une de ses premières chroniques littéraires.

« Pour arriver, avait dit Jules Janin aux Goncourt, il n'y a que le théâtre [4]. » En ce milieu du XIXe siècle, un écrivain n'est pas tout à fait un écrivain si son nom n'apparaît pas sur les affiches de théâtre : si par cette voie il conquiert Paris, il emporte en même temps la province, et parfois l'étranger. Villiers de L'Isle-Adam, les Goncourt, Gustave Flaubert se lancent dans des drames ; quant à Émile Zola, dramaturge lui aussi, il aura à justifier l'échec du naturalisme au théâtre, et notamment le sien. Alors que l'histoire ne retiendra des pièces d'Alphonse Daudet que quelques titres, de son vivant, ses œuvres écrites pour la scène touchent souvent leur auditoire, et rencontrent parfois d'importants succès. En 1864, on joue de lui *Les Absents*, en un acte, avec une musique du Nîmois Ferdinand Poise. Lieu de rencontre privilégié entre la littérature et le peuple – ou du moins un large public –, le théâtre devient pour Alphonse un domaine enthousiasmant, une véritable obsession : avec un public nombreux et vivant, des comédiens parfois très talentueux, des rivalités âpres et joyeuses entre dramaturges, des directeurs de théâtres assoiffés de succès, il ne saurait résister à l'attrait d'une carrière brillante. Ce ne sont pourtant pas les déconvenues qui manquent. *Le Sacrifice*, *Lise Tarvenier*, échouent lamentablement. *Le Frère aîné* attend deux ans pour être monté, et lorsque cette pièce est enfin créée, au Théâtre du Vaudeville, elle ne rencontre aucun succès. Alphonse prépare pour 1865 *L'Honneur du moulin*, qui ne sera jamais joué – mais alimentera les *Lettres de mon moulin*.

Intermittent et distrait comme un papillon, Alphonse ne parvient pas à se fixer avec Marie Rieu. Des scènes éclatent fréquemment entre les amants, suivies de réconciliations éphémères. Plusieurs fois ils se séparent, pour se rapprocher ensuite. Daudet rapportera dans *Sapho* l'un des épisodes dramatiques qui émaillent ces amours tempétueuses, avec un sens de l'observation psychologique qui confine à l'aveu autobiographique : « Et de lui dire que tout ce qu'elle faisait était inutile ; mais s'accrochant à lui, se traînant agenouillée dans la boue restée à ce creux de vallon, elle le forçait à reprendre sa place, et, devant lui, dans ses jambes, avec le souffle de ses lèvres, la voluptueuse étreinte de ses yeux, et des caresses enfantines, les mains à plat sur cette figure qui se raidissait, les doigts dans ses cheveux, dans sa bouche, elle essayait de tisonner les cendres froides de leur amour, lui redisait tout bas les délices passées, les réveils sans force, l'enlacement anéanti de leurs après-midi du dimanche. Tout cela n'était rien auprès de ce qu'elle lui donnerait encore ; elle savait d'autres baisers, d'autres ivresses, elle en inventerait pour lui [5]. » Pourtant, une fois encore les amants se séparent. En 1862, Alphonse s'établit passage des Douze-Maisons, « un coin de faubourg perdu [6] » près de l'avenue Montaigne, tandis que Marie s'installe dans la vallée de Chevreuse. Séparation mêlée de compromis puisqu'ils parviennent à se revoir malgré tout, chez elle, lorsque les maîtresses d'Alphonse lui en laissent le temps.

Le jeune écrivain loge dans son petit pavillon Paul Arène, aussi provençal (de Sisteron), ambitieux et bohème que lui. Leur amitié les distrait de l'allure piteuse de ce quartier délabré, qu'animent le soir les violons du bal Mabille. Dans ces masures et ces bouges infâmes, ces maisons de bois où on loge à la nuit, qui contrastent avec les splendeurs des grandes avenues aristocratiques environnantes, on rencontre des professeurs désargentés, des poètes buveurs et sans le sou, des étudiants mal vêtus. C'est dans ce quartier que Daudet situera la triste institution Moronval, où sera placé Jack, le fils à moitié orphelin du roman du même nom.

Indisposé par sa maladie autant que par la présence encombrante de Marie, Daudet obtient de Morny un nouveau congé. Le 23 décembre 1862, le voici parti pour la Corse, séjour qu'il qualifie d'« admirable » dans une lettre qu'il écrit à Mistral. Pendant dix jours, il s'isole dans le phare des îles Sanguinaires. « La mer, le ciel, le vent, la pluie, les rochers arides, [quelques] chèvres sauvages, un lazaret ruiné, deux gardiens philosophes... J'ai vécu là, heureux ; par malheur il faisait froid, j'ai dû rentrer dans cet Ajaccio, ville triste comme un bonnet de nuit sale [7]. » Dans le carnet qu'il tient en Corse, Alphonse aligne de nombreux sujets qui seront à l'origine de nouvelles formant autant de bijoux en prose : « Le phare des Sanguinaires », « L'agonie de *La Sémillante* », « Les douaniers », « Les oranges », recueillies plus tard dans les *Lettres de mon moulin*. Il retient quantité de détails à propos de bandits célèbres dans l'île de Beauté : Quastana, Bellachocha et Théodore Poli. Mérimée n'a pas épuisé les sujets corses ni avec « Mateo Falcone » ni avec « Colomba ». Alphonse Daudet s'intéresse au drame survenu en 1855, lorsque le navire *La Sémillante* s'est écrasé dans un archipel au sud-est de Bonifacio, ne laissant aucun survivant. Bel exercice de journalisme et de documentation pour celui qui va tirer une nouvelle de ce drame. Outre Ajaccio et Bastia, Alphonse visite des villages, bat la campagne, et, curieux de nouvelles expériences, effectue un bref voyage sur un navire de douaniers – qu'il transformera en quarante jours dans « Les douaniers ». Alors que son instinct et son ambition littéraire le poussent à accumuler les notations et les idées, Alphonse sent le farniente et le bien-être s'emparer de lui, conquis par la beauté des paysages, comme si le soleil corse lui rappelait son appartenance à la Méditerranée latine.

C'est à Paris qu'il revient pourtant, dès le mois de mars 1863.

Le soleil lui manque presque aussitôt, et Alphonse revient en Provence. Il séjourne à plusieurs reprises chez son cousin Louis Daudet et sa femme Octavie, née Ambroy. Le futur auteur des *Lettres de mon moulin* ne loge donc point dans un vieux moulin hanté par un hibou, mais dans le magnifique château de Montoban (quelquefois écrit « Montauban »), à Fontvieille, où il passera le plus souvent ses vacances. Là, Alphonse peut à loisir écrire, se promener et converser avec Timoléon Ambroy, l'un de ses plus sûrs amis : il le croque et l'immortalise en tabellion, en le rebaptisant « maître Ambroy » dans le génial conte de Noël intitulé « Les trois messes basses ».

Au contact de Mistral et de ses amis félibres, Alphonse réapprend le provençal qu'il a délaissé depuis l'enfance. Frédéric Mistral et Théodore Aubanel – que Maurras nommera « le Baudelaire provençal » – comptent parmi ses amis les plus proches. En 1864, aux Baux-de-Provence, il fait la connaissance d'un aubergiste dénommé Cornille, qui donnera son nom à l'un de ses personnages les plus émouvants. Installé à Fontvieille, il se rend à Maillane chez Mistral, et achève son périple par Nîmes. Il est tellement enchanté par la Camargue qu'il adresse à Mistral un petit poème en provençal. Avec Lépine, il écrit une pièce intitulée « L'honneur du moulin », première esquisse du « Secret de maître Cornille », la troisième des *Lettres de mon moulin*.

Alphonse aime les moulins de sa patrie, que les méchantes minoteries à vapeur font cesser de tourner les uns après les autres. Avant que Mistral ne décrive la fin des mariniers du Rhône dans un poème épique grandiose, *Lou pouèmo dou Rose* (*Le Poème du Rhône*), Alphonse porte en lui l'histoire des moulins qui ne veulent pas mourir. D'une manière ou d'une autre, les machines ont mauvaise réputation dans l'œuvre de Daudet. Dans *Fromont jeune et Risler aîné*, Risler aura beau inventer une remarquable imprimeuse de papier peint, les machines apparaissent comme des concurrentes de l'homme, des ennemies qui enlèvent à la vie son charme, sa bonhomie et son imperfection naturelle. Dans les *Lettres*, Cornille tient à son moulin tel un chevalier qui s'attarde dans une époque nouvelle et ne cesse de défendre son honneur et celui des choses qui ne sont plus.

On s'est longtemps demandé lequel, parmi les moulins de Provence, est celui d'Alphonse Daudet. Dressé face à Fontvieille et à la plaine arlésienne, il y a tout d'abord le vaillant moulin Saint-Pierre (ou Ribet) : construit en 1815, celui-ci a fonctionné jusqu'en 1915, pour finir centenaire. Plus près du château de Montoban se trouve le moulin du père Tissot, que l'on considère comme le véritable moulin d'Alphonse Daudet. L'écrivain s'y rend à plusieurs reprises, envisage même de l'acheter – les *Lettres de mon moulin* s'ouvrent par un acte de vente parodique – mais il se contente d'y venir converser avec le maître à bord, le père Avon et son fils Trophime. C'est donc celui-ci qu'il est convenu de nommer « le moulin de Daudet ». Pourtant, sur cette question aussi édifiante que celle du chapeau de Napoléon ou de la culotte du roi Dagobert, la vérité dément la méthode scientifique, d'ailleurs complice des minoteries à vapeur. Il faut le dire sans crainte : le véritable moulin d'Alphonse Daudet, c'est celui de maître Cornille. Pas un moulin dans le monde n'exprime mieux son auteur, ne célèbre plus fidèlement la dignité d'un vieil homme un peu têtu, et ne symbolise davantage le remplacement de l'ancien par le moderne. Que de poésie nostalgique l'écrivain a su souffler sur ces ailes !

Le 19 mars 1864, Alphonse assiste à la création de *Mireille* de Charles Gounod, au Théâtre-Lyrique. Écrit en provençal – avec traduction française en regard –, le poème de Mistral sera moins populaire que l'opéra-comique du compositeur, qui n'en conserve que le pittoresque facile. Malgré tout, Mistral se dit que *Mireille* sert la cause de *Mirèio* et la Provence. Aussi est-il attentif aux remarques qu'Alphonse lui adresse au lendemain de la première : « Voici la vraie impression de la soirée d'hier. Demi-succès pour Gounod, grand succès pour Mistral. Les gens de lettres que j'ai vus sont enthousiasmés de toi. Cet opéra a eu cela de bon qu'il a fait lire et relire ton livre, et qu'on est ébloui [8]. » En effet, malgré la qualité musicale de l'opéra de Gounod, l'œuvre originale de Mistral lui est de loin supérieure, et d'une profondeur difficile à retrouver à la scène. La musique de *Mireille* contribue néanmoins à étendre la popularité du poète, qui comptera parmi les gloires nationales jusqu'à sa mort : il ne décrochera pas de ce faîte sous deux régimes politiques fortement centralisateurs, le Second Empire et la IIIe République, comme si la modernité creusait le besoin de tradition.

L'amitié pour Mistral et ses relations avec Timoléon Ambroy incitent Alphonse à rejoindre ses amis en Provence de janvier à avril 1864. Il retrouve d'abord son cousin sous les pins du domaine de Montoban. Avec « Tim » et sa femme, il parcourt la région, rend visite aux moulins, et goûte les douces sensations de la Provence. À Nîmes, il revoit sa tante. Hélas, les frais de voyage et le quotidien sont tels qu'Alphonse manque d'argent et qu'il est obligé de demander de l'aide à Mistral.

Criblé de dettes, il revient à Paris pour s'installer 123 bis rue de l'Université, non loin du Champ-de-Mars. Heureusement, *Les Absents* lui rapportent un bénéfice très opportun, comme il l'écrit à Timoléon : « On vient de jouer à l'Opéra-Comique un acte de votre serviteur intitulé *Les Absents* qui a obtenu un fort joli succès, la musique est d'un Nîmois nommé Poise, elle est ravissante et ma petite comédie restera au répertoire, ce qui me constitue un fort convenable avoir pour l'avenir [9]. »

Pour comble de malchance, voilà que le duc de Morny meurt, le 10 mars 1865. « Ce fut une vraie sortie d'homme du monde, imprévue, rapide, discrète [10]. » Cette mort stoïque contraste avec l'épicurisme du duc : elle lui a été racontée en détail par Lépine ; Alphonse en tirera en 1872 le récit « La mort du duc de M. », véritable témoignage de reconnaissance envers un seigneur que la postérité a maudit pour le coup d'État du 2 décembre et la désastreuse expédition du Mexique. Sa dette envers Morny ne l'empêchera pas de formuler à son sujet des jugements sévères, le qualifiant notamment de paresseux et de médiocre au cours de soirées arrosées chez Edmond de Goncourt, trop fidèle rapporteur. En 1865, si l'emploi d'Alphonse au cabinet du Corps législatif n'est pas menacé, ses congés se raréfient.

Peu après la représentation des *Absents* à l'Opéra-Comique, il retourne en Provence pour deux mois ; mais de sérieux ennuis d'argent perturbent une fois de plus ce séjour et l'obligent à regagner Paris brusquement. À son retour, il doit se résoudre à quitter la rue de l'Université – à charge de revanche – et s'installe dans une petite villa, 46 rue de Sèvres, à Clamart, avec son ami Paul Arène. Un phalanstère d'artistes plus ou moins bambocheurs anime cette banlieue où le jeune écrivain connaît sa seconde vie de bohème. C'est alors qu'il fait la connaissance d'un jeune littérateur originaire d'Aix-en-Provence, Émile Zola : « Je me souviens de ma première rencontre avec M. Alphonse Daudet, rapportera le second. Je crois qu'il habitait la banlieue, un coin écarté de faubourg, avec d'autres poètes, toute une bande de joyeuse bohème. Il était beau, d'une beauté fine et nerveuse de cheval arabe, la crinière abondante, la barbe soyeuse, séparée en deux pointes, l'œil grand, le nez mince, la bouche amoureuse ; et, sur tout cela, je ne sais quel coup de lumière, quelle haleine de volupté attendrie, qui noyait la face entière d'un sourire à la fois spirituel et sensuel [11]. »

Parmi les travaux littéraires du moment, Alphonse publie sous le pseudonyme Jehan de l'Isle des chroniques intitulées « Lettres sur Paris » et « Lettres du village » – dans *Le Petit Moniteur.* Au mois de juillet 1865, il effectue une escapade en Alsace avec Alfred Delvau : après la Provence, et plus encore que pour la Bretagne, où il passera des vacances, il éprouvera une véritable dilection pour cette province encore française, bientôt outragée par l'annexion prussienne. Dans un canevas ultérieur, le voyageur se rappelle l'enchantement de ces pérégrinations : « Les Vosges, l'Alsace, un peu la Suisse, la Forêt-Noire... Nous étions à deux, pas beaucoup d'argent, sans itinéraire. Nous couchions un peu partout, dans des granges, dans des bois, à la belle étoile. Nous étions rompus de fatigue, nous ne prenions pas même de notes [12]. »

Les voyages et les séjours n'en finissent pas. Toujours attiré par le Midi, il effectue un long séjour près de Beaucaire, à Jonquières, dans une maison prêtée par le cousin Louis : au lieu d'y écrire une pièce de théâtre comme il le comptait, Alphonse médite au fond de sa solitude, et c'est dans ce havre mélancolique qu'il écrit le premier jet du *Petit Chose*, roman qui le fera comparer à Dickens. Alphonse l'avoue volontiers : « Je me sens au cœur l'amour de Dickens pour les disgraciés et pour les pauvres [13]. » Dans cette fiction destinée à une énorme popularité, Alphonse déguise son expérience, invente des détails et des circonstances. Mais certains personnages renvoient à des proches : Jacques Eyssette est un double d'Ernest, tandis qu'Irma Borel est Marie Rieu, la maîtresse acharnée. Plus tard, *Le Journal d'Alais* publiera un témoignage du principal du collège de cette ville, se plaignant de la peinture peu flatteuse qu'Alphonse fait de son séjour. D'autres témoins affirmeront que le pion n'y fut point une victime fragile, à la merci des méchants, et qu'avant de quitter définitivement Alès, le jeune homme se livrait volontiers à l'écriture de ses *Amoureuses*. La vérité, c'est qu'à partir de son expérience, et grâce au fruit de son imagination et de sa poésie instinctive, Alphonse donne à la littérature un fabuleux mythe de l'enfance et un roman d'apprentissage attachant. S'il y met tant de pathétique, voire de sensiblerie, c'est que *Les Contemplations* de Hugo et *Les Mystères de Paris* d'Eugène Sue sont ses contemporains mouillés de larmes, et que l'époque aime goûter à ce plaisir triste. Le roman pèche parfois par des interventions trop fréquentes du narrateur et un sentimentalisme un peu lourd, qui fait d'Alphonse Daudet un écrivain de la misère. Pourtant, en relisant ce roman, l'écrivain Jean-Louis Curtis a été frappé par la « cruauté du trait, le pessimisme de la vision du monde, presque égal à celui de Flaubert [14] ». Le larmoiement sur l'enfance débouche sur des vérités plus amples : la fragilité humaine, la pression sociale, le problème de l'identité personnelle, le regard de l'enfant sur le monde adulte. Dans le bel article qu'il consacre à ce roman, Barbey d'Aurevilly en profite pour contester la couleur pastel que l'on attache parfois aux écrits de son confrère. « Et pourquoi ? Parce qu'il fait petit, cet artiste spécial, à qui Pascal a très bien pu souffler tout bas que l'infini est dans l'atome aussi bien que dans un monde. » L'auteur des *Diaboliques* d'ajouter que « tout n'y est pas de cette jolie triste couleur de robe de femme qu'on appelle cendre de rose ! Il y a de la cendre vraie, de celle-là sur laquelle on meurt vivant [15]... »

Encouragé par le succès de ses « Lettres de Paris », Alphonse se remet à la tâche. Il publie d'autres « Lettres » dans la presse, dont les cousins de Montoban se réjouissent : « Il est évident, écrit-il à Timoléon Ambroy, que personne au monde ne peut flairer comme vous ce que je mets dans ce Marie-Gaston [pseudonyme balzacien issu de *La Grenadière* et des *Mémoires de deux jeunes mariés*] de *L'Événement* : d'abord, vous avez du nez plus que pas un, et puis mon moulin n'est-il pas niché parmi les pins de Montoban ? En somme, Fontvieille me porte bonheur, mes lettres ont – toute familiarité à part – obtenu un très grand succès, et Villemessant m'oblige à signer dorénavant [16]. » Pourtant, alors qu'il se met à signer de son nom, les premiers soupçons sur l'authenticité de l'écriture d'Alphonse Daudet commencent à se dessiner. L'écrivain travaille-t-il seul ? De quelle collaboration bénéficie-t-il ? Lorsqu'il publie « Le poète Mistral » dans *L'Événement*, le 21 septembre 1866, il prend la précaution d'écrire à Mistral pour lui soumettre les conseils que lui a donnés Paul Arène. Pour réussir un portrait aussi coloré d'aura légendaire, fondé sur des détails biographiques et littéraires précis, cela ne valait-il pas la peine de s'adresser à ce confrère ami, félibre de Paris, habile conteur et poète, qui a la confiance du poète de Maillane ?

Lorsque Daudet publie ensuite « Le curé de Cucugnan » dans le même journal, il doit affronter une première attaque : un obscur littérateur lyonnais, Blanchot de Brenas, l'accuse de l'avoir plagié. C'est le début d'une longue série de rumeurs, de ricanements et d'insinuations. Qu'en est-il exactement ? Comme le précise l'écrivain lui-même, « Le curé de Cucugnan » est la traduction du conte « Lou curat de Cucugnan », écrit par Joseph Roumanille et publié en 1867 dans *L'Armana Prouvençau*, la principale revue littéraire du Félibrige. Pour écrire ce conte dans un provençal impeccable et chatoyant, « le bon Rouma », comme on l'appelait, cofondateur du Félibrige et véritable La Fontaine provençal, selon Maurras, s'était lui-même appuyé sur le texte de Brenas, publié en 1859. Ce dernier s'est plaint à Villemessant parce que Daudet et Roumanille n'ont pas daigné citer leur source. Celle-ci semble pourtant de peu d'intérêt à côté du petit monument de théologie provençale et d'intelligence chrétienne produit par Roumanille, repris par Daudet, et que Fernand Sardou immortalisera dans un film de Marcel Pagnol. Et puis il convient d'observer que le village de Cucugnan, situé dans l'Aude, n'a jamais demandé de droits ou de réparations à Alphonse Daudet pour l'annexion de son nom à la Provence.

Mais une autre curiosité s'empare de l'écrivain, pour faire de lui un novateur et un précurseur. Avant de se lier avec Edmond de Goncourt, l'un des premiers japonistes de son époque, et avant l'Exposition universelle de 1867, qui lance une première fois la mode du Japon en France, Alphonse a été frappé par la collection chinoise et japonaise acquise par le duc de Morny. Il se met à rêver de l'itinéraire du baron Philip Franz von Siebold (1796-1866), dont la vocation de botaniste a pris naissance au pays du Soleil-Levant, où il a résidé pendant six ans, en se faisant passer pour un Hollandais. Vrai ou pas, les deux hommes se seraient d'abord rencontrés dans une brasserie du faubourg Poissonnière, alors que Siebold s'apprêtait à être reçu par Napoléon III au sujet d'un projet de société internationale d'exploitation qu'il voulait lui soumettre. Enthousiasmé par l'aventure extraordinaire de ce « vieux Sinbad », Alphonse serait devenu son ami et lui aurait proposé de corriger le mémoire que le scientifique a rédigé en français. En échange, Siebold lui aurait promis de lui offrir une édition d'une tragédie japonaise du XVIe siècle, *L'Empereur aveugle*. Cette promesse expliquerait le voyage qu'Alphonse effectue en 1866 à Munich, sur lequel nombre de doutes subsistent.

Arrivé un dimanche « plein d'étoiles », il parvient à retrouver son japonissime ami... dans une brasserie. Le chercheur allemand lui révèle qu'il vient de vendre sa collection japonaise à l'État, et qu'il est en train d'en faire l'inventaire. Quant à la tragédie japonaise, elle se trouve à Wurtzbourg, et il faudrait une autorisation de l'ambassade française pour qu'elle parvienne jusqu'à Munich, alors que la Prusse et l'Autriche sont en guerre. Au musée, Siebold montre à son visiteur français un grand nombre d'objets d'art, dont la maquette de sa propre maison à Edo – ancien nom de Tokyo, capitale où les Occidentaux n'ont été admis qu'à partir de 1858. « Je venais le voir tous les jours, et nous passions ensemble de longues heures à feuilleter ces manuscrits japonais ornés de planches, ces livres de science, d'histoire, les uns si immenses qu'il fallait les étaler à terre pour les ouvrir, les autres hauts comme l'ongle, lisibles seulement à la loupe, dorés, fins, précieux. M. de Siebold me faisait admirer son encyclopédie japonaise en quatre-vingt-deux volumes, ou bien il me traduisait une ode du *Hiak-nin*, merveilleux ouvrage publié par les soins des empereurs japonais, et où l'on trouve les vies, les portraits, et des fragments lyriques des cent plus fameux poètes de l'empire. Puis nous rangions sa collection d'armes, les casques d'or à larges mentonnières, les cuirasses, les cottes de mailles, ces grands sabres à deux mains qui sentent leur chevalier du Temple [17]. » Chaque fois qu'Alphonse quitte ces trésors, ses yeux sont encore sous le charme des couleurs des laques, des jades, des cartes géographiques. « Le Japon, la Bavière, ces deux pays nouveaux pour moi, que je connaissais presque en même temps, que je voyais l'un à travers l'autre, se brouillaient, se confondaient dans ma tête, devenaient une espèce de pays vague, de pays bleu. »

De l'histoire fascinante de Siebold, scientifique et aventurier hollandais fou de Japon, Alphonse tirera en 1868 un récit généralement peu remarqué : « L'Empereur aveugle ou le Voyage en Bavière à la recherche d'une tragédie japonaise », qui ne sera publié qu'en octobre 1871 dans *Le Soir*, pour être repris ensuite dans les *Contes du lundi*. L'écrivain y transpose les souvenirs émerveillés de son voyage à Munich, ses déconvenues de touriste, son agacement face à l'étroit chauvinisme bavarois, avant d'exprimer sa déception de n'avoir pu accéder à la fameuse tragédie japonaise. Au fond, peu importe la vérité autobiographique d'un récit qui donne toutes les cautions du réalisme : avec ce récit japoniste – l'un des premiers chez un écrivain français –, Alphonse Daudet se met à la dernière mode, celle du japonisme. Il se révèle un artiste pleinement moderne, dont le peu de connaissances sur le Japon le place pourtant loin des clichés exotiques et condescendants de Pierre Loti. À plusieurs reprises, il marquera un intérêt renouvelé pour le Japon, et « ce peuple d'artistes [18] » qui le fascine, y compris à propos de l'opéra-comique de Charles Lecocq, *Kosiki*. Par retour de politesse, et avec la conviction qu'Alphonse Daudet est l'un des écrivains qui représentent le mieux la France, le pays du Soleil-Levant imprimera « La dernière classe » dans ses manuels scolaires pendant presque cent ans [19]. Un paradoxe pour l'ancien adepte de l'école buissonnière.

Quitte à se livrer à de sages impertinences, Alphonse Daudet ne renonce nullement à cultiver la liberté que le Midi lui a apprise. Tandis que les amis de la *Revue fantaisiste* se sont transformés en parnassiens sérieux, Alphonse et son ami Paul Arène ne veulent pas abandonner le ton blagueur – d'autant moins qu'Alphonse, loin de se tourner vers la poésie, ne rêve que prose et théâtre. Ces deux allègres Provençaux, conquérants de Paris, de ses filles et de ses cafés, accouchent ensemble du *Parnassiculet contemporain* – l'année (1866) où Barbey d'Aurevilly lance contre leurs mêmes cibles *Les Trente-Sept Médaillonnets du Parnasse contemporain.* L'imposant Leconte de Lisle, Heredia et les poètes parnassiens en vogue apparaissent à travers un jeu de pitreries et de pastiches épicés. Caustiques, les auteurs préviennent leur lecteur : « Les poëtes dont on lira tout à l'heure des pastiches, si heureux qu'ils pourraient faire partie de leur propre volume, sont des turcs attardés qui ont oublié, ou qui ne savent peut-être pas, que le Carnaval romantique est clos depuis trente ans. » Dans ce recueil, Alphonse et Paul se moquent sans méchanceté véritable de poètes dont la plupart sont leurs amis, comme Catulle Mendès. La moquerie n'est-elle pas une sorte de publicité ? Mis en vente en octobre 1866, ce recueil fantaisiste obtient le retentissement escompté. Fou furieux, Catulle Mendès envoie Léon Dierx et François Coppée pour enquêter et découvrir l'auteur de la préface cinglante de ce brûlot. Tandis qu'Alphonse essuie les coups de poing de Verlaine, Arène est provoqué en duel par Mendès. Au Parnasse, on ne rit point.

La veine satirique est l'une des orientations principales de l'œuvre de Daudet. Voici, par exemple, comment cet Archicomique campe Leconte de Lisle dans *Le Petit Chose*, roman contemporain du *Parnassiculet* : « Une fois par semaine, nous avions à dîner avec nous un poète très fameux dont je ne me rappelle plus le nom, mais que ces messieurs appelaient Baghavat [...]. Ces jours-là on buvait du bordeaux à dix-huit sous ; puis, le dessert venu, le grand Baghavat récitait un poème indien. C'était sa spécialité, les poèmes indiens. Il en avait un intitulé Lakçamana, un autre Daçaratha, un autre Kalatçala [...], mais le plus beau de tous était encore Baghavat. Ah ! quand le poète récitait Baghavat, toute la salle du fond croulait. On hurlait, on trépignait, on montait sur les tables [20]. »

Cependant, la veine d'Alphonse peut se montrer plus tendre, plus fine et même grave, comme on le voit dans les *Lettres de mon moulin.* Cette fois, le titre définitif et le plan du recueil sont fixés. L'écrivain publie d'abord une seconde série de « Lettres » dans *Le Figaro*, et publie l'ensemble en 1868 et 1869, chez Hetzel.

Le procédé plaît aux lecteurs parce qu'il inverse les habitudes, et qu'il contredit le prestige culturel d'une capitale qui inspire les modes, les arts et les mœurs : au lieu d'écrire des lettres parisiennes destinées aux provinciaux, l'écrivain rédige des lettres provençales pour les Parisiens. Grâce au moulin d'où il écrit, Daudet réinvente le mythe de l'île bienheureuse et du paradis perdu, même si le point de départ est bien réel : « Le secret de maître Cornille », « c'est l'histoire du moulin Tissot, confiait-il en 1864 aux frères Ambroy. J'espère que vous serez contents [21] ». La genèse de ce conte est d'ailleurs complexe, Alphonse ayant accumulé plusieurs versions et retouché plusieurs fois. Loin de se satisfaire d'un premier jet, l'écrivain travaille et corrige ses textes – parmi les plus beaux de la littérature du XIXe siècle. Certaines « lettres », telle « Les trois messes basses », ne sont entrées que tardivement dans le recueil, au gré des éditions successives.

Bien que les *Lettres de mon moulin* ne soient pas l'œuvre la plus renommée d'Alphonse Daudet de son vivant, ce recueil le fera souvent désigner par la critique littéraire comme le La Fontaine de la prose – un titre à peine excessif : si sa langue est moins ingénieuse et complexe que celle de son grand aîné, elle atteint en revanche un naturel grâce auquel l'art du récit devient souverain. La reconnaissance de ses pairs est, quant à elle, immédiate, et compose une véritable allée d'arcs de triomphe. D'abord, Frédéric Mistral le félicite : « Ton nouveau livre, les *Lettres de mon moulin*, a toutes les exquises qualités de tes précédentes œuvres ; de plus, il est tout à fait provençal. Tu as réussi avec un merveilleux talent ce problème difficile : écrire le français en provençal [22]. » Plus inattendu parce que normand, l'éloge du connétable des lettres, Barbey d'Aurevilly. Le génial auteur de *L'Ensorcelée* proclame contre l'universalisme ambiant que « la réalité parle patois ». Il ne peut donc qu'être sensible à l'ancrage provençal des *Lettres*. Mais il voit surtout dans ce livre « une force égale à sa grâce, une profondeur égale à sa légèreté » ; et ce sont ses qualités littéraires qu'il salue. « Quand nous n'aurions que les *Lettres de mon moulin*, nous aurions assez pour trouver que la main qui a écrit cela, toute petite qu'elle est, peut mieux que caresser voluptueusement les surfaces de la vie, et peser sur le cœur d'un sujet comme la main d'un homme, et le pénétrer en y pesant. C'est la profondeur, en effet,

[…] c'est la profondeur d'impression qui me frappe dans ces lettres écrites d'un moulin [23]. »

Malgré ces reconnaissances et ces hommages, auxquels s'ajoutent ceux d'Émile Zola et de Jules Lemaître, le livre se vend finalement mal : deux mille exemplaires en cinq ans. Il faudra attendre une IIIe République soucieuse des « petites patries » et de l'instruction de ses enfants, un temps où se développent parallèlement le régionalisme et l'ethnologie, un certain désir de retour aux sources, pour que les *Lettres de mon moulin* s'inscrivent parmi les principales lectures des Français. Écrites par un écrivain parisien d'origine provençale, elles ne comportent aucune revendication politique, aucune contestation de la centralisation politique, contrairement aux poèmes de l'ami Frédéric Mistral.

Chapitre 4

La France des opérettes

C'EST AU COURS d'une représentation d'*Henriette Maréchal*, drame en trois actes des frères Goncourt, le 15 décembre 1865, qu'Alphonse fait la connaissance de celle qui deviendra son épouse, Julia Allard. Un certain romanesque entoure cette rencontre : tandis que les deux jeunes gens s'échangent de doux regards, la pièce est victime d'une épouvantable cabale de la part du parti républicain depuis sa création, dix jours plus tôt. Sifflets, injures, cris retentissent dans la salle. Les Goncourt étant soutenus par la princesse Mathilde, l'opposition n'a pas trouvé de meilleur moyen que de conspuer cette pièce pour atteindre le régime honni, peu importent les dégâts collatéraux. « Œuvre mort-née ou plutôt enterrée vivante, commentera Alphonse, elle reste dans l'histoire de l'art dramatique comme le souvenir d'une grande injustice et d'une mauvaise action [1]. » Alphonse a beau jeu de se placer depuis le début parmi les enthousiastes partisans des Goncourt : au bout de six représentations, les autorités interdisent la pièce.

À l'opposé de ces malheurs, le bohème d'origine provençale a rencontré une jolie Parisienne : Ernest est bien aise que son frère soit enfin amoureux d'une jeune femme de la bonne société, à la fois belle, cultivée et intelligente, et qui signe des poèmes sous le pseudonyme de Marguerite Tournay dans la revue *L'Art*. Il est vrai que la mère de Julia, née Léonide Navoit, a eu pour amie la poétesse Marceline Desbordes-Valmore, et que le poète François Coppée a été pressenti pour épouser Julia. Du côté paternel, Jules Allard s'est mêlé il y a des années à la conjuration du républicain Armand Barbès et a subi une peine de prison à Sainte-Pélagie.

Depuis, il est devenu un industriel et un notable suffisamment aisé pour acheter l'hôtel de Vaux, rue Saint-Gilles, à Paris. Là, les Allard invitent leurs amis Barbey d'Aurevilly, le poète breton Auguste Brizeux, Alphonse de Lamartine, Leconte de Lisle et François Coppée. Les présentations officielles des deux futurs époux ont lieu à Ville-d'Avray, chez les Allard.

Alors que tout semble se dessiner admirablement, ces derniers apprennent par des indiscrétions que l'ancienne maîtresse d'Alphonse, Marie Rieu, s'accroche désespérément à lui, et cherche à le reconquérir. En 1865 – l'année même de la rencontre avec Julia –, Alphonse a sollicité l'aide de Lépine pour aider Marie à trouver un emploi de gérante dans un petit hôtel des Champs-Élysées. À cause de lui, semble-t-il, sa maîtresse s'est brouillée avec sa propre famille. Blessée, enragée, amoureuse, elle menace de surgir n'importe où et n'importe quand pour faire éclater un scandale épouvantable si son homme ne plie pas. Or, Alphonse tient bon. Il a décidé de ne plus jamais revoir cette amante de six ans qui a dû supporter un nombre indéterminable d'infidélités. Il se contentera d'assister à l'enterrement de cette ancienne maîtresse, mais se gardera de faire état de cette démarche à Julia, pour qui il inventera un prétexte.

Le mariage avec Julia Allard est célébré le 29 janvier 1867 en l'église Saint-Denis du Sacrement, rue de Turenne, à Paris. Frédéric Mistral et Paul Dalloz, le directeur du *Moniteur de l'Empire*, sont les témoins d'Alphonse. Puis on se rend chez Véfour, le célèbre restaurant fondé en 1784, pour un somptueux repas. Comme son père, Vincent, Alphonse a décidément épousé un bon parti : grâce à ses 100 000 francs de dot, Julia pourra effacer les dettes de son mari lorsqu'il lui en fera part. Surtout, elle tâche de le fixer, de l'encourager, de l'aider dans son travail, lui qui est en train d'écrire un roman, *Le Petit Chose*. « Jeune fille aussi belle que cultivée », écrira Lucien Daudet de sa mère, elle « avait décidé que ce bohème fantaisiste, aperçu par elle un soir au Théâtre-Français, et dont elle admirait le jeune talent, deviendrait, par sa volonté à elle, un homme rangé, un bon mari, un excellent père et le grand écrivain qu'il devait être [2] ». Alphonse est amoureux de Julia, et la rendra de plus en plus heureuse à mesure qu'il deviendra celui qu'elle veut.

Les époux ont choisi le Midi, patrie d'Alphonse, pour leur voyage de noces. D'origine bretonne et tourangelle, Julia ne connaît pas encore le sud de la France. En février 1867, elle se laisse guider chez Mistral, à Arles, puis aux Baux-de-Provence, faisant la connaissance des amis de son mari, ces félibres qui, à côté des chants, des banquets et des discours, travaillent à la refondation de la poésie provençale : Théodore Aubanel, Joseph Roumanille, Félix Gras, Anselme Mathieu. À Mme Jules Allard, mère de Julia, les deux époux envoient une lettre où chacun écrit à son tour un paragraphe d'impressions, de souvenirs et de blagues : « Voici encore une de ses commissions, écrit Julia : nous nous disputons tout le temps ! La mariée est furieuse ! le marié va fumer au bord de la mer !!... Non, maman, ce n'est pas vrai [3] !... » Quelques jours après, ils sont installés dans un hôtel de Cassis, où Julia lit *Calendau*, l'épopée poétique dont Mistral a offert une copie à Alphonse. « Anfos » apprend à sa femme à lire le provençal. Et il lui fait la lecture de la deuxième partie du *Petit Chose*, qu'il vient de terminer.

Comme il fait beau, les jeunes époux mettent la voile pour contempler les fameuses calanques côté mer.

À Paris, le couple s'installe dans un appartement de l'hôtel Lamoignon, où a vécu Auguste Comte avec sa « vierge positiviste », Clotilde de Vaux. C'est dans la chambre que cette dernière avait habitée que naît le petit Léon, le 16 novembre 1867. Ses premiers mois apportent aux parents des inquiétudes dont Alphonse témoigne à Timoléon Ambroy : « 1868 a fini pour nous d'une façon pitoyable. Julia malade, puis l'enfant. J'ai passé tant de nuits que, maintenant que la maman commence à se rétablir, me voilà atteint d'une névralgie faciale, qui, pendant cinq heures par jour, me rend fou [4]. » Les problèmes de santé ne gâchent pas la joie profonde qui s'empare d'Alphonse, à qui il arrive de coucher le bébé avec lui, la nuit. Tour à tour, on nomme Léon « Bichon » et « le Dauphin » : à la fois tendre et royal.

Autour de lui, dans l'appartement de la rue Pavée, que d'agitation ! Frappée par la force de travail du couple, Mme Allard écrit ainsi à son mari : « Ce n'est plus une maison, c'est une usine à littérature ! » Puisqu'il convient de trouver un lieu agréable pour se reposer et faire connaître la nature à Léon, la petite famille élit bientôt pour villégiature Champrosay, près de Draveil (dans l'Essonne) : d'abord dans un château, vite rasé, puis dans une propriété qui avait appartenu au peintre Eugène Delacroix. C'est dans l'ancien atelier de ce dernier qu'Alphonse écrira *Tartarin*. Les Daudet séjourneront ensuite, à la fin de l'été, dans la « maison du haut de la côte », acquise en 1871 par la famille Allard, avec laquelle les relations du couple vont se détériorer progressivement.

Ces jours heureux sont assombris par la mort de Marie Rieu, en 1869. Alphonse lui rendra un hommage à travers le personnage de Fanny Legrand, dans *Sapho*, roman qui s'achève autrement que l'aventure réelle entre Alphonse et Marie. L'indécis Jean Gaussin (double d'Alphonse) attend sa chère Fanny afin de s'embarquer avec elle au port de Marseille pour l'Amérique du Sud. Fatiguée de son inconstance et par des réconciliations qui ne durent pas, elle a décidé de rompre en restant à Paris. *Sapho* sera donc la revanche de l'amour qu'Alphonse n'aura pu, ou n'aura su partager avec Marie.

Tandis que les nouveaux époux nourrissent l'un pour l'autre un amour profond, que les infidélités du premier n'épuiseront pas, Ernest est accablé par l'échec de son union. Sa femme jalouse et acariâtre n'hésite pas à persifler les siens. À plusieurs reprises elle rapporte à Julia des détails de la vie sentimentale très agitée d'Alphonse avant son mariage, ce qui ne manque pas de créer des tensions. S'ajoutent à cela la maladie du fils d'Ernest – Georges Daudet, né en 1865 – et le succès, la popularité grandissante d'Alphonse, qui sont pénibles à l'épouse d'Ernest. Mari meurtri, ce dernier serre les dents, et se réfugie dans l'écriture et dans l'histoire de France. Puisqu'il supporte courageusement ce sacrifice quotidien, il se sent le droit de donner des leçons de moralité aux autres. Dans l'avertissement d'*Un mariage tragique*, il condamne le « développement effrayant de l'adultère [5] ». « Plus on va et plus les unions sont mal assorties, affirme-t-il ; plus aussi sont nombreuses les femmes qui vivent dans l'oubli du devoir. » Blanches colombes, les hommes sont victimes des fauvesses…

Plus heureux en ménage que son frère, Alphonse n'aura pas à s'inspirer de drames intimes qui auraient déchiré son couple. Il poursuit son aventure d'écrivain en se sachant soutenu par Julia. En cas de revers, il sait qu'il pourra toujours compter sur sa bienveillance et ses encouragements. Rien ne pourra rendre Julia plus heureuse que de voir son mari réussir en littérature, ce pays magique et maléfique dans lequel elle se sent née elle-même. Poète, dramaturge et conteur, Alphonse souhaite maintenant percer dans le roman, mais le succès n'est pas si facile. Habilement, l'éditeur Hetzel lance *Le Petit Chose* en plusieurs éditions successives qui donnent l'illusion de ventes considérables et donc d'un triomphe littéraire. Mais les résultats commerciaux s'avèrent décevants pour un livre destiné à devenir un « best-seller » : pas plus de sept mille exemplaires vendus en cinq ans. Paradoxalement, la guerre franco-prussienne va favoriser la carrière littéraire d'Alphonse Daudet en mûrissant son regard sur la France et sur le monde.

Le 16 juillet 1870, en s'amusant à la lutte avec le critique d'art Zacharie Astruc, Alphonse se casse la jambe. Mauvais présage. Trois jours après, poussé par une opinion publique trop confiante, Napoléon III déclare la guerre à la Prusse. Tandis que l'Empire se délite, les armées allemandes foncent, parvenant bientôt jusqu'à Châlons. Dans les souvenirs d'Alphonse, sa convalescence prendra valeur symbolique en coïncidant avec la guerre. « Dans cet été lourd, exceptionnellement brûlé et orageux, cette immobilité pleine d'agitation était atroce et d'une inquiétude accrue par les désastres publics dont les journaux croulant sur mon lit entretenaient mon inaction et mes insomnies. La nuit, le roulement des trains sur l'horizon me troublait comme la marche de bataillons interminables [6]. »

Tandis que les défaites se succèdent à Wissembourg, à Forbach, et que Bazaine envisage sa retraite sur Verdun, le 15 août, Alphonse est fait chevalier de la Légion d'honneur des mains de l'impératrice Eugénie. Depuis longtemps celle-ci goûte ses œuvres, et c'est peut-être elle qui l'avait recommandé à Morny. Pour les Daudet, c'est la dernière fête impériale. Les aigles napoléoniennes inclinent bientôt la tête.

Le 2 septembre 1870, l'armée capitule à Sedan et l'empereur est fait prisonnier par les Prussiens. L'empire est déchu, et la république proclamée à Paris. Le 17 septembre, un comité central révolutionnaire est mis en place, qui organise des dizaines de bataillons de garde nationale. Alphonse écrit à Timoléon Ambroy : « À l'heure qu'il est, tout Paris est dans la rue. La République est, dit-on, proclamée. Eh bien ! soit ! Vive la République ! Je ne sais pas ce que c'est, mais c'est égal, vive ça ! Si ça doit sauver la France [7] ! » Dans le *Carnet papillon*, des notes où il prépare ses *Lettres à un absent*, l'écrivain précise : « Je ne veux pas dire de mal de la république. Je ne sais pas ce que c'est... J'ai beaucoup vu de près les hommes de l'empire – et j'ai été bien stupéfait d'abord, bien écœuré ensuite, de la nullité, de l'ignorance, de la fatuité sotte et aveugle de tous ces gens... Mais je dois dire, en mon âme et conscience, que tout ce que je vois m'attriste et m'épouvante [8]. » Déçu par les militaires, Alphonse a tendance à donner raison aux Parisiens les plus scandalisés par l'imminente victoire prussienne.

Le 19 septembre 1870 commence le siège de Paris. Alphonse s'engage dans le 96e bataillon de la garde nationale et se voit assigné au fort de Montrouge. Si Zola ne peut être mobilisé, Paul Arène, Léon Hennique se placent, eux aussi, sous les drapeaux. Ernest Daudet est inspecteur d'ambulance. Contrairement à d'autres, et malgré sa myopie, Alphonse fait l'expérience de la guerre, sans prendre part directement au feu. Henri Rochefort témoignera ainsi de la pugnacité de ce sentimental en uniforme : « Plus éprouvé que tout autre par le froid de l'hiver terrible, il s'engagea dans les compagnies de marche, montant des gardes quasi mortelles et couchant sur les glacis des bastions, d'où il revint flanqué d'une bronchite qui, pendant longtemps, inquiéta fort ses amis [9]. » Maxime Du Camp note lui aussi cette pugnacité dans une étude historique : Daudet « fut partout où il y eut du danger à courir [10] ». Expérience d'autant plus rigoureuse que cette garde nationale connaît d'impressionnants défauts d'organisation et de volonté, comme si elle était constituée de nombreux Tartarins. Un jour, un bataillon complet abandonne son poste. Un autre, une moitié de bataillon ivre se voit dans l'incapacité de se mouvoir. Dans le fort lui-même, Alphonse est aussi étonné que le hibou de son moulin lorsqu'il voit des allées bien ratissées, des kiosques, et même des bananiers, comme si une autre existence était venue se planter au milieu de la guerre – contraste typique de l'art de Daudet, quand la réalité rejoint la fiction.

Le 31 septembre, un comité provisoire organise la défense de Paris. Les jours suivants, les événements s'enchaînent : vote massif en faveur du gouvernement de défense nationale, bombardements prussiens, disette, des milliers de morts à Paris, offensives répétées et que l'ennemi repousse inlassablement… « Ce siège de Paris – si long, si énervant, si angoissant – dont nous attendons la fin avec une impatience fébrile, est pour certaines gens un enivrement et une fête continuelle », note Alphonse dans l'un des carnets préparatoires qu'il tient [11]. Car l'écrivain ne disparaît pas sous le soldat. Chaque instant, il observe tout et partout : le comportement des individus, les détails du quotidien, l'évolution politique, les sentiments qui traversent les hommes, l'attitude du commandement militaire, la mentalité des gradés et des têtes échauffées.

Deux mois après le célèbre départ de Gambetta en ballon, Alphonse s'amuse à envoyer un message à Mistral par le même engin, en cryptant en (mauvais) provençal son message : « *Te manda per lou balloun mountan une grousso poutounado e ma fai plesi de pousqué te le manda en lengo Provençalo ; coum'aco siéu asseyera que lou barbaro, s'un cop lou balloun se toumbo dans li man, pourrai pas legi mouns escrituro e publida ma lettro dins lou Mercuro de Souabe* [12]. » Plus sérieusement, le 8 janvier 1871, il traite à chaud d'un sujet d'actualité dans le *Figaro* : l'attaque prussienne contre Rueil, qui a eu lieu la semaine précédente. Frappé par l'improvisation de la riposte, le factionnaire évoque le tir d'obus lancés depuis le mont Valérien, comme d'étranges oiseaux de nuit traversant le ciel, la place de la mairie de Rueil, toute noire, la neige qui paraît plus éclairante que la nuit, ou bien la petite gare aristocratique des canotiers de Bougival, devenue un « tombeau blindé, matelassé, sentant la poudre [13] ». Finalement, l'ennemi, pourtant couvert par des francs-tireurs, est repoussé. Vingt jours plus tard, une fois l'armistice signé, Alphonse est démobilisé, mais il continue de fréquenter ses amis de la garde nationale.

Si les préliminaires de paix sont signés à Versailles le 26 février 1871, des groupes s'organisent et pillent des dépôts d'armes. Excédé parce que la province a peu soutenu la capitale, Alphonse écrit une satire symbolique, « La défense de Tarascon », qu'il publie dans *Le Soir* du 5 mars. Les Tarasconnais sont furieux. De quoi se mêle cet ancien Nîmois, et pourquoi s'acharne-t-il à lutter pour des Parisiens qui, après s'être tant amusés sous l'Empire, s'acharnent à prolonger la guerre ? Pour montrer qu'il n'est pas un mauvais Méridional, porté à la haine de soi, Alphonse dédie ce récit à « Paul Arène, capitaine de mobiles ».

Ce fossé entre les provinces françaises et Paris se creuse encore lorsque, le 19 mars, l'Hôtel de Ville est pris par les bataillons insurgés, et que le 27, la Commune de Paris est proclamée. Au cours de ces journées révolutionnaires contre le gouvernement légal de Thiers, Alphonse reste à Paris, rue Pavée. Dans « Une champignonnière de grands hommes », publié par le journal *Le Soir*, il évoque avec une nuance satirique les figures qu'il croisait naguère au Café de Madrid et qui aujourd'hui comptent parmi les principaux insurgés de la Commune : Vallès et son absinthe, le peintre Courbet, bouffi d'orgueil et de bière, Paschal Grousset pommadé et ganté, et, trônant dans « le coin des purs », Charles Delescluze, « nerveux et fin comme un cheval arabe [14] ». L'insurrection prend un tour de plus en plus radical, qui rappelle aux Français les couleurs sanglantes de la Terreur. Au cours du mois de mars, les généraux Lecomte et Thomas sont fusillés par la Commune, et le climat général devient celui d'une guerre civile. « Décidément, la farce tournait au tragique, et le boulevard ne riait plus [15]. » Son fils, Lucien Daudet, dira d'Alphonse : « La Commune lui faisait horreur, comme devaient lui faire horreur ensuite les répressions [16]. »

Au mois d'avril, les combats entre Versaillais et Communards sont de plus en plus fréquents. Les seconds organisent des exécutions d'otages – parmi eux, Mgr Darboy, l'archevêque de Paris – qui leur coûteront cher. Le 25 avril, exaspéré par la guerre civile, Alphonse réussit à se procurer un laissez-passer pour quitter la capitale et se réfugier à Champrosay avec sa famille, bien que cette zone soit occupée par les Prussiens. Il ne verra pas les incendies provoqués par les Communards, notamment ceux des Tuileries et du Louvre, ni la répression conduite sur ordre de Thiers par le général Galliffet : un massacre de douze mille individus, croyait-on alors – vingt mille en réalité. Si l'action révolutionnaire des Communards ne plaît pas à Alphonse, la férocité du « marquis au talon rouge » (le général Galliffet) le dégoûte tout à fait, comme en témoignera son autre fils, Léon [17].

Cette année sanglante l'a vieilli d'un seul coup ; ce trentenaire paraît plus que son âge, à force de voir et de deviner la brutalité de la guerre et de la lutte civile. L'épilogue de *Robert Helmont*

(1873), récit largement autobiographique, traduit les convictions les plus profondes d'Alphonse : « Ô politique, je te hais ! Je te hais parce que tu es grossière, injuste, criarde et bavarde ; parce que tu es l'ennemie de l'art, du travail ; parce que tu sers d'étiquette à toutes les sottises, à toutes les ambitions, à toutes les paresses. Aveugle et passionnée, tu sépares de braves cœurs faits pour être unis ; tu lies, au contraire, des êtres tout à fait dissemblables. Tu es un grand dissolvant des consciences, tu donnes l'habitude du mensonge, du subterfuge et, grâce à toi, on voit des gens devenir amis de coquins, pourvu qu'ils soient du même parti. Je te hais surtout, ô politique, parce que tu en es arrivée à tuer dans nos cœurs le sentiment, l'idée de patrie [18]... »

Les *Lettres à un absent*, publiées à l'automne 1871 chez Lemerre, dénoncent les horreurs de la Commune en vingt pamphlets miniatures. Si l'ouvrage est un succès de librairie, il fait beaucoup grincer des dents : comment un écrivain français ose-t-il ternir à ce point l'armée, les généraux, mettre aussi crûment le doigt sur les torts politiques et militaires de sa patrie ? Alphonse est bientôt obligé de retirer l'ouvrage du commerce et de procéder à des coupes dans l'éventualité d'éditions ultérieures. Le recueil n'a pas été réédité du vivant de son auteur, mais Lucien notera plus tard que trois au moins de ces pièces virulentes sont des chefs-d'œuvre : « La reddition », « Les dictateurs » et « Les tricoteuses ».

Ayant besoin de repos, Alphonse retourne en Provence à l'été 1871. Il aspire à retrouver le pays de ses aïeux, des bonnes fées et de Frédéric Mistral, tandis que Julia et Léon (il a trois ans) restent à Champrosay sous la garde des Allard. À Nîmes, l'écrivain retrouve ses parents pour vingt-quatre heures. Âgé de soixante-cinq ans, Vincent a subi il y a peu une attaque dont il peine à se remettre. Quant à Adeline, la mère de l'écrivain, elle se sent elle aussi affaiblie. Comme Alphonse n'a pas le temps d'aller jusqu'à Fontvieille, le cousin Timoléon a la bonne idée de le rejoindre à Nîmes pour dîner. Mais il faut regagner Champrosay aussitôt, et se remettre au travail.

Alors qu'en 1871 Ernest publie anonymement *L'Agonie de la Commune. Paris à feu et à sang*, la même année, Alphonse publie dans la presse de nombreux récits et contes qui développent son regard sur la guerre et la Commune. Trois séries se succèdent de 1872 à 1873, successivement dans *Le Soir*, *L'Événement* et *Le Bien public*, pour former finalement le volume des *Contes du lundi*, en 1873. Alphonse Daudet y annonce le patriotisme qui prévaudra tout au long des années 1880, lorsque l'État républicain sera consolidé, mais avec des touches merveilleusement poétiques, ici tendres, ailleurs acérées. Nouvelles, récits, évocations composent un recueil qui rivalise avec les *Lettres de mon moulin* par leur portée et leur art. Comme La Tour du Pin prétendant qu'un pays qui n'a plus de légendes étouffe de froid, Daudet critique un pays qui a perdu le goût de lui-même et de son unité. La preuve, cet individu à la fois naïf, fragile et vantard, Chauvin, qui s'écroule mitraillé, victime de l'imbécillité collective des Versaillais et des Communards. Alphonse n'est pas loin de Victor Hugo qui, lui aussi, rejette absolument la possibilité de perdre les provinces annexées par l'Allemagne et qui, comme lui, exalte la Revanche. Mais à l'inverse de bien des revanchards, Daudet a parcouru au moins l'une de ces deux provinces : l'Alsace. Il n'aurait probablement pas atteint de tels accents de vérité dans « La dernière classe » ou « Alsace ! Alsace ! » s'il n'avait pas traversé cette terre de prédilection. Souvenons-nous qu'il y avait effectué un voyage, non pas en chemin de fer, mais « à pied, le sac sur le dos, avec un bâton bien solide [19] », qu'il avait découvert « ces jolis villages alsaciens » espacés « au bord des routes », le kirsch, l'omelette alsacienne…

Mieux qu'une simple expression du patriotisme de 1870, à travers le mélancolique départ de l'instituteur, M. Hamel, « La dernière classe » (dans les *Contes du lundi*) offre un symbole de la fatalité qui s'abat sur la population civile en cas de guerre, d'annexion et d'oppression par le vainqueur. Il est vrai que, de plus en plus oublié aujourd'hui dans son pays, parce qu'il touche une honteuse défaite et un sentiment patriotique démodé, ce récit a été longtemps parmi les plus populaires en France, et dans le monde, l'un des plus renommés de la littérature française. Longtemps intégré dans les manuels japonais, ce récit l'est encore de nos jours dans les manuels chinois. Dans l'empire du Milieu, « La dernière classe » fut traduite par le philosophe Hu Shih dès 1912 ; dans celui du Soleil-Levant, le premier traducteur de Daudet est Mori Ogai, l'un des plus grands écrivains de l'ère Meiji [20]. En exaltant l'amour du pays et le sens du devoir avec une note compassionnelle et tragique, comme dans un drame de kabuki, ce récit touche au cœur de la sensibilité japonaise. Local, l'art d'Alphonse Daudet est aussi universel.

Avec la guerre franco-prussienne, l'écrivain est contraint d'étendre son champ de vision sur le monde, duquel il ne cesse d'apprendre. Mordu par le réel, petit acteur et grand témoin, Alphonse Daudet écrit *Robert Helmont, journal d'un solitaire.* Dans ce récit écrit sous forme de journal (1870-1871), il se transpose en personnage narrateur, blessé et convalescent à Champrosay pendant l'occupation prussienne. Il apporte aux *Contes du lundi* le complément personnel qui leur manquait, avec le rythme et le ton juste qu'ils appelaient. Loin de situer son récit au cœur des événements, d'évoquer des personnages célèbres ou des combats importants, l'écrivain évoque une guerre à hauteur d'homme, dans un effet de sourdine qui ne fait qu'en accentuer le caractère oppressant. Des personnages communs, soldats, fermiers, rapprochent immédiatement le lecteur d'un espace inconnu, dont il doit appréhender les mystères et les dangers imminents. L'intérêt historique de *Robert Helmont* réside dans l'évocation du climat de terreur de ces mois, où plus rien ne semblait à sa place. Ces souvenirs précèdent de dix ans le recueil de nouvelles collectif *Soirées de Médan*, où l'on trouvera notamment « Boule de suif » de Maupassant et « Sac au dos » de Huysmans. Pour ce seul récit, Alphonse Daudet peut être considéré comme l'un des principaux écrivains de la guerre de 1870. D'un ancrage idéologique relatif – le patriotisme est assumé quasiment par tous les Français, surtout avec l'humiliation de la défaite –, ces pages confirment l'art du conteur dans lequel Alphonse excelle. Là, où la beauté et l'indifférence de la nature contrastent avec l'horreur de la guerre, le sens du détail coïncide souverainement avec l'intention poétique. *Robert Helmont* scelle une alliance réussie entre poésie et littérature réaliste, où triomphe le génie créatif et sensible d'Alphonse Daudet.

Chapitre 5

AU DÎNER DES RATÉS

PÈRE DE LA chèvre préférée des enfants, Alphonse est aussi le créateur d'un lion famélique, échappé d'un cirque, se perdant dans le désert, jusqu'à ce qu'un fol ahuri lui tire dessus. C'est que cette histoire du chasseur de bêtes féroces chemine dans son esprit depuis son voyage en Algérie avec le fameux *cassaïre*, son cousin Reynaud. Déjà, en février-mars 1870, il a publié *Les Aventures de Chapatin de Tarascon* dans *Le Figaro*. Trouvant là « un beau sujet de gaieté [1] », susceptible en revanche de froisser « l'amour-propre cynégétique des Tarasconnais », il le développe en « étude méridionale et surtout étude algérienne ». Étoffé, le texte s'intitule ensuite *Les Aventures de Barbarin de Tarascon*, chez Hetzel, pour devenir finalement *Aventures de Tartarin de Tarascon*, chez Dentu. De Chapatin à Tartarin, il n'y a évidemment qu'un filet d'eau, comme celui qui sépare Beaucaire de Tarascon. Le cousin Reynaud, qui se faisait appeler Chapatin à Nîmes, se brouille avec l'écrivain en découvrant qu'il a inspiré le formidable héros.

Tartarin est une galéjade en prose efficacement construite. Après avoir été décrit dans sa ville, où il s'entraîne en tirant sur des casquettes, le Tarasconnais gagne l'Algérie pour chasser le fauve. Observateur de la psychologie individuelle et collective, peintre d'une Afrique contrastée, Alphonse se révèle un amuseur extraordinaire et donne naissance à l'un des principaux mythes comiques de notre littérature. Tartarin, c'est un résumé de la fatuité française. Une caricature de la lourdeur et de la vulnérabilité masculine. Les habitants de ce Tarascon imaginaire ne sont pas en reste : ils incarnent toutes les lâchetés, les perfidies et les pusillanimités locales. En outre, *Tartarin* marque un don de l'autodérision comme on en rencontre peu dans la littérature du XIXe siècle : Méridional, Alphonse se moque du Midi ; Français et patriote comme toute sa génération, il écrit qu'« en France, tout le monde est un peu de Tarascon », visant ainsi la vanité, où La Fontaine et Montesquieu avaient reconnu la principale faiblesse des Français. Comme le dit joliment Louis Forestier, l'un des meilleurs connaisseurs d'Alphonse Daudet : « Avec Tartarin, Daudet réussit *La Belle Hélène* de la littérature [2]. » Le lecteur en rit à gorge déployée. En découvrant ce roman comique, Flaubert s'exclame : « C'est purement et simplement un chef-d'œuvre ! Je lâche le mot et le maintiens. J'ai commencé *Tartarin* dimanche à minuit ; il était achevé à deux heures et demie. Tout, absolument tout, m'a diverti. Plusieurs fois, j'ai ri tout haut aux éclats. L'invention du chameau est une merveille qui, bien développée, "couronne l'édifice". Tartarin sur le minaret, engueulant l'Orient, est sublime. Enfin, votre petit livre me semble avoir la plus grande valeur. Tel est mon avis [3]. »

Bien sûr, à Tarascon, certains habitants font grise mine. Cet écrivain nîmois monté à Paris n'est-il pas redescendu plusieurs fois en Provence pour écrire sous un beau soleil, alors que ses pages caricaturent les Méridionaux ? Quelle ingratitude ! Les Provençaux manifesteront d'autant plus volontiers leur colère qu'Alphonse récidivera avec *Tartarin sur les Alpes*. Cette fois-ci, le personnage appelé Pascalon est une caricature du félibre bègue Paul Mariéton (d'origine lyonnaise). Puis Alphonse publiera *Port-Tarascon* (1890), comme s'il n'en avait jamais fini de régler ses comptes avec la petite ville mythique qu'il a imaginée, ni de satisfaire son lectorat populaire. En 1891, au banquet de Tarascon, plusieurs félibres boiront à la mort du traître. On raconte même qu'un jour, un individu qui ressemblait trop à Alphonse Daudet manqua d'être jeté dans le Rhône par des Tarasconnais vengeurs. Dans une revue félibréenne publiée à Paris, *Lou Viro-Soulèu*, le jeune Charles Maurras s'indigne, en provençal, contre les « couillonnades » qui se sont développées « depuis vingt ans » sous la « crinière de bohémien » d'Alphonse Daudet. Heureusement, pour ménager la susceptibilité de son ami, l'écrivain Baptiste Bonnet consacre à Alphonse un article beaucoup plus aimable dans le même numéro. Cependant, malgré le risque d'une telle notoriété, la noble cité de Tarascon est demeurée fière comme la Tarasque qui lui a donné son nom, et elle n'a pas trop souffert des images bouffonnes ou plaisantes inventées par un Nîmois caricaturiste. De nos jours, elle abrite même un boulevard et un lycée Alphonse-Daudet.

Des *Lettres de mon moulin* à *Tartarin*, Alphonse ne passe pas de l'amour de la Provence au mépris envers elle. La preuve, c'est qu'il se lance dans l'adaptation théâtrale de la nouvelle « L'Arlésienne », qui ne comportait rien de risible. Le conteur s'était inspiré, en 1866, d'un drame survenu quatre ans plus tôt au Mas du Juge, près de Fontvieille. Il évoquait le suicide de François Mistral, le fils du demi-frère de Frédéric Mistral, dont le mariage avec Philippine Cauffopé venait d'être rompu. Le poète lui-même avait raconté à Alphonse les circonstances de cette tragédie. La famille de François avait découvert que la jeune fille, originaire de Béziers, avait connu d'autres hommes auparavant, et que ce détail avait été caché. Dès lors, il ne pouvait plus être question que le jeune homme épouse Philippine. D'un autre côté, on ne parvenait pas à chasser la tristesse du cœur de François, sur qui la famille de Philippine exerçait un réel chantage. Par désespoir, il s'était jeté du grenier sur une table de pierre, au Mas du Juge, le 7 juillet 1862. « D'une lieue on entendait les cris de ma belle-sœur, rapporte Mistral. Nous accourûmes tous, de Saint-Rémy et de Maillane. Nous la trouvâmes [...] assise à côté de son fils, pétrifiée [4]. » Lorsqu'il lira la nouvelle d'Alphonse enfin achevée, le poète éprouvera l'impression que son ami a lui-même assisté au drame.

Pour la scène, l'œuvre d'Alphonse, en trois actes et cinq tableaux, a bénéficié de la musique d'un compositeur en vue, mais qui ne sera pleinement reconnu qu'après sa mort, après l'échec de *Carmen* : Georges Bizet. Optimiste et guilleret, Alphonse invite son cousin Timoléon Ambroy à assister à la première. Plein de curiosité, Tim' effectue donc le voyage de Fontvieille et assiste au spectacle au Théâtre du Vaudeville, à Paris, le 1er octobre 1872. Hélas ! la pièce fait un four devant un public qui bâille. L'auteur se rappellera longtemps cette scène piteuse : « Georges Bizet et moi, debout contre un portant de coulisses, frémissants et pâles, de cette pâleur imbécile des soirs de première, nous assistions au désastre de cette *Arlésienne* s'effondrant dans l'indifférence et l'ennui public. "Ils n'écoutent pas !...", me disait tout bas le pauvre grand artiste avec un accent navré qui m'est resté au cœur [5]. » Cet échec cuisant contredit la destinée musicale d'un mythe qui subsiste de nos jours dans le langage courant. Pour nous, une Arlésienne est une personne ou un événement dont on se préoccupe et que l'on ne voit jamais, tout comme la jeune femme inventée par Daudet. Or, ce jour fatidique, la salle rit et la critique se gausse : Daudet et Bizet échouent. Dans *Le Figaro*, Auguste Vitu écrit un article perfide, où il affirme que les Parisiens ne peuvent pas apprécier les choses du Midi, et qu'il faut être du pays pour aimer cette histoire [6]. La pièce d'Alphonse lui semble indigente, sans action, ennuyeuse. La musique, en revanche, va retenir l'attention, et pour longtemps. Le compositeur et critique Ernest Reyer, lui, a aimé la représentation et se félicite de la collaboration de Bizet : « Nous voilà bien loin, avec la partition de *L'Arlésienne*, des flons-flons du bon vieux temps. » Vingt-six musiciens ont exécuté « avec une perfection rare, avec les variantes les plus délicates et un sentiment exquis, cette jolie partition » écrite en vingt-quatre morceaux. « La pièce est bien jouée, montée avec un soin tout particulier, et le décor qui représente les bords de l'étang de Vaccarès, en Camargue, est d'un effet superbe [7]. »

Selon Lucien Daudet, qui s'est interrogé plus tard sur les conditions de ces représentations, l'échec de la pièce tient à la surcharge du décor : « De gracieux décors d'opéra-comique, des costumes du genre falbalas, les velours à la traîne de Rose Mamaï, les moires roses de Vivette, tout cela, paraît-il, était déconcertant dans une ferme de Camargue [8] ! » Pas si parisiens, les Parisiens ! Au contraire, ils attendaient davantage de réalisme et d'authenticité dans cette peinture de la vie en Provence.

Sur le plan littéraire, l'infériorité de la pièce est patente. Une comparaison suffira. Au début du premier tableau de la pièce de théâtre, Francet Mamaï témoigne à Balthazar : « Mais, saint homme ! c'est lui [Jan] qui est pressé, ce n'est pas nous. Puisque je te dis qu'il en est fou, de son Arlésienne ; depuis trois mois qu'ils vont ensemble, il ne dort plus, il ne mange plus. C'est comme une fièvre d'amour que lui a donnée cette petite... Puis enfin, quoi ! l'enfant a ses beaux vingt ans et il languit de s'en servir [9]. »

Beaucoup plus poétique, le passage équivalent de la nouvelle : « C'était un admirable paysan de vingt ans, sage comme une fille, solide et le visage ouvert. Comme il était très beau, les femmes le regardaient ; mais lui n'en avait qu'une en tête – une petite Arlésienne, tout en velours et en dentelles, qu'il avait rencontrée sur la Lice d'Arles, une fois... Au *mas*, on ne vit pas d'abord cette liaison avec plaisir. La fille passait pour coquette, et ses parents n'étaient pas du pays. Mais Jan voulait son Arlésienne à toute force. Il disait : "Je mourrai si on ne me la donne pas." Il fallut en passer par là. On décida de les marier à la moisson [10]. »

Au bout de vingt représentations, la pièce est retirée de l'affiche. Alphonse est tellement accablé qu'il renonce à un séjour en Camargue. Pourtant, l'écrivain a œuvré utilement : sans lui, pas de musique de scène de Bizet, pas de « prélude », pas de « carillon », pas de « farandole » composée sur la célèbre marche des Rois, et qui compte parmi les grandes pages de la musique française [11]. Lorsque le directeur de l'Odéon, Paul Porel, relancera la pièce en 1885, elle rencontrera un succès qui, cette fois, se révélera durable.

Depuis toujours, Alphonse est sensible à la musique et aux sonorités du monde. « Moi, je les aime toutes, en toqué, la savante, la naïve, celle de Beethoven, Gluck et Chopin, Massenet et Saint-Saëns, la bamboula, le *Faust* de Gounod et celui de Berlioz, les chants populaires, les orgues ambulants, le tambourin, même les cloches. » S'il aime Beethoven, il va bientôt adorer Wagner, après s'être moqué de sa mythologie. Dans *Quarante ans de Paris*, Alphonse interprète l'exceptionnel développement de sa sensibilité musicale comme une compensation naturelle à la myopie qui l'a handicapé durant son enfance [12]. Témoin de ce goût pour la musique, les innombrables allusions inscrites dans ses œuvres, des airs de galoubet des *Lettres de mon moulin* aux trémolos de Fanny dans *Sapho*, avec un répertoire qui nous conduit de Gluck à Boieldieu, Adolphe Adam (l'auteur du ballet *Giselle*) et Ambroise Thomas. Alphonse aime aussi la musique populaire d'Algérie, tout comme il goûte aux chants de Provence, aux airs tziganes ou encore aux innombrables chansons de son temps, dont celles de Pierre Dupont.

Comme si l'échec de *L'Arlésienne* n'avait pas suffi, Alphonse Daudet est la cible de bombes à retardement. Lorsque *Les Amoureuses* sont rééditées, en 1873, l'un des plus grands poètes français, Paul Verlaine, éreinte rageusement ce recueil, joignant à sa rancune d'ancien parnassien un racisme antiméridional : « M. Alphonse Daudet est une de mes grandes objections contre le Midi français ! [...] L'œuvre avorte toujours entre leurs mains ardentes, ce sont des rateurs hors pair. [...] Or, s'il est un rateur et un raté de l'esprit, c'est bien lui, c'est bien ce poète des Prunes, une ineptie plus bête encore que les salons où elle fit fortune, ce conteur, ce crotteur de riens [13]. » Si Alphonse ne pourra pas connaître un texte qui ne sera publié qu'en 1907, il n'en sera pas moins démoli à titre posthume en tant que poète, puisque ses vers, après l'aube symboliste, ont définitivement pris de l'âge. Il assistera en revanche aux multiples attaques que des journalistes parisiens ou des écrivains hantés par le Nord, la Germanie ou les Flandres, comme Villiers de L'Isle-Adam et Huysmans, porteront contre la moitié sud de la France, dans un combat franco-français que seule la guerre de 1914 parviendra à calmer.

Comme si Napoléon III n'avait pas fini d'exercer son empire sur Alphonse, ce dernier aborde les débuts de la IIIe République avec un air de fête et, parfois, de joyeux drille. À plusieurs reprises, on voit Daudet fréquenter les bals fastueux organisés par Jacques Offenbach, le compositeur d'opérettes que Wagner a joliment surnommé « le petit Mozart des Champs-Élysées ». L'une de ces soirées inspirera les premières lignes de *Sapho*. Au cours d'un de ces bals costumés, l'écrivain mène lui-même la farandole aux sons enivrants du *Roi Carotte*, un opéra-bouffe du maître, vêtu d'un costume de pifferaro. La fête impériale déborde sur les premières années de la République, où la vogue des salons connaît un prodigieux essor.

Depuis des années, Alphonse cherche à faire la connaissance d'Edmond de Goncourt. Lecteur de tout ce que les deux frères ont publié, il nourrit un enthousiasme tout particulier pour *Madame Gervaisais*, et apprécie beaucoup *Germinie Lacerteux*. Au cours de la première d'*Henriette Maréchal*, en 1865, il n'a pu qu'entrevoir Edmond de Goncourt. Or, depuis un an, Alphonse fréquente Gustave Flaubert, qu'il considère comme un aîné et un maître. Il a fait sa connaissance quelques mois auparavant, lorsque eut lieu la première de *Lise Tavernier*, au Théâtre de l'Ambigu.

Flaubert se trouvait en compagnie d'une femme qu'il aimait follement, Jeanne de Tourbey, qui deviendra par la suite Mme de Loynes, et la reine d'un des plus beaux salons parisiens. Après la représentation de sa pièce, Alphonse leur avait offert des truffes.

C'est au domicile parisien de l'auteur de *L'Éducation sentimentale*, en mars 1873, qu'il rencontre enfin Edmond de Goncourt, immédiatement séduit. « Daudet est très amusant et touche au plus haut comique quand il peint » en Morny « le littérateur, le fabricateur d'opérettes », note Edmond [14]. Les deux hommes se reverront chez Flaubert l'année suivante, où leur amitié se noue définitivement. Lorsqu'il invite à son tour Alphonse et Julia, le 5 juin 1874, Edmond est d'abord frappé par la proximité et l'entente de ce couple, mais il soupçonne l'épouse « d'être l'artiste du ménage [15] ». Dans son *Journal*, il note que son nouvel ami « est un beau garçon, aux longs cheveux, aux rejets superbes, à tous moments, de cette chevelure en arrière, aux coups de monocle à la Scholl » (le journaliste Aurélien Scholl), qui lui plaît davantage que Julia. Il « parle spirituellement » et « se dit déjà presque brouillé avec toute sa famille », puisqu'il s'inspire des siens pour brosser des portraits et trouver des idées. Sensible au monde extérieur, aux êtres, aux choses, Alphonse reconnaît que la musique et les bruits le frappent beaucoup plus que la vue, au point de vouloir remplir son écriture de *pifs*, de *pafs* et de *boums*. Goncourt, davantage dominé par la vision et le regard, craint que ce gaillard, en dépit de son intelligence et de son esprit, ne soit condamné à ne jamais faire que « de la littérature un peu facile [16] ».

Invité à Champrosay en juillet 1874, Edmond découvre « une maison bourgeoise, avec un bout de jardin joliment dessiné ». Cette demeure est « égayée par un enfant [Léon] intelligent et beau, sur la figure duquel se trouve, joliment mêlée, la ressemblance du père et de la mère [17] ». Edmond critique dans son *Journal* cet intérieur un peu triste, qui correspond si peu à ses propres goûts, ceux d'un esthète raffiné et d'un collectionneur exigeant. « C'est le campement le plus désastreusement bourgeois, où l'on ne voit ni un tableau ni une gravure ni un bibelot. » Serait-ce que le style d'Alphonse Daudet se reflète dans ces aménagements trop rudimentaires et hétéroclites ? Le *Journal* de Goncourt porte plusieurs traces de cette réticence compréhensible de la part d'un écrivain particulièrement sophistiqué.

Pourtant, une véritable amitié naît entre les deux hommes. Jules étant mort en 1870 – victime de la syphilis –, Edmond de Goncourt va voir en Alphonse un frère de substitution. Ce cadet sera l'ami et le confident de ses vingt dernières années, l'ange protecteur toujours là pour l'encourager de continuer à écrire, lorsque l'absence de Jules et les doutes se feront trop cruellement sentir. Edmond surnomme Alphonse « le petit roi ninivite » et le dit « beau comme une femme ». Ce charme féminin qui émane de la personne d'Alphonse, sur lequel Goncourt revient à plusieurs reprises, a incité des commentateurs à déceler une inclination homosexuelle chez cet aîné à la tête impériale. Rien n'en prouve absolument l'existence, et il faut reconnaître qu'Edmond ressent un grand besoin d'aventures sexuelles avec les dames, dont le *Journal* comporte des traces plus que scabreuses. Cette activité, qualifiée par lui d'hygiénique, contraste avec les préjugés et les sarcasmes qu'Edmond accumule contre les femmes, dans sa conversation, dans son *Journal*, dans ses romans et ses ouvrages historiques, où les femmes occupent une place primordiale. Devant Julia Daudet, le ton change évidemment. Les préjugés de Goncourt sont bousculés. « Je n'ai jamais rencontré un être qui ait si bien lu qu'elle, un lecteur qui connaisse aussi à fond les moyens d'optique et de coloration, la syntaxe, les tours, les ficelles de tous les militants de l'heure présente, qui puisse en un mot faire du Flaubert ou du de Goncourt. Maintenant, cette créature si bien douée ne verra-t-elle pas son originalité propre tuée par la trop grande et trop passionnée étude des écrivains qu'elle aime [18] ? » Bien qu'elle continue à écrire, Julia n'aura pas le destin éclatant pressenti par Edmond de Goncourt, qui verra en elle une « grande artiste ». Elle publiera de très bons ouvrages, sans signer de chef-d'œuvre. Plus modestement, Julia Daudet consent à rassembler ses forces de critique et de femme de lettres au bénéfice des œuvres de son époux, dont elle sera l'imperceptible seconde voix, tantôt par ses suggestions, tantôt par ses relectures. Pour la famille d'Alphonse, Edmond sera une sorte d'oncle, tour à tour paternaliste, éclaireur et persifleur.

En 1874, les amitiés se resserrent. Bien qu'il soit très reconnu lui-même, Alphonse est en adoration devant Flaubert et sa puissance littéraire : *Madame Bovary* et *L'Éducation sentimentale* volent comme des aigles au-dessus du siècle du roman, et peu d'écrivains donnent à leur travail artistique un sens aussi sacré, une ambition aussi altière. Lorsque Flaubert se lance dans l'aventure théâtrale – preuve supplémentaire du prestige qu'exerce alors la scène parisienne –, fait jouer sa comédie, *Le Candidat*, au Théâtre du Vaudeville, et essuie un four complet, Alphonse est l'un des seuls à en écrire un compte rendu favorable. Il sait à quel point il est douloureux, pour un dramaturge, d'attendre l'issue d'une première. (Conscients de cette vulnérabilité, Julia et Léon mettront au point la stratégie suivante : lorsque la réaction du public à l'une de ses pièces s'avère défavorable, ils emploient un langage codé pour l'annoncer à Alphonse.) Dans l'article qu'il consacre au *Candidat* [19], Daudet dénonce surtout les pressions qui se sont exercées sur l'auteur : du directeur de théâtre au Tout-Paris littéraire, avide de juger l'essai théâtral d'un grand romancier, sans parler des spectateurs. Il tente de consoler ainsi son grand aîné : « Ne t'embête pas trop, pauvre grand homme. Tout ça, c'est des bêtises. La vie est une stupide chose. J'aurais voulu aller vous voir ; mais j'ai trop de besogne. Je viens d'envoyer ma copie à *L'Officiel* ; si elle passe, vous serez content. En tout cas j'ai fait de mon mieux. Avec vous toujours et de tout cœur [20]. » Par la suite, Flaubert lui affirmera que des directeurs de journaux étaient intervenus personnellement pour disposer le public à une réaction hostile. Triste sort que celui d'artistes à la merci des cabales et du jugement de plumitifs inférieurs.

Peu après cette épreuve, Flaubert invite Alphonse chez lui, rue Murillo, un dimanche.

« Dès la porte :

— Vous ne connaissez pas Tourgueniev ? Il est là [21]. »

Une fois presenté à l'illustre écrivain, Alphonse déclare à celui-ci qu'il a lu les *Mémoires d'un seigneur russe*, et que cette lecture l'a conduit à découvrir ses autres œuvres. Une nouvelle amitié se forme. Gustave Flaubert, Tourgueniev, Goncourt, Zola et Daudet : après s'être vus les uns chez les autres un peu au hasard, écrit Alphonse, « on eut l'idée d'une rencontre mensuelle où les amis se rencontreraient autour d'une bonne table [22] ». Le premier de ces dîners se tient au café Riche, le 14 avril 1874 : « Un dîner de gens de talents qui s'estiment, et que nous voudrions faire mensuel », note Edmond [23]. On se retrouve ensuite chez Voisin, puis chez Pelé, le spécialiste de la bouillabaisse. Cette coalition de grands lettrés bons vivants prend vite le nom de « dîner des sifflés » (on parle aussi du « dîner Flaubert »). Tous ces écrivains ont en commun un cuisant échec : Daudet pour *L'Arlésienne*, Flaubert pour son *Candidat*, Zola pour son *Bouton de rose*, et Edmond de Goncourt pour *Henriette Maréchal*. Pour faire bonne mesure et être admis dans ce cercle, Tourgueniev affirme que le public russe l'a rejeté lui aussi - exagération ou politesse slave. On se remet de ces déboires en buvant, en refaisant le monde, en décernant des médailles aux uns et en assommant verbalement les autres. « Rien de délicieux comme ces dîners d'amis, où l'on cause sans gêne, l'esprit éveillé, les coudes sur la nappe, rapporte Alphonse. En gens d'expérience, nous étions tous gourmands. [...] Il fallait à Flaubert des beurres de Normandie et des canards rouennais à l'étouffade ; Edmond de Goncourt, raffiné, exotique, réclamait des confitures de gingembre ; Zola, les oursins et les coquillages ; Tourguéneff dégustait son caviar. Ah ! nous n'étions pas faciles à nourrir, et les restaurants de Paris doivent se souvenir de nous [24]. »

De l'écrivain russe, Alphonse écrira en particulier : « Tous ses sens ont des portes ouvertes les unes sur les autres. Il est plein d'odeurs de campagne, de bruits d'eau, de limpidités de ciel, et se laisse bercer, sans parti pris d'école, par l'orchestre de ses sensations [25]. » Un autoportrait, en somme. Dans *Quarante ans de Paris*, Daudet revient sur son ami russe à qui il consacre un chapitre entier, dont le caractère enthousiaste contraste avec les propos que Tourgueniev tiendra plus tard sur ses amis français Zola, Goncourt et Daudet, en les qualifiant de « nullités [26] ». Alphonse se montre à la fois ouvert et chaleureux : « Nous autres Français, nous vivons dans une ignorance extraordinaire de toute littérature étrangère. Notre esprit est aussi casanier que nos membres [27]. » À preuve, l'obscurité du nom de Tourgueniev en France à cette époque, et le fait que son éditeur, Hetzel, semble le publier par charité. Pourtant, on trouve peu de Russes plus francophiles que cet écrivain qui, au témoignage d'Alphonse, parle un français très pur. Au cours de leur première rencontre chez Flaubert, Daudet échange avec Tourgueniev des vues sur l'usage de la langue française, et l'on voit que dans ce domaine aussi, sa conception n'est rien moins que rigide. « La langue française n'est pas une langue morte, à écrire avec un dictionnaire d'expression définitives classées comme dans un Gradus. Pour moi, je la sentais frémissante de vie et houleuse, un beau fleuve roulant à pleins bords. Le fleuve ramasse bien des scories en route, on y jette tout ; mais, laissez couler, il fera son tri lui-même [28]. »

Son fils Léon saura s'en souvenir lorsqu'il deviendra écrivain. Il ira jusqu'à faire du fleuve un torrent déchaîné et intensément coloré, en pratiquant des libertés de taille à scandaliser les puristes.

II

La grande famille
1872-1897

Chapitre 6

LE ROYAUME DAUDET

ÉCRIVAIN RECONNU, ALPHONSE voudrait éviter de passer exclusivement pour un peintre de la Provence auprès du public parisien qu'il entend séduire, et pas seulement à distraire. Il cherche à passer du récit court – conte, lettre ou nouvelle – à la forme plus ample du roman, qu'il n'a illustré qu'une fois, avec *Le Petit Chose*. De ses souvenirs sur la fabrique de son père, de ses propres observations, il tire l'idée de *Fromont jeune et Risler aîné*. Dans un premier temps, il pensait en tirer une pièce de théâtre, mais il choisit d'en faire un roman. Il l'écrit à l'hôtel Lamoignon, dans ce quartier où l'intrigue se situe. Écrire d'après nature, comme les frères Goncourt y invitaient dans leur préface à *Germinie Lacerteux*, montrer des exemples humains aux prises avec la réalité de leur situation, en délaissant les plaintes et les grands héros romantiques, et en nouant l'écriture d'un fil d'or poétique, telle est sa méthode de travail. « Comme les peintres conservent avec soin des albums de croquis où des silhouettes, des attitudes, un raccourci, un mouvement de bras ont été notés sur le vif, je collectionne depuis trente ans une multitude de petits cahiers sur lesquels les remarques, les pensées n'ont parfois qu'une ligne serrée, de quoi se rappeler un geste, une intonation, développés, agrandis plus tard pour l'harmonie de l'œuvre importante. À Paris, en voyage, à la campagne, ces carnets se sont noircis sans y penser [1]. » Ensuite, poursuit-il, « je commence à écrire vivement, à la grosse. Je jette les idées et les événements sans me donner le temps d'une rédaction complète ni même correcte, parce que le sujet me presse, me déborde, et les détails, et les caractères. Cette page noircie, je la passe à mon collaborateur, je la revois encore à mon tour, enfin je recopie, avec quelle joie ! Une joie d'écolier qui a fini sa tâche, retouchant encore certaines phrases, complétant, affinant : c'est la meilleure période du travail [2] ». On ne saurait mieux définir la méthode de travail de l'écrivain réaliste.

Après Goncourt, et avec Zola, son propos est de « dire l'histoire de gens qui n'auront jamais d'histoire », de ceux qui ne participeront pas aux événements qui façonnent les siècles. Alphonse sait camper les familles modestes, rendre l'odeur des petites boutiques d'un Paris enfoui depuis longtemps. Il a un don pour la description des toilettes féminines, qui émaillent le premier chapitre du roman. La plupart des personnages, Sidonie, Chèbe, Delobelle, Gardinois sont inspirés de personnes qu'Alphonse a connues. Le caissier Sigismond Planus a pour modèle un employé de banque de la rue de Londres. Risler est un souvenir d'enfance. Quant à M. Gardinois, Alphonse construit ce personnage d'avare grâce aux anecdotes et aux souvenirs de sa belle-mère, Léonie Allard, sur un homme qu'elle a très bien connu. L'écrivain n'ayant pas atténué le trait, Léonie Allard découvre à la lecture le portrait de cet homme, avare monstrueux, vieillard égoïste du type du père Grandet, qui refuse de secourir sa fille Claire : d'après les souvenirs de Lucien, la belle-mère resta plusieurs semaines en froid avec Alphonse, tandis que son mari riait aux éclats en lisant ce portrait charge [3]. Le *Journal* des Goncourt révèle l'identité de l'homme en question : Gardinois a pour modèle le propre père de Léonie Allard !

Comédien raté, association industrielle, adultère, trois hommes amoureux d'une même femme, tentative de suicide d'une miséreuse et mal-aimée, découverte des mensonges, vengeance finale : très efficacement construit, le roman possède tous les ingrédients pour plaire au public des années 1870 – et au-delà, car *Fromont jeune et Risler aîné* vaut par le souffle donné à la tromperie, un personnage féminin passionné et une histoire d'amitié qui tourne au plus amère déchirement. Alphonse Daudet n'atteint pas au rythme génial d'*Anna Karénine*, mais il dépasse cette fois, et de très loin, le style mélodramatique du *Petit Chose*. Ici, les sentiments creusent de véritables destins.

L'écrivain a vu juste : paru en feuilleton dans *Le Bien public* du 25 mars au 19 juin 1874, puis en volume chez Charpentier le

22 octobre, l'œuvre emporte un succès immédiat, que *Le Petit Chose* n'avait pas rencontré, et qui rejaillit sur ses livres précédents, comme les *Lettres de mon moulin*. La première édition est vite épuisée. Léon a raconté comment, de retour de chez son éditeur, Alphonse est rentré chez lui les poches pleines de pièces d'or, lui qui, vingt ans plus tôt, avait connu la faillite et la gêne de ses parents. Il en fait voler une poignée sur le tapis sous les yeux fascinés du petit Léon, et entame une danse qu'il appellera par la suite « le pas de *Fromont* ». En quelques mois seulement, l'ouvrage atteint trente éditions. Bientôt, l'Italie, l'Allemagne, l'Espagne, la Suède, le Danemark, plus tard l'Angleterre, se mettent à le traduire.

Dans le journal l'*Athenaeum*, Edmond About affirme que Daudet fait preuve des mêmes qualités d'observation et d'émotion que Dickens. Dans l'imposant *Journal des débats*, Hippolyte Taine – véritable magistrature intellectuelle de l'époque – affirme que « le roman de M. Daudet ressemble beaucoup à ceux de Dickens, et cela seul est un grand éloge. Lui aussi, il a mis la scène de son livre dans la rue et dans l'atelier, dans les quartiers populaires, au centre du travail parisien, au Marais, dans une imprimerie de papiers peints. Lui aussi, il a décrit cette vie étroite, artificielle, agitée, douloureuse, avec une émotion continue, avec une sympathie passionnée, entrant dans l'âme de ses personnages, les plaignant, les aimant, les haïssant, les admirant de toute sa force, de sorte qu'il est toujours en scène avec eux ». Parmi les amis de Daudet, le dessinateur André Gill est lui aussi frappé par cette parenté avec Dickens, qui permet à l'écrivain de suggérer « la féerie de la rue ». Le romancier français le confiera lui-même : « Je me sens au cœur l'amour de Dickens pour les disgraciés et les pauvres, les enfances mêlées aux misères des grandes villes ; j'ai eu comme lui une entrée dans la vie navrante, l'obligation de gagner mon pain avant seize ans [4]. » Mais la réaction la plus importante vient d'Émile Zola qui, dans *Le Sémaphore* de Marseille, signe un éloge appuyé de *Fromont jeune et Risler aîné* – un roman appelé, comme *Germinie Lacerteux* des Goncourt, à ouvrir les possibilités du naturalisme naissant, dont Zola s'impose comme le théoricien acharné. Fier de son ami, il affirme que grâce à son « charme » et à son « sourire », Daudet habitue son public « à l'analyse exacte, à la peinture du monde moderne, aux audaces de style [5] ». Enfin, le romancier trouve une récompense officielle avec le prix de Jouy de l'Académie française : Alphonse Daudet pourra-t-il entrer un jour dans cette institution ? Julia se prend à y rêver.

Ernest suit passionnément la carrière de son frère cadet, qui est en train de devenir un écrivain populaire tout en demeurant admiré et estimé de ses pairs. En regard de celle d'Alphonse, ce n'est pas que sa situation soit désavantageuse. En 1874, le duc de Broglie vient de le nommer directeur du *Journal officiel* et du *Bulletin des communes* – pour deux ans. Grâce à Ernest, Julia se met à écrire à son tour dans le *Journal officiel* des articles de critique littéraire – sous le pseudonyme de Karl Steen –, tandis qu'Alphonse y publie de la critique dramatique. Peu de temps après, Ernest devient rédacteur en chef du journal monarchiste *L'Estafette*. Royaliste légitimiste rallié à l'Empire par nécessité plus que par conviction, il n'a pas de mal à s'attirer un lectorat favorable dans les milieux monarchistes, encore très puissants à l'orée de la IIIe République. En 1873, *La Vérité sur l'essai de restauration monarchique* n'explique pas seulement la façon dont s'est déroulée la « fusion indispensable » entre la famille Bourbon et la branche cadette des Orléans. Dans cet essai, Ernest Daudet fait l'apologie des princes d'Orléans et préconise un type de pouvoir équilibré, qui « fait du roi le chef du pouvoir exécutif, c'est-à-dire le metteur en œuvre des volontés de la nation, incarnées dans le parlement, volontés qui s'exercent régulièrement, grâce à un mécanisme ingénieux, et sans qu'il en coûte rien à la dignité du roi [6] ». Ernest Daudet appartient à cette lignée de conservateurs libéraux qui, de l'essayiste Prévost-Paradol à l'historien Daniel Halévy, agiront surtout par leurs livres, en démontrant que la monarchie (constitutionnelle ou parlementaire) est une forme modérée de gouvernement, et qu'elle correspond aux besoins politiques modernes. Comme ses adversaires républicains, il a compris que l'histoire fournit à la conscience politique un terreau privilégié. Son travail en bibliothèque, son expérience du milieu parlementaire, la force des événements même, depuis la chute de l'Empire et la Commune, ont nourri la passion d'Ernest pour l'histoire. Il saura y briller davantage que dans le domaine du roman, auquel il restera passionnément fidèle.

En 1875, *Le Ministère de M. de Martignac, sa vie politique et les dernières années de la Restauration*, est l'apologie d'une des périodes les plus honnies de l'histoire de France, particulièrement noircie par Victor Hugo et Alphonse de Lamartine. La ruine de la Restauration, écrit Ernest, « fut pour la France et pour la cause des libertés publiques un irréparable malheur [7] ». Couronné par l'Académie française, ce monarchiste ouvrage se signale par une singularité éminemment politique chez cet historien : loin de se distraire dans de faciles légendes dorées de la royauté, l'intérêt d'Ernest Daudet se porte au contraire sur les périodes de crise, les articulations les plus douloureuses d'un XIXe siècle qui, pour les hommes de sa génération, reste à comprendre. Sa tâche ne se confond pas avec celle de tant d'historiens contre-révolutionnaires ou républicains, qui ne songent qu'à opposer deux époques, l'une magnifiée, l'autre noircie, au détriment de la compréhension de l'histoire. La rigueur de ses récits et de ses explications – toujours documentés – ne lui interdisent pas des réflexions personnelles très générales. Parfois, on entend chez lui la sonorité d'un Chateaubriand et d'un Tocqueville. Ainsi, lorsque Ernest Daudet évoque « cette fatalité mystérieuse, aussi ancienne que la civilisation elle-même, qui, s'étendant à des jours donnés sur les peuples, comme afin de prouver qu'ils ne pèsent pas plus qu'un brin de paille devant l'invisible et toute-puissante volonté qui les mène, substitue la passion au patriotisme, l'esprit de discorde à l'esprit d'union, brise les espérances les mieux fondées et dissipe, dans la division des enfants d'une même patrie, le trésor des succès acquis et des progrès réalisés [8] ».

Son frère cadet, Alphonse, se sent lié à d'autres muses et se livre à d'autres joies. Régulièrement, il dîne chez Flaubert en compagnie d'Edmond de Goncourt. Au restaurant, il a tendance à boire, à commander du champagne ou du vin. L'alcool facilite des plaisanteries et des aveux qui ravissent ou émeuvent Edmond et Gustave. Régulièrement, il « priapise ». Voici quelques jours, raconte Goncourt dans son *Journal*, « il s'est trouvé à six heures du matin à Batignolles, descendant la rue Durantin – tout honteux et malheureux comme les pierres. Il parle d'une fille nabote, qu'il a comblée de ses faveurs, de 150 francs qu'il a donnés ou perdus dans la nuit, d'incidents grotesques, de choses bizarres, qu'il conte d'une manière charmante, avouant que quand il est soûl, il faut absolument qu'il coure des bordées comme un marin, il en est désespéré, il adore sa femme, dont le pardon indulgent qu'il trouve au retour le déchire de remords. Et pendant qu'il parle de ses remords avec une voix d'ivrogne, nous sentons que la folie de la rue Durantin va recommencer [9] ».

Un soir, ce sont Flaubert, Tourgueniev, Goncourt et Zola qui viennent déguster chez Alphonse une bouillabaisse et un pâté de grives de Corse préparés par Julia. En présence de l'épouse, les discussions prennent un autre tour, et c'est Gustave qui fait retentir sa grosse voix. Par l'entremise de Goncourt, Daudet est désormais invité aux réceptions de la princesse Mathilde, grande amie d'Edmond, protectrice des Lettres et des Arts dont Proust se souviendra encore dans *À l'ombre des jeunes filles en fleurs*. Auprès d'elle, Alphonse retrouve un vivant souvenir d'Empire.

À côté des mondanités et de son travail d'écrivain, Alphonse participe à la vie littéraire en se lançant dans la critique théâtrale. Tous les lundis, il publie dans le *Journal officiel* des articles de quatre à cinq colonnes : trois cent cinquante chroniques vont ainsi se succéder entre 1874 et 1880, permettant à Alphonse de guider le public en commentant nombre d'auteurs à la mode, d'Alexandre Dumas à Émile Augier, Victorien Sardou, Eugène Labiche et François Coppée [10]. Il exulte à une reprise de *Polyeucte* de Corneille, commente la mort du comédien Frédéric Lemaître (que Pierre Brasseur incarnera plus tard dans le film *Les Enfants du paradis*), salue « la science profonde du clavier humain » dans *Thérèse Raquin*, adaptée à la scène par Zola. L'amitié se joignant au sens critique, Alphonse se démène pour que *Renée Mauperin*, d'Edmond de Goncourt, soit représenté. Amoureux des classiques, fervent lecteur de Shakespeare et de Lope de Vega, défenseur de contemporains comme Labiche, Daudet s'intéresse en outre au théâtre populaire, au théâtre de foire, et ce japoniste s'enthousiasme pour la création d'un drame en quatre actes de Masana Maeda, aux matinées de la Gaîté. « Nous étions sous le charme, ravis de si bien comprendre et de nous trouver en conformité d'idées, de sensations avec ces Grecs raffinés de l'Extrême-Asie [11]. » Bien que l'on retrouve souvent dans ces chroniques le talent du conteur, surtout lorsqu'il résume l'intrigue d'une pièce de théâtre, Daudet déploie une connaissance théorique très solide, qui lui permet d'appuyer ses arguments tantôt sur Diderot, tantôt sur Grimm, ou encore sur la tradition du théâtre bourgeois du XVIIIe siècle.

Cette activité de chroniqueur est toutefois perturbée par la maladie, l'agonie et la mort de Vincent Daudet. Dans l'appartement du 11e arrondissement de Paris, Alphonse et Ernest veillent sur les dernières heures de leur père, le premier pleurant à chaudes larmes celui qu'il s'accuse d'avoir trop délaissé ces dernières années. Patriarche provençal, Vincent Daudet a été le modèle de plusieurs personnages inventés par son fils, tous caractérisés par la colère et la violence, comme le père d'Élysée Méraut, dans *Les Rois en exil.* Il meurt le 7 février 1875, et il est inhumé au cimetière du Père-Lachaise deux jours plus tard. Alphonse annonce la nouvelle à Timoléon : « Je vous écris encore tout abattu par les nuits de veillée, l'horreur du dernier adieu, la musique noire, la cérémonie. Vous êtes le seul à qui, dans ma tristesse, j'aie voulu annoncer cela autrement que par un billet imprimé, car vous êtes mon seul ami hors Paris [12]. » Parmi les proches, Flaubert et Goncourt ont immédiatement écrit à la famille Daudet des mots pleins d'amitié. Heureusement, Adeline, la mère, est toujours debout. Il y a surtout Julia, et le petit garçon qui a grandi, le fameux « Bichon ». Âgé de huit ans, Léon agace parfois son susceptible « oncle Edmond », si bien que les parents prennent leurs précautions : « Si on peut vous éviter le jeune monstre, on le fera. Sinon, nous l'amènerons et l'attacherons sur une chaise [13]. »

Désormais, il convient de confier ce « Dauphin » à un maître solide. Alphonse s'en ouvre à Victor Hugo, qui lui recommande son ami Gustave Rivet. C'est lui qui se chargera des études du petit garçon. « C'était un professeur admirable, possédant ses humanités et d'une conscience à toute épreuve », écrira Léon [14]. Gustave Rivet enseigne à l'enfant la grammaire et le latin. C'est un ardent républicain, très favorable aux idées nouvelles. Ironie du sort, c'est ce Rivet, député de l'Isère, qui mettra au point la loi d'exil, qui, jusqu'en 1950, interdira le sol français aux familles royales et impériales de France. En outre, Julia et Alphonse ont à cœur de joindre leurs efforts pour compléter l'instruction de Léon. La mère l'emmène régulièrement au théâtre, le père lui fait lire Virgile, Rabelais et Montaigne, dont Léon dira connaître les *Essais* par cœur : « Il n'est pas un tournant sournois ou candide, ombreux, ensoleillé, empierré comme un chemin de Gascogne, qui ne m'en soit familier [15]. » Bientôt il découvre la littérature anglaise, dévorant tour à tour Charles Dickens, Thomas De

Quincey et Robert Louis Stevenson, mais aussi l'Irlandais Jonathan Swift. Vers quinze ans, il se plongera dans les *Mémoires d'outre-tombe* de Chateaubriand, que ses parents admirent, et en apprend par cœur certains passages. Tôt initié à la littérature étrangère, aux modernes autant qu'aux classiques, le garçon prend goût à la culture universelle.

Alors qu'Alphonse commence à travailler à son prochain roman, *Le Nabab*, il décide d'interrompre ce projet. Grâce à une conversation avec son ami Gustave Droz, compagnon de canotage et romancier demeurant lui aussi à Champrosay, il se rend compte qu'il tient un nouveau sujet sans le savoir : pourquoi ne pas raconter l'histoire malheureuse de l'ouvrier Raoul Dubief, avec lequel Alphonse a noué amitié ? Se laissant convaincre par Droz, Daudet imagine un roman contemporain où la compassion l'emporterait sur la perspective sociale. Début 1874, il se met au travail.

Alphonse a fait la connaissance de Raoul Dubief six ans plus tôt. La destinée mouvementée de ce dernier représente une chute progressive dans la désolation : demi-orphelin, il a été élevé par une idiote notoire, dont l'amant, écrivain aussi nul que prétentieux, l'a envoyé grandir au milieu des machines industrielles d'Indret, près de Nantes. Alphonse décide de l'inviter régulièrement chez lui, l'interroge sur son existence malchanceuse, lui ouvre sa bibliothèque, où l'ancien apprenti dévore les grands classiques – un trait d'union entre le prolétariat et la bourgeoisie lettrée, dirait un marxiste. Malheureusement, Dubief devant reprendre le travail, il entre dans les ateliers du chemin de fer de Lyon. Dès l'hiver suivant, un billet apprend à Alphonse que Raoul Dubief est tombé gravement malade et qu'il est couché sur un brancard de l'hôpital de la Charité, dans la salle Saint-Jean-de-Dieu où tant de miséreux vont mourir. Alphonse lui rend visite. La mère de Dubief ne vient pas. Frappé par le séjour de son ami à l'hôpital – lui qui aura à affronter bientôt l'affreuse *doulou*, la douleur –, Alphonse l'encourage à raconter cette expérience dans un texte qu'il publierait dans un petit journal médical d'Enghien-les-Bains, auquel il a donné lui-même quelques papiers. Alors qu'il prétendra n'avoir pas eu dix mots à changer dans les articles de Raoul, Alphonse lui a donné de véritables conseils de cuisine, comme on dit dans le métier : « Mon cher

Raoul, [...] si j'étais près de vous, je vous montrerais ce qu'il y a de bon et de défectueux dans votre prose. Le troisième article que vous m'envoyez est moins bien que les autres, parce qu'il n'y a pas assez de sensations personnelles. Vous avez laissé échapper une jolie chose à dire : l'oubli complet de l'homme couché – par le médecin : une maladie, rien de plus. Vous m'avez un jour exprimé cela très comiquement et avec une grande vigueur. Travaillez, piochez, raturez ; lisez beaucoup et du bon, j'attends avec impatience votre quatrième [16]. »

Alphonse et Julia Daudet se sont tellement attachés à Dubief qu'ils lui offrent un voyage en Algérie. Alphonse le recommande à un ami qu'il a rencontré quelques années plus tôt, au cours de sa cure algérienne, Le Myre de Vilers, qui n'est autre que le préfet. Grâce à ce haut fonctionnaire, Dubief trouve un emploi bien payé, au cadastre, qui lui évite tout labeur physique qui pourrait nuire à sa santé. Avec la guerre de 1870, les Daudet perdent le contact avec leur protégé, qui meurt à l'hôpital d'Alger sans que sa mère soit jamais venue lui rendre visite.

Telles sont les circonstances dans lesquelles le modèle de Jack a vécu. Sitôt encouragé par Droz, Alphonse est pris par la fièvre de l'écriture. Non seulement il s'appuie sur la vie réelle de Dubief, mais il crée l'un des plus puissants mythes de l'enfance, et donne l'une des images les plus terribles de l'ingratitude maternelle. Accompagné par Julia, l'écrivain se transforme en reporter pour rassembler l'information nécessaire sur un monde qui lui est étranger. Le couple se rend notamment au centre métallurgique d'Indret, où ils interrogent plusieurs ouvriers. Ils cherchent à suivre le modèle de Gustave Flaubert, qui leur a montré ses carnets remplis de notes, et leur a prouvé l'intérêt, pour l'écrivain moderne, de s'appuyer sur une documentation précise. Mais Alphonse se laisse surtout entraîner par sa propre imagination et la recherche de la vérité psychologique des êtres, qu'il approfondit par des développements mélodramatiques et sentimentaux.

Pour écrire ce « drame vivant et réel », il séjourne à Piriac, très ancienne ville de Bretagne, aux maisons construites en grosses pierres de granit. Avec sa famille, il loge à l'Hôtel des Bains. Fidèle à son enfance pleine de rêves marins, Alphonse fait la connaissance du chef pilote du port de Quiberon, qui l'emmène en mer, avec Julia et le petit Léon, même lorsqu'il fait mauvais temps. Mais c'est surtout à Champrosay qu'il écrit *Jack*, ajoutant, retranchant, biffant lui-même ou sur les conseils de Julia. Ce sera son roman le plus long. « Je viens de terminer ou je vais terminer un énorme travail, confie-t-il à Timoléon, en septembre 1875. Je suis caquinté, bouffi de mauvaise graisse, vidé. J'ai besoin d'air, d'étendue, de silence, de repos [17]. » Bourreau de travail, Alphonse a écrit les *Contes du lundi*, les *Femmes d'artistes*, *Fromont jeune* et *Jack* en moins de trois ans. Publié en feuilleton dans le *Moniteur universel* du 15 juin au 2 octobre 1875, le roman paraît ensuite chez Dentu, avec une dédicace : « Ce livre de pitié, de colère et d'ironie est dédié à Gustave Flaubert, mon ami et mon maître. »

L'intéressé lui répond aussitôt : « Je viens de finir *Jack*, et la tête m'en tourne [18]. » Généralement avare de compliments, Flaubert exprime son jugement à un tiers – témoignage plus fiable qu'une lettre à l'auteur. Il trouve *Jack* « bien remarquable [19] ». Après en avoir recommandé la lecture à George Sand et reçu d'elle une réponse enthousiaste, il lui répond : « Je suis bien aise que *Jack* vous ai plu. C'est un charmant livre, n'est-ce pas ? Si vous connaissiez l'auteur vous l'aimeriez encore plus que son œuvre. Je lui ai dit de vous envoyer *Risler* et *Tartarin*. Vous me remercierez d'avoir fait ces deux lectures [20]. » L'auteur de *François le Champi* ne peut pas ne pas se sentir en accord profond avec un roman qui rejoint ses préoccupations politiques, sa compassion pour les pauvres, sa colère contre les profiteurs, les injustices et les abus sociaux. Elle remerciera Alphonse d'avoir écrit ce « livre excellent [21] », grâce auquel elle s'est sentie « secouée, indignée, attendrie », et qui l'a empêchée d'écrire elle-même pendant plusieurs jours. Elle est bien décidée à lire tout ce qu'elle n'a pas encore lu de cet écrivain dont Flaubert est « toqué ». Edmond de Goncourt, Zola, tous écrivent à Alphonse pour le féliciter de cet accomplissement littéraire. Seuls quelques-uns lui reprochent de tirer parfois en longueur.

Après *Le Petit Chose* et certains *Contes du lundi*, Daudet devient, avec *Jack*, l'un des grands écrivains de l'enfance. En découvrant ce roman, Charles Dickens écrit à son auteur : « Un petit frère m'est né en France [22]. » Une reconnaissance qui touche infiniment l'écrivain, venant du maître anglais qu'il préfère. Antérieur de trois ans à *L'Assommoir* – et sans le déterminisme social qui caractérise les romans de Zola –, *Jack* ose pénétrer dans la réalité ouvrière, évoque l'alcoolisme, les oppositions et les obstacles qui séparent la moyenne bourgeoisie parisienne et le monde ouvrier. Romancier moderne, parce que romancier de la ville et du machinisme qui écrase l'homme, Alphonse est salué à nouveau par Zola : « Le roman a jusqu'ici dédaigné le peuple, je parle du roman d'analyse fait sur des notes exactes ; l'auteur de *Jack* est un des premiers qui ait osé descendre dans ce monde à part, si admirable à peindre pour un coloriste [23]. » Bien que le personnage principal appartienne accidentellement à ce monde, qu'il y soit tombé par la faute d'une mère étourdie et d'un beau-père égoïste et vantard, Alphonse Daudet n'idéalise pas le peuple ouvrier, ni son langage, ni son humanité. Plutôt que l'inégalité sociale et les rivalités de classe, l'écrivain met en scène l'injustice du sort et joue sur la pitié du lecteur qui découvre les manifestations les plus cruelles de la mesquinerie et de l'égoïsme. Sa critique est davantage morale que sociale. Bien loin de chercher à servir une esthétique a priori, qu'elle soit réaliste ou naturaliste, l'écrivain se laisse porter par la charge émotionnelle de son sens de l'observation, il dévoile le réel pour mieux faire sentir au lecteur l'humanité des personnages et des situations qu'ils traversent. Alphonse Daudet est un sentimentaliste et un psychologue, non pas un naturaliste qui cherche à illustrer une doctrine.

Après ce travail intense et passionné, au mois d'octobre 1875, Alphonse décide d'aller se reposer en Provence auprès de ses amis. Là, Mistral et les félibres font fête à Julia et à « Bébé » (Léon) que sa mère compare à un roi au milieu de tous ces vieux garçons. « Les heures filent sous le ciel bleu, écrit Alphonse, emportées par un beau mistral ; on fait semblant de lire, on cligne de l'œil et c'est à peine si on a la force de penser [24]. » Avec Frédéric Mistral, la famille va déjeuner aux Baux. À propos de Bébé, Alphonse s'attendrit ainsi dans une lettre : « J'espère qu'un petit poète germe dans cette caboche enfantine. Ce serait bien étonnant si, à nous quatre, Jules, Léonide [Léonie], Julia et Alphonse, nous avions donné le jour à un imbécile. » Enfin, pour terminer cette équipée, les Daudet séjournent sur la Riviera.

Face au nouveau succès de son cher Alphonse, Edmond de Goncourt enrage. Il est jaloux de son cadet, « bombardé d'articles dans toute la presse, couronné et renté par l'Académie, polyglotté dans toutes les langues, gorgé d'argent par les éditions, les traductions, les reproductions, mis à l'enchère par tous les rez-de-chaussée [25] ». Mais cette mauvaise humeur passagère ne nuit guère aux dîners des Cinq. Là, en confiance, les écrivains peuvent médire à foison, hurler de rire, se plaindre des difficultés du métier, tout en surveillant la qualité des cuisiniers. Un soir où les convives dégustent une bouillabaisse dans un restaurant situé derrière l'Opéra-Comique, ils quittent les sommets littéraires pour tomber dans des confidences très gauloises :

« Oh ! Ah ! merde ! fait Daudet qui se tortille sur sa chaise et crispe ses mains nerveuses au-dessus de sa tête… Vous ne pouvez vous faire une idée de mon individu… Il me faut pour jouir, contre ma chair, la chair de deux femmes, l'une que je manie et l'autre qui mange le derrière de celle que je tripote.

— Mais Daudet, je suis aussi un cochon, dit naïvement Flaubert.

— Laissez donc, vous êtes un cynique avec les hommes et un sentimental avec les femmes [26]… »

Symbole de l'ascension littéraire d'Alphonse : en 1877, l'écrivain quitte la rue Pavée, au cœur du quartier du Marais, à Paris, pour s'installer dans une aile de l'ancien hôtel de Richelieu, 18 place des Vosges – aujourd'hui le 21, dans un appartement habité autrefois par Théophile Gautier. Au rez-de-chaussée, Alphonse fait aménager pour Léon, dix ans, une salle d'armes. L'enfant prend ses premières leçons d'escrime sous la férule d'un maître alsacien, que les Daudet invitent avec sa famille à Champrosay. Sans être outrageusement dépensière, Julia soigne sa toilette, sa table et son intérieur, en cliente assidue du Bon Marché. Cette aisance permet à Alphonse d'oublier la gêne qu'ont connue ses parents, mais elle n'a rien à voir avec les fortunes mirobolantes qui se sont construites sous le Second Empire, à force de spéculations et de stratégies habiles.

Alors que son ami Zola s'intéressera quelques années plus tard, dans *L'Argent*, à l'affaire du krach de la Bourse, Alphonse décide de consacrer son prochain roman à un *nabab*. Ce mot, destiné à faire florès en devenant un titre de Daudet, a d'abord une origine indienne (il désigne un gouverneur), puis arabe ; à la fin du XVIIIe siècle, il désigne un personnage particulièrement fortuné.

Pour les Parisiens, écrit Daudet, « tout riche étranger est un nabab, n'importe d'où qu'il vienne [27] ». Alphonse a depuis longtemps l'idée de décrire le milieu des affaires, mais le fil rouge de son roman est l'histoire impressionnante d'un compatriote du Gard, François Bravay, qui s'est enrichi grâce au commerce viticole et à d'habiles manœuvres avec le vice-roi d'Égypte, Saïd Pacha. Cet authentique nabab était devenu si riche que, grâce à ses relations, il prêtait aux Rockefeller et aux Rothschild. Ernest l'a connu lorsque Bravay était député du Gard, et il a même été son secrétaire politique. Alphonse, qui l'a rencontré en 1861 sans nouer de véritable amitié, a peut-être bénéficié de sa générosité personnelle. À la suite d'échecs et de revers spectaculaires, le nabab s'est retrouvé entièrement ruiné au bout de quelques années. Atteint de cécité, il est mort dans la misère en 1874.

Un tel modèle offrant de riches ressorts romanesques, l'écrivain se met au travail en le transposant : Bravay s'appellera Bernard Jeansoulet et sera député de Corse, avec l'appui de Mora – Morny dans la réalité. C'est que Daudet travaille sur un sujet contemporain, dont la presse a tenu la chronique. De nos jours, il écrirait probablement sur quelque trader confondu ou sur quelque sommité du FMI au destin brisé. Les écrivains réalistes et naturalistes ont une prédilection pour le monde de la haute finance : *Les Rougon-Macquart* regorgent de magouilles immobilières et d'entrepreneurs rapaces ; *Bel-Ami* s'ouvre avec un délit d'initié. La littérature n'en finit jamais avec la corruption des grands, encore moins avec le thème de l'argent.

En dépit du portrait de Mora, Alphonse se défendra toujours d'avoir voulu attaquer le Second Empire, comme les bonapartistes le lui reprocheront. Ce sont surtout les solliciteurs de Jeansoulet qu'il épingle. Au printemps, il écrit à Edmond de Goncourt qu'il travaille ou du moins qu'il « pioche comme un carrier à vingt heures par jour. [...] Julia met un peu de poudre bleu et or sur mon œuvre [28] ». Dans un premier temps, Alphonse rêvait d'écrire une pièce de théâtre, puis, une fois la forme romanesque choisie, il pense parodier *Les Aventures de Télémaque* de Fénelon. Après des tâtonnements et un travail considérable, dont témoignent les cahiers de notes, de plans, de remarques, de chapitres inversés, d'hésitations, comme sur le nom des personnages, il ne rédige pas moins de quarante-neuf cahiers jusqu'à l'automne 1877. Cette fois, la contribution de Julia se révèle décisive : alors que l'intrigue, les idées et l'ordre de la narration reviennent au mari, l'épouse récrit et reprend de nombreux passages du texte [29].

Lorsqu'il lit le roman, Goncourt reproche l'excès de « condescendance pour les goûts littéraires du gros public [30] », mais dans son *Journal*, il évoque aussi les affres paradoxales du succès qui s'emparent du romancier, et qui révèlent un homme vulnérable. « Aujourd'hui, le lendemain de la mise en vente du *Nabab*, aujourd'hui où il est déjà parti onze mille exemplaires de son livre, Daudet entre chez Charpentier d'un petit pas rétracté, avec des gestes de constriction, avec un air soucieux, sur lequel il plaque de l'amabilité avec effort. Pendant le dîner, il est nerveux, agacé, inquiet des articles qui se feront, inquiet des articles qui ne se feront pas. » Heureusement, la presse se montre élogieuse.

D'après Lucien Daudet, « le style scintillant, papillonnant où chaque couleur du prisme se décompose et se recompose comme sur un jet d'eau ensoleillé [31] » et cette écriture délibérément expressionniste s'expliqueraient par l'influence de Renoir, qui, l'année même de la rédaction de ce roman, a passé un mois chez les Daudet à Champrosay. Le grand peintre, ami de la famille, a brossé le portrait de Julia, l'un des plus célèbres, et celui du petit Léon – qui a malheureusement disparu.

La publication du *Nabab* est aussi l'occasion de rendre hommage à Julia, dont la collaboration, particulièrement importante dans ce roman, demeure discrète auprès du public. Pour faire cesser les commérages que font naître des indiscrétions, et puisqu'il n'entend pas nier le travail littéraire en commun du ménage Daudet, Alphonse a l'intention de remercier publiquement son épouse pour l'aide qu'elle lui a apportée par cette dédicace : « Au collaborateur dévoué, discret et infatigable, à ma bien-aimée Julia Daudet, j'offre avec un grand merci de tendresse reconnaissante ce livre qui lui doit tant [32]. » Témoignant d'une exceptionnelle force morale et amoureuse, l'intéressée refuse cet hommage, craignant que l'on ne s'en serve pour diminuer le talent de son mari. Elle trouvera une formule pleine de tact et de poésie pour expliquer la méthode très souple que ce couple d'écrivains a adoptée : « Notre collaboration est un éventail japonais. D'un côté, le sujet, les personnages, l'atmosphère ; de l'autre, des brindilles, des pétales de fleurs, la mince continuation d'une branchette, ce qui reste de piqûre d'or au pinceau du peintre. Et c'est moi qui fais ce travail menu, avec la préoccupation du dessus et que mes cigognes envolées continuent bien le paysage d'hiver ou la pousse verte au creux brun des bambous, le printemps étale sur la feuille principale [33]. »

Cette année-là, 1877, Karl Steen – Julia – consacre un bel article aux *Trois contes* de Flaubert. À propos d'« Un cœur simple », elle écrit : « Plusieurs fois nous nous sommes sentis émus dans cette courte lecture, tellement la vie de la servante de province, attachée comme le chat domestique autant aux murs du logis qu'au maître, souvent aussi durs, aussi revêches les uns que les autres, est bien dépeinte ici. Quant au style ferme, imagé, mesuré, c'est la perfection de notre langue française. Pas un mot de trop, pas une épithète. On n'oserait changer de place une virgule, et la satisfaction artistique éprouvée n'a d'égale que le respect qu'inspire un si noble talent [34]. » Et de conclure : « Ce livre est fait pour un triomphe unanime et mérité, aussi pur, aussi absolu que le beau style de l'écrivain. »

Le succès du *Nabab* continue d'ouvrir de nouvelles portes à Alphonse. En janvier 1878, l'écrivain est invité par Agénor Bardoux, fastueux ministre de l'Instruction publique, des Cultes et des Beaux-Arts – l'arrière-grand-père de Valéry Giscard d'Estaing. Le voici accueilli pour une réception officielle, où sont présents Goncourt, Girardin, Leconte de Lisle, Dumas, et Flaubert. Zola, lui, a été oublié. Six mois plus tard, le 11 juin, le ménage Daudet connaît un autre bonheur avec la naissance d'un petit Lucien : nommé « Zézé » ou « Zézette », il s'agit, selon son père, d'un « bébé bruyant et despotique [35] », qui va donner du fil à retordre à ses parents.

À ses amis, Alphonse parle déjà d'un nouveau projet romanesque, dont les premières idées ont germé beaucoup plus tôt, en 1871. Sensible aux petits faits et aux événements du temps (la loi d'exil des anciennes familles souveraines de France vient d'être promulguée), Alphonse est frappé par tous ces souverains et princes d'Europe qui viennent trouver refuge en France après des guerres, des crises politiques, ou des affaires de succession. « Voici bien certainement celui de tous mes livres qui m'a donné le plus de mal à mettre debout, celui que j'ai le plus longtemps porté, gardé dans ma tête, à l'état de titre et d'obscure ébauche, tel qu'il m'apparut un soir d'octobre, sur la place du Carrousel, dans la déchirure tragique faite au ciel parisien par l'écroulement des Tuileries », avoue-t-il dans une lettre à Timoléon Ambroy [36]. Selon Edmond de Goncourt, au moment où il rédige ce roman, Alphonse cherche à y mettre de la compassion et de la poésie autant que de l'ironie, mais c'est la première qui l'emporte, inspirée peut-être par la vision mélancolique de la place des Vosges où il habite, cette ancienne « place Royale » qui rappelle l'ancien temps. Alphonse s'intéresse à des souverains que ses futurs lecteurs n'auront pas de peine à identifier sous d'autres noms : George V de Hanovre, Isabelle d'Espagne, François et Marie-Sophie des Deux-Siciles, le prince d'Orange, rois et princes déchus et condamnés par la fatalité, qu'il compare à des acteurs qui, après avoir connu l'apogée des premiers rôles, se trouvent plongés dans l'obscurité, parfois dans la parodie de ce qu'ils ne sont plus. L'écrivain consacre des mois à recueillir une ample information auprès de témoins multiples, aussi bien sur l'étiquette des cours étrangères que sur les relations diplomatiques que leur présence induit, les emplois que certains de ces Grands sont obligés d'accepter, leurs habitudes de vie, leurs fournisseurs. Pour entrer dans l'appartement d'un de ces monarques, Alphonse n'hésite pas à se faire passer pour un tapissier.

L'intrigue du roman met en scène un couple inventé, le roi et la reine Christian II et Frédérique d'Illyrie. Particulièrement attaché au personnage féminin, l'écrivain a d'abord songé à intituler ce « roman contemporain » *La Reine Frédéric*, pour trouver ensuite un titre meilleur : *Les Rois en exil*. L'un des personnages les plus originaux est Élysée Méraut, incarnation du conseiller royaliste loyal et ardent, qui se met au service du couple exilé en assurant notamment l'éducation de leur fils. Mais le roman insiste surtout sur le piège de l'exil et la difficulté de prétendre au trône, lorsque des solliciteurs sont prêts à toutes les manipulations et à toutes les vengeances. À des monarchistes comme son père, Vincent Daudet, l'avait été, l'écrivain pourrait donner l'impression de développer des vérités honteuses : loin de chanter des majestés idéales, Alphonse Daudet donne à choisir entre une reine déchue qui ne renonce pas à ses devoirs, et un roi vulnérable qui cède à la frivolité et tombe dans la déchéance. Dans ce roman, Paris occupe encore une fois une place centrale, celle d'une tentatrice, qui inspire à Alphonse Daudet des pages admirables, comme la description de la foire aux pains d'épice, le récit du bal chez le duc Rozen, ou encore la mort d'Élysée

Méraut. Mais l'écrivain dépeint surtout la fin d'un monde, un destin dont la courbe se resserre d'une façon toujours plus pathétique, avec des accents crépusculaires qui peuvent rappeler *Le Monde d'hier* de Stefan Zweig ou *La Marche de Radetzky* de Joseph Roth. Roman pathétique et non roman politique, *Les Rois en exil* s'achèvent par un salut à la monarchie, « une grande chose – morte [37] ».

L'œuvre paraît d'abord avec succès dans *Le Temps* et dans un journal de Saint-Pétersbourg, ensuite en volume chez Dentu. Le romancier Henry Céard se délecte à la lecture de ce roman et confie à l'écrivain : « Vous venez de démontrer qu'à notre époque encore on pouvait trouver de puissants effets dans le récit des écroulements suprêmes de monarchies, et quel apitoiement se dégageait de cette ruine intime et domestique qui complète jusque dans les lointains de l'exil la ruine officielle et historique des Empires [38]. » Les réactions se montrent très diverses. Jules Vallès juge le roman inférieur à *Fromont jeune et Risler aîné* et à *Jack*. La critique royaliste grince des dents. Barbey d'Aurevilly s'indigne devant le manque de grandeur et d'héroïsme dont souffrent les personnages : « Toute royauté doit mourir à son poste, et son poste n'est jamais l'exil » – réflexion que la reine Frédérique se fait à elle-même. Il est vrai que si *Les Rois en exil* aident à comprendre l'humanité de familles déchues, leur message réside dans l'acceptation de la loi du temps. Dans la *Revue des Deux Mondes*, Ferdinand Brunetière offre une étude détaillée où il salue la vision par tâche, les fines notations qui font la beauté impressionniste de l'écriture. Il assure néanmoins que par cette qualité, qui correspond à une mode, *Les Rois en exil* ne pourront pas prendre place dans la tradition classique dont il cherche à délimiter les contours dans la littérature française, parce que cette tradition se fonde sur la permanence. Alors qu'Anatole France célèbre l'épisode du bal, Émile Zola consacre au roman une longue étude dans le journal *Le Voltaire*, assurant que « M. Alphonse Daudet est un des maîtres de la langue [39] ». Points de vue qui reflètent une évolution dans la carrière de l'écrivain, à propos d'un de ses romans les plus injustement oubliés.

Chapitre 7

Alphonse Daudet n'existe pas

Depuis *Fromont jeune*, la vente des livres d'Alphonse Daudet dépasse généralement le chiffre de cent mille exemplaires. L'écrivain sait maintenir un dialogue secret avec le lectorat tout en restant lui-même, et compte parmi les romanciers les plus lus. En dépit de la somme de ses préfaces, réunies sous le titre *Histoire de mes livres* en 1888, et comparables aux *Entretiens* de Corneille sur ses tragédies, Daudet n'est pas un théoricien. Il est à l'opposé d'Émile Zola, qui bâtit une doctrine littéraire nouvelle, milite pour des vérités à défendre et conduit un vrai mouvement. Dans le journal *Le Voltaire*, ce dernier développe les lois du naturalisme et se sert de l'exemple de son ami Daudet pour saluer son sens de l'observation : l'écrivain « se souvient de ce qu'il a vu, et il revoit les personnages avec leurs gestes, les horizons avec leurs lignes. Dès ce moment, il joue les personnages, il habite les milieux, il s'échauffe en confondant sa personnalité propre avec la personnalité des êtres et même des choses qu'il veut peindre. Il finit par ne plus faire qu'un avec son œuvre [1] ». « Le charme de M. Alphonse Daudet, ce charme profond qui lui a valu une place si haute dans notre littérature contemporaine, vient de la saveur originale qu'il donne au moindre bout de phrase. » Estime et admiration sincères d'un chef qui a besoin d'annexer un ami devenu l'un des écrivains vedettes.

Pourtant, il existe chez Daudet une « faculté d'attendrissement » – comme l'a bien nommée Barbey d'Aurevilly, en commentant *Jack* – que l'on ne retrouve pas chez les autres écrivains naturalistes, et où réside son principal talent. Si l'auteur du *Nabab* et des *Rois en exil* ne tombe pas dans un sentimentalisme larmoyant, il est un formidable peintre de la fatalité, qui sait recourir à des détails révélateurs, soigneusement agencés, pour exprimer le poids du destin : le croquis d'un intérieur ou d'un paysage, le détail d'un vêtement, le naturel dans la réaction des personnages. Alphonse Daudet ne défend aucun principe politique : ni la lutte sociale, ni l'égalité, ni la république, ni aucun régime.

À dire vrai, cet écrivain est-il vraiment un naturaliste ? Ne serait-ce pas le ranger dans l'école fondée par Émile Zola, alors que Daudet est le fondateur de sa propre école, ou plutôt, le modèle de ce que l'on pourrait appeler la « fabrique Daudet », d'où naîtront Léon et Lucien ? En 1885, alors que le naturalisme est contesté par l'avant-garde symboliste, Alphonse affirmera dans *Le Figaro* que ce mouvement lui est « absolument indifférent [2] » : réaction analogue à celle de Flaubert, irrité par les feuilletons de Zola.

Toujours impatiente de déménager, de trouver mieux et plus grand, Julia déniche en 1880 un vaste appartement avenue de l'Observatoire : un quatrième étage *avec vue imprenable sur...* de beaux arbres. Aussitôt elle fixe son jour de visite : ce sera le jeudi, deux fois par mois. Il s'agit en réalité de véritables réceptions, d'un salon littéraire qui suivra désormais – et pour toujours – les adresses des Daudet. On y rencontre le gratin naturaliste, y compris le très casanier Huysmans, et l'on reçoit plusieurs fois un nouvel auteur à succès, Julien Viaud, dit Pierre Loti. On recevra également Gambetta, le professeur Charcot et sa femme, Paul Déroulède, Édouard Drumont, Juliette Adam, elle-même animatrice d'un des plus grands salons parisiens... Le rêve de Julia, peut-être plus que celui d'Alphonse, s'accomplit. Dans un poème, elle confie :

J'ai rêvé ; j'ai pu croire un moment à la vie :
Tout souriait, le ciel prodiguait sa clarté,
Toutes les fleurs s'ouvraient dans une aube ravie,
Autour d'une famille entière, épanouie [3]...

Julia peut d'autant mieux recevoir que son travail de femme de lettres est reconnu et que son jugement littéraire est respecté. Cette supériorité déplaît parfois à des messieurs trop bourgeois pour qui la littérature est une affaire d'hommes. Cependant, les mauvaises langues ironisent sur son mari qui n'écrit pas ses livres tout seul. Julia, quant à elle, se moque des rumeurs ; elle est capable d'écrire ce qu'elle veut et de conseiller qui elle veut. En 1879, elle publie chez Charpentier, le grand éditeur des écrivains naturalistes, des *Impressions de nature et d'art* qui vont fixer sa réputation littéraire. Flaubert lui écrit à cette occasion une lettre enthousiaste : « Je ne saurai vous dire le plaisir que m'a causé *L'Enfance d'une Parisienne* [dans le même volume]. Si le mot charmant n'était pas banal, je l'écrirais. Sans appareil scientifique, sans surcharge de couleurs, sans prétention à l'idéal ou au naturalisme, vous faites sentir ce que vous avez ressenti. Il m'a semblé parfois, en vous lisant, que j'avais été autrefois une petite fille, jouant aux Tuileries, marchant dans la rue de Rivoli. C'est un régal pour moi qui aime la Littérature en soi que de lire des choses pareilles. La race de votre style est très noble et très délicate. Si artiste, sans en avoir l'air [4] ! » Flaubert achève cet adoubement par une salutation au mari : « Serrez-lui la main de ma part, et permettez-moi, Madame, de baiser la vôtre, en vous priant de me croire votre respectueux et affectionné serviteur (et copain). » Dans ses *Contemporains*, Jules Lemaître salue lui aussi les pages de Julia Daudet au fil d'un chapitre développé. Il écrit qu'il s'agit non de récits suivis, mais d'« apparitions surgissant comme d'un fond mystérieux de choses oubliées : les repas de la fête le dimanche, les poupées, la rougeole, une fuite en voiture un jour d'émeute, les promenades, le premier bal d'enfants, la maison de campagne avec ses immenses greniers… Sa phrase légère et souple a continuellement des trouvailles qui ne semblent point lui coûter et qui sont pourtant les plus précieuses du monde [5] ».

Non seulement Julia aide Alphonse dans son travail littéraire, et ménage du temps pour écrire, mais elle prend soin d'un époux de plus en plus malade, joue le rôle de maîtresse de maison et s'occupe de ses enfants. Pour cette tâche, elle est aidée par son mari, qui fait de multiples lectures à Léon. Il lui enseigne notamment les *Géorgiques* de Virgile, l'initie à la botanique et aux minéraux. Bientôt, après Horace et Tacite, Léon se met à dévorer toute la littérature classique et contemporaine. L'enfant bénéficie d'une chance fabuleuse : celle d'avoir autour de soi quelques-uns des plus grands écrivains de son temps, et de tous les temps. Bien sûr, on accueille l'impressionnant Flaubert, avec sa bedaine et ses grosses moustaches ; Edmond de Goncourt fait presque partie des murs. On reçoit aussi le poète Sully Prudhomme, qui fait à Léon la lecture du latin Lucrèce. Chez ses parents, le garçon voit plusieurs fois Barbey d'Aurevilly, avec son « grand manteau noir flottant, doublé de blanc, et le fond de son chapeau haut de forme de satin écarlate [6] » (c'est chez les Daudet qu'Edmond va rencontrer le fameux Connétable des Lettres), mais aussi Leconte de Lisle et François Coppée. Lorsqu'on accueille le président de la Chambre des députés, Léon Gambetta, on lui annonce que le petit travaille bien : « Il m'embrassa longuement proconsulairement, avec ces mots : "Nous ferons de toi quelque chose. La République est l'amie des travailleurs [7]." » Pourtant, les travailleurs ne sont pas toujours des amis de la République : le nom de Gambetta traverse de manière mouvementée les *Souvenirs* de Léon Daudet, qui le traite avec un mélange de sympathie et de mépris, le qualifiant notamment de « rhéteur génois ». Ailleurs, il brosse ce portrait fougueux : « Tribun remarquable, mâtiné d'orateur, potassant les dossiers politiques comme ses dossiers d'avocat, ayant des vues sur tous sujets, encyclopédiste de l'office et de l'antichambre, parce que renseigné à la diable, séduisant, bavard, improvisateur, hâbleur, il ne manquait pas d'une certaine culture. Il penchait vers les Humanités. Il citait Horace aux boueux et Virgile aux portefaix, avec un laisser-aller plein de sueur et de promesses démagogiques. Il faisait l'amour à la galope – au dire de ses intimes – et administrait ensuite à l'élue le baptême laïque, avec quelques encouragements à la vertu. Il était Tartuffe et Gribouille à la fois, en ses profondeurs [8]. » Plus tard, devenu un partisan acharné du roi, Léon ne cessera pas de s'intéresser à la personnalité de Gambetta : le rédacteur en chef de *L'Action francaise* lui consacrera non seulement des conférences et des articles, mais une biographie romancée, fondée sur des investigations et des hypothèses sulfureuses, *Le Drame des Jardies*.

Un triste événement assombrit tout d'un coup les relations littéraires de la famille Daudet. Une véritable amitié, une complicité de table et de lettres unissait Alphonse Daudet et Gustave Flaubert. En 1879 encore, Alphonse avait témoigné de son amitié à son aîné, en conservant toujours une nuance d'humilité : « Mon parrain, mon oncle, comment veux-tu que je t'appelle ? Mon vieux chef de file, mon maître en écriture, je vous souhaite une bonne et heureuse et le bouquin fini pour l'an qui vient [9]. » Plus rarement, mais incontestablement, Flaubert avait été l'un des confidents d'Alphonse. « Quand, dans mes emportements de Méridional, je m'ouvrais tout entier devant lui, lui contant mes douleurs, mes déceptions, lui disant mes angoisses, mes confessions, il levait les bras au ciel et s'écriait : "Ce Daudet ! toute la lyre [10] !" »

Le « dîner des cinq », qui a duré six ans, perd brusquement son numéro un : Flaubert meurt le 8 mai 1880 d'une hémorragie cérébrale. Malade lui-même, Alphonse est bouleversé par la disparition de ce compagnon qu'il a toujours considéré comme son maître, à défaut d'être reconnu comme son disciple. La sensibilité réaliste et dépouillée d'Alphonse le rapproche plus de Flaubert que du naturalisme de Zola, plus ou moins prisonnier d'une idéologie politique et volontariste qui préexiste à ses œuvres. « Un jour, écrit Daudet, nous étudierons page à page ce beau génie de patience et de perfection, dont les derniers ouvrages n'ont pas été compris de la foule parce que la critique littéraire n'existe plus qu'à l'état de réclame, parce qu'elle attire l'attention sur ses livres sans les expliquer jamais, parce qu'enfin la critique est servante et suit le goût public au lieu de le diriger [11]. » Flaubert avait apprécié la qualité littéraire de Julia, lorsqu'elle lui avait adressé ses *Impressions de nature et d'art*. Léon est également affligé par la disparition de ce gai convive de maintes soirées. Au cours des funérailles à Croisset, Alphonse Daudet et Émile Zola se retrouvent main dans la main pour pleurer leur ami.

L'amitié est chose parfois compliquée : elle comporte des nuages et des gels. À force de se fréquenter, de confier un secret à une personne à la fois, on en vient à apprendre ce que l'autre a révélé imprudemment, et l'on imagine des manœuvres, des complots, des séditions. Un jour, c'est Julia qui commet une indiscrétion au sujet de Goncourt, sur laquelle il faut bientôt s'expliquer. C'est alors la réconciliation, et le nouveau départ de soirées drôles et médisantes. Chez l'éditeur Charpentier, Edmond s'étonne de son ami : « Alphonse Daudet est un si attachant causeur, un si fin mime des comédies qu'il raconte, qu'au moment où je me lève pour demander s'il est onze heures, j'entends sonner une heure du matin [12]. »

On se souvient qu'Alphonse a eu une scolarité perturbée et incomplète. Léon a la chance de recevoir une instruction plus classique, surtout lorsqu'il entre au lycée Louis-le-Grand, après avoir connu le lycée Charlemagne. L'enfant ne subit pas non plus l'impression de déclassement qui était celle de son père à Lyon. Parisien de naissance, il fréquente d'autres Parisiens, instruits et appartenant à la même élite. Ses condisciples ne resteront pas longtemps anonymes : ils comprennent le futur éditeur Arthème Fayard, le grand médiéviste Joseph Bédier, l'écrivain Marcel Schwob, le poète Paul Claudel, et l'helléniste Victor Bérard. Léon apprend vite et bien, rafle les premiers prix et se montre un élève très discipliné. « Louis-le-Grand, à cette époque, tenait la tête des lycées et collèges de Paris. Nous portions l'uniforme et tous les mouvements s'y opéraient au son du tambour, que manœuvrait un vieux petit "tapin". Nous ne pratiquions aucun sport et passions les récréations à tourner en rond autour de la cour spacieuse, en conversant de femmes, de littérature et de philosophie [13]. »

Léon continue d'assister aux soirées organisées chez ses parents, au cours desquelles Zola lui montre beaucoup de bienveillance. Le jour où Léon recevra le diplôme du concours général, en 1880, les Daudet organiseront une véritable réception. À l'oreille du tout jeune homme, Renan glisse : « Nous ferons de vous quelque chose. » Quant à Victor Hugo, l'oracle populaire se surpasse lorsqu'il lui affirme qu'« il faut bien travailler et aimer tous ceux qui travaillent ». La République prépare soigneusement l'élite dont elle a besoin.

Beaucoup plus profonde est la marque que Léon reçoit de l'enseignement de son professeur de philosophie, Auguste Burdeau. Ce dernier lui fait découvrir non seulement Kant (*Critique de la raison pure*), Schopenhauer (*Le Monde comme volonté et représentation*, traduit par Burdeau lui-même), mais aussi Spinoza, Leibniz, et les représentants d'un évolutionnisme d'inspiration biologiste. Démocrate et républicain militant, symbole vivant de la méritocratie promue par le régime, le professeur insère dans ses cours des éloges de Gambetta et de Freycinet, en revient sans cesse aux notions d'honneur, de sacrifice et de désintéressement, comme ses collègues instituteurs, que l'on appellera les Hussards noirs de la République. Derrière ses dons d'orateur, la philosophie se voit subordonnée à l'impératif républicain. Les souvenirs de Léon sur

Burdeau seront empreints tantôt d'admiration, tantôt de sévérité. L'écrivain reconnaîtra l'intelligence et la culture d'une personnalité d'exception, d'un professeur qui l'encourage à faire de la politique plutôt que de la médecine, mais il considère que Burdeau a inventé un genre « qui s'est perfectionné depuis : celui du professeur à visées politiques, pour qui la chaire n'est qu'un passage et l'enseignement un poste d'attente [14] ». Burdeau deviendra en effet député et sera plusieurs fois ministre avant de culminer comme président de la Chambre. « J'ai compris depuis, dira Léon, qu'il était profondément, ardemment anticlérical, et que le criticisme destructeur de Kant lui était cher surtout comme porte de l'incrédulité [15]. »

Toute une génération, frappée par la nouveauté du subjectivisme transcendantal, sent la terre se dérober sous elle, comme si les croyances traditionnelles et les certitudes rationnelles dussent être emportées. L'un des camarades de Léon pense à se tuer en découvrant que le monde est mauvais en soi. Léon est lui-même bousculé dans ses convictions et dans la force de son esprit, au point de connaître un soir une crise de larmes qui inquiète son père. Dans ses *Notes sur la vie*, Alphonse évoque « la tristesse, l'effarement de mon grand garçon qui vient d'entrer en philosophie et de lire les livres de Schopenhauer, de Hartmann, Stuart Mill, Spencer. Terreur et dégoût de vivre ; la doctrine est morne, le professeur désespéré, les conversations en cours, désolantes. L'inutilité de tout apparaît à ces gamins et les dévore. J'ai passé la soirée à ranimer, à frictionner le mien ; et, sans le vouloir, je me suis réchauffé moi-même [16] ».

Dans *Tartarin sur les Alpes*, Alphonse Daudet mettra en scène un jeune étudiant dévoré par cette sombre philosophie, qui ne saurait atteindre les habitants de Tarascon, « le pays du bon Dieu », où l'on sait recevoir la vie comme un don marqué par la bonté... Il n'empêche que toute une génération aura à se plaindre de cette métaphysique lourde et désespérante, de Paul Claudel à Maurice Barrès. « Alphonse Daudet nous avait baptisés "les petits de la défaite" », notera Léon, et il « s'étonnait de l'engouement qui se manifesta parmi nous pour la métaphysique et la science allemandes, entre 1880 et 1895 environ, c'est-à-dire vers le temps du parachèvement de notre formation intellectuelle [17] ». Il faudra du temps et de nombreuses lectures pour que Léon échappe à ce carcan. Plus tard, grâce aux philosophes grecs et aux théologiens chrétiens, il reprendra le fil de son interrogation philosophique, dans une relation plus apaisée et féconde.

L'âge du lycée lui apporte d'autres joies que les découvertes philosophiques. Chez lui, Léon prend des leçons de choses sur l'homme et la femme grâce aux aimables dispositions d'une soubrette : « Vers la quinzième année, confiera-t-il, je fus saisi par la beauté et la délicatesse du visage et du corps féminins comme par une sorte de tourbillon, où voltigeaient des parfums, des sons et des couleurs [18]. »

Au mois de mai 1882 s'éteint Adeline Daudet, la mère d'Alphonse. Observateur malgré lui, malgré son deuil, Alphonse retiendra l'image de l'enterrement pour ouvrir le nouveau roman qu'il est en train d'écrire : *L'Évangéliste.* « Des heures navrantes, des larmes qu'on ravale, [...] et pour finir la sensation désespérante de n'être plus "un fils", de ne plus pouvoir dire "maman" à celle qui dimanche matin encore m'appelait "son bien-aimé [19]". » Peu après, et pour la première fois, les Daudet dînent chez la princesse Mathilde, à Saint-Gratien. Cousine de Napoléon III, cette grande amie des Goncourt et de Flaubert a soutenu nombre d'artistes, notamment Wagner. Ce n'est pas qu'Alphonse manque d'appuis ou de relations : récemment encore, il a été présenté avec Julia au grand-duc Constantin de Russie, dans le salon de Juliette Adam, parmi une cohorte d'amis et d'artistes, de Massenet à Tourgueniev. Et ses romans assurent largement son existence matérielle : *L'Évangéliste* connaît quarante réimpressions successives chez Dentu, avant d'être repris chez d'autres éditeurs.

Autre preuve de la notoriété de l'écrivain, Ernest Daudet publie chez Plon *Mon frère et moi, Souvenirs d'enfance et de jeunesse.* Sous le récit et l'hommage, une préoccupation familiale apparaît : comment se faire un prénom après Alphonse ? Comment devenir Ernest, Julia, Léon – Lucien est trop jeune pour y songer encore – à l'ombre de cette gloire qui semble tout éclipser ? Avec son livre de souvenirs, Ernest cherche à bénéficier de l'aura de son frère, à gagner un public qu'il n'atteint pas comme historien. Avec sa carrière de journaliste, ses monographies, ses nombreuses études historiques, à quarante-quatre ans, il peut considérer avec raison qu'il a réussi sa carrière d'homme de lettres. Loin d'être un obscur et un sans-grade, il compte parmi les historiens français les plus en vue et les mieux publiés. Sur maintes questions – le Consulat, la Restauration... – Ernest Daudet est devenu une référence auprès de ses confrères, comme Thureau-Dangin ou Taine. En revanche, les romans qu'il accumule ne rivalisent pas avec ceux d'Alphonse, et ils pâliront face à ceux de Léon. Ils relèvent de la littérature secondaire, appelée à l'oubli, qui correspond quelquefois au goût éphémère du temps. Pourtant, certains de ses romans annoncent des œuvres plus marquantes, signées par des écrivains supérieurs : par son sujet (la vie d'un prêtre), *Le Missionnaire* d'Ernest Daudet (1869) annonce *La Faute de l'abbé Mouret* (1875) de Zola [20]. L'idée de *Thérèse Raquin* est venue à Zola en lisant *La Vénus de Gordes*, qu'Ernest a écrit avec Adolphe Belot et publié en feuilleton dans *Le Figaro*. Si le frère d'Alphonse Daudet remporte des succès grâce à la notoriété de son nom, mais aussi grâce à un sentimentalisme facile, à des personnages à la psychologie sans surprise, à des situations rebattues, il parvient à publier plusieurs dizaines de ses ouvrages – preuve qu'ils correspondent à une attente des lecteurs de leur époque. Le succès de ses romans pousse inévitablement Ernest à écrire pour la scène. En 1892, le Théâtre du Gymnase montera *Un drame parisien*, dont l'écrivain tirera la trame d'un roman qui a fait fureur à son apparition dix ans plus tôt, *Le Défroqué*. D'après *Le Figaro*, c'est la première fois qu'une scène théâtrale accueille toutes les péripéties d'un procès criminel, en y intégrant l'instruction et la reconstitution du crime [21].

S'il est parfois difficile d'avoir un frère célèbre, être ce frère comporte aussi des désagréments. Au mois de mai 1883, le romancier et journaliste Albert Delpit accuse Alphonse, dans le journal *Paris*, de n'être qu'un faiseur, d'abuser d'épithètes, d'imiter tantôt Chateaubriand, tantôt Dickens, et de n'être qu'un piètre dramaturge dépourvu d'imagination. Tant de haine trahit la volonté de faire scandale. Aussitôt, le 24 mai, Alphonse fait envoyer par son secrétaire Jules Ebner deux lettres à ses témoins pour les charger de demander à Delpit une rétractation. Deux jours plus tard, il écrit à Edmond : « Mon Goncourt, je vous écris de la gare de l'Ouest, les épées prêtes, le médecin attendu. On part pour Le Vésinet [22]. » La tentative d'arrangement a donc échoué. Lorsque Léon constate que son père tarde à rentrer et que l'heure du dîner est dépassée, il fond en larmes. Bouleversé, Goncourt dort mal. Au petit matin, on le réveille en lui remettant un télégramme : « Je rentre du Vésinet, j'ai fiché un coup d'épée au Delpit. » Tout s'est donc déroulé pour le mieux : plus rapide que la mule du pape, Alphonse a triomphé de l'insolent. Tandis que ses amis se pressent chez lui pour le féliciter, il rapporte les circonstances du duel à Edmond « avec cette jolie blague méridionale » qui n'appartient qu'à lui. Preuve de la bonne humeur de la famille Daudet, celle-ci est invitée avec Goncourt chez Zola, à Médan. Là, loin des tracas de la vie parisienne, on se livre à des parties de canotage. Edmond de Goncourt écrit que Daudet « crânement renversé sur ses avirons et jetant à la rive des chansons de marin, fait plaisir à voir parmi la jolie ivresse que lui verse la nature ». On a déjà noté l'affection amoureuse d'Edmond pour Alphonse.

Cet incident trahit néanmoins un tumulte dans les coulisses de la vie littéraire. Depuis des années, on murmure, on cause, on invente à propos de la candidature d'Alphonse à l'Académie française : se présentera-t-il, oui ou non ? Julia l'encourage à effectuer les démarches usuelles auprès des académiciens, parmi lesquels son mari pourrait compter sur des amis. Pourtant, au fond, Alphonse ne considère qu'avec détachement cet habit vert tant convoité par d'autres. Il a été effaré d'apprendre les difficultés qu'Alfred de Vigny avait rencontrées en son temps, et il a tendance à ne voir dans cette élection qu'une affaire de coterie, une cuisine politique où la littérature ne compte pas, ou encore une tentation liée à la vanité. Dans *Le Petit Chose*, il s'est moqué de Daniel Eyssette qui rêvait à l'Académie. Dans *Les Femmes d'artistes*, il a consacré un chapitre ironique aux « Confidences d'un habit à palmes vertes ». Pourtant, des académiciens, des confrères et des amis, tel Zola, des personnalités officielles et intrigantes l'encouragent à se présenter pour rajeunir le cercle des Immortels. Alphonse se détermine donc à rendre visite à Alexandre Dumas et à Eugène Labiche, qui se dérobent. Comprenant que son élection n'est pas acquise, il décide brusquement de n'y plus penser. Le duel avec Delpit achève d'enterrer cette ambition et de satisfaire le vœu profond d'Alphonse, qui n'est pas un homme à institutions. Véridique ou non, on a rapporté le mot du secrétaire de l'Académie à Alphonse quelques mois plus tard : « On entre chez nous avec une épée, mais pas à la main [23]. »

À la fin de 1883, Alphonse organise une lecture de l'adaptation que Paul Delair a tirée de ses *Rois en exil*, en présence de Gambetta, Charcot, Drumont et Léon. C'est Constant Coquelin, qui créera quelques années plus tard *Cyrano de Bergerac*, qui a eu l'idée de cette transposition. Après la répétition générale au Théâtre du Vaudeville, Goncourt est persuadé que la pièce va remporter un très grand succès. « Il y a pour moi, dans cette pièce, de vraies scènes d'un théâtre moderne », confirme-t-il dans son *Journal*. Malgré les qualités de l'interprétation, *Les Rois en exil* subissent un échec complet. Certaines répliques sont sifflées pour des raisons qui ne tiennent pas qu'à la politique. Le soir même, rapporte Edmond, « on va tout de même souper chez Voisin, Mme Daudet très émue à mon bras. Daudet lui-même est impressionné. Je lui dis qu'il n'y a pas vraiment, au fond, de politique, mais que ça va être seulement une question de chic pour les clubs, de venir chuter la pièce [24] ». Mais celle-ci ne se relèvera pas. Lors du souper, rapportera Léon, Paul Delair affiche un air de suicidé aux côtés de Constant Coquelin, comparable à Napoléon le soir de Waterloo [25].

Après un tel four, Alphonse pourrait songer à se détourner du théâtre. Mais il aime le contact avec le public, et cherche à le séduire en lui offrant les ingrédients réalistes ou mélodramatiques qu'il attend. Heureusement pour sa postérité, il continue de travailler avec acharnement pour la série de romans qu'il a entreprise sur les « mœurs parisiennes ». Après *Numa Roumestan* (1881) et *L'Évangéliste* (1883), il termine *Sapho*, roman sentimental et psychologique où il reprend, en l'arrangeant, l'histoire mouvementée et passionnée qu'il a partagée avec Marie Rieu. D'abord publié dans *L'Écho de Paris*, nouvellement fondé par Aurélien Scholl, ce roman paraît au mois de mai 1884 chez Charpentier, avec un premier tirage de 80 000 exemplaires. Sans doute Julia est-elle froissée de découvrir la présence de Marie Rieu sous les traits de Fanny Legrand. D'autres femmes se disent choquées par la légèreté des mœurs qui apparaissent dans ce nouveau roman de la bohème parisienne. Ainsi Mme Von Meck, avisée mécène de Tchaïkovsky, ne peut s'empêcher de s'en plaindre au compositeur – dont elle ignore la vie homosexuelle fort agitée. À côté de ces réticences, le livre rencontre un succès considérable. Edmond de Goncourt s'en fait l'écho déploratif : « Il va avoir une vente de

100 000 exemplaires, son livre tue tous les livres, le mien en particulier », ne pouvant s'empêcher d'ajouter : « Mon petit Daudet est trop enfant gâté [26]. » Plus loyalement, il lui confie : « *Sapho* est pour moi votre plus parfait livre, celui où vous avez fait *humain* mieux que personne [27]. » Jules Verne remarque que « cela est plein de talent ». Quant à Émile Zola, il écrit à Alphonse : « Ce dernier roman est celui qui me plaît le plus, qui me va le mieux, de tous les vôtres. [...] Là, mon ami, vous avez touché à l'immortalité [28]. » Zola ne se trompe point : par son travail poétique, par sa construction impeccable, par ses tournures parfois originales, et la vérité psychologique qui le gouverne d'un bout à l'autre, *Sapho* est le mieux écrit des romans de Daudet. En dépit de ses réticences et de sa sévérité envers son auteur, Maurras considère *Sapho* comme son chef-d'œuvre. Parfaite rencontre entre la popularité et la qualité littéraire, *Sapho* sera du vivant d'Alphonse Daudet son œuvre la plus lue. À Louis-le-Grand, on salue Léon comme « le fils de l'auteur », sans que l'on ait besoin de préciser de quelle œuvre.

Moins d'un an après la sortie du roman en volume, le 18 décembre 1885, *Sapho* triomphe sur la scène du Gymnase. Cette adaptation théâtrale, Alphonse l'a d'abord dictée à Léon lorsqu'ils étaient à Sainte-Estève, près d'Avignon, pour y retravailler ensuite avec Adolphe Belot. Au cours des répétitions, le fils de l'auteur s'éprend violemment de l'actrice principale, Jane Hading, mariée au directeur du Gymnase, Victor Koning. Tout le temps d'une répétition, Léon reste collé contre un portant, dévorant des yeux la jeune femme et vouant aux gémonies le mari. Alphonse a pourtant prévenu ses fils sur les inconvénients des amours légères et des maîtresses encombrantes – la dédicace du roman ne suffit pas à Léon. Le soir de la première, un somptueux souper est organisé rue de Bellechasse, dans le nouvel appartement qu'Alphonse a déniché en même temps que son ami James Tissot – ils habitent aux troisième et quatrième étages. Ce soir-là, on accueille Zola, Goncourt, Édouard Lockroy (le mari d'Alice Lehaene, veuve de Charles Hugo, le fils de l'écrivain), Théodore de Banville – lui aussi un ancien amant de Marie Rieu –, le journaliste Aurélien Scholl, l'architecte de la Samaritaine Frantz Jourdain, le critique littéraire Philippe Gille, le docteur Charcot – à qui Alphonse a dédié *L'Évangéliste*. Les convives ne sont rejoints par Jane Hading et son « butor » de mari – dixit Léon –

que vers une heure du matin. Enthousiasmé par la pièce de son père autant que par l'actrice qui interprète Fanny Legrand, Léon est de toutes les représentations. Au cours d'une soirée, il rencontre Victorien Sardou, « le maître des théâtres », qui fait l'éloge de *Sapho* tout en regrettant que le deuxième acte ne soit pas plus animé. Dans *Le Figaro*, Auguste Vitu commente longuement, en première page, la première de *Sapho*, et cet article est suivi d'un extrait de l'acte IV. « La pièce nouvelle, écrit Vitu, mise en scène avec un goût parfait, est interprétée d'une manière supérieure, dans l'ensemble et dans les détails [29]. » En outre, Noël s'approchant, un encadré du journal annonce une édition spéciale de *Tartarin sur les Alpes*. Alphonse Daudet : une idée pour les cadeaux…

À côté de ses triomphes, l'enfant gâté de Goncourt subit le prix de sa vie légère. En 1884, ses souffrances se font parfois terribles, insoutenables. Régulièrement, Alphonse demande une injection de morphine. Au mois de juin, on l'opère (mal) d'une hydrocèle – poche liquide au niveau des testicules –, mais l'opération ne vient pas à bout de la maladie vénérienne, contractée il y a vingt ans. « Je souffre, dit-il à Edmond, tout ce qu'il est possible de souffrir… Tenez, parfois dans le pied, c'est comme si un train de chemin de fer me passait dessus [30]. » Au mois de juillet, le docteur Potain prescrit à Alphonse des cures thermales. Bientôt, l'écrivain quitte Paris pour la Suisse, où il a déjà séjourné une première fois en 1881, après avoir passé une saison à Néris-les-Bains. Il était alors accompagné par son ami Giuseppe De Nittis, le peintre des Pouilles, de Paris et des champs de courses. Julia et Alphonse se sont liés d'amitié avec cet Italien passionné par la France, qui tient avec sa femme un salon brillant à Paris. C'est dans l'atelier de De Nittis, rue Viète, qu'Alphonse a entendu Edmond lire son dernier roman, *La Faustin*, devant José Maria de Heredia, Émile Zola, l'éditeur Charpentier, Henry Céard et Paul Alexis. Quel meilleur accompagnateur, pour un séjour en Suisse, qu'un peintre paysagiste ? En fait de convalescence, Alphonse avait découvert à peu près toute la Suisse, sillonnant le pays avec une véritable boulimie, et canotant avec le peintre sur le lac des Quatre Cantons. Agacé par l'exploitation touristique des paysages – que dirait-il aujourd'hui ? – Alphonse avait eu l'idée d'écrire une satire de la Suisse, un coup de pied de mule qu'il retiendra trois ans, avant de composer *Tartarin sur les Alpes.*

En 1884, le second séjour lui apporte un complément d'inspiration. En compagnie de l'éditeur Lemerre cette fois, il passe par Aix-les-Bains, Annecy, Chamonix, puis arrive au lac Léman. De là, il voyage à Genève et à Montreux, ne cessant de prendre des notes pour son nouveau roman comique, qu'il ne rédigera qu'à son retour. Aucun sentiment anti-helvétique pourtant dans ce nouvel épisode de *Tartarin.* En revanche, l'écrivain propose ici le premier brûlot antitouristique, bien avant *Plateforme* de Houellebecq. De nos jours, il défendrait le vrai et bon lait, la baguette de tradition et le vin sans sulfate.

De retour à Champrosay en automne 1884, Alphonse joue avec Lucien lorsqu'il s'aperçoit que ses jambes ne le portent plus. Il consulte Charcot qui pose un diagnostic différent de celui de Potain : Daudet ne souffre pas de rhumatismes, mais d'une maladie à la moelle épinière. Ses douleurs à répétition l'empêchent d'assurer l'instruction de son fils Lucien, âgé de six ans. Il se met en quête d'un précepteur. Son choix se porte bientôt sur un personnage au nom improbable et extravagant, Louis-Pilate de Brinn'Gaubast (Louis Pilate de son vrai nom). Ce poète décadent et néanmoins monarchiste a d'abord été professeur de français, de latin et d'histoire à Charleville [31]. Sa ressemblance singulière avec le professeur Tryphon Tournesol laisse penser qu'Hergé a connu l'un des rares clichés qui représentent cet être obscur. Alphonse Daudet a beau sortir Brinn'Gaubast de la gêne en lui confiant cette tâche, comme la suite le montrera, l'étrange Pilate nourrira une hostilité exécrable vis-à-vis de tous les membres de la famille Daudet, comme si elle avait été coupable de sa condition.

Succès au théâtre, ventes, publicité : tant de triomphes et de popularité attirent inévitablement jalousies, perfidies et bobards. À la parution de *L'Évangéliste*, roman pourtant salué comme l'un des mieux écrits d'Alphonse Daudet, Édouard Drumont a accusé son ancien ami de saccager tous les grands idéaux : la monarchie avec *Les Rois en exil*, la religion avec *L'Évangéliste* [32]. Mais la gloire de Daudet suscite aussi de très belles pages haineuses. Alphonse a déjà eu l'honneur d'être incendié par Léon Bloy dans son roman *Le Désespéré*, où il apparaît sous les traits de l'écrivain à succès Gaston Chaudesaigues. À propos de *Tartarin sur les Alpes*, le prophète des catacombes avait ironisé : « Son récent livre *Sancho Pança sur les Pyrénées*, conçu commercialement, en forme de guide cocasse, d'un débit universel, avec des réclames pour des auberges et des fictions d'étrangers sympathiques, est, au point de vue de l'art, une honte indicible [33]. » En 1888, l'imprécateur du catholicisme impossible éreinte à nouveau sa victime dans un article du journal *Gil Blas* en le qualifiant de « voleur de gloire », un titre qu'il reprendra plus tard dans ses bien nommées *Histoires désobligeantes*. Daudet n'est pour Bloy qu'un écrivain pour femmes larmoyantes, qui a passé son temps à réécrire Balzac, Dickens, Barbey d'Aurevilly, Goncourt, Flaubert... *Jack*, par exemple, n'est à ses yeux qu'une imitation de *David Copperfield*. Et si Daudet a réussi *Jack* et *Fromont jeune*, c'est que ces romans sont ceux « où ses rares dons d'imitateur, d'adaptateur et de copiste ont le plus heureusement éclaté [34] ».

Dans d'autres cas, les confrères d'Alphonse l'imaginent rouler sur des montagnes d'or. Edmond de Goncourt rapporte qu'Alphonse aurait confié travailler à *Tartarin sur les Alpes* avec un air de honte, pour avouer ensuite que le contrat prévoyait pour ce livre 275 000 francs : « *Deux cent soixante-quinze mille francs !* s'indigne Goncourt. Entendez-vous, mânes de Gautier, Flaubert, Murger, etc., payés par Lévy 400 francs pour un volume et en toute propriété [35] ? » Il est vrai que le dandysme littéraire, l'érudition presque affolante, l'écriture artiste n'attirent pas à Edmond des fortunes, ni des lauriers lancés par une foule en liesse. Comment supporter que les écrivains supérieurs, les vrais fous de littérature, soient moins payés qu'un artiste célèbre comme Alphonse Daudet, qui sait conquérir et relancer l'intérêt du public ? Que cela soit le fait d'Alphonse ou du diariste, la somme en question est très exagérée. En vérité, l'auteur a fixé avec l'éditeur Guillaume les termes du contrat : « Décidément, votre offre me séduit et je suis prêt à m'engager avec vous et vos associés pour un roman inédit à illustrer. Comme vous avez plus la pratique des affaires que moi, veuillez faire un traité que nous lirons et débattrons ensemble. Mes conditions sont celles-ci : une prime de 25 000 francs me sera payée quand je livrerai la première moitié de mon manuscrit. Je toucherai 3 fr. 50 par exemplaire sur le volume à 20 francs, avec tirage minimum fixé par vous ainsi que la date du paiement [36]. » L'à-valoir ne dépassera pas 20 000 francs.

Une autre légende ternit également *Tartarin sur les Alpes* : le véritable auteur n'en serait pas Alphonse Daudet, mais Hugues Le Roux, le traducteur de *La Russie souterraine* de Sergueï Stepniak, ouvrage dont Daudet s'est servi pour parler des nihilistes russes dans son roman. Un procès ultérieur révélera plutôt la contribution de Julia : le manuscrit de ce *Tartarin* comprend sept cahiers, les pages de gauche étant réservées à Alphonse, celles de droite aux interventions de son épouse. Enfin, on verra Paul Bourget, dans le *Journal des débats*, décrire le plus sérieusement du monde Alphonse comme un auteur pour les classes moyennes.

Mais c'est surtout Octave Mirbeau qui, dans ces années 1880, agit pour forger la légende noire d'un Daudet plagiaire et médiocre écrivain. Alors qu'il n'est encore que journaliste, Mirbeau en veut à Alphonse de l'avoir épinglé à propos de son travail de « nègre ». Dans *Les Grimaces*, « pamphlet hebdomadaire » qu'il a récemment lancé, Mirbeau affirme que Paul Arène aurait largement contribué à l'écriture des *Lettres de mon moulin*. Le conteur provençal aurait été le « nègre » d'Alphonse pour « La chèvre de M. Seguin », « Les vieux », « La mule du pape » et « La légende de l'homme à la cervelle d'or ». Outre l'accusation de plagiat, Mirbeau reproche à Daudet d'être dépourvu de génie, et de n'avoir que « l'illusion d'un talent agréable et superficiel [37] ». Ces accusations vont faire mouche, bientôt reprises par des journalistes qui ne connaissent pas les conditions de travail de l'écrivain, et qui convoitent une notoriété fondée sur le scandale. Les articles de Mirbeau conduisent Alphonse à riposter par le biais d'une lettre de Paul Arène, publiée dans *Gil Blas*, puis dans *Les Grimaces*. Le conteur provençal reconnaît que « sur les vingt-trois nouvelles conservées dans ton édition définitive, la moitié à peu près fut écrite par nous deux, assis à la même table, autour d'une unique écritoire, joyeusement et fraternellement, en essayant chacun sa phrase avant de la coucher sur le papier. Les autres ne me regardent en rien. Si j'ai pu apporter (dans celles qui me regardent un peu) quelques détails de couleur ou de style, toi seul, toujours, en trouvas le sujet et les grandes lignes [38] ». Cet éclaircissement donne satisfaction à Mirbeau tout en mécontentant Alphonse. Depuis, les travaux de Jacques-Henri Bornecque ont démontré que l'essentiel du livre était bien de Daudet. Et dès 1878, Zola affirmait que l'on reconnaît une page de Daudet « entre cent autres, parce que ses pages ont une vie à elles. C'est un enchanteur [39] ».

En 1885, Mirbeau renouvelle ses attaques en publiant un article intitulé « Tartarinades » dans le journal *Le Matin*, faisant d'Alphonse un vil imitateur. Pourtant, sous les auspices de Paul Hervieu et d'Edmond de Goncourt, Daudet et Mirbeau se réconcilieront. Les deux écrivains ont été amis, et leurs relations ont toujours été marquées par des hauts et des bas. On comprend pourquoi Léon se montrera indulgent avec Mirbeau dans ses *Souvenirs*. L'auteur du *Journal d'une femme de chambre* compte parmi les amitiés littéraires de son père, qui aura donné l'exemple du pardon et de la réconciliation. Léon lui passera son anticléricalisme et son dreyfusisme, qui fut « quelque chose de tout à fait normal. Mirbeau, que j'ai bien connu, était un homme à renversement, sensible et bon, ami des pauvres bougres, ami de ses amis, capable de dévouement, pénétrant, rageur, impressionnable à l'excès, colère, vindicatif, puis d'une confiance illimitée envers ceux qu'il avait offensés, aussi fertile en sautes d'humeur que la Méditerranée en sautes de vent [40] ». Cependant, le mal aura été fait, en jetant un soupçon sur l'authenticité de l'œuvre de Daudet dans son ensemble.

Et si Alphonse Daudet n'était qu'une outre creuse, un petit coup de mistral ? Selon cette logique bien connue des historiens de la littérature, Shakespeare n'a jamais existé, Molière avait pour nègre le frère de Corneille, Baudelaire écrivait en se droguant, Proust en dormant... Les mauvaises langues s'agitent jusqu'à nos jours, sans connaître la genèse des textes d'Alphonse Daudet, et sans s'interroger sur le rôle de l'imitation : imiter a été considéré pendant plus de mille cinq cents ans comme la meilleure école de la création. Il faut savoir gré à Paul Arène et à Julia d'avoir aidé Daudet à parfaire ses œuvres, tout comme à tant de pairs qui ont su fournir des conseils avisés à leurs amis écrivains. Ces ateliers silencieux et mystérieux n'intéressent que les spécialistes. Pourquoi s'attacher absolument à l'idéal d'une originalité absolue, si l'aide apportée à Alphonse, toujours contrôlée par lui, a offert à la littérature française des pages dont elle peut, à juste titre, s'enorgueillir ?

Face à la méchanceté des confrères, il reste à se réunir, à remplacer le dîner des Cinq par des rencontres amicales. Conscient de cette nécessité, Edmond de Goncourt a effectué les préparatifs nécessaires chez lui. L'idée du « grenier » des Goncourt remonte à 1868, lorsque les deux frères, Jules et Edmond, ont décidé de réaménager leur hôtel particulier d'Auteuil pour accueillir le dimanche leurs amis écrivains. En janvier 1885, Edmond satisfait le vœu de son frère bien-aimé en ouvrant enfin ce nouveau lieu de « parlote », comme il l'appelle, à ses amis et à ses pairs : Daudet, Banville, Zola, Bourget, France, Maupassant, Huysmans… « Aujourd'hui, note Goncourt dans son *Journal*, Daudet et sa femme viennent me voir, viennent étrenner mon grenier. Ils restent longtemps, très longtemps, jusqu'au crépuscule ; et dans le tête-à-tête et dans l'ombre, on cause avec une tendre expansion [41]. »

Comme le montrera Proust, l'entrée dans un salon est permise à certaines conditions. Au grand dam de Julia, qui ne supporte pas la misogynie, Edmond n'admet aucune femme. Au contraire, Alphonse en est un affidé, et il se satisfait vaillamment de cet ostracisme… Il faut dire que ces messieurs ont à parler de femmes autant que de la littérature, et ils ne s'interdiront aucune grivoiserie ni aucune cochonceté. Pendant des années, Alphonse amènera à Goncourt les jeunes écrivains qu'il a rencontrés, de Maurice Barrès à Jules Renard, Maurice Rollinat et Pierre Loti. Aussi glorieux et amical dans son propre salon, ou à Champrosay, Alphonse aime à recevoir les talents nouveaux pour les encourager et discuter avec eux. Quand Julia passera un mois en Suisse, Alphonse lui écrira qu'il aura reçu à dîner le jeune romancier René Boylesve, « toujours charmant, très spirituel, très appliqué [42] », qui s'est déjà fait connaître par *Le Médecin des dames de Néans*. Parallèlement, il cultive des amitiés de longue date. Malgré des nuages, Daudet et Goncourt sont des oiseaux inséparables. À Champrosay, le second lit au premier des pages de son *Journal*. Lucien Daudet racontera que l'oncle Edmond dîne à la maison chaque jeudi et chaque dimanche. Régulièrement, le dimanche après-midi, Julia et Lucien rejoignent le « grenier » d'Auteuil pour récupérer Alphonse. L'amitié qui unit Goncourt et la famille Daudet compense heureusement les haines littéraires qui se sont déchaînées.

Chapitre 8

IMMORTELLE TENTATION

LES FUNÉRAILLES DE Victor Hugo ont lieu le 22 mai 1885. La famille Daudet se trouve unie derrière le corbillard, juste après Georges Hugo, parmi les amis et familiers de la maison. Léon mémorialiste ajoutera du piquant au récit de cette journée remplie de discours officiels, où, de la place de l'Étoile au Panthéon, une foule d'un million et demi de personnes vint porter un dernier hommage au poète le plus populaire de France. Il se rappellera le président de la Chambre, Charles Floquet, avec sa « tête de basochien copiant à la fois Mirabeau et Robespierre [1] », faisant sonner le « e » muet de « constellée ». Il ironisera sur « le corbillard des pauvres qu'avait orgueilleusement revendiqué le poète millionnaire », et à propos du « très médiocre hymne » composé par Saint-Saëns. Ailleurs, il assurera que les obsèques avaient donné lieu à plusieurs « nuits de soûlographie et de débauche [2] », et que « les filles des maisons closes avaient pris le deuil en noir transparent » en l'honneur du poète priapique. Après la cérémonie au Panthéon, Alphonse et son fils aîné retrouvent Zola, Goncourt, Céard et quelques autres au café de la Rotonde, place de l'Observatoire. Edmond observe dans son journal : « La mort de Hugo a amené chez les Daudet la conversation sur l'autre vie, à laquelle Daudet et moi nous ne croyons guère et à laquelle voudrait croire Mme Daudet [3]. » Dans les *Lettres de mon moulin*, « La mort du Dauphin » ne témoigne pas, en effet, d'un sens chrétien particulièrement marqué. Si le conteur met en image l'égalité des petits et des grands au Paradis, où le Dauphin ne pourra retrouver aucun prestige terrestre, il insiste beaucoup plus sur la dimension pathétique de la mort que sur la rencontre avec Dieu. Il n'y est pas question du Christ ni de la résurrection.

Quelques semaines après la mort de Hugo, Léon se rend à Guernesey accompagné de Georges Hugo. « Une grande présence flottait encore parmi ces vestiges illustres, rapportera-t-il dans *Fantômes et vivants* [...]. Les fantômes de la douleur et de la mélancolie, du travail acharné et de la colère, de l'amour et de la méfiance, montaient et descendaient en tapinois les escaliers amortis et masqués par de lourdes tapisseries en lambeaux [4]. » Au cours de ce premier séjour, les deux garçons sont accompagnés par Adolphe Trébuchet, parent de Victor Hugo et membre du conseil de famille du défunt. Léon admire les pièces où le poète a vécu dix-sept ans d'exil : le salon bleu, le salon rouge, la galerie de chêne toute de bois sculptée, le *look out* vitré du troisième étage. Léon et Georges visitent également la maison où a vécu Juliette Drouet, disparue deux ans auparavant. Ils découvrent surtout des liasses de papiers, de petits billets rapidement rédigés, des paquets entiers de correspondance, dont les trois cents lettres qui seront brûlées plus tard par la famille. À côté de dessins obscènes, ils mettent aussi la main sur une collection de capotes anglaises « d'un format gigantesque [5] ». Ce genre de détail ravit Edmond de Goncourt. Léon et Georges consultent également les cahiers où Hugo a transcrit les expériences de spiritisme auxquelles il s'adonnait avec son petit monde. « Pour nous reposer d'inventorier la maison magique, nous faisions de grandes courses à travers l'île, où abondent les points de vue, les baies pittoresques, les rochers dramatiques », écrit Léon dans ses *Souvenirs* [6].

Souvent, ils sont accompagnés d'Édouard Lockroy, exécuteur testamentaire de Hugo, marié contre l'avis de ce dernier à Alice Lehaene, la veuve de Charles Hugo. Léon sympathise immédiatement avec Julie Cheney, sœur d'Adèle Hugo, qui joua plusieurs années le rôle de secrétaire de Victor Hugo. Séjour passionnant autant qu'émouvant, au cours duquel Léon amasse en lui toute une mémoire orale grâce à ceux qui ont connu Victor Hugo. Il faut évidemment faire la part entre la réalité de 1885, difficile à saisir, et les récits rétrospectifs, mais Léon a appris une quantité de détails sur la vie privée du maître de Guernesey, ses petitesses, ses besoins sexuels, sa mégalomanie politique. Édouard Lockroy lui a également confié l'agacement et le mépris que lui inspira continuellement Hugo : sentiments que ce député opportuniste, qui vient d'entrer dans le cabinet de Charles de Freycinet comme ministre du Commerce et de l'Industrie, inspire à son tour à Léon, pour devenir l'une de ses bêtes noires.

Lockroy conduit ensuite ses invités à Londres. Léon s'enchante en découvrant Oxford Street, où il se sent mieux comprendre De Quincey ; il guette dans les rues des visages qui ressemblent à ceux des personnages de Dickens, Florence Dombey, Sikes, ou bien à quelque Dr Jekyll. Il se dira capable, au cours de cette découverte londonienne, de se rendre directement à l'emplacement du théâtre du Globe de Shakespeare, par une mystérieuse intuition proche du magnétisme. Ensuite, les visiteurs se rendent en *hansom cab* à l'Exposition coloniale et indienne organisée par la reine Victoria dans le quartier de South Kensington, où se presseront cinq millions de visiteurs.

Au retour, avec l'accord de son père, Léon s'inscrit à l'École de médecine de Paris. Il bénéficie pour cela de l'appui de trois répondants de prestige : le professeur Charcot, de la Salpêtrière, le professeur Potain, qui soigne sa famille depuis des années, et le chirurgien Péan. Le voilà engagé pour huit ans dans ces études prestigieuses mais difficiles. Le nouvel étudiant se sent d'autant plus légitime dans cette voie qu'il veut en découdre avec les mystères du corps et la maladie dont son père souffre continuellement. Sa vocation médicale traduit surtout son amour filial.

Il est vrai aussi que le médecin jouit à cette époque d'une aura que même Balzac, portraitiste de médecins savants ou saints, n'aurait pu imaginer quelques décennies plus tôt. En 1886, le docteur est le substitut du prêtre. « Il semblait entendu que les savants étaient des hommes à part, notera Léon dans ses Souvenirs, échappant aux passions et aux tares habituelles, toujours désintéressés, souvent héroïques, quelquefois sublimes. Piliers de la République, bénéficiant de toutes les décorations et hautes faveurs du régime, disposant des secrets des familles, de la vertu des femmes et suspendant la menace héréditaire sur la tête des enfants, ceux que j'ai appelés les morticoles régnaient à la fois par la ruse et par la terreur [7]. » Léon se rappellera plus tard cette faculté de médecine, jacobine, despotique, où une tripotée d'étudiants pauvres voyaient leur sort livré à la merci de mandarins sûrs d'eux-mêmes, souvent liés aux intrigues mondaines, politiques et électorales.

Dès la première année, il entre comme « bénévole » ou « roupiou » dans le service de chirurgie de Paul Tillaux, à l'Hôtel-Dieu. Son premier malade est un client cancéreux atteint de troubles cérébraux, dont il doit supporter un accès de fureur une demi-heure durant. La semaine suivante, l'Hôtel-Dieu reçoit cinq paysans russes contaminés par la rage et envoyés par le gouvernement du tsar. Louis Pasteur se rend lui-même dans le service de Tillaux pour procéder à des injections, en ultime recours. Malheureusement, au bout de neuf jours, un premier paysan est pris d'effroyables accès de rage devant ses compagnons épouvantés. « À partir de là, raconte Léon, chaque matin, le mal implacable s'abattit sur un nouveau Russe, si bien que les six y passèrent. Leurs clameurs désespérées, tantôt sourdes, tantôt suraiguës, se faisaient entendre jusqu'au parvis de Notre-Dame. Quand on pénétrait dans ces chambres de torture, on trouvait les infortunés disloqués comme des ceps, les yeux désorbités, l'écume aux lèvres, cramponnés aux barreaux de leur lit, ou se roulant sur le sol, des lambeaux de leurs draps entre les dents [8]. » À leur demande, Pasteur et Tillaux finissent par donner des pilules létales aux malades.

Toutes ces horreurs ne découragent pourtant pas l'étudiant. À l'École de médecine, Léon découvre peu à peu les fondements d'une idée à la mode, qui hante toute la fin du siècle : l'hérédité. De Claude Bernard à Charcot, les travaux de l'école « anatomo-clinique » défendent ce principe gros de fatalisme, dans une époque déjà marquée par le déterminisme de Hartmann, auteur d'une retentissante *Philosophie de l'inconscient* (traduite en 1877), et par le pessimisme de Schopenhauer. *Les Rougon-Macquart* d'Émile Zola reposent sur une théorie de l'hérédité d'où découlent la psychologie et la dégénérescence des personnages, comme une loi qui s'appliquerait par surcroît à une époque tout entière – celle de l'Empire honni. Le jeune Léon Daudet ne saurait échapper à l'emprise d'une idée qui fait florès.

Parmi les étudiants qui viennent découvrir les cours de Charcot sur l'hystérie, à la Salpêtrière, Léon croise Sigmund Freud. De séjour à Paris depuis plusieurs mois, cet invité personnel de Charcot rencontre chez son confrère Alphonse Daudet, dont la physionomie le frappe : « Un visage magnifique ! [...] Une grande vivacité de mouvements, une voix sonore », écrit le fondateur de la psychanalyse [9].

Cette vivacité se retrouve chez le petit Lucien, âgé de six ans. Un jour, en rendant visite à Edmond de Goncourt avec son père, le garçon cherche à couper les poissons rouges avec un sécateur, et à arracher tous les boutons de rhododendron qu'il trouve sur son passage. Par surcroît, lorsque ce destructeur de la nature parvient à ses fins, « du bonheur monte à sa figure [10] » ! Plus paisiblement, Julia Daudet emmène le petit à des expositions, lui fait découvrir l'immense palais de l'Industrie. Au jardin des Tuileries, on lui présente le peintre Alfred Stevens. Lucien Daudet datera de cette époque la naissance de sa vocation d'artiste. Dans l'esprit du jeune garçon, étonné par les manières des grands et les couleurs du monde, les questions défilent – rapportées plus tard dans *L'Âge de raison* : pourquoi n'avons-nous pas un hôtel au lieu d'un appartement ? pourquoi puis-je me servir plus facilement de ma main droite que de ma main gauche ? et, très avancé sur son temps : « Comment maman sait-elle que je serai un père et pas une mère, quand je serai grand [11] ? » Lucien ne sera ni l'un ni l'autre, puisque, parvenu à la maturité, il se tournera exclusivement vers l'amour des hommes. Si l'enfant n'a pas conscience de ce penchant, dans une période historique où il est très difficile d'en parler, il est traversé par des inquiétudes qui le révèlent. Edmond s'inquiète de ce qu'à sept ans, le petit garçon soit déjà hanté par la mort ; souvent il demande à ses parents des nouvelles d'un presque centenaire dont ils lui ont parlé plusieurs fois.

À la fin du mois de juin 1886, une petite sœur est donnée à Lucien ; elle s'appelle Edmée. Rappelant ses impressions de petit garçon, Lucien notera que l'on « avait apporté de Champrosay, pendant que je demeurais chez grand'mère, le chou dans lequel poussent les enfants [12] ». En vérité, l'accouchement s'est révélé pénible et éprouvant pour la santé de Julia, au point de lui donner l'impression d'être sur le point de mourir. Elle se remet difficilement, au bout de plusieurs semaines passées à Paris, puis à Champrosay. De nombreux artistes veilleront sur la petite Edmée, qui, contrairement à ses frères, ne connaîtra pas de destinée artistique. Edmond de Goncourt est son parrain. Pour elle, Théodore de Banville écrit la « Ballade pour mademoiselle Edmée Daudet ». Quant à Eugène Carrière, il peindra *Alphonse Daudet et sa fille Edmée*, exposé aujourd'hui au musée d'Orsay. Mariée en 1906 à André Germain, poète et essayiste issu d'une famille fortunée,

Edmée épousera en secondes noces un littérateur et conférencier, Robert Chauvelot.

Les souffrances d'Alphonse ne sont pas du même ordre que celles de sa femme. « Ce matin, écrit Edmond de Goncourt dans son *Journal*, Daudet vient dans ma chambre, et pendant que je fais ma toilette, il me parle de sa maladie, de ses abominables souffrances, des faiblesses en train de venir à certains organes, de la terreur enfin, dit-il avec une voix douloureuse, de la terreur qu'il a de dégoûter les gens qu'il aime. Et sa pensée va au suicide [13]. » Un soir, à Champrosay, Alphonse s'oblige à marcher pour distraire les douleurs fulgurantes qui embrasent ses pieds, risquant plusieurs fois de trébucher ou de faire tomber des objets sur son passage. Malgré sa maladie, il lui arrive de s'oublier et de laisser libre cours à ses pulsions sexuelles. Un jour, Julia le surprend en pleine action avec une domestique. L'indignation et les menaces de sa femme le bouleversent, sans pour autant le guérir. « Ce n'est pas la nuit que les hommes font leurs farces, dira, songeuse, Julia dans sa vieillesse. C'est de cinq à sept [14] ! »

Fils de la IIIe République, Léon n'a pas encore de convictions précises. Longtemps il prendra la monarchie pour une vieille lune. Alphonse est un républicain d'habitude ou d'accoutumance, qui raffole des populaires 14 Juillet, au cours desquels il distribue de l'argent aux pauvres, et il voue un véritable culte à Georges Clemenceau, l'ennemi des cultes. Le fils et le père sont choqués par la mort de Léon Gambetta, le 31 décembre 1883 – une disparition dont les circonstances leur paraissent suspectes. Ils ne réagissent nullement au décret qui interdit aux membres des anciennes familles régnantes de fouler le sol français – indifférence d'autant plus frappante chez l'auteur des *Rois en exil*. Léon est initié à la politique par son professeur d'histoire, le bonapartiste Auguste Brachet. En janvier 1889, Alphonse et Léon seront hostiles au général Boulanger lorsque celui-ci, après une éclatante victoire aux élections, sera tenté d'entreprendre un coup de force contre le gouvernement. Léon tâchera d'apercevoir le « général Opérette » marcher sur l'Élysée, mais rue Soufflot lui et ses amis se mêlent à un cortège qui scande « À bas Boulanger ! » de telle sorte qu'il est arrêté et conduit au commissariat pour quelques heures.

L'atmosphère politique se tend, rythmée par la lutte entre « cléricaux » et « anticléricaux », la France des traditions et celle du progrès. Elle s'affirme non seulement à travers l'opinion publique, mais aussi dans le programme républicain qui sépare progressivement la religion de l'école, n'hésitant pas à faire de l'instruction publique et de l'Université de véritables armes de guerre anticléricale et antimonarchiste. C'est dans ce contexte de fracture civile que l'antisémitisme connaît un nouvel essor. Certes, il n'est pas nouveau en France. Avant l'affaire Dreyfus, il s'est surtout développé à gauche, non seulement chez les obscurs Vacher de La Pouge et Toussenel, mais chez Proudhon, et il se retrouve dans la *Revue socialiste* de Benoît Malon. L'antisémitisme s'est accentué en France à la suite du krach de l'Union générale en 1882, grave crise financière où étaient notamment impliqués les Rothschild. Chez les Daudet, on est antisémite comme on peut l'être dans la bourgeoisie de leur temps, avec des clichés condescendants, parfois méprisants. On en trouve quelques-uns dans les œuvres d'Alphonse Daudet, exprimant le point de vue du narrateur, ou celui d'un personnage. Dans *Jack*, le fripon qui prend la fuite après avoir abusé d'une innocente, et qui prétend être issu de la plus haute aristocratie française, est « un juif petit-russien du nom de Roesch, misérable aventurier, batteur d'estrade [15] ». Le roman *L'Évangéliste* évoque la détestation qu'éprouve une protestante fanatique, Anne de Breuil, envers la perruche d'une femme juive : elle se représente cet oiseau comme « le dernier débris de cette race de réprouvés, l'image vivante de la vieille revendeuse d'or dont la bête avait bien la voix dure et la courbe de nez hébraïque [16] ». En revanche, on accueille volontiers chez soi les « israélites », ces Français juifs qui ont réussi dans la société et sont parfaitement intégrés. Pourtant, le préjugé et l'amitié d'Alphonse vont rendre celui-ci complice d'un des principaux brûlots antisémites. Depuis quelque temps, en effet, Édouard Drumont habite rue de l'Université, à deux pas de chez lui, et l'écrivain le voit souvent. Drumont, à la fois historien et écrivain, chantre du vieux Paris, a été journaliste à *La Liberté* et a dirigé la rédaction du *Monde*. Début 1886, il confie à Alphonse un épais manuscrit auquel il ne parvient pas à intéresser les éditeurs : *La France juive*. Daudet est impressionné par les révélations sensationnelles que l'auteur halluciné accumule dans ce pamphlet maladif. Il se méfie un peu de ce livre systématique, mais décide d'aider Drumont. Il soumet le texte à Marpon et Flammarion, en proposant un soutien financier dont il a d'abord parlé à Julia. Si l'ouvrage sort grâce à cette aide généreuse, qui contraste avec l'avarice de son auteur, Drumont est déçu. La presse ne dit pas un mot de son ouvrage.

Alphonse revient alors à la charge. Il va trouver le rédacteur en chef du *Figaro* pour lui demander de faire écho à ce gros livre. Le 19 avril 1886, Francis Magnard consacre une demi-colonne à *La France juive*. L'ouvrage est jugé d'une « crédulité enfantine [17] » et accueillant « les plus plats commérages ». Drumont « est en proie à une obsession particulière qui lui fait voir le Juif partout où d'autres monomanes voient la police, les Jésuites ou les francs-maçons ». Son livre est qualifié de « menaçant » parce qu'il favorise un socialisme catholique qui excite le ressentiment des malheureux. Ces réserves une fois exprimées, Magnard remarque les liens étroits entre Drumont et l'archevêché de Paris, et conseille aux gouvernants de lire cet ouvrage écrit « de longue haleine ». Prudent et critique, l'article de Magnard joue paradoxalement le rôle de détonateur dans un contexte très tendu, où s'affrontent les laïcistes et les catholiques, les partisans de l'école sans dieu et les tenants de l'école catholique. En une semaine, Marpon et Flammarion vendent 7 000 exemplaires, et en un an, le volume connaît 114 éditions, 200 en tout [18]. Jouant sur les peurs collectives et les bas instincts, Drumont provoque un succès de scandale dans un ouvrage où la hantise du complot le dispute à la recherche du bouc émissaire. Traîné devant les tribunaux, il devra payer une forte amende, un rien si on le compare aux émoluments que lui rapporte sa plume paranoïaque.

Dès le 25 avril, Arthur Meyer, qui est aussi, grâce au *Gaulois*, l'une des principales voix monarchistes de l'époque, défie en duel à l'épée le pamphlétaire à scandale – ce sera l'un des duels les plus retentissants de l'époque. Organe de l'Église catholique, le journal *La Croix* soutient Drumont, « cet homme de grand talent » qui a eu le « courage » de « déclarer la guerre à nos maîtres les Juifs [19] ». Meyer ne supporte ni les attaques lancées à son encontre, ni celles qui touchent deux de ses amies les plus chères, la duchesse d'Uzès et Sarah Bernhardt. Alphonse Daudet et Albert Duruy acceptent d'être les témoins de Drumont pour ce duel. Tous se retrouvent dans une ancienne propriété du baron Hirsch. Le gros

Édouard, aussi myope que déchaîné, s'élance vivement sur son adversaire. Au cours du combat, Meyer commet un grave impair en écartant de sa main gauche la lame de Drumont, qu'il blesse à l'aine. Le furieux animal se met à vomir le vainqueur (« au ghetto, sales Juifs [20] ! »), et il usera bientôt de toutes ses forces pour amplifier dans la presse la maladresse commise par Meyer. Ramené en sang chez lui, Drumont est soigné par le docteur Paquelin. Léon se souviendra ainsi : « Drumont était étendu, dans sa petite chambre, avec défense de parler. Je le veillai une partie de la nuit. Pendant huit jours, il ne fut question à Paris que de ce duel, que de *La France juive* [21]. »

Alphonse a l'impression de s'être comporté avec Drumont comme un bon Samaritain. Il se considère comme un écrivain à succès qui ne doit pas hésiter à soutenir un ami dans la détresse. Il ne comprend pas la colère qui s'empare de Zola contre l'auteur de *La France juive*, au cours d'une soirée chez Edmond de Goncourt. Le futur auteur de *L'Argent*, non exempt d'antisémitisme lui-même, lui avoue par écrit qu'il trouve entre eux « un malentendu qui va croissant, une impossibilité de nous dire ce que nous pensons sans nous blesser, une divergence enfin dans les idées et dans les mots qui nous écarte de plus en plus [22] ». La lettre qu'Alphonse vient de lui envoyer lui fait « une peine infinie, car elle est une preuve nouvelle du mal dont le "trio" est en train de mourir ».

Ironie : quelques années après la mort d'Alphonse, Julia organisera un dîner au cours duquel, entourés de François Coppée, d'Henri Rochefort et du commandant Marchand, Arthur Meyer et Édouard Drumont se réconcilieront et échangeront des paroles amicales… Si Alphonse n'échappe pas au préjugé antisémite, il n'en sera jamais un théoricien. Dans ses souvenirs, Léon rapportera telle ou telle phrase prononcée oralement par son père à propos des « juifs », le genre de pointe appréciée par Goncourt et Léon lui-même, mais les citations de son père serviront surtout à justifier son propre antisémitisme.

En attendant, les Daudet peuvent améliorer leur villégiature à Champrosay. Là, ils achètent pour 112 000 francs une propriété construite sous Louis-Philippe, avec six hectares de terrain et plusieurs pavillons, à proximité de la forêt de Sénart. La demeure principale comprend un grand salon parfait pour recevoir, avec fauteuils, canapés et chaises à dossier plein, recouverts de perse à ramages jaunes et rouges. La famille y ajoute un piano, des vases rustiques et des photographies en pied d'Alphonse et Julia. L'écrivain a pour lui son propre cabinet de travail où il peut s'isoler. Malgré son amitié pour Alphonse, et les visites régulières qu'il leur rendra, Edmond de Goncourt est déçu par le mobilier et la décoration de la demeure. Alphonse, tout comme Zola, manque du goût et du raffinement qui président à la conception de la maison d'Auteuil – celle des Goncourt. Quoique les allers et venues entre Paris et Champrosay fatiguent Alphonse, les invités y sont nombreux. Anna, la sœur d'Alphonse, vient souvent accompagnée de Léon Allard, le frère de Julia, et de leurs trois fillettes. Inspectrice des écoles parisiennes, Anna fulmine souvent contre les juifs et les protestants, à l'origine, dit-elle, des lois qui vident les salles de classe des crucifix et l'école des prêtres et religieux. On accueille Ernest, sa femme et ses filles. Lui aussi dit pis que pendre des juifs, à commencer par Offenbach, ami d'Alphonse.

À Paris, Julia et Alphonse Daudet reçoivent toujours le jeudi. Écrivains, peintres, politiques défilent chez eux comme dans l'un des lieux les plus prisés de toute la capitale. En dépit de son rôle dans le lancement de *La France juive*, Alphonse reçoit chaque mois Théodore Herzl, alors jeune journaliste et dramaturge austro-hongrois, qui lancera à Bâle le mouvement sioniste (1897), l'inventeur de l'État d'Israël, qui sera surnommé le nouveau Moïse du peuple juif. Bien que son hôte soit là pour rencontrer des antisémites, et qu'Alphonse ne lui ait pas caché son opinion, les deux hommes s'estiment. La divergence qui les occupe surtout, semble-t-il, concerne la forme romanesque, à laquelle Herzl se refuse, puisqu'il voit dans le roman une préoccupation féminine à l'opposé de sa volonté de « viriliser » les juifs [23]. Cependant, en 1895, Alphonse parvient à réconcilier Herzl avec le projet d'un roman qui se substituerait à son idée d'enquête sociologique sur les juifs. Il pourrait, pour cela, s'inspirer de *La Case de l'oncle Tom*. Ce travail prendra forme en 1902 sous le titre *Altneuland* (*Le Pays ancien nouveau*) [24]. Voilà Alphonse conseiller de Théodore Herzl, après avoir été celui de Drumont.

Le fils aîné, Léon, assiste à la plupart des soirées organisées par ses parents. À cette époque, le jeune homme cherche surtout à sortir, à boire, à manger et à folâtrer avec les femmes. Il évoquera plus tard « la jeunesse turbulente, joyeuse et terriblement gâtée [25] » à laquelle il appartenait alors, puisque tout était « organisé en vue de notre amusement ». À la manière d'un anthropologue faussement détaché, il affirmera qu'entre 1885 et 1900 – période de sa plus folle agitation sexuelle –, il y eut à Paris « une flambée de nymphes merveilleuses, spirituelles, délicieuses, qui faisait pousser à mon père, au "vieux père" comme nous l'appelions par antiphrase, en raison même de sa jeunesse, des cris d'admiration [26] ». Si Léon courtise, il est aussi un jeune homme que convoitent des femmes, telle Pauline Ménard-Dorian, la fille d'un député qui tient l'un des grands salons de la IIIe République. La jeune femme, dont Proust fera l'un des modèles de Mme Verdurin, est éprise de Léon et rêve de l'épouser.

Les œuvres d'Alphonse Daudet commencent à être connues à l'étranger. En Espagne, en Angleterre, en Allemagne, plusieurs sont déjà traduites. *Le Nabab* et *Sapho* figurent dans la bibliothèque de Nietzsche. Alors qu'il pourrait avoir sa place à l'Académie française, Alphonse a de tout autres idées en tête. Dans la cour même de l'Institut, assis sur le banc qui jouxte la porte du secrétariat perpétuel, Alphonse ébauche le plan de *L'Immortel*, roman où il dépeint notamment les manœuvres d'entrée à l'Académie. « Toutes les aventures dont je me suis servi dans *L'Immortel* sont vraies, strictement vraies, jusque dans les anecdotes [27]. » Fumisteries de vieilles badernes, mondanités en pleines funérailles, cortèges grandiloquents, manœuvres de dos courtisans, plates mesquineries, rien ne manque à une langue qu'Alphonse, pour une fois, a voulu acérée, teinte de sévérité. Au cours de son travail, l'écrivain rencontre toutefois de sérieuses difficultés. Il corrige plusieurs fois la construction du roman, met en sommeil ce chantier pour celui de *Sapho*, de *La Belle Nivernaise*, ou de l'adaptation dramatique de *Numa Roumestan*. Entre la première ébauche et le point final, quatre ans s'écoulent. S'il faut en croire Edmond de Goncourt, *L'Immortel* ne donne pas entière satisfaction à son auteur, parce que l'intrigue secondaire dérange parfois la principale. À la fois physiologie de la candidature à l'Académie et portrait en mouvement d'une famille de la haute société, le roman raconte la façon dont l'historien et académicien Léonard Astier-Réhu finit victime d'un faussaire habile. Dix ans avant le roman de Maupassant, celui de Daudet propose le portrait d'un Bel-Ami en habit vert. Le livre est d'abord publié en feuilleton dans un périodique à vocation internationale, *The Universal Review*, lancé par l'avocat Harry Quilter et son ami George Moore, puis dans *L'Illustration*. Le volume est mis en vente par Lemerre le 9 juillet 1888.

Edmond de Goncourt en goûte la férocité, qui lui semble rejoindre celle des *Liaisons dangereuses*. Selon Anatole France, *L'Immortel* est « spirituel et tragique, vif, rapide, exquis, charmant, plein de force et de grâce [28] ». Henry Céard félicite Alphonse en des termes qui valent un véritable article de critique littéraire : « Vous avez là une nouvelle forme de roman. *L'Immortel* est observé dans la manière de *Gil Blas*, et vivement écrit dans la façon de *Candide*. Aussi ai-je goûté un rare plaisir à cette psychologie qui dissimule gaiement sa profondeur sous la fantaisie de la phrase, à ce pamphlet si bien jailli des dessous amoureux du monde moderne [29]. » En revanche, plusieurs académiciens interrogés par des journalistes protestent avec véhémence contre ce vilain costume taillé pour eux. Ils maudissent le style de Daudet, rejetant dans un même élan l'éventuelle candidature de l'obscène Zola. « L'Académie, s'exclame Victorien Sardou, ne s'est occupée de *L'Immortel* que pour en relever les erreurs et les fautes de français. L'opinion de tous mes confrères est que cet ouvrage est positivement détestable dans le fond et dans la forme. » D'ailleurs, l'ennemie acharnée d'Alphonse Daudet, « ce n'est pas l'Académie française, c'est la grammaire française [30] ».

Libre de ton davantage que destructeur, Alphonse s'est attaqué à un sujet délicat en racontant les coulisses d'une des plus anciennes institutions littéraires de la France, celle qui lui avait attribué le prix de Jouy pour *Fromont jeune et Risler aîné*, en 1875. Déjà, dans *Les Rois en exil*, il s'en était pris aux petitesses des candidats à l'Académie ou de certains académiciens. De fait, *L'Immortel* ferme définitivement la porte de l'institution à Alphonse Daudet, au grand dam de Julia, qui aurait bien vu son mari siéger sous la coupole. Le candidat Zola n'en croit rien. Dans *L'Écho de Paris*, il va jusqu'à évoquer le désir qu'Alphonse aurait exprimé d'entrer à l'Académie, ce que l'intéressé dément trois jours plus tard dans le même journal. À Henry Céard, Zola confie ses pronostics : « Daudet élu avant deux ans, à la suite d'un escamotage quelconque ; et moi ne venant qu'ensuite et accepté peut-être, après deux ou trois luttes terribles [31]. » Il n'en sera rien : Alphonse Daudet ne sera jamais académicien, et n'aura pas le temps de compter parmi les premiers membres de l'académie Goncourt. En revanche, Zola tentera vingt-cinq fois de se faire élire.

Ravi par un roman qui égratigne l'Académie française, Octave Mirbeau se rapproche de l'ami qu'il avait offensé en le traitant de plagiaire et lui confie dans une lettre : « Je vous aime et je vous admire, mon cher maître, non seulement parce que vous avez créé un chef-d'œuvre nouveau, mais parce que ce chef-d'œuvre, vous avez voulu qu'il fût un abîme entre vous et l'Académie ! Et vous avez donné un bel exemple de dignité, qui vous vaudra bien des colères, mais aussi bien des respects [32]. » Voici l'indigne faiseur consacré maître et héros de l'anticonformisme littéraire. En montrant que l'écrivain, face à l'Académie française, peut se transformer en Tartarin ou en chameau, Alphonse a mis au jour l'artifice de ce type de reconnaissance. En étouffant la part de vanité qui est en lui, il a agi contre son intérêt personnel, dans un souci de salubrité critique.

Cette attitude indépendante ne sera pas sans influencer son fils Léon, encore plus corsaire et pirate que son père. Lorsqu'il sera un écrivain et un critique littéraire de premier plan, Léon ne cessera de légitimer l'académie Goncourt en dénigrant l'Académie française, coupable d'accueillir des pantouflards et des écrivaillons – polémique appelée à devenir de plus en plus paradoxale ou déplacée, à mesure que ses amis, de Maurice Barrès à Charles Maurras en passant par Jacques Bainville et Paul Bourget, entreront dans l'illustre compagnie.

Chapitre 9

FILS DE LA RÉPUBLIQUE

DÉJÀ LE TEMPS des souvenirs, en famille. Tandis que Julia publie *L'Enfance d'une Parisienne* et *Enfants et mères*, Alphonse sort *Trente ans de Paris*, chez Marpon et Flammarion (1888). La petite notoriété de Julia, à l'ombre de celle, considérable, de son mari, lui vaut aussi des jalousies et des piques journalistiques. Le 3 juin 1888, un article de *L'Événement* insinue que cette Parisienne se teint les cheveux, qu'elle serait dépourvue de talent – contrairement aux journalistes chauves ou perruqués – et si elle éprouve de l'amitié pour Edmond de Goncourt, c'est parce qu'elle en attend l'héritage. À la lecture de ces calomnies, Julia s'emporte. À la fois tendre et boule de nerfs, Léon, son fils, voudrait rosser l'infâme directeur de journal qui a osé publier cette boue. En dépit de son état, Alphonse envoie ses témoins, se dispose au duel, lorsqu'il apprend que l'article en question, écrit par Gabriel Astruc – le futur créateur du Théâtre des Champs-Élysées –, résulte d'une manipulation odieuse entre les éditions Marpon et Ollendorf. Même si des bruits courent selon lesquels *L'Immortel* a été écrit par Julia, c'est son mari que visent ces sourdes manœuvres… Les haines d'écrivains ne sont pas nouvelles ; celles qui s'acharnent sur Alphonse, répétées et pesantes, traduisent la mesquinerie autant que la jalousie. Par exemple, parce qu'il a fait l'éloge du *Journal* des Goncourt, où tant d'auteurs sont joyeusement pris à partie, les ouvrages les plus récents d'Alphonse sont parfois boudés. En outre, l'écrivain reçoit des lettres d'injures. Certains écrivains et journalistes anarchistes se font une spécialité de le démolir en contestant son style et l'authenticité de ses écrits.

L'un des plus polémiques d'entre eux, Bernard Lazare (qui sera plus tard à l'origine de la campagne de révision du procès Dreyfus), affirme dans la revue qu'il anime qu'Alphonse Daudet « ne sut jamais écrire, ni en français, ni même en provençal [1] », et il le tient pour « un haut fonctionnaire de la littérature bourgeoise ». Quant à son fils, Léon, il n'offre qu'un « ramas de pauvretés, de pâteuses dissertations d'élève de rhétorique, tout bouffi d'une érudition de collège ».

À ces attaques successives succède l'affaire Brinn'Gaubast. Ce dernier, précepteur de Lucien, est accusé par la famille Daudet d'avoir chapardé le manuscrit des *Lettres de mon moulin*. Dans le journal qu'il aura tenu tout au long de son séjour à Champrosay, et qui ne sera publié qu'en 1997, l'accusé donnera une version des faits, qui, naturellement, l'innocente. « Dans la propriété du maître, je me promenais avec son fils, auquel je donnais des leçons. Dans un pavillon rustique servant de débarras, l'enfant me montra, sur un tas d'ordures mêlées à des paperasses, le tout accumulé en vue d'être jeté le soir même, certains feuillets déchirés, salis, dépareillés, contenant de l'écriture de son père. Ces pages, débris non de manuscrits mais d'anciens brouillons, raturés et annulés ligne à ligne, me semblèrent curieuses à cause de l'entremêlement des écritures du mari et de la femme. [...] Quel scrupule aurais-je eu ? J'avais entendu donner l'ordre de détruire les fonds de caisse vidés dans le pavillon [2] ! » « Brinn », comme on le surnomme, révèle ensuite à Léon Deschamps, poète qui lancera bientôt la revue symboliste *La Plume*, qu'il détient des « autographes » d'Alphonse Daudet. Ignorant leur contenu véritable, ce dernier lui conseille de les vendre. Brinn'Gaubast ne vendra ces feuilles manuscrites que lorsqu'il manquera cruellement d'argent. Mais lorsque Léon Deschamps évoque l'affaire à Alphonse Daudet, celui-ci entre alors dans une « grande colère » : il accuse « Brinn » d'avoir volé le manuscrit de ses *Lettres*.

Bien entendu, il est difficile de connaître la vérité. On peut supposer, avec Louis-Pilate de Brinn'Gaubast, que le « maître » était devenu particulièrement susceptible concernant l'authenticité de son monument provençal. Il craignait de voir les autographes en question le desservir. « Des malveillants ou des ignorants peuvent tirer parti de cette dissemblance d'écritures si le cahier leur vient dans les mains », reconnaît Brinn'Gaubast [3]. L'affaire ébruitée, elle devient rapidement publique en faisant le tour du Paris lettré, au détriment de Louis-Pilate. Mis au ban de la société littéraire, conspué par *La Plume* et *Le Courrier littéraire*, Brinn'Gaubast devra céder sa revue *La Pléiade* à un groupe de confrères amis, qui la rebaptiseront *Mercure de France*. Rejeté du monde des lettres, obligé de signer désormais sous pseudonyme, cette copie parfaite du professeur Tournesol fuira en Turquie avant de s'établir en Belgique, terre d'élection du symbolisme.

Cette pénible épreuve n'altère pas la carrière d'Alphonse Daudet. Le 30 octobre 1889, *La Lutte pour la vie* obtient un triomphe au Théâtre du Gymnase. C'est, aux dires de Lucien, le plus grand succès qu'Alphonse ait remporté sur scène. Nulle guérison, en revanche, pour celui qui lutte pour la survie. Dysentérique, l'auteur souffre encore de maux d'estomac et craint l'influenza. Un jour, s'apprêtant à prendre une douche, il tombe dans les escaliers. Un autre, manquant d'être écrasé par une voiture à cheval, boulevard Saint-Germain, il se compare à une « marionnette détraquée [4] ». Dans le jardin de Champrosay, il ne parvient plus à courir après Lucien et, la nuit, se sent des terreurs d'octogénaire. De 1885 à 1894, il confiera dans un journal intime les impressions produites par cette torture, la syphilis transformée en *tabes doloris*, dont il est désormais frappé. Ce manuscrit, intitulé *La Doulou* – la douleur en provençal –, ne sera publié qu'en 1931.

À Léon, le professeur Charcot confie qu'Alphonse n'en a pas pour deux ans à vivre. Les familles Charcot et Daudet ont resserré leurs liens depuis qu'ils habitent les uns à côté des autres, boulevard Saint-Germain, près de la rue de Bellechasse. Tous les jeudis, Alphonse et Julia se rendent au salon des Charcot. Le futur explorateur de l'Antarctique, Jean-Baptiste Charcot (fils du médecin), est l'exact contemporain de Léon, avec qui il a partagé ses jeux d'enfant et avec qui il suit ses études en médecine. Fasciné par le père, médecin et professeur, l'ancien étudiant conservera de ce « Bonaparte replet » un souvenir qui associe admiration et réticence. « Je n'ai pas connu d'homme plus autoritaire, ni qui fît peser sur son entourage un despotisme plus ombrageux », dira-t-il dans ses souvenirs [5]. Pourtant, il voit en lui un « observateur de génie, pénétrant, avec une sagacité implacable, les rapports du moral et du physique, les maux au début, les tares commençantes et les vices non encore avoués », qui sait concentrer « ses observations dans des raccourcis comparables à des dessins d'Ingres, à des ébauches de Forain ou de Goya ». Si Alphonse lui trouve un sens de l'observation qui lui rappelle son travail d'écrivain, Léon estime Charcot pour l'étendue de son érudition, puisqu'il connaît Eschyle, Dante et Shakespeare, les philosophes grecs, la peinture européenne, et des musiciens comme Beethoven.

Deux fois par semaine pendant trois mois, Alphonse se rend à la Salpêtrière, où Charcot lui inflige une médecine de choc, aux résultats plus que hasardeux. L'appareil de « Seyre » ressemble en effet à une machine de torture : on suspend le patient quatre minutes par des sangles passées sous les aisselles, puis deux minutes, attaché cette fois au niveau de la mâchoire. Alors que le médecin demande à Alphonse de se détendre, ce dernier est comparable à un pantin désarticulé qui voit le monde à l'envers, et éprouve de terribles douleurs dentaires et dans la colonne vertébrale, après chaque suspension. En 1889, l'un de ces supplices a pour conséquence des crachements de sang qui lui valent de frôler la mort et conduisent Julia à verser des larmes pendant des nuits entières. Une fois remis de ce supplice, au bout de plusieurs semaines, Alphonse ne peut plus écrire ; il est obligé de dicter le troisième volume des aventures de Tartarin à son fidèle secrétaire, Jules Ebner. Comment peut-il conserver de l'humour après de telles souffrances ? Une nuit, il rêve qu'il est devenu le Christ crucifié.

Difficiles à supporter pour Julia, les souffrances d'Alphonse minent Léon. Méfiant envers les méthodes de praticien de Charcot, le jeune homme se sent menacé par les théories héréditaires que le célèbre professeur mêle à son interprétation des manifestations névropathiques. Après avoir terrassé Alphonse, la maladie ne risque-t-elle pas de s'en prendre à Léon ? Le fils accompagne souvent son père dans ses cures à Lamalou-les-Bains, ce qui lui permet, heureusement, de faire des rencontres intéressantes. C'est là qu'il se lie d'amitié avec Georges Hecq, qui sera chef du cabinet du ministre de l'Instruction publique.

Mais dans les années 1880, le véritable ami et compagnon de détente de Léon est Georges Hugo. Ce noceur invétéré, nuance-t-il dans ses souvenirs, « est un prince du sang, un artiste-né. Fils d'un père et d'une mère dont le charme et la beauté furent célèbres, petit-fils d'un vieillard illustre comme Homère, il joignait, dès son adolescence, aux avantages physiques, les plus rares qualités du cœur et de l'esprit. Aucune morgue, chose extraordinaire chez un enfant qui vivait au milieu d'une cour et d'une adulation perpétuelles, qui avait vu tout Paris défiler sous les fenêtres de sa maison [6] ». Avec Georges, Léon fait les quatre cents coups. Ne disposant comme étudiant en médecine que d'un budget modeste, le jeune Daudet entraîne son très dépensier ami dans les restaurants bon marché de la rive gauche. La veille de l'inauguration officielle de la tour Eiffel, Léon et Georges se hasardent à monter de nuit sur l'étonnante construction qui va désormais dominer Paris. En atteignant la deuxième plate-forme, voilà Georges qui se met à chanter l'air du *Roi s'amuse*, et les deux compères de poursuivre leur irrésistible ascension jusqu'à la troisième plate-forme. Mais une fois un couvercle métallique soulevé, consternation : « Nous eûmes l'impression d'être au milieu des nuées, qui nous soufflaient alternativement le chaud et le froid, rapporte Léon. Au-dessus de nous, dans la bourrasque, claquait furieusement le drapeau. [...] Il ne nous restait plus qu'à redescendre, car le fameux spectacle de Paris la nuit, tant escompté, était nul. On ne distinguait qu'un gouffre noir, parcouru de furieux tourbillons [7]. »

Depuis quelque temps, Léon retrouve régulièrement Jeanne Hugo, la Jeanne « au pain sec » chantée par l'hôte de Guernesey ; celle qui, avec son frère Georges, était devenue pour Hugo « le soleil de son âme embrumée par l'utopie et les songes creux [8] ». Jeanne et Léon se voient notamment chez Édouard et Alice Lockroy, qui apprécient ce jeune homme au nom presque aussi prestigieux que celui de Hugo, dont le talent s'affirme de plus en plus. Qu'importe si Édouard Lockroy est un député radical, et si Julia Daudet convoite une autre belle-fille. Dans son *Journal*, Brinn'Gaubast décrit Jeanne comme une personnalité « débordante, craquante de santé, un corps superbe et sain », avec des « cheveux châtain foncé [9] ». Il voit aussi chez elle « un feu dans le regard, inconscient, à vous troubler. Hélas ! de la folie aussi, dans ce regard, et par toute sa physionomie, un certain air égaré ». Les deux amoureux se fiancent secrètement, car Léon a plusieurs soupirantes qui espèrent un beau mariage : une jeune fille Pillaut, la fille des Charcot, et surtout Pauline Ménard-Dorian. La jeune femme reportera ses attentions sur Georges Hugo, qu'elle épousera en 1893.

Jeanne a pour elle l'intelligence, la culture, l'œil bleu, un profil de Junon – selon Lucien Daudet – et son rire qui la fait appeler « le rire-aux-anges ». L'année 1890 est la préparation du mariage le plus retentissant et le plus symbolique de toute la IIIe République. Alphonse et Julia acceptent que, selon les vœux laissés par Victor Hugo, la cérémonie de mariage de sa petite-fille soit laïque. Anna, sœur d'Alphonse, a beau protester en revendiquant la tradition catholique de la famille, rien n'y fait. Si Léon veut se marier avec Jeanne sans aller à l'église, quel argument son père peut-il lui opposer ? Certes, comme Léon en témoignera, « les Évangiles lui mettaient les larmes aux yeux [10] », mais si on faisait entrer Alphonse sur le terrain de la croyance, « il avait des répliques d'un scepticisme aigu ou de longs silences de doute ». Absent aux messes dominicales, ce père de famille a tenu à ce que ses enfants soient baptisés et puissent communier, et il respecte la piété de sa femme. Mais il ne se battra pas avec Léon sur une question qui relève de sa responsabilité.

À la veille de se marier, Léon éprouve des difficultés à étudier ses livres et ses cours : tout à la préparation de son mariage, qui requiert une vaste organisation, il échoue à l'internat au mois de janvier 1891. Il a déjà avoué qu'il supportait mal les dissections, la saleté, les odeurs, mais aussi les manigances entre les grands professeurs de la faculté de médecine. La carrière médicale lui avait été suggérée par le spectacle de son père souffrant le martyre, déclinant, pantelant, mais Léon Daudet est né dans un prodigieux bain de culture, une source bénie par les dieux, et il se sent davantage attiré par les lettres. A-t-il échoué parce qu'il a sottement négligé de réviser une partie du programme ? A-t-il été victime d'une malveillance de Charcot, qui ne lui a pas pardonné de ne pas épouser sa fille ? Ou bien Léon a-t-il sabordé des études qui lui pesaient ? Alphonse et Julia lui ont toujours laissé entière liberté pour déterminer son avenir. Déçu sur le moment, Léon ne cessera de réfléchir sur la médecine, particulièrement sur la question de l'hérédité. La pratique médicale était un modèle revendiqué par le naturalisme, et la science expérimentale de Claude Bernard a été exploitée par Zola dans *Les Rougon-Macquart.* Même les frères Goncourt ont éprouvé la fascination pour la médecine – et pour la maladie – dans leur roman *Charles Demailly.* Quant à Alphonse Daudet, sa pièce *L'Obstacle* met elle aussi en perspective les thèmes de l'hérédité et de la folie. Dans un tel contexte, Léon hérite naturellement de l'esprit d'analyse et du modèle médical, qu'il exploitera dans ses romans. Au lieu de devenir médecin, Léon Daudet va nouer une alliance nouvelle entre littérature et médecine, bien avant Céline.

Très souple vis-à-vis de l'avenir professionnel de son fils, Alphonse tente aussi de se réconcilier avec ses amis lorsque des brouilles surgissent. Même s'il a aidé de manière décisive la parution de *La France juive* et que Léon est entré à la Ligue antisémitique – sans s'y investir –, Édouard Drumont lui conserve, quant à lui, des rancunes tenaces. Sa première femme étant morte récemment, et l'écrivain polémiste se trouvant saisi d'une intense fureur matrimoniale, il se met en quête d'une riche héritière. Julia et Alphonse Daudet s'entremettent pour favoriser une rencontre avec une jeune femme de leur connaissance. Mais lorsque celle-ci apprend que le père d'Édouard Drumont est mort fou à Charenton, la rupture éclate sous les yeux stupéfaits d'Alphonse. Quelques mois plus tard, voilà que *Le Figaro* ébruite le fait en précisant que le dernier drame d'Alphonse, *L'Obstacle*, s'inspire de cet échec, en campant un personnage colérique qui ressemble à Édouard. Après avoir reçu de ce faux ami une lettre extrêmement injurieuse, et en dépit de son délabrement physique, Alphonse lui répond par un courrier dans lequel il le provoque en duel, quitte à ce que les adversaires combattent chacun assis sur une chaise. Horrifiée, Julia intercepte la lettre, la déchire, demande à Goncourt de venir en toute hâte pour trouver une solution ; elle s'inquiète également pour Léon, auquel Drumont a adressé un double de sa lettre haineuse, en ajoutant qu'il n'aimait « pas à penser que dans la maison, rue de Bellechasse, tout le monde » fût « paralytique [11] ». Le ridicule de sa rage lui apparaissant bientôt, Drumont finit par exiger du couple Daudet une lettre qui atteste son honneur et sa vertu, et qui reconnaît l'état normal de son père. La rupture avec Drumont est néanmoins consommée.

Jeudi 12 février 1891, mairie du 16e arrondissement à Paris. Six heures sonnent.

Léon et Jeanne paraissent accompagnés d'un long cortège qui sort de la bruine de Passy. Sur place, trois à cinq mille personnes attendent les fiancés. Dans la salle des fêtes, on voit « partout des fleurs, partout des lumières ! », raconte *Le Figaro* ; des tentures, des tapisseries, des plantes vertes, précise *Le Petit Journal*. Les personnalités républicaines les plus éminentes sont présentes. Charles de Freycinet, le président du Conseil, est souffrant, mais il se fait représenter par son fils. On voit surtout Georges Clemenceau, Jules Ferry, des députés et ministres... Lorsque les époux entrent dans la salle, le grand chef d'orchestre Charles Lamoureux lève sa baguette pour attaquer l'*Hymne à Victor Hugo* composé par Saint-Saëns. Tandis que Jeanne paraît au bras d'Édouard Lockroy, Léon avance à celui de sa mère, d'une éblouissante beauté : Julia porte une robe de brocart rose ancien et vert pâle garnie de zibeline, avec un revers Louis XVI, et un chapeau de petites paillettes mordorées, aux plumes vert pâle. Les parents sont suivis de Georges Hugo, Lucien, la petite Edmée, Ernest... Parmi les écrivains, Zola est au premier plan, accompagné par Émile Blémont et Abel Hermant. Évidemment, « l'ombre du grand poète [12] » plane sur la cérémonie. Après une allocution du maire, l'orchestre joue la marche de *L'Arlésienne*. Edmond de Goncourt est avec le docteur Potain le témoin de Léon (après avoir été parrain d'Edmée). Les témoins de Jeanne sont Victor Schœlcher, par qui l'esclavage fut aboli, et l'ancien président du Conseil Jules Simon. Le mariage offre un grand moment de communion officielle en plein âge d'or de la IIIe République, à l'heure où le régime tout entier semble célébrer une stabilité durement acquise. Après la cérémonie, les époux dînent en cercle restreint dans l'appartement où ils emménagent, avenue de l'Alma.

Toute la presse est à l'unisson de la fête. Certains journaux entonnent de véritables hymnes, d'autres, conservateurs, dénoncent l'absence de la Croix dans cette cérémonie au caractère manifestement politique. Jaloux et méchant, Drumont profite de ce glorieux mariage pour éreinter le clan Daudet dans son dernier pamphlet, *Le Testament d'un antisémite*. Il rappelle que Vincent Daudet était « un royaliste convaincu », son épouse « une catholique fervente », que le petit Lucien a été élevé « dans un établissement religieux, à l'école Bossuet », et qu'il suivait même les retraites organisées par la paroisse de Saint-Sulpice. Sous sa plume, la famille Daudet est bonne à dénoncer, comme les juifs : « Ce qui donne bien l'idée de l'avachissement général est de voir ces gens-là renier le Dieu de leurs pères, publiquement, cyniquement, devant tout le monde, uniquement parce qu'il y a une grosse dot :

trois millions [13] ! » En dépit de son amertume et des lignes rageuses qu'il a osé écrire, Drumont reviendra bientôt à Champrosay, où cet enchaîné trouvera l'idée du titre du journal qu'il fondera : *La Libre Parole.*

Un mal beaucoup plus sourd que la colère de Drumont mine la famille Daudet. Quelques mois après le mariage, Edmond de Goncourt est troublé par une discussion des jeunes époux qui tourne à l'aigre, à propos de Mme Charpentier, l'épouse de l'éditeur. Il assiste à une scène de ménage. « Devant cette altercation, note-t-il dans son *Journal*, j'ai été pris de peur pour le bonheur futur du ménage, trouvant chez la jeune femme [...] l'entêtement d'une femme du peuple, le butement borné de l'inintelligence [14]. » À ces problèmes d'entente s'ajoutent les mauvaises surprises financières : on réclame à Léon le recouvrement d'une dette de la famille Lockroy, qui s'élève à 80 000 francs. Léon apprend aussi que la pension à verser à sa belle-mère s'élève à 16 000 francs, non pas à 6 000 comme il l'avait cru. Alphonse s'inquiète de l'avenir de ce couple. Léon et Jeanne pendent pourtant leur crémaillère au mois de décembre, organisant dans leur appartement, avenue de l'Alma, un dîner de dix-huit personnes où trônent Edmond de Goncourt et Victor Schœlcher. Parmi les invités se trouve également Gabriel Hanotaux, futur ministre des Affaires étrangères et historien, dont Léon fera l'une de ses bêtes noires. Malgré les difficultés du ménage, un fils, Charles, naît le 6 février 1892. « Dépêche tendrement exultante de Léon Daudet, écrit Edmond de Goncourt, m'annonçant la naissance de son fils, qui fait Mme Daudet grand-mère, ce dont, vraiment, elle n'a pas l'air [15]. »

Pas plus que cet enfant, le fils d'Ernest Daudet ne se fera un nom. Edmond de Goncourt note pourtant qu'à vingt-sept ans, Georges Daudet a pour ambition de devenir littérateur et homme de théâtre à l'instar de son oncle, Alphonse, et de son père, Ernest. « Ce neveu, précise Edmond, est l'idiot envieux que possèdent la plupart des familles. » Il semble que tout Daudet venant au monde soit piqué par le modèle de ces aînés, Alphonse, Ernest et Julia, source bienheureuse où viendraient boire des muses familiales.

Chapitre 10

COMMENT SE FAIRE UN PRÉNOM

LÉON SE LANCE comme un lion enragé dans la littérature. Il montre un goût pour le travail, une passion pour les plus grands écrivains, une alacrité de l'intelligence qui enchantent Edmond de Goncourt et Jules Renard. Après avoir publié chez Fasquelle un recueil de dialogues philosophiques, *Germe et poussière* – qu'il jugera plus tard « assez godiche » –, il achève son premier roman, intitulé *Haeres* (l'héritier), « roman d'un jeune homme ». Immense lecteur, il s'enthousiasme pour *La Débâcle* de Zola, vaste roman sur la guerre de 1870, écrit dans un esprit à la fois patriotique et moraliste qui rappelle Ernest Renan et annonce Maurice Barrès. « Malheur, écrit Zola, aux peuples qui s'endorment dans la vanité et la mollesse. La puissance est à ceux qui travaillent et qui osent regarder la vérité en face [1]. » Alors que la presse monarchiste et catholique s'en prend à un roman qui rappelle les insuffisances françaises et ne souligne pas assez les responsabilités de la Prusse, Léon écrit personnellement à Zola pour le féliciter : « Quel magicien vous êtes ! Votre imagination des masses anéantit. [...] *La Débâcle* est plus qu'un livre, c'est une philosophie de la guerre. Elle étudie le grand déchaînement du plus fort instinct de l'humanité. Voilà pourquoi même vos admirateurs ont le devoir de la discuter... et de l'admirer. » Et de conclure : « Croyez, cher monsieur Zola, à ma respectueuse affection [2]. » Décidément, la figure des grands créateurs séduit de plus en plus Léon, en quête de paternités intellectuelles et artistiques.

En 1893, c'est à Hauteville House, à Guernesey, qu'il écrit *L'Astre noir*. Dédié à sa grand-mère, Léonide Allard, et publié chez

Charpentier et Fasquelle, ce roman brosse le portrait d'un artiste dont les préoccupations et les traits de caractère s'inspirent de ceux de Victor Hugo. Léon a recueilli ces détails auprès de témoins comme Julie Cheney. Au-delà, l'écrivain établit un parallèle entre le désir charnel et l'instinct créateur, proposant une physiologie à la fois fascinée et excessive de l'artiste. Salué par Jules Lemaître dans *Le Journal des débats*, le roman plaît aussi à Jules Renard, qui déclare dans *Le Mercure de France* : « Voilà un beau livre, plein d'idées originales et personnelles qu'on lève à chaque pas, comme des alouettes chantantes [3]. » Plus nuancé, le poète Sully Prudhomme demande à rencontrer Léon. Durant deux heures, il lui assène des réprimandes grammaticales qui, rapportées à Alphonse, éveillent en lui un sourire sceptique. Peu importe, Léon est intronisé dauphin de la République des Lettres, comme en témoignera Octave Mirbeau dans *Le Journal* : « Je connais peu de vocations d'écrivains qui se soient manifestées aussi impérieusement, aussi impétueusement, pourrais-je dire, que celle de M. Léon Daudet. Elle eut cette chance de n'avoir été contrariée ni dirigée par une famille qui comprit que l'on ne recommence pas une œuvre, si glorieuse soit-elle, et qu'il importe que l'œuvre appartienne à qui la crée [4]. » Ce jeune romancier est donc « libre d'aller, dans le sens de sa nature, à la conquête de sa propre originalité ».

Dévoreur de livres, rempli d'ambition littéraire, Léon mord la vie à pleines dents, multipliant les sorties en ville avec Georges Hugo ou Jean-Baptiste Charcot. En 1893, il fait la connaissance de Lucienne Bréval, grande soprano qui vient de participer à la création française de *La Walkyrie* à l'Opéra de Paris : c'était une « apothéose véritable de Wagner [5] » en France, se souviendra Léon. « J'étais là, à l'orchestre, avec Barrès. L'entrée de la belle Brunhilde fut d'emblée un événement artistique, l'apparition d'une splendeur brune, physique et vocale comme on en a rarement vu. Cette artiste [...] emporta toute la salle avec elle dans les nuées sauvages et les cris de mouette guerrière : "ho hio to ho". Barrès ne cessait de me dire : "Ce Wotan a une fille bien agréable [6]." » Il soupe ensuite avec son ami au Café de Paris, entouré de jolies femmes, mais hanté par « l'image éblouissante de la Walkyrie », qu'il tente ensuite de retrouver en s'abandonnant à « un spiritisme capiteux ». On l'aura compris, Léon aime Lucienne. Cultivée, intelligente, la chanteuse tient chez elle un salon, rue de Prony, où Léon rencontrera Claude Debussy et le critique musical Pierre Lalo.

Léon appartient à l'élite française des admirateurs de Wagner, à une date où toutes les œuvres du compositeur ne sont pas entrées au répertoire des salles d'opéra et des orchestres. Bien qu'il ait composé, en 1870, une mélodie antifrançaise, Richard Wagner s'est acquis non seulement l'admiration de nombreux compositeurs français, de Gabriel Fauré à Vincent d'Indy et Ernest Chausson, mais aussi la fascination des écrivains, des peintres et des snobs. En cette fin de siècle, on wagnérise beaucoup : l'écrivain symboliste Édouard Dujardin crée la *Revue wagnérienne*, Verlaine s'émeut de la beauté de *Parsifal*, Mallarmé adore Wagner, Huysmans se laisse conduire. Proust porte en lui une œuvre dont le wagnérisme a été maintes fois souligné. Naturellement, les Français sont les plus nombreux des étrangers à effectuer le « pèlerinage à Bayreuth » – titre du célèbre ouvrage d'Albert Lavignac – depuis que le festival s'est ouvert, en 1876. Cette « wagnéromanie » contredit l'idéal de la Revanche, et l'esprit nationaliste, patriote ou chauvin qui domine la France de cette époque. En fonction des rapports entre la France et l'Allemagne, Léon va donc osciller : tantôt il exprimera son enthousiasme pour la musique de Wagner, tantôt il se livrera à des énormités antiwagnériennes.

Non seulement le jeune Daudet a abandonné le projet d'être médecin, mais, hanté par ses déboires d'étudiant, il va coucher sur le papier l'une des plus fameuses satires que la médecine ait inspirée à la littérature : *Les Morticoles*. Ici, l'écriture constitue pour lui une véritable libération, en même temps qu'elle exprime ses dons, plus frappants que dans ses livres précédents. Le roman suit le principe de l'île utopique. Des naufragés échouent dans une cité entièrement dominée par des médecins, où le seul avenir professionnel possible dépend de l'Académie de médecine, qui est aussi la plus haute institution de l'État médical. Le récit est pris en charge par l'un d'entre eux, Félix Canelon. Ancien interne, Léon règle ses comptes avec le monde médical, notamment dans un chapitre où il peint de manière ravageuse Charcot, incarnation du monde scientifique. Le mandarinat qui domine la médecine est dépeint avec verve au cours de l'extraordinaire séance des lèchements de pieds, épreuve nécessaire pour que les candidats accèdent au titre de médecin. En outre, Léon s'en prend à la théorie de l'hérédité, déjà dénoncée dans *Haeres*, son premier roman : il y voit une version nouvelle du fatalisme antique, d'autant plus dangereuse qu'elle est auréolée du vocabulaire scientifique moderne. *Les Morticoles* dépassent la rancune personnelle. En faisant la critique du monde médical qui l'a malgré tout formé, l'écrivain rejoint la satire des corps constitués où son père s'était largement illustré avec *Le Nabab*, *Les Rois en exil* et *L'Immortel*. *Les Morticoles* visent aussi les dangers eugénistes et totalitaires – le mot n'existe pas encore – de la médecine et de la science. Roman d'anticipation, contre-utopie, enquête sur la bêtise humaine, cette fiction est aussi une caricature de la république démocratique, qui s'attaque particulièrement à l'électoralisme et à l'égalitarisme. Daudet se révèle d'une telle clairvoyance qu'il semble annoncer les contre-utopies brocardant le système soviétique. Les contemporains n'ont probablement pas mesuré la richesse de cet apologue, tant il touche des réalités et des domaines différents, et tant il contient de remarques sagaces sur le vertige de la modernité. Ces différentes charges aboutissent à un épilogue plus positif, où Léon Daudet montre que sa conception de l'homme est avant tout spirituelle. Bien loin du matérialisme ambiant, l'écrivain achève son roman par un épilogue évangélique, où il renoue avec l'idée traditionnelle du salut. Le rescapé de l'île médicale implore finalement : « Mon Dieu, vous êtes la source de toute bonté et de tout amour. Sans vous la conscience n'est qu'un mot, l'homme n'est qu'un amas de boue et de sang [7]. »

Les Morticoles paraissent en 1894 chez Fasquelle. Dédicataire de l'œuvre, Edmond de Goncourt apprécie surtout l'ironie digne de Swift qui gouverne cette vigoureuse satire. Il s'inquiète pourtant : une telle charge ne risque-t-elle pas de faire assassiner Léon par un médecin la première fois qu'il sera malade ? C'est aussi l'avis de Mme Allard : « Mon pauvre enfant, mais tu vas te faire des ennemis [8] ! » Dans *Le Journal*, Maurice Barrès salue ce « livre féroce, tuméfié d'horreurs, éclatant de sanie et beau pourtant de jeunesse. Parmi toutes ces morts, il y a un chant d'espérance, une longue louange du sens humain [9] ». Quant à Octave Mirbeau, il manifestera à plusieurs reprises son admiration à l'égard d'un écrivain « doué de la faculté héroïque de la satire [10] ».

Cette parution remarquée ne rend pas complet le bonheur de Léon. La guerre est désormais ouverte avec Jeanne. De plus en plus jalouse de son ascendance, la petite-fille de Victor Hugo n'accepte pas l'ambition et la réussite littéraire de son mari – attitude rigoureusement contraire à celle que Julia a adoptée spontanément vis-à-vis d'Alphonse dès leur mariage. Des remarques malveillantes et blessantes sont échangées entre ces forts tempéraments. Alors qu'Alphonse et Julia tentent de les conduire vers la réconciliation, Édouard Lockroy jette à plusieurs reprises de l'huile sur le feu. Edmond de Goncourt, qui assiste à plusieurs scènes, donne son sentiment dans son *Journal* : « Dans cette affaire, il y a la pression mauvaise de la mère et du beau-père, qui pensaient marier Jeanne à un bon jeune homme, qui vivrait domestiqué par eux, serait un secrétaire utile à l'homme politique et permettrait au ménage de continuer à vivre aux dépens de Jeanne [11]. » Plus triste, ce mariage « a fait accuser Léon Daudet d'avoir fait un mariage d'argent » alors que « jamais il n'a touché à l'argent de sa femme, que sa mère avait parfois de justes indignations de l'état de ses vêtements, de ses chaussures, et qu'il a été jusqu'à donner à sa femme une partie de son gain des *Morticoles* ».

Fin décembre 1894, une tentative de conciliation a lieu. Elle aboutit à un échec. Jeanne reconnaît que son mari est un homme loyal et généreux, mais elle ne se souvient pas des soufflets qu'elle lui a assenés et auxquels il n'a pas répondu. Autant de détails qu'Alphonse et Julia découvrent, consternés, au cours de la séance. Dépensière et dictatoriale, la petite-fille de Victor Hugo est constamment soutenue par Édouard Lockroy, qui voue à Léon une véritable haine. Exaspéré, le jeune homme finit par lancer à sa harpie : « Je n'ai pas épousé une tradition. Laissez-moi tranquille avec votre baderne de grand-père [12]. » Choquée et révoltée par le conservatisme politique de son mari, Jeanne quitte le domicile conjugal et se réfugie chez ses parents.

Conscient qu'il ne peut intervenir directement dans la vie intime de son fils, Alphonse écrit un roman moraliste, *Rose et Ninette*, qui n'est pas le meilleur de son œuvre, dédicacé ainsi : « À mon cher fils Léon Daudet, au poète et au philosophe. » Ce roman met en scène un homme, Régis de Fagan, divorcé depuis quinze jours, et retourné à sa vie de garçon. Il a deux filles, Rose et Nina, qu'il ne peut voir que deux fois par semaine. Régis finit par se retrouver absolument seul, et l'ouvrage s'achève en le présentant comme une victime du divorce. C'est qu'Alphonse n'a pas digéré la loi Naquet (1884) sur le divorce, également condamnée par l'Église catholique. S'il s'est mis en vacance de la sainte communion, Alphonse Daudet croit, en bourgeois de son temps, à l'utilité sociale de la religion : elle tend à réconcilier, alors que les individus tendent naturellement à se déchirer. Dans *Le Gaulois*, l'écrivain va jusqu'à affirmer que « le divorce est un attentat contre l'ordre social [13] ». Il est si commode, pour un bon époux, d'avoir sa femme à la maison, fidèle et dévouée, et de fréquenter des maîtresses et des bordels pour les besoins les plus pressants.

Le message est clair : que Léon ne divorce pas. À l'inverse, Julia défend un point de vue plus individuel en affirmant que dans ces affaires, les torts sont toujours partagés. Elle apprécie peu le misogyne Edmond de Goncourt, quand il médit des femmes et les rend responsables de tous les maux. Dans une interview donnée au *Figaro* [14], Edmond est en effet retourné à ses vieux démons, déjà manifestés dans son roman *Manette Salomon* : la tyrannie du ménage est telle que la femme entraîne le mari dans des compromissions auxquelles il ne se serait jamais laissé entraîner autrement. Le mariage des hommes de lettres nuit donc à la littérature. En lisant cela, le sang de Julia ne fait qu'un tour. Elle écrit au vieux Goncourt pour le semoncer : « Eh bien, cher monsieur, il est gentil votre interview pour les artistes mariés, les femmes de ces mêmes artistes et pour les ménages littéraires qu'on sait être de vos amis ; ce sont pourtant des intérieurs que vous avez connus actifs et pauvres, et sans aucune compromission. Et puis franchement ces vilénies dont vous accusez les femmes, croyez-vous que les hommes ne soient pas capables de les commettre, tout seuls. [...] Je connais au contraire des femmes qui ont su garder leurs maris de toute industrie et les ont aidés à mépriser les petites vanités, petites glorioles imbéciles ! [...] Il faut peut-être mieux se marier que d'être exposé à subir, comme nous l'avons vu pour quelques-uns, l'influence de vieilles marchandes à la toilette, filles retraitées, portières à potins qui rapetissent le cœur et l'esprit de leurs infortunés compagnons [15]. » Goncourt fait amende honorable en prétendant n'avoir visé personne, surtout pas ses chers amis Daudet. Peut-être, malgré tout, avait-il à l'esprit l'exemple des déchirements rencontrés par Léon et Jeanne.

C'est finalement la prudence de Julia qui l'emportera, puisque celle-ci fera accepter à Léon l'idée du divorce. Après tout, la cérémonie du mariage, en 1891, n'était pas religieuse. À la fin du mois de décembre, le divorce est prononcé officiellement. Il est décidé que le petit Charles Daudet ira vivre avec sa mère. Trois ans plus tard, Jeanne se remariera avec un ami de Léon, Jean-Baptiste Charcot. Ils divorceront à leur tour en 1906.

Libéré de l'entrave hugolienne, Léon peut redevenir l'homme qui rit qu'il était avant son mariage. Une profonde affection l'unit à son père, qui éprouve pour son aîné beaucoup d'admiration. Une nuit, Léon rêve du professeur Charcot qu'il imagine souffrant et respirant de plus en plus mal, et mourant finalement. Après avoir prié pour celui qu'il croit disparu, Léon raconte tous les détails de son rêve à Alphonse. Il ne sait pas qu'il coïncide avec la mort effective de Charcot, le 16 août 1893.

Bouleversé par l'état de santé de son père, Léon vit comme en retrait des luttes qui déchirent la conscience française. Tandis que son oncle Ernest Daudet publie en plusieurs volumes *Les Coulisses de la société parisienne*, et qu'éclate le scandale de Panamá, donnant à la presse française un visage déchaîné, Léon se contente d'observer son temps sans s'investir dans une cause. À la Comédie-Parisienne, il assiste en janvier 1894 à la première d'*Une journée parlementaire*, la seule et unique pièce de Maurice Barrès, que le gouvernement se hâte d'interdire pour crime d'antiparlementarisme. Invité à souper chez l'auteur, dans le petit hôtel entouré de jardins qu'il possède aux Batignolles, Léon rencontre l'impressionnant Jules Delahaye, député monarchiste surnommé « l'Accusateur » par Barrès. Catholique et antisémite, c'est lui qui, à la tribune de la Chambre, a dénoncé les membres du gouvernement impliqués dans le scandale de Panamá, obligeant l'Assemblée nationale à ouvrir une commission d'enquête. Léon lit dans les journaux le récit de cette soirée antiparlementaire chez Barrès, qui ponctue l'une des principales « affaires » de l'histoire de la République. Comment pourrait-il ne pas être frappé par l'exemple de Delahaye, ce député royaliste qui fait trembler la Chambre, et dont les préoccupations politiques préfigurent les combats futurs de l'Action française ?

L'heure est en effet à l'agitation. Au mois de juin, alors que le président Sadi Carnot vient d'être assassiné par l'anarchiste Caserio, les invités d'Alphonse et Julia Daudet, à Champrosay, multiplient les commentaires sur cette nouvelle affaire. « Parmi ces écrivains d'âges divers, raconte Léon, aucune pensée directrice, aucun argument politique solide. C'était le pur gâchis de l'idéologie dans le vide, ou des impressions personnelles. Coppée citait les *Évangiles*. Mariéton citait Shakespeare. Schwob citait Kropotkine, un quatrième Stirner, un cinquième les Reclus [16]. » Mais après l'assassinat de Carnot, la bonne société parisienne est prise d'un élan de panique qui, selon Léon, va durer dix-huit mois. Certains anticipent leur villégiature sur la côte, d'autres demandent à la police de réprimer durement les anarchistes. Malgré cette violence, l'anarchisme constitue toujours un large courant qui traverse la vie littéraire, notamment symboliste. Barrès publie en 1893 *L'Ennemi des lois*, Marcel Schwob son *Livre de Monelle* l'année suivante, et la célébrissime revue *Le Mercure de France* est riche d'anarchiques poètes, théâtreux ou critiques, d'Alfred Jarry à Rachilde, Bernard Lazare et d'autres, moins renommés.

Chez lui, Alphonse se montre toujours accueillant. À peine un ami lui recommande-t-il le jeune musicien Reynaldo Hahn qu'il lui adresse un billet pour l'inviter. Le jeune homme racontera ainsi sa joie : « Dès les premières paroles d'Alphonse Daudet, je fus conquis. On ne pouvait approcher cet homme qu'on sentait si malade sans éprouver pour lui une tendresse respectueuse et comme un désir de se dévouer [17]. » L'écrivain rapporte à Reynaldo quelques souvenirs sur Bizet, et lui propose de jouer du piano. « Depuis ce jour, il m'adopta. Je devins son "petit musicien". » C'est dans le salon des Daudet que le compositeur chante son premier cycle de mélodies, *Les Chansons grises*, en présence de Paul Verlaine. Selon Reynaldo Hahn, « aucun salon, si brillant, si attrayant qu'il fût, n'égalait comme valeur de matériaux, si j'ose dire, celui d'Alphonse Daudet », qu'il prend surtout pour une « assemblée de professionnels ». Là, le jeune homme voit défiler les célébrités d'une même époque, dont il établira une liste abrégée dans un article du *Figaro*, en 1940 : Leconte de Lisle, Émile Zola, Stéphane Mallarmé, François Coppée, Henri Rochefort, Édouard Drumont, Jules Lemaître, Georges Rodenbach, Marcel Schwob, Jules Massenet, Octave Mirbeau, Augusta Holmès, la princesse Mathilde, Lucien Descaves, Juliette Adam, Camille Flammarion, Abel Hermant, Paul Hervieu, Maurice Barrès… Les dîners s'achèvent en musique sous les doigts du « petit musicien » ou du grand pianiste Édouard Risler. Un soir, on entend Pierre Loti entonner des chansons basques. Comme il est un invité régulier, toujours bien accueilli par Alphonse, Edmond de Goncourt se sent un peu de jalousie et se met à mépriser un peu plus l'art musical, pour lequel il n'a jamais eu de goût.

Un jour, Reynaldo Hahn introduit le jeune Marcel Proust chez Alphonse et Julia. Marcel avait rencontré les époux Daudet chez Mme Arthur Baignères, « où je reçus le premier choc, le premier ravissement », confiera-t-il à Julia [18]. Pourtant, rue de Bellechasse, le jeune écrivain éprouve une impression désagréable. À Reynaldo, il se plaint de « l'affreux matérialisme » du couple. « Plus étonnant encore chez Daudet, pur esprit brillant encore à travers les ténèbres et les houles de ses nerfs, petite étoile sur la mer. Tout cela est bien peu intelligent. [...] Aucun d'entre eux n'entend rien aux vers... Daudet, esprit d'observation et qui pourtant sent le renfermé, un peu vulgaire et trop prétentieux malgré une extrême finesse. Mme Daudet charmante, mais combien bourgeoise. » Malgré tout, Marcel revient, de plus en plus assidûment, à mesure que le charme de Lucien Daudet opère sur lui. D'après Jules Renard, Lucien est en effet « un beau jeune garçon frisé, lingé, pommadé, peint et poudré [19] », le type même de *l'inverti* délicat dont Marcel raffole. Très tôt, dans ses lettres, celui-ci donne à son ami du « mon petit Lucien », s'adresse à lui « affectueusement » en lançant « je vous aime de tout mon cœur ». Plus tard, il appellera Lucien « mon rat » et les deux garçons se tutoieront. Quant aux lettres non publiées, elles sont beaucoup plus explicites et, semble-t-il, fort crues.

Dans son *Journal*, Edmond de Goncourt parle lui aussi du « beau Lucien [20] ». Quelques années plus tôt, il a emmené le garçon déjeuner chez Foyot, après l'avoir accompagné avec Julia à la distribution des prix scolaires. Grâce à lui, Lucien découvre la peinture et le dessin japonais, qui lui inspirent des essais crayonnés. Des années plus tard, il se rappellera les innombrables tableaux, les estampes d'Utamaro et d'Hokusai, les magnifiques collections de Goncourt. « Aimant, comme beaucoup de petits garçons, à barbouiller les gravures de mes livres, à les recouvrir d'aurores boréales ou de ciels noirs, à noyer d'eau des "couleurs sans poison" et des pochettes de "couleurs moites", témoignera-t-il dans une lettre, on se figurait que j'avais un goût extraordinairement précoce pour la peinture, que j'aimais les tableaux, et, par extension, les dessins, les gravures, etc. Si bien qu'avec une bonté grand-paternelle, penché vers moi, M. de Goncourt se donnait la peine de me montrer tout ce qu'il supposait m'amuser et me plaire. Je voyais mal, je comprenais à peine ; c'est là pourtant que j'appris que Watteau était un peintre et Gavarni un caricaturiste ; je n'osais pas dire qu'à ce dernier je préférais Cham dont les dessins m'amusaient beaucoup dans une collection de vieilles *Illustrations*. C'est là que je découvris aussi et gardai pour toujours la crainte qu'on ne me fasse visiter une maison, si belle soit-elle [21]. »

Une complicité touchante unit Edmond à son très jeune cadet, qui l'admire éperdument, avec ses cheveux blancs et son haut-de-forme. Après avoir suivi ses progrès, Goncourt décerne à Lucien Daudet un « brevet de pastelliste », dans un style grandiloquent, et cacheté de cire rouge. Pour Noël, l'écrivain offrira successivement à l'enfant un cheval mécanique, un chemin de fer, puis des objets japonais, un couteau Louis XVI aux viroles et lames d'argent, une estampe d'Utamaro... C'est Edmond qui, pour les quinze ans de Lucien, l'introduit chez la princesse Mathilde, et le présente à l'impératrice Eugénie, destinée à devenir l'une de ses grandes amies. C'est alors la peinture qui conquiert l'enthousiasme du jeune Lucien. En 1894, il est admis à la célèbre académie Jullian. Edmond n'est pas choqué par l'inclination du garçon pour les autres garçons, lui qui, dans le roman *La Faustin* (1882), évoquait l'amour de deux Anglais, George Selwyn et lord Annandale – le premier ayant pour modèle Swinburne. Le roman avait été applaudi par Robert de Montesquiou et Jean Lorrain, deux écrivains homosexuels notoires. Presque chaque jour, Lucien visite le Louvre avec Marcel, qui joue le rôle de guide. Du prestigieux musée, le jeune Proust fait un prétexte et un haut lieu de ses amitiés particulières, un banquet visuel où sont fêtés les chefs-d'œuvre des maîtres et les signes codés que lui et ses amis aiment à y découvrir. Lucien choisira-t-il la carrière de peintre ? On pourrait le supposer, puisqu'il va nouer des relations avec de nombreux artistes, comme Émile Gallé.

5 janvier 1895. À huit heures du matin, sous un ciel pluvieux, Léon Daudet assiste avec des dizaines de journalistes et devant une foule nombreuse à la dégradation du capitaine Alfred Dreyfus.

Dès le lendemain, il fait paraître dans *Le Figaro* un article éloquent, où le mépris envers le « traître » le dispute à une forme de compassion. « Cependant il s'approche entre ses gardiens, le cadavre marchand, d'un pas inconscient de parade, grêle aux regards, mais grandi par la honte, et tel que la haine saisit et domine le tourbillon sensible. Près de nous, il trouve encore la force de crier : "Innocent !" d'une voix blanche et précipitée. Le voici devant moi, à l'instantané du passage, l'œil sec, le regard perdu vers le passé, sans doute, puisque son avenir est mort avec l'honneur. Il n'a plus d'âge. Il n'a plus de nom. Il n'a plus de teint. Il est couleur *traître* [22]. » « C'est un terrible signe que cette volonté n'ait pas sombré dans la boue, qu'il n'y ait eu ni effondrement ni faiblesse. En cette tragique circonstance, les pleurs n'eussent pas semblé d'un lâche. » Dans cette prose étrangement douloureuse et fascinée, l'antisémitisme de Léon apparaît à peine, alors que l'article de son confrère Barrès évoque « la parade de Judas ». Ces opinions peu amènes ne dénotent pas dans une époque de patriotisme chauffé à blanc. Jean Jaurès s'interroge ainsi sur le traitement de faveur que le traître reçoit puisqu'il n'est pas illico guillotiné. Jacques Bainville observera que l'exécution était le sort habituellement réservé aux espions et que, rétrospectivement, la douceur apparente de la condamnation de Dreyfus trahit la manipulation au cœur d'un procès militaire tenu à huis clos. Pour presque tous, en 1895, la culpabilité de Dreyfus constitue une certitude. Elle est la chose jugée.

Très tôt, pourtant, des doutes et des soupçons apparaissent. Un ancien ministre de l'Instruction publique invité par Alphonse et sa femme critique l'article publié par Léon ; il le trouve hâtif à propos des circonstances de cette affaire qui touche l'espionnage. Pourtant, si elle accepte le verdict qui a été prononcé, la famille Daudet ne saurait passer pour militariste. Alphonse n'a pas hésité à prendre la défense des *Sous-offs*, roman de Lucien Descaves attaqué en justice, et dans ses *Contes du lundi* il a dénoncé le défaut d'organisation, la vanité et la médiocrité de la glorieuse armée impériale. Quoiqu'il soit d'un tempérament conservateur, sinon traditionaliste, Léon ne saurait passer non plus pour un avaleur de sabre. En politique, il doute. Au photographe Nadar, il écrit : « Quel dommage qu'on ne puisse être à la fois napoléon-premiériste, anarchiste et socialiste [23] ! »

Charme discret de la bourgeoisie. Au moment où son fils Lucien devient le petit ami de Marcel Proust, Alphonse Daudet refuse de signer la pétition organisée par Stuart Mill pour la revue *La Plume*, en faveur d'Oscar Wilde. Ce dernier, ayant convolé et s'étant beaucoup amusé avec le jeune lord Douglas, a été condamné pour homosexualité à une peine de cinq ans de prison. Le monde des lettres français se mobilise mollement pour cet Anglais encore plus différent des autres. Avec une grande bravoure et une allure patriarcale, Alphonse écrit : « En tant que père de famille, je ne peux que manifester mon horreur et mon indignation. » Manque de chance pour ce père d'un beau garçon uranique – le terme « homosexuel » ne nous viendra d'Allemagne qu'en 1908 –, Alphonse Daudet est l'écrivain préféré de lord Douglas. Mais il n'est pas le seul à vouloir sauver les apparences. Anatole France, Émile Zola, Henry James et Jules Renard refusent de signer la pétition. Plus curieuses, l'abstention d'André Gide et celle de Jean Lorrain. Ce n'est pas que Wilde soit tout à fait infréquentable. Vers 1891-1893, Léon l'a rencontré chez son ami Marcel Schwob, qui s'est fait le protecteur attitré de Wilde dans les cercles littéraires parisiens. Les souvenirs de Léon Daudet sont contrastés. « Voilà une physionomie singulière, un mélange de bon et de mauvais, de grossier et de raffiné, de vicieux et de spiritualisé, de sincérité et de pose, comme en ont rarement produit une littérature et un pays [24]. » Une figure de Jekyll et de Mr Hyde. S'il passe à côté de *Salomé*, que Wilde lui a adressé, Léon écrit en revanche que ce dandy est un « railleur puissant et méconnu, un des maîtres de l'ironie contemporaine [25] ». Registre qu'il connaît bien.

Après avoir été une amie d'Alphonse, la comtesse de Loynes accueille son fils Léon dans son salon, l'un des plus animés de Paris [26]. Courtisane surnommée la « dame aux violettes », amie d'Alexandre Dumas, d'Émile de Girardin, de Théophile Gautier, de Prévost-Paradol, d'Ernest Renan et du prince Napoléon, la comtesse de Loynes a été la confidente de Sainte-Beuve et de Mistral, et aimée tendrement de Flaubert. Son amant Ernest Baroche lui a laissé, en 1870, 800 000 francs-or. Installée d'abord rue de l'Arcade, puis avenue des Champs-Élysées, elle tient l'un des salons les plus en vue de Paris, véritable « fabrique d'académiciens », soutenant d'abord et avant tout son amant Jules Lemaître dans sa carrière littéraire, puis devenant une éminente protectrice et conseillère des écrivains de droite. Centre mondain, politique et littéraire de Paris, le salon de Mme de Loynes constitue un lieu de réunion entre royalistes, anciens bonapartistes – Émile Ollivier notamment –, républicains – Clemenceau – et nationalistes. « D'une taille moyenne, rapporte Léon, [Mme de Loynes] avait gardé, de sa jeunesse, une ligne charmante, l'harmonie des traits du visage, des cheveux cendrés et fins, des yeux d'une pénétrante mélancolie, d'une eau profonde et douce, parsemés à l'occasion de lueurs railleuses, une voix grave et tendre à la fois, telle que Shakespeare la prête à Cordelia [27]. » Chez elle, Léon prend l'habitude de la faire rire en imitant « Zola et son zézaiement socialo-philosophard ». Il ne lui consacrera pas moins de trois chapitres de ses *Salons et journaux*, qui lui sont dédiés.

Cette vie de salon ne serait pas si plaisante si Léon n'y rencontrait pas des personnalités intéressantes et s'il n'y puisait pas des idées et des observations. Chez Marcel Schwob, il fait la connaissance de Jules Renard et d'une « géniale artiste [28] », Camille Claudel, dont le premier vante l'extraordinaire puissance. Fort de son expérience des salons et des journaux, Léon Daudet termine début 1895 *Les Kamtchatka, mœurs contemporaines*, satire du snobisme bourgeois sous forme de roman – un point de rencontre, peut-être, avec la grande œuvre future de Proust et avec le *Livre des snobs* de Thackeray. Publié la même année dans *La Nouvelle Revue*, puis chez Charpentier et Fasquelle, ce roman ne peut valoir à son auteur que des ennemis. *Les Kamtchatka* montrent la façon dont des êtres bien placés dans la société, salonnards invétérés et fortunés, s'inventent une vie toute d'artifice et de théâtralité, teintée d'anarchisme. Alors qu'il respecte la figure de l'anarchiste sincère, Léon Daudet ternit au contraire ces bourgeois richissimes, « outranciers de la mode et des préjugés à rebours », ces *bobos* qui affectent de plaindre les pauvres : « Dans un répit gastronomique, chacun songeait à ces prolétaires qui crevaient comme des mouches là-bas, vers les masures et les quartiers humides, à leurs noires et brumeuses détresses, et l'idée de ces ventres creux était une fièvre pour ces ventres pleins [29]. » Le romancier s'en prend aussi aux formules creuses et au manichéisme politique, qui voudrait faire de la vie une simple application de la science. Cet ouvrage permet enfin à Léon de venger son père. Alors que Léon Bloy avait peint Alphonse Daudet en Chaudesaigues, *Les Kamtchatka* présentent l'auteur du *Désespéré* sous les traits de Robert Scipion, « pamphlétaire catholique, sale et visqueux, visage obscur, mêlé de forçat, de vieux marguillier et de parasite. Il s'exprimait par métaphores et frappait du poing sur ses cuisses pour un rien [30] ». Une généalogie littéraire apparaît dans cette charge : éreinteur et caricaturiste, Léon Daudet hérite du ton acide de *Charles Demailly*, où la férocité des Goncourt éclatait dans les portraits à clefs. Ce faisant, c'est le journaliste caricaturiste de *L'Action française* que prépare le romancier des *Kamtchatka*.

Lorsque l'écrivain lit ce texte à Edmond de Goncourt, ce dernier rit à gorge déployée : c'est qu'il reconnaît l'un des siens.

Chapitre 11

Très bonne fin de siècle !

Avec Georges Hugo et Lucien, qui n'a que seize ans, Léon a décidé de visiter les Pays-Bas. Les trois Français découvrent les canaux d'Amsterdam gelés, les couchers de soleil sur le Zuiderzee, des couleurs et des lumières qui les ravissent. Ils gagnent ensuite Hambourg. Un soir, alors que Georges et Lucien vont se coucher, Léon est pris d'une envie pressante de chair féminine. Il évoquera plus tard sa curieuse visite dans un bordel de la grande ville portuaire : « Je suis de l'avis de Baudelaire. Le bordel est, en tous lieux, un endroit grave et même tragique, par la réunion de ces deux terribles maîtres : l'aventure et le plaisir. Nous sommes ici au-delà de la morale courante et de ses humbles mais utiles garde-fous. Joseph de Maistre prétend, assez paradoxalement, que la société s'appuie sur le bourreau. Elle s'appuie aussi sur la maquerelle, dont le métier infâme continue la sorcière et touche ainsi à plus d'un mystère [1]. » Dans l'établissement, Léon se fâche avec un officier allemand en civil, qui brutalise une prostituée française. Il prend la défense de la jeune femme en assenant des coups à l'agresseur ivre. Dès le lendemain, la maquerelle en chef récompense ce vigoureux chevalier français par une bouteille de champagne, et on l'invite à revenir à Hambourg.

Nos trois compères se rendent ensuite au Danemark, où ils sont éblouis par les vastes étendues de neige. Traversant le Sund en bateau, ils aperçoivent, telle une apparition magique au fond des brumes, le château légendaire d'Elseneur. « Il était posé comme une alarme sombre, comme une boîte de Pandore remplie de secrets indéterminés, racontera Léon dans *La Recherche du beau.*

Notre bateau cassait la glace pour avancer. Assis sur le pont dans ma fourrure, réfléchissant aux circonstances déchirantes du délire et de la mort du prince danois, [...] je frissonnais, j'avais la fièvre [...] de transcrire ce que je ressentais [2]. » De ce périple, il revient avec l'intuition poétique que Shakespeare aurait effectué le voyage jusqu'en ces lieux pleins de magie et de tristesse. « J'entrai dans une sorte de transe où il me parut que je tenais la clef de son génie – ce qui était bien entendu une illusion, mais féconde, car elle me mena à l'imaginer voyageant, jeune homme, en Hollande, au temps des grands peintres, en Allemagne, au temps de la Réforme [3]. » Ayant ou non entendu le coq chanter, Léon a l'intuition que William Shakespeare est bien venu ici, et se met en tête de conter un voyage fantastique que le grand poète et dramaturge aurait effectué. À peine se dirigent-ils vers Stockholm que les trois voyageurs reçoivent un télégramme qui les presse de rentrer : écrivains et peintres organisent un banquet pour Edmond de Goncourt, leur présence est donc indispensable. Ils reviennent en France à la fin du mois de février 1895, alors que la fête en question est remise à plus tard en raison des défections. Dans son *Journal*, Edmond note que Léon est « tout à fait mordu par la folie des neiges [4] », et qu'il a été tenté de pousser jusqu'au cap Nord.

Bientôt Léon et Lucien doivent refaire leurs bagages. Ils rejoignent leurs parents à Londres, qui ont emmené avec eux Georges et Pauline Hugo. L'expédition a commencé brillamment. Sur le quai de la gare, ils ont été attendus par leur ami Henry James, qui les a ensuite conduits dans un hôtel de Piccadilly. Quel meilleur initiateur à Londres que cet Américain fou de culture européenne et si critique envers son propre pays ? Tout au long de leur séjour, les Daudet seront promenés par lui. Henry James est, comme on le dit en Angleterre, l'un des principaux *supporters* de Daudet. Ayant effectué en 1875 un voyage en France riche de rencontres avec des écrivains, sachant lire et parler le français avec aisance, il estime qu'Alphonse se trouve « à la tête de sa profession [5] », et qu'il s'agit d'un « génie admirable », opinion à peu près partagée par Stevenson. Henry James sera le traducteur de *Port-Tarascon*, et il affirmera avec humilité que c'est *L'Évangéliste* de son ami français qui lui a fourni l'idée des *Bostoniens*, et que de *Numa Roumestan*, il a tiré *The Liar*. Naturellement, on visite Hyde

Park, on guette de royales apparitions devant Buckingham Palace, et on se pâme à Westminster et au British Museum. À la National Gallery, la famille Daudet admire en particulier Gainsborough, Holbein, Van Dyck et Vélasquez. Quant à Turner, Julia note que « c'est un éblouissement de couleurs vives, mais voilées d'eau en brouillard, de vapeurs traversées de soleil et de lune. Qu'il peigne un navire dans l'embrun ou une locomotive dans tout l'effort en avant de sa vapeur ennuagée, l'irisation se fait des éléments eux-mêmes, comme l'arc-en-ciel par l'atmosphère orageuse [6] ». Élève peintre, Lucien se délecte parmi ces exemples de l'art ancien et moderne.

Par l'entremise de James, Alphonse, Julia, Léon et Marcel Schwob font la connaissance de George Meredith, à Box Hill, puis à Londres. Ami de Swinburne et des peintres préraphaélites, Meredith fascine ses visiteurs et les touche par son excellent accueil, alors qu'il souffre, comme Alphonse, d'une maladie chronique. Dans ses « Notes sur Londres », Julia saura rappeler aux critiques français l'existence d'un romancier qu'ils avaient oublié, car Meredith a écrit des pages pleines de compassion pour le malheur de la France en 1870, et il ne cessait de lire et de relire *Mireille* et *Calendal*, deux des grands poèmes de Mistral. Aussi observatrice que son mari, Julia est sensible aux intérieurs d'écrivains : « Que ce soit dans le cabinet de travail de Zola, aux candélabres d'autels romains fleuris d'électricité, aux bibelots chers et rares, ou dans la bibliothèque d'Edmond de Goncourt, ayant au plafond une broderie japonaise en haut-relief, aux murs d'introuvables éditions, aux vitres le reflet des roses et des verdures choisies du jardin d'Auteuil, – ou justement dans la maison de Mistral, à l'horizon de cyprès et de roseaux en bordures et d'alpilles bleues, je songe à ce qu'ajoute à l'inspiration le bien-être des yeux et d'une installation raisonnée [7]. »

Toujours introduits par Henry James (mais mesurent-ils le génie de celui que Julia appelle simplement un distingué romancier ?), la famille Daudet fait la connaissance du peintre Alma-Tadema et se rend chez le préraphaélite Burne-Jones. Chez l'amiral Maxse, ils ont l'occasion de s'entretenir avec lord Balfour, déjà figure politique majeure en Angleterre, qui deviendra Premier ministre de la reine. James leur fait surtout rencontrer l'explorateur Henry Morton Stanley, devenu célébrissime pour avoir retrouvé au fin fond de la Tanzanie le docteur Livingstone, disparu après s'être lancé dans la recherche de la source du Nil.

Pour faire honneur aux personnalités londoniennes que James a présentées aux Daudet, Julia organise un dîner de quinze couverts dans un restaurant : outre la famille Daudet et leurs enfants, Léon, Lucien, Edmée, Georges et Pauline Hugo, sont présents H. M. Stanley et sa femme, Henry James, l'amiral Maxse, le critique Jules Huret et quelques autres. Sensible à l'art de la table, et attentive aux vêtements à cet âge d'or du costume français, Julia se plaît, dans ses souvenirs, à décrire l'habillement des convives et quel choix elle a effectué elle-même pour cette circonstance. Elle ne manque ni du vocabulaire technique, ni du sens de la description : « J'ai une jolie toilette mélangée de satin soufre ou citron pâle, et d'un crêpe de Chine de même nuance brodé de fleurs mates en relief d'un blanc rosé seulement de place en place par quelques fils de soie dans la trame intérieure, fleurs de pommiers, semis et branchages, où s'écartent aussi de gros nœuds de satin blanc [8]. »

Alors que Julia prépare ses « Notes sur Londres », qu'elle publiera d'abord dans *La Revue de Paris*, Léon s'attarde à Guernesey où il entreprend la rédaction du *Voyage de Shakespeare*. Dans ses *Souvenirs*, il fera le récit de ce voyage londonien, placé sous le signe de l'amitié, de la littérature et de l'affection familiale.

À son retour, Léon reprend sa vie de soiffard parisien avec ses amis Georges Hugo et Philippe Berthelot. Peut-être demande-t-il à l'ivresse des images et des rythmes singuliers qui lui permettraient de renouer avec le XVIe siècle qu'il se construit dans des songes tour à tour rabelaisiens et montanistes. Léon a souvent des accès de mélancolie, surtout lorsqu'il voit son père souffrir et les médecins lui imposer des remèdes incertains. De là aussi, ce besoin de rire de l'humanité et de soi-même, dans une improbable sagesse éthylique qui change les couleurs de la nature. À cette époque, il arrive que le ministre des Affaires étrangères, Marcellin Berthelot, reçoive des nouvelles de la police : on lui annonce que son fils Philippe est au poste, à la suite d'une certaine incartade ou d'une beuverie, en compagnie de Léon Daudet et de Georges Hugo. Le fils d'Alphonse Daudet, le petit-fils de Victor Hugo, et le fils du ministre en train de bambocher, de hurler on ne sait quoi dans les rues de Paris, en défiant les forces de police, voilà qui ne correspond pas à l'image que la République veut donner de ses élites. Bien entendu, le commissaire de police reçoit l'ordre de mettre en liberté ces jeunes gens, qui jurent qu'on ne les y reprendra plus.

Entre le mirage de l'ordre parfait et les désordres d'une vie passionnée et dorée de rêves lyriques, Léon cherche à se comprendre lui-même lorsqu'il fait du *Voyage de Shakespeare* un roman d'aventure. Il y mêle non seulement un gigantisme rabelaisien, mais aussi des connaissances sur Shakespeare, le théâtre élisabéthain et l'Angleterre du début du XVIe siècle. En France, aucun écrivain n'avait encore abordé le personnage de Shakespeare sous cette forme vivante et joyeuse, qui emprunte au roman picaresque. Après le *William Shakespeare* hugolien de Victor Hugo (1864), le jeune écrivain a réussi un *Voyage de Shakespeare* à sa manière. Octave Mirbeau le note dans une critique : « Tout est énorme, passionné, et tout intellectuel – et cependant humain – en M. Léon Daudet, aussi bien les larmes que le rire, les idées comme les sensations, les réalités qui désespèrent, et le rêve qui, après l'exaltation de la minute divine, ne vous laisse que cette affreuse angoisse de n'avoir jamais été atteint [9]. » À un moment où Daudet ne compte pas encore parmi ses amis, et où il est lui-même en train de se convertir à l'idée monarchique, Charles Maurras remarque que « l'avidité est bien la marque du vrai candidat au génie. [...] Je ne sais pas ce que M. Léon Daudet ignore. Il sait tout. Il prend tout. On devine qu'il est semblable à son héros : la vie l'enivre, il adore de vivre, il veut multiplier la vie [10] ». Hymne à la création artistique, au voyage et au XVIe siècle, éloge de la fraternité à la fois nostalgique de la chevalerie et de la piraterie, le roman traduit surtout une fascination échevelée pour le grand Will – voire une forme d'identification.

Influence ou non du *Marchand de Venise*, Alphonse et Julia décident de visiter la ville lagunaire au mois de mai 1896. Venise est le passage obligé des écrivains fin de siècle – Frédéric Mistral, Maurice Barrès, Henri de Régnier, André Suarès feront chacun un pèlerinage dans une cité qu'ils découvrent en mauvais état, et qui incite à la mélancolie. Julia se remémore cette eau sombre des canaux, « la foule des gondoles pressées, noires et sinistres ».

Pleine de souvenirs des romances de Mendelssohn, de vers de Musset, et de références shakespeariennes, Julia est, comme tous les visiteurs, sensible au déclin que la ville suggère : « Tout ce qui s'en va fait regret et pitié à notre vie qui s'active, et le surexcitant voyage est le contraste le mieux trouvé pour faire goûter l'ancienne splendeur et le déclin poignant des choses [11]. » La famille Daudet découvre les canaux, l'Accademia, les principales églises, éternelles étapes d'un tourisme naissant. Ils assistent aux offices de Pâques dans une petite chapelle. Plus inhabituelle, la visite de Guillaume II, qui transforme soudain Venise en ville officielle. On aperçoit d'abord l'énorme cuirassé tout blanc, le *Hohenzollern*, entouré d'une foule de gondoles, puis la barque impériale, transportant l'empereur et l'impératrice, qui seront rejoints par le roi Humbert d'Italie et sa femme. Dans le récit qu'elle rapportera de ce séjour, en 1901, Julia oubliera de dire qu'elle a dormi avec son mari au palais Vendramin, là même où Wagner est mort treize ans plus tôt. Elle ne racontera pas non plus que le Kaiser a demandé à rencontrer le célèbre écrivain français, et que cet hommage n'a pu avoir lieu.

Être le fils d'Alphonse Daudet permet d'ouvrir l'esprit non seulement à la culture française, mais aussi à la culture universelle. Léon connaît aussi bien ses classiques anglais qu'allemands et espagnols, ainsi que les romanciers russes. Alors que le contexte de la Revanche déchaîne les passions antiallemandes, et que l'on se bat devant l'Opéra le jour où celui-ci monte pour la première fois *Lohengrin*, Léon se trouve dans la salle, où la musique de Wagner l'enchante. Alphonse est lui-même très lu en Allemagne, où ses romans sont publiés en feuilleton dans la presse. Émerveillé par la correspondance de Goethe et Schiller, il envisage de consacrer un ouvrage à cette amitié. La même année, Léon Daudet découvre la traduction d'*Also sprach Zarathoustra*, dont il sort bouleversé. Inversement, il chronique assez maladroitement les *Déracinés* de Maurice Barrès, roman appelé à incarner le nationalisme en littérature, comme ceux de Zola incarnaient le socialisme. À propos de cet article, publié par *La Libre Parole*, Barrès est vivement déçu : le papier de Daudet et celui de Drumont « m'ont rempli d'épouvante, avoue-t-il dans une lettre à Maurras. Pleins d'amitié, de bons sentiments généreux à mon endroit, j'ai senti qu'ils ne comprenaient pas, ne pouvaient même pas lire mon livre [12] ». Maurras doute « que Daudet ait jamais rien compris profondément. Il est ivre de mots et aussi de quelques images [13] ». En 1913, quand Léon travaillera avec lui à l'Action française, Maurras parlera de l'« exagération à la Léon Daudet [14] ».

En 1896, l'adhésion de Léon Daudet à la République ne fait aucun doute. C'est à Venise, où il a séjourné avec ses parents et Lucien, qu'il découvre dans *L'Écho de Paris* une caricature du dessinateur Steinlen, le représentant prosterné, en train de lécher les bottes du duc d'Orléans [15]. Le titre : « Sous l'œil des *Morticoles* ». Si Léon a parlé avec respect du prétendant au trône dans *Le Figaro*, il n'accepte aucune insulte. Sur-le-champ, il envoie au directeur de *L'Écho de Paris* ses témoins : Georges Hugo et Maurice Barrès. De retour, ces derniers annoncent à Léon que Henry Simond a refusé de présenter ses excuses. Fou de rage, Léon rentre à Paris, court avec Georges rue Taitbout, surgit dans le bureau de Simond, et lui flanque une raclée. Quant aux douze employés et rédacteurs venus au secours de leur patron, ils reçoivent toutes sortes de jurons.

À l'automne, Léon se rend à l'Hôtel de France et d'Angleterre, à Fontainebleau, afin d'y terminer son prochain roman, *Suzanne*. Surprise : Marcel Proust y séjourne lui aussi. Dans ce même havre forestier et impérial, le jeune homme est en train d'écrire *Jean Santeuil*, ce vaste roman préparatoire d'*À la Recherche du temps perdu*, qui ne sera publié qu'en 1954. À Fontainebleau, Léon et Marcel passent une semaine ensemble selon le premier, un mois selon le second [16]. Ils sont rejoints par Lucien, ce que son frère aîné semble oublier dans ses souvenirs, mais une légère brouille oblige ce visiteur à regagner Paris dès le lendemain. Lucien ignorera peut-être, nonobstant ces rapports parfois électriques, qu'il aura fourni à Marcel Proust un modèle pour le personnage de Charlotte, dans *Jean Santeuil* [17].

Au cours de leur séjour, lorsque Léon et Marcel ne travaillent pas, ils se promènent dans la forêt de Fontainebleau, ce « chef-d'œuvre minéralo-végétal, sorti de l'eau et du feu pour l'émerveillement de l'esprit esthétique [18] » : les gorges d'Apremont, Franchart, le Bas-Bréau, Marlotte. Il se souviendra toute sa vie de ces marches, comme en témoignent ses mémoires littéraires : Marcel « restait enfermé toute la journée dans sa chambre, puis, le soir, il consentait à faire avec moi une promenade en voiture dans la forêt, sous les étoiles. C'était le plus charmant, le plus fantaisiste, le plus irréel des compagnons, un feu follet assis sur les coussins de la victoria [19] ». Dédié à Georges Hugo, *Suzanne* paraît d'abord dans *Le Journal*, puis en volume. Remarqué par Jules Renard, salué dans un article enthousiaste par Octave Mirbeau, ce roman apporte à Léon l'un de ses plus grands succès littéraires : en quinze jours, dix mille exemplaires sont vendus.

Les relations de Marcel avec la famille Daudet sont resserrées. Aux yeux du jeune Proust, Alphonse est un « pur esprit brillant encore à travers les ténèbres et les houles de ses nerfs, petite étoile sur la mer ». En recevant *Les Plaisirs et les Jours*, Alphonse lui écrit : « Gardez-moi un coin de votre amitié. Elle m'est très précieuse, car les sensitifs et les tendres sont bien rares dans la jeunesse de maintenant. » Marcel témoigne aussi de la complicité avec Julia, dont il apprécie les « Notes sur Londres ». « J'y ai été ravi par tant d'art, plus captivé encore par tant de vie », lui confie-t-il dans une lettre [20]. Et il insiste sur les qualités de son style : « Toute la vieille architecture poncive de la phrase est à tout moment dissoute par cet esprit de vie, et elle [la phrase] se recompose, de par lui, selon une structure, cette fois vivante. C'est un charme d'allure capricieuse, avec [de] perpétuels à-coups à notre sensibilité qui s'emballe avec vous. [...] Je goûte aussi infiniment une certaine concision achevée. » Dans le post-scriptum où il salue M. Daudet, puis Léon, il ajoute une formule qui est aussi un clin d'œil : « Je vous prie, madame, d'être assez bonne pour serrer la main de ma part à Lucien pour qui ma grande sympathie se fortifie chaque jour en une bien vive amitié. » Bien vive, en effet.

Sensible au style, Julia l'est particulièrement – c'est sans doute pourquoi Flaubert et Proust lui manifestent de l'estime, et même Edmond de Goncourt, lorsque sa misogynie n'étouffe pas sa raison. C'est elle qui, un soir, lit à Alphonse et à Edmond *Du sang, de la volupté et de la mort*, le dernier volume d'un autre très grand styliste, Maurice Barrès. Les années soixante – du XXe siècle – ont placé Alphonse Daudet au purgatoire, pour en faire un conteur de clocher, un écrivain intéressé, au style insipide, et un bourgeois qui aurait rassemblé tous les préjugés de sa caste. Si telle avait été la vérité, Alphonse n'aurait pas connu l'estime de Flaubert, et il ne se serait pas montré aussi curieux des auteurs les plus jeunes et les plus novateurs. Il est l'un des premiers à avoir discerné l'immense talent de Maurice Barrès, qui vient d'achever sa trilogie du *Culte du moi*, et que Julia et Alphonse invitent régulièrement chez eux. Alphonse encourage Mallarmé et Georges Rodenbach, dont il considère *Bruges-la-Morte* comme un chef-d'œuvre. Poète secret et étincelant (né seulement deux ans après lui), Stéphane Mallarmé admire de son côté la prose d'Alphonse Daudet, « la plus proche qui fût du frisson ». En 1887, il a assisté à une représentation de *Numa Roumestan*. Quant à Léon, il reconnaît le talent encore méconnu de son contemporain Paul Claudel. « Un soir, rapporte Mallarmé à ce dernier, j'ai entendu Léon Daudet causer de vous superbement et ce reste un de mes soirs de cet hiver [21]. » Malgré les séparations partisanes, Léon avouera dans *L'Entre-deux-guerres* : « Doué comme un artisan du Moyen Âge, Paul Claudel est un être d'élite [...]. Je le préfère dans ses œuvres claires ou phosphorescentes, comme, par exemple, *Connaissance de l'Est*, ou dans ce *Mystère d'une nuit de Noël 1914*, pareil à un vitrail sublime du XIIe siècle [...]. Aucun de nos contemporains n'a trouvé d'aussi belles métaphores, musclées à la façon du coureur antique, inondées de la sueur du vrai [22]. »

À Grenoble, Léon effectue pour son service militaire une première période de réserve au 28e bataillon des chasseurs alpins, qu'il retrouvera en 1899 et en 1905, sous les ordres du commandant Thomas de La Pindière. Là, il fait d'étonnantes rencontres, comme il en témoignera : « J'étais médecin auxiliaire et entouré, je ne sais pourquoi, de médecins japonais, qui me harcelaient de questions sur Alphonse Daudet » et « me citaient des poètes de leur pays, dont je ne me rappelle plus les noms [23] ». Avec eux aussi, il échange des propos sur Nietzsche. « De cette époque date ma sympathie pour ce peuple extraordinaire, curieux de tout, passionnément patriote, et qui a eu de si grands artistes avant d'avoir de grands généraux [24]. » Léon se sent japoniste davantage que militariste.

Au mois de juillet, Edmond de Goncourt rejoint ses amis Daudet à Champrosay. Ce n'est pas que leur amitié n'ait connu des remous. Mais l'essentiel tient encore, malgré les blessures. En allant le chercher à la gare de Ris-Orangis, dans son landau à deux chevaux, Alphonse est frappé par la fatigue de son vieil ami, qui pourtant ressemble encore à un mousquetaire. La petite Edmée, dix ans, saute au cou de son cher parrain lorsqu'il entre dans la grande maison. Lucien est là, lui aussi. Malheureusement, Léon est absent. Il est à Guernesey pour un séjour rempli de l'ombre hugolienne. Pendant le copieux repas, Edmond ne tarit pas. Alphonse a raconté la scène dans un article émouvant qu'il a consacré à son ami, en y insufflant son art de conteur et toute la tendresse humaine dont il est capable. « Nous retrouvons notre Goncourt des belles heures, écrit-il, celui que les intimes seuls ont connu, naïf et tendre, sans morosité, sans méfiance, et tout de même d'une subtilité de vision déconcertante, d'une candeur armée, que je n'ai vue qu'à lui. Les faits divers d'Auteuil et de la villa, le banquet de l'éditeur Fasquelle, une après-midi à la campagne chez son cher Mirbeau en compagnie du poète Robert de Montesquiou, sa rencontre à la table de Jean Lorrain avec le très savant écrivain d'*Aphrodite*, sur ces thèmes variés a joué son esprit jusqu'à la fin du repas qui nous a semblé très court. La nuit était venue quand on a passé sur la terrasse, on y est resté quelques instants [25]. »

Les jours passant, Edmond mange de moins en moins et dort mal. Après un bain, il se plaint de son mal de foie, qui le reprend. Bientôt, le médecin diagnostique une congestion pulmonaire : le pouls bat anormalement vite. La crise finale survient le 16 juillet peu après minuit. Prévenu soudainement, Alphonse entre dans la chambre de son ami en entendant son souffle retentissant, son râle, qu'il ne reconnaît point. « Toujours ce grand souffle par instants interrompu, puis repris, mais plus court chaque fois et plus lointain, à mesure que ce noble esprit, cette âme de lumière s'enfonce dans la nuit… Ma femme prie et pleure, à genoux au pied du lit ; moi, qui ne sais pas de prières, j'ai pris sa main entre les miennes, - de l'eau et du feu cette pauvre main, - et, penché sur lui, mes pleurs mêlés à sa sueur de mort, je lui parle tout bas, de tout près : — Goncourt, mon ami, c'est moi… Je suis là, tout contre vous…. Je ne sais s'il peut m'entendre, j'en ai par moments l'illusion, surtout quand le souffle s'arrête et que sa belle figure aux paupières appesanties semble écouter ce que je lui dis de son frère, son frère Jules qu'il a aimé par-dessus tout. Soudain sa main, dont la brûlure s'apaisait depuis quelques instants, sa main s'est retirée des miennes, en hâte, presque durement. […] Pour moi, ç'a été comme un départ qu'on précipite, l'ami que l'heure presse et qui s'arrache brusquement à vos adieux. Ah ! Goncourt, compagnon loyal et fidèle... »

C'est donc chez lui, à Champrosay, qu'Alphonse recueille le soupir d'un de ses plus vieux amis – si l'on excepte Timoléon Ambroy, mort lui aussi en 1896. Edmond de Goncourt avait été pour lui un maître en littérature, d'autant plus jaloux de la renommée montante de Zola que ce dernier n'était pas le fondateur du naturalisme, et que le mot même avait été fabriqué par lui, Goncourt. Avec Alphonse, Edmond avait trouvé un successeur à Jules dans l'ordre affectif. Il avait su l'intéresser non seulement au japonisme, mais à de nombreuses questions littéraires dont son *Journal* et sa correspondance sont les reflets. Tous les journaux évoquent la mort d'Edmond de Goncourt. De nombreux articles présentent des critiques et des réserves, mais il ne s'agit que de la petite monnaie des attaques et des moqueries parfois grinçantes dont les frères Goncourt ne furent jamais avares. Ernest Daudet lui-même n'a pas hésité à éreinter le *Journal* dans *Le Figaro*.

Plusieurs questions se posent au lendemain de cette mort : le destin de l'immense collection des deux frères, et de la fortune qu'ils laissent. Mais Edmond de Goncourt a tout prévu, en faisant d'Alphonse Daudet et de Léon Hennique ses deux légataires. Me Duplan, son notaire, leur lit l'acte officiel : Alphonse se voit chargé d'organiser, à perpétuité, une société littéraire, celle à laquelle Edmond n'avait cessé de rêver avec son frère Jules. Des démêlés juridiques avec la famille de Goncourt vont pourtant retarder la création de cette institution littéraire.

Après ce deuil, Alphonse connaît des tensions avec le Félibrige. Ses relations avec Frédéric Mistral, Théodore Aubanel, Baptiste Bonnet comptaient pourtant dans sa vie d'écrivain. En 1891 encore, Maurras concédait que jamais « Daudet n'abandonna la cause félibréenne [26] ». Non content de suivre cette cause – il était officiellement membre du Félibrige –, Alphonse Daudet a également apporté son soutien à des aventures non félibréennes, touchant à la variété même des langues et des dialectes d'oc. Il n'a pas hésité, toujours en 1891, à adresser une lettre d'encouragement au journaliste et écrivain marseillais Pascal Cros, pour le lancement de *La Sartan*, sorte de *Canard enchaîné* marseillais où les notabilités littéraires et politiques passent à la poêle – *sartaneja* ! Sa lettre a été publiée dans le premier numéro. Boudé par Mistral et les mistraliens, Pascal Cros leur rendait bien son indifférence. Alphonse savait naviguer entre ses amitiés et ne s'est pas contenté de satires provençales. Il a développé des aspects plus graves, légendaires ou humains, de la Provence, donnant chance aux Français non provençalisants de comprendre quelque chose au Félibrige, tout en situant certaines œuvres – telle *Numa Roumestan* – à la limite du roman régionaliste qui connaissait un formidable essor.

Sans doute, Alphonse Daudet ne s'est pas engagé en faveur du fédéralisme que le Félibrige défendait âprement depuis qu'une nouvelle génération a entrepris de relever cette idée mistralienne, en 1892. Une lettre d'Alphonse Daudet à Mistral est citée par ce dernier dans son journal hebdomadaire *L'Aioli* : « Oui, la province est bête de se laisser manger par Paris, et surtout par le boulevard hideux. Je suis pour les petites capitales et si le vent de misère ne m'avait jeté sur le trottoir parisien, jamais mon instinct, jamais mes goûts ne m'auraient porté au nord [27]. » Dans sa jeunesse, pourtant, Alphonse a aimé le boulevard. Ses romans parisiens ont montré combien son cœur a élu Paris tout en battant régulièrement pour la Provence. Lié à deux fidélités qu'il veut allier dans son œuvre d'écrivain, Alphonse Daudet trace son destin librement. Son amitié avec Mistral a beau être indéfectible, il n'hésite pas à lui exprimer sa réticence envers des disciples trop exclusifs dans leur foi méridionale et félibréenne, et à dénoncer les pièges que la politique tend au grand poète provençal. Le reproche d'infidélité a beau sourdre du côté félibréen, Alphonse n'en éprouve pas moins de joie à lire le récent *Poème du Rhône* de Mistral, qu'il lit à Julia en français, et qu'il relit ensuite pour lui-même en provençal. À son propre fils il a transmis l'amour des lettres provençales. En 1901, Léon Daudet affirmera ainsi : « Je considère Frédéric Mistral comme la gloire la plus pure de notre temps [...], le plus grand poète lyrique du XIXe siècle français. Il est, pour notre pays, ce que Goethe et Wagner sont pour l'Allemagne moderne, ce que Byron et Tennyson sont pour l'Angleterre, ce que Lamartine fut chez nous [28]. »

Chapitre 12

SOLEIL COUCHANT

APRÈS AVOIR ÉTÉ la cible d'attaques répétées, Alphonse a le regret de constater que ses propres enfants ne sont pas à l'abri des haines littéraires propres à créer le scandale. Le romancier décadent Jean Lorrain, dandy éthéromane, s'en prend ainsi à Lucien dans le commentaire des *Plaisirs et les Jours* de Proust qu'il donne au *Journal* : une liaison sentimentale douteuse rattacherait Marcel à Lucien. En un temps où les amitiés particulières sont considérées comme honteuses, et quoiqu'il soit écrit par l'un de ces *amis*, cet article délateur exige une réparation. Le public doit ignorer ce que Julia et Alphonse connaissent et admettent. Vis-à-vis d'eux et de Lucien, qu'il est bon d'épater un peu, Marcel se sent obligé d'envoyer à Jean Lorrain ses témoins : le peintre Jean Béraud et le maître d'armes Gustave Borda. Le combat au pistolet se tient dans le bois de Meudon, à la tour de Villebon : deux balles tirées, aucune blessure. Solidaire de Marcel, animé d'un instinct de protection envers son petit frère, Léon décide de châtier Lorrain par un feuilleton intitulé « Grenouillot », qu'il envisage de publier dans la presse.

La famille Daudet entretient avec l'écrivain morphinomane un contentieux depuis des années, surtout depuis que Lorrain a descendu méchamment la pièce d'Alphonse, *La Lutte pour la vie*. Mais ce « reptile en boyau de mouton », comme l'appelle Léon Bloy, se rebiffe : il menace de publier un roman à clef, *Les Crapaudet à Londres ou les Gaffes de Barbarin*, dans lequel il décrirait le récent voyage de la famille Daudet à Londres, si Léon ne renonce pas au brûlot qu'il prévoyait. Comme la mule du pape,

Léon attendra *Fantôme et vivants* pour châtier l'insolent qui a égratigné son frère et son ami Marcel en livrant un portrait peu amène : « J'ai toujours eu, pour ce pauvre diable, une horreur insurmontable, quasi physique, la clinique, à cette époque, étant beaucoup moins fixée sur son cas et les similaires qu'elle ne l'est maintenant. Lorrain avait une tête poupine et large à la fois de coiffeur vicieux, les cheveux partagés par une raie parfumée au patchouli, des yeux globuleux, ébahis et avides, de grosses lèvres qui jutaient, giclaient et coulaient pendant son discours. » Il « se nourrissait avidement de toutes les calomnies et immondices que colporte la manie ancillaire des salonnards, des filles rentées et des souteneurs chics [1] ».

Alors que l'année 1897 est féconde en parutions nouvelles – le roman *Soutien de famille*, la nouvelle *La Fédor* –, arrachées aux pouvoirs de la maladie, Alphonse est de nouveau la cible de la critique. Félibre intransigeant, Maurras affirme que « les *Lettres de mon moulin* sont d'une force et d'une tenue de style qu'on n'est point accoutumé à trouver chez M. Alphonse Daudet [2] », réveillant par là la polémique ouverte par Mirbeau. Dans un autre article, il estime que *Soutien de famille* est le « pire » roman écrit par Alphonse. « Ce qui fut Alphonse Daudet, le Daudet de *Fromont* et de *Jack*, ne survit là-dedans que par débris, fragments et petites parcelles [3]. » Alphonse se plaint décidément à Mistral : « Les accusations de larcin font le jeu d'un tas de Maurras, sourds-muets de naissance, qui prétendent que j'ai volé les *Lettres de mon moulin* à Paul Arène [4]. » Par amitié pour Léon, sinon par revirement, Maurras supprimera l'expression de ses doutes dans *L'Étang de Berre* (1915), bréviaire provençaliste dans lequel il recueillera l'article consacré à Paul Arène.

Malgré son délabrement physique, Alphonse accepte de déménager dans le nouvel appartement que Julia a trouvé rue de l'Université. La famille Daudet s'y installe au mois d'octobre 1897. Georges Clemenceau est l'un des premiers, parmi les amis et connaissances, à leur rendre visite dans leur nouveau logement. Il demande à Alphonse des conseils à propos du roman qu'il est en train d'écrire, *Les Plus Forts*, qu'il publiera l'année suivante chez Fasquelle. Cet homme politique a beau se vouloir romancier, aucun de ses ouvrages ne passera à la postérité, les conseils d'Alphonse n'y suffiront pas.

En novembre, *Sapho* connaît une dernière gloire grâce à son adaptation pour la scène lyrique. À la demande des librettistes Henri Cain et Adrien Bernède, qui ont demandé à Alphonse son approbation, le compositeur Jules Massenet tire du roman un opéra en cinq actes. Ce mélodiste-né, à l'égal de Verdi, est habile à utiliser tous les fils de la sensibilité mélodramatique et à faire couler les larmes du public. Grâce à ses opéras *Werther* et *Thaïs*, les cantatrices qui règnent sur la scène parisienne, Emma Calvé, Rose Caron, emportent des succès immenses. Léon n'apprécie guère Massenet, lui reprochant notamment de profiter du salon de Julia et Alphonse pour « saboter Wagner et le soumettre à sa sauce pommade, aux fantaisies de ses doigts de coiffeur [5] ». Mais la musique de Massenet est aussi sentimentale que le roman d'Alphonse, et lorsqu'il achève sa partition, le compositeur court chez la famille Daudet pour pleurer un bon coup avec elle : « Je vois toujours Massenet, se souvient Léon, ruisselant de larmes, quand il vint, avec ce charmant Henri Cain et la divine cantatrice Emma Calvé, jouer à mon père les premières scènes du drame musical *Sapho* sur le piano familial [6]. »

Le 27 novembre 1897, *Sapho* est applaudi par le public de l'Opéra-Comique. Certes, la critique note le pathos du dernier acte et déplore que la robe d'Emma Calvé ait gêné la cantatrice pendant qu'elle chantait, des journalistes regrettent le mal de gorge dont elle a été victime à la fin de la représentation, mais il semble que jamais la grande soprano ne se soit donnée à ce point dans un rôle. La *Sapho* de Massenet restera longtemps au répertoire de l'opéra en France. Si le ténor Georges Thill immortalisera en disque l'air « Ah ! qu'il est loin, mon pays », Régine Crespin fera des « Stances » de *Sapho* l'un de ses morceaux de bravoure.

Alors que les noms d'Alphonse Daudet et de Jules Massenet résonnent à l'Opéra-Comique dans une tempête d'applaudissements, la santé de l'écrivain donne de plus en plus d'inquiétude à sa famille. Les nuits infligent au malade des tortures nouvelles. Il gémit, il transpire, il urine fréquemment, obligeant Julia à dormir dans une autre pièce. Encouragé par Léon, Alphonse accepte cependant de participer à un dîner que ses amis veulent lui offrir, un « dîner Balzac », manière à peine cachée de lui dire adieu et de le placer sous le signe de l'immense romancier dans le sillage duquel il a situé ses romans. Le 7 décembre, il est entouré d'Émile Zola, Paul Bourget, François Coppée, Anatole France et Maurice Barrès. On évoque Flaubert avec nostalgie, et l'on se met à deviser sur les défauts de Taine et de Renan. En revanche, le trouble naît, puis la gêne, lorsque l'on vient à parler de Dreyfus et de la triste affaire où la France s'abîme en deux partis irréconciliables. Quand Zola évoque un complot des jésuites, Lemaître souligne la nécessité de connaître les pièces du dossier. Alphonse prend le parti de la chose jugée. En sortant, il confie à Léon que ce premier dîner Balzac sera aussi, probablement, le dernier.

C'est à cette époque que se situe une manifestation particulièrement amère de la *doulou*. Un jour, attirant soudain Léon dans son bureau, Alphonse le fait asseoir près de lui et l'embrasse tendrement. Fiévreux, il lui fait part des inquiétudes que la maladie provoque en lui, redoutable et obsédante comme un supplice de Tantale ou de Prométhée. La figure hâve, il délire à propos du visage du Christ, qu'il prend pour le sien, et révèle les moments où, à force de douleur, il a le sentiment de vivre dans la peau d'un autre. Comme son angoisse croît irrésistiblement, il demande à son fils de lui donner de la morphine… Bouleversé par l'état moral de son père, qu'il adore, Léon hésite à lui donner ce calmant. Il entend Alphonse s'accuser de tous les maux : il a trompé sa femme, il n'a été qu'un flatteur, un menteur, un traître, un faussaire et un hypocrite, comme il l'a avoué à Edmond de Goncourt. À Maillane, il a profité de l'hospitalité des félibres. Ami déloyal, il n'a fait que piller les écrivains de Provence, et ses idées politiques témoignent dans leur confusion d'une superficialité inhérente à son caractère : républicain ? conservateur ? monarchiste ? Non, frivole avant tout. Mais la plus grande autocrucifixion surgit à propos des œuvres. À part *Robert Helmont* et les *Contes du lundi*, ses écrits ne sont pas de lui et finiront dans les poubelles de l'histoire littéraire avec ceux de Zola, s'exclame Alphonse Daudet. Un biographe de l'écrivain, franchement hostile à lui, a appelé « confession impudique [7] » ce qu'un lecteur de bonne foi nommera plutôt une crise de délire. À la vérité, ce grand sensible a été blessé plus qu'il ne l'a dit par les accusations de plagiat qu'il a essuyées trop longtemps. Si la gloire est le soleil des morts, comme le dit Balzac, elle brûle aussi bien des vivants. Loin de révéler la lucidité qu'Alphonse aurait eue sur lui-même, à quelques jours de sa fin, ces doutes ne montrent-ils pas plutôt qu'Alphonse Daudet fut un vrai écrivain, soucieux de son travail ?

Le 16 décembre 1897, malgré la sournoise *doulou*, Alphonse s'efforce de travailler. Au déjeuner, entouré de Julia, Léon, Lucien, Edmée et de la grand-mère Allard, le voilà pris d'un ictus foudroyant qui lui fait renverser la tête en arrière. « Lucien et moi comprîmes tout de suite que c'était la fin, rapportera Léon Daudet, mais on envoya aussitôt chercher, à quelques pas, le professeur Potain. Nous déposâmes sur le sol avec d'infinies précautions celui que nous aimions avec une véritable passion filiale [...]. Ma grand-mère, ma mère, notre petite sœur sanglotaient, ainsi que notre vieux serviteur italien, Pierre Castellani. En quelques minutes, le bruit de la mort se répandait dans la maison, puis dans le quartier, et la consternation fut générale, car mon cher père était cher à toutes les petites gens, auxquelles allait son extraordinaire puissance de sympathie [8]. » Le docteur Potain arrive trop tard, et le curé de Sainte-Clotilde ne peut que réciter la prière des morts avec la famille.

Alphonse Daudet n'avait que cinquante-sept ans.

Dans l'appartement, un défilé continuel de personnalités vient honorer sa dépouille. Déjà, de son vivant, l'écrivain semblait appartenir à la France plus qu'à lui-même, en un temps où les institutions et les esprits faisaient des artistes de véritables symboles politiques et culturels, des miroirs de la nation moderne. Une France pour nous très lointaine, qui voit Raymond Poincaré se rendre chez Zola pour fêter la fin de la rédaction des *Rougon-Macquart*, et qui revoit le même homme, en 1913, arrêter le train présidentiel en gare de Graveson pour rendre visite à Frédéric Mistral. Ami fidèle, Clemenceau a demandé pour Alphonse des funérailles nationales : elles lui sont refusées par un régime parlementaire que l'écrivain a malmené dans *Soutien de famille*, où, rétrospectivement, Alphonse semble annoncer Léon. Alphonse Daudet n'accuse-t-il pas la IIIe République de conduire la France à sa perte ? Rejeté par le régime, où l'écrivain avait pourtant de nombreux amis, l'hommage national se déroulera dans le cœur des Français.

L'hôtel de la rue de l'Université est entièrement tendu de draperies noires garnies d'argent et écussonnées au chiffre « D ». À la célèbre tribune de l'orgue de l'église Sainte-Clotilde, le compositeur et organiste Gabriel Pierné improvise sur des motifs de *L'Arlésienne*, avant de suivre un programme musical plus traditionnel. Dehors, une compagnie du 104e régiment d'infanterie est là pour encadrer la foule. Malgré sa rancune officielle, l'État est largement représenté : sont présents le secrétaire du cabinet particulier du président de la République, Félix Faure, le ministre de l'Instruction publique, le ministre des Affaires étrangères, Gabriel Hanotaux, des représentants des mairies de Paris et de Nîmes... Une foule d'écrivains, de comédiens, de directeurs de théâtre, de journalistes, de félibres, d'anonymes se pressent. Tandis que Léon marche immédiatement derrière le cercueil avec Lucien et Georges Hugo, un immense cortège se forme : depuis l'église Sainte-Clotilde, il traverse Paris en passant par les boulevards Saint-Germain et Henri-IV, la place de la Bastille, la rue de la Roquette, pour arriver au cimetière du Père-Lachaise – ce cimetière qu'Alphonse a si joliment décrit dans *L'Immortel*. Ce sont presque les obsèques de Victor Hugo. Près d'un million de personnes rendent hommage à l'écrivain qui a su faire pleurer avec son *Petit Chose* et sa « Dernière classe », rire avec plusieurs Tartarins, et toucher les enfants avec l'histoire d'une petite chèvre folle de liberté.

Au Père-Lachaise, Émile Zola prononce l'éloge funèbre de celui qui est resté son ami malgré l'Affaire, un peu troublé par les injures qu'il a reçues au cours du cortège de la part d'antidreyfusards. Par-delà les différences politiques, et depuis qu'il l'a rencontré, en ces jours lointains de 1873, Zola considère Alphonse Daudet comme un « partenaire [9] » du naturalisme. « Il n'y a ici que des cœurs serrés par l'angoisse, déclare-t-il. La patrie française a perdu une de ses gloires, et qu'il dorme donc enfin son bon sommeil d'immortalité, sous les couronnes et sous les palmes, l'écrivain qui a tant travaillé, l'homme qui a tant souffert, mon frère, deux fois sacré par le génie et par la douleur. » Et Zola d'embrasser Léon et Lucien.

Le fils aîné cache à peine ses larmes. À un journaliste forcément indiscret, il laisse échapper : « C'est encore un compagnon, un ami, un confident de mes pensées, de mes espoirs, de mes rêves littéraires, que je perds. Je perds tout ! Je perds tout [10] ! » De fait, tous les témoins, tous les amis s'accordent à souligner la bonté qui dominait dans le caractère d'Alphonse. Vertu rare dans le monde littéraire, où se rencontrent surtout la jalousie, la rancune, les arrière-pensées, toutes les ruses de la vanité. Georges Clemenceau le confirme dans son dernier salut : « Il était bon tout simplement, admirablement bon, lui dont la souffrance d'un mal impitoyable usa férocement la vie. [...] Jamais je ne l'ai vu sans une parole amie. D'autant plus méritoire qu'il exécrait la politique, et particulièrement la mienne. [...] Sa sensation de grande pitié humaine l'entraînait aux revendications de bonté, de générosité, de justice [11]. » Plus tard, dans une lettre à Albert Nahmias, Marcel Proust reviendra sur cette disposition du cœur chez un aîné qui lui a ouvert son salon et son amitié, et qui sans le vouloir, lui a donné l'un de ses principaux amants : « J'ai vu Alphonse Daudet au comble de la gloire et de la souffrance, qui ne pouvait plus tracer une ligne sans pleurer tant cela lui faisait mal dans tout le corps, me récrire deux fois à sept heures, quand je dînais chez lui le soir à huit heures, pour savoir si tel ou tel détail insignifiant du repas ne me donnerait pas plus de plaisir par un voisinage ami [12]. » Dans ses souvenirs d'homme de lettres, Antoine Albalat se rappellera les jeudis d'Alphonse Daudet dont la bonté lui semblait épanouir « son intelligence [13] ». Celle dont les *Lettres de mon moulin* et *Jack* détiennent le secret, rare parmi les hommes.

Toute la presse retentit de la mort de cet Immortel sans académie. Pendant plusieurs jours, dans *Le Figaro*, *L'Aurore*, *L'Intransigeant*, *Le Gaulois*, des guirlandes d'hommages, de récits et de témoignages, rappellent l'harmonie qui s'est créée entre cet écrivain et son pays. Pour Jules Véran, journaliste et écrivain provençal, « la clarté, la fraîcheur, un parfum de jeunesse et de bonté, voilà les grandes qualités de Daudet [14] ». L'historien de la littérature Émile Faguet note que « Daudet était merveilleux dans ce que les Allemands appellent la psychologie des peuples [15] », même s'il n'a pénétré vraiment que celle des Français. À des générations, il a offert des figures mythiques qui ont pris place à côté de celles de Balzac, du Petit Chose à M. Hamel, de maître Cornille à Tartarin, amis, frères ou parents pour des générations de lecteurs.

En Provence, la popularité d'Alphonse Daudet est plus contrastée. Alors que la renaissance de la littérature provençale triomphe grâce au génie lyrique de Frédéric Mistral et au talent de poètes et de prosateurs militants, Daudet apparaît comme un héritier paradoxal, qui a osé des caricatures de la Provence et de la provençalité comme s'il était devenu un prétentieux Parisien. Au moment de la mort d'Alphonse, Mistral est bouleversé, qui écrit à Léon : « Une partie de moi, ma gaîté jeune, est enterrée avec mon bel Alphonse. Tu ne saurais croire les heures dorées et folles que nous avons vécues [16]. » Pourtant, très vite, le sage du Midi tranche entre les deux attitudes qui dominent chez les félibres depuis que Daudet a vu son étoile monter. Entre ceux qui rejettent le traître Daudet (une tendance parfois incarnée par Maurras), et ceux qui le considèrent comme un écrivain provençal de langue française. Un ami ou un ennemi du Félibrige. Dans l'article qu'il rédige pour *L'Aiòli* du 27 décembre 1897, Mistral affirme très habilement que seul Daudet a su recueillir le suc de la langue provençale pour le faire fructifier dans la langue française. Habileté qui déclenche immédiatement la réaction des journalistes parisiens qui confondent la littérature de langue française et la littérature de France. Ils supposent du séparatisme là où les félibres demandent de l'autonomie. Selon *Le Gaulois*, Daudet aimait en Mistral « le poète lyrique et non le félibre [17] », et il « ne doit rien aux félibres » – position que Léon confirmera dans le même journal, provoquant à son tour la colère mistralienne [18]. Alphonse mort, on se dispute son autorité et sa filiation. La querelle entre le Midi et le Nord se poursuit à travers l'écrivain disparu, et elle se poursuivra encore longtemps.

Né à Nîmes dans une famille qui, comme beaucoup d'autres, délaissait la langue provençale, Alphonse n'avait pu participer au renouveau mistralien proprement dit. Les poèmes qu'il a signés ont été corrigés par Mistral ou par d'autres. Mais il savait lire cette langue, il a su pasticher les meilleurs conteurs provençaux, Jules Roumanille ou Paul Arène, et il a traduit en français *La Vido d'enfant* de son ami Baptiste Bonnet. On a souvent remarqué que sa Provence était empreinte d'ironie, mais le Midi de Daudet n'est pas toujours rempli de *galejaire*, de drôles et de hâbleurs. La fameuse Arlésienne n'est jamais revenue sur la tombe de celui qui l'avait aimée. L'un des contes les plus émouvants de la langue française, plein de nostalgie et de cette bonté, est bien « Le secret de maître Cornille ». A-t-on jamais mieux exprimé le tourment d'un vieux meunier menacé par la minoterie à vapeur, comme des générations inquiétées par l'arrivée de l'avion, de l'ordinateur et d'Internet ? Quant au « poète Mistral », c'est un des plus beaux portraits qu'un écrivain ait consacrés à un confrère. Enfin, dans *Sapho*, l'écrivain a su renverser entièrement l'image du Midi radieux pour en faire une terre désespérante, le lieu ennuyeux des habitudes et des traditions, où renaît soudain le désir de rejoindre Fanny dans un Paris où l'amour doit triompher. Aucun écrivain de sa génération n'a traité la Provence avec une telle liberté.

Alphonse mort, les survivants de la famille Daudet sauront le raconter, revenir sur sa vie et ses douleurs, défendre ses œuvres et utiliser son nom. Heureusement pour eux, à la mort du grand écrivain, Julia, Léon et Ernest se sont déjà fait un prénom. L'historien a déjà publié plusieurs dizaines d'ouvrages qui lui assurent une voie singulière à côté de celle de son frère. Léon, puis Lucien, signeront encore quelque temps « Léon A. Daudet » ou « Lucien A. Daudet » avant de se libérer de cette caution. Ces « Daudet » ont des personnalités différentes, voire opposées, qui se révèlent dans des écrits eux-mêmes différents.

Chez les descendants des Arécomiques, comme chez les Français de Tarascon et d'ailleurs, s'entraider ne signifie pas marcher au pas.

III

Bourgeois et rebelles
1897-1921

Chapitre 13

QUAND LÉON TOURNE EN ROND

EN 1898, LÉON Daudet, symbole de la IIIe République en gloire, incarnée par un mariage hugolien et une participation active aux salons littéraires, navigue à vue dans des eaux inconnues, aussi loin du royalisme que de l'idéal républicain. Dans une enquête que Jules Huret publie dans *Le Figaro*, Léon développe un point de vue anarchiste d'inspiration proudhonienne, qui atteste surtout son anticonformisme. Il « souhaite à [son] pays le minimum de gouvernement possible [1] ». Il est « persuadé que les hommes pourraient vivre heureux sans maîtres ni contraintes, dans une société puissante et souple où chacun trouverait l'emploi de ses facultés ». Il « estime chaque régime à peu près supportable s'il est sincère ». Enfin, sur le terrain social, il note qu'« une immense partie de la nation, le prolétariat, n'a pas le bien-être, c'est certain. Personne ne s'occupe vraiment de l'éclairer, d'améliorer son sort, de libérer son âme robuste, simple et généreuse ». Utopiste en dépit de son appartenance à la bourgeoisie parisienne cossue, Léon est fasciné par la figure de l'anarchiste qui rompt avec son milieu d'origine, sa famille, sa patrie, et entretient un rapport problématique avec sa langue – véritable fond, selon lui, de l'anarchisme. Il publie *Sébastien Gouvès, roman contemporain* chez Fasquelle, en février 1899.

Dans ce récit politique et philosophique, Léon campe l'un de ces doctrinaires, « agitateur incorrigible », à la fois « éloquent et généreux », « indifférent aux clameurs de haine, enflammé d'un immuable amour pour cette humanité qu'il jugeait maintenant basse et méchante, parce que les lois la déforment, mais capable d'atteindre à l'apothéose de la liberté, de la fraternité, de la justice [2] ». Comme Maurice Barrès, qu'il a amené plusieurs fois dans le salon de ses parents, Léon est frappé par le rôle du sentiment dans le comportement politique. C'est par ce biais qu'il va non seulement échapper au roman à thèse, mais tordre le cou aux thèses elles-mêmes. Romancier comportementaliste, Léon Daudet affirme que parallèlement aux idées, aux raisonnements, et aux justifications intellectuelles, l'engagement politique abrite une histoire humaine, souvent un drame intérieur, qui met en jeu la paternité, la filiation, une relation amoureuse brisée… Certains écrivains semblent visés derrière ses personnages : Roumine rappelle le géographe Élisée Reclus ; Scorpion, Léon Bloy ; Adolphe Judas, Bernard Lazare ; Gréveuille, Anatole France [3]…

Avec ce roman de l'anarchisme, Léon développe une physiologie de la politique qui n'a rien à voir avec le « sous-Zola pauvre, engagé dans les niaiseries du roman-feuilleton [4] » que décrira plus tard Robert Poulet. La preuve : l'ami Proust écrit à Léon pour le féliciter d'avoir écrit *Sébastien Gouvès*, qu'il juge « admirable [5] », et certaines pages « d'une grâce divine ». En outre, certains passages rappellent à Marcel la forêt de Fontainebleau où il s'est promené trois ans auparavant avec Léon. Maurice Maeterlinck félicite le romancier parce qu'il s'approche de « la grande manière de Balzac ». Serait-ce que Léon A. Daudet parvient à se faire un prénom, alors que, mort, Alphonse continue de creuser en son nom le vaste sillon de la popularité ? Ou est-ce le tempérament de Léon qui se révèle dans ce nouveau roman ? Ses idées abondent. Son imagination étincelle. Que de voies différentes il parvient à tracer en lui, entre la contre-utopie des *Morticoles*, la fantaisie critique du *Voyage de Shakespeare*, et *Sébastien Gouvès*, roman d'analyse politique !

Alphonse Daudet ne montrait pas un intérêt aussi profond pour la politique, domaine qu'il observait avec un œil sévère. Au contraire, son fils aîné s'interroge en profondeur, et tente de donner une orientation précise à ses idées. Cet héritier dorloté de la République pourrait profiter de la situation confortable que ses pairs lui envient, mais il n'en est rien. *Sébastien Gouvès* témoigne de ses doutes, et d'une attirance envers ceux qui combattent le mensonge social et adhèrent aux utopies. Alors que Léon Daudet s'intéresse à l'anarchie et qu'il se tient à l'écart de tout parti politique, l'affaire Dreyfus enflamme l'opinion publique avec la publication de l'article de Zola, « J'accuse », dans *L'Aurore* du 13 janvier 1898.

Lorsque le défenseur de Dreyfus est traîné devant les Assises par le ministère de la Guerre pour avoir attaqué l'honneur de l'armée, et qu'au milieu d'une mitraille d'injures dans la presse, il se voit condamné, la famille Daudet lui témoigne sa sympathie. Léon et Lucien lui adressent un télégramme pour lui renouveler leur « profonde et respectueuse admiration », « quoique vos idées n'aient point été les nôtres [6] ». De même Julia lui adresse-t-elle ce message de solidarité face à l'adversité : « Cher monsieur, quoique ne partageant pas votre opinion sur l'affaire Dreyfus, je veux vous adresser en ces circonstances, au nom de mon cher absent et au mien, mes plus affectueuses sympathies, le rappel d'une ancienne et fidèle amitié [7]. » La famille Daudet n'entend pas rompre entièrement avec l'ami d'Alphonse, d'autant moins qu'Émile Zola vient d'écrire à Julia une lettre louangeuse concernant ses *Journées de femme. Alinéas*, recueil de nouvelles et d'anecdotes sur la femme contemporaine publié chez Fasquelle. Pourtant, le démon de la guerre civile fait rage en cette époque d'intransigeance. Bientôt Léon Daudet fera de Zola l'une de ses têtes de Turc, critiquant ses œuvres et son style, s'opposant surtout à sa consécration au Panthéon, en 1905, pour crime de dreyfusisme.

Mais à l'orée du siècle, l'engagement de Léon Daudet dans le camp antidreyfusard ne constitue pas une fatalité. Son ami Marcel Schwob pourrait tout aussi bien l'entraîner sur les voies de l'anarchisme littéraire. En janvier 1899, Léon se laisse conduire par sa mère salle des Agriculteurs, à Paris, pour assister avec elle à la première réunion de la Ligue de la patrie française. Ce nouveau parti, dont les listes d'adhérents, impressionnantes, sont progressivement publiées dans *Le Gaulois*, se pose en défenseur de l'armée, de la raison d'État et, plus largement, de la tradition française. Parmi les quinze cents personnes qui composent l'auditoire se trouvent des personnalités du Collège de France, des académiciens, des artistes – des amis de Julia et de Léon, tels Jules Lemaître et François Coppée –, tous ulcérés par le revirement de la Justice qu'exigent les dreyfusistes, alors que cinq ministres de la Guerre successifs ont affirmé la valeur du premier jugement. Malgré sa présence à cette réunion, l'attitude de Léon n'est pas celle d'un écrivain engagé. Chez lui, la littérature prend encore le pas sur le reste.

Inversement, en fils d'un « Blanc du Midi », Ernest Daudet s'engage contre la politique anticléricale. Dans *Le Gaulois*, il fait l'éloge du fondateur des assomptionnistes, l'abbé d'Alzon, « le noble et saint prêtre qui m'apprit à aimer Dieu, ma patrie et cette liberté qu'on foule aux pieds aujourd'hui pour donner satisfaction à des haines aussi misérables qu'impolitiques [8] ». Au collège de l'Assomption, à Nîmes, Ernest a été l'élève de cette grande figure. Mort en 1880, l'abbé d'Alzon devient, à la fin du siècle, un symbole de la lutte des cléricaux contre la politique de démantèlement de l'enseignement catholique. Avec un talent qui rappelle celui de son frère, l'historien évoque les derniers moments de l'abbé, qui coïncidèrent avec les expulsions, *manu militari*, des congrégations religieuses. L'abbé demanda à être transporté « de sa chambre dans le parloir, à la porte de son collège. Il fut obéi et mourut en attendant la force armée », qui « eut au moins la pudeur de ne se présenter pour opérer dans sa maison que lorsqu'il eut rendu l'âme ». Cette vision sacrificielle sera relayée par d'autres voix catholiques, pour nourrir le procès en béatification de cette victime de la République.

À l'aube du siècle, Léon voit en lui ses deux grands appétits se renforcer : celui de la salle à manger et celui de la chambre à coucher. Il vit d'abord une idylle avec Anna de Noailles au cours de l'année 1901. Selon Pauline Benda, femme de lettres surnommée « Madame Simone », Léon est de « taille moyenne, mais d'une robustesse qui tendait sur sa poitrine la serge de son élégante redingote [...]. Les gestes larges de ses belles mains ouvertes semblaient distribuer des faveurs. Il avait la chevelure ondulée d'un Vénusien, l'œil brillant d'un Provençal, le nez busqué d'un enfant d'Israël, la bouche gourmande d'un petit-neveu de Rabelais [9] ». Anna de Noailles est une romancière et poétesse, née princesse Bibesco Bassaraba de Brancovan. Mariée à Mathieu de Noailles, elle est la reine du Tout-Paris. Léon apprécie la beauté, l'intelligence et la sagacité de cette jeune femme de lettres qui connaîtra plus tard un fol amour, chaste et tragique, avec Maurice Barrès. Pour un cercle d'écrivains et d'artistes séduits ou charmés, elle sera une véritable égérie. « Bien que de petite taille, elle tenait en main et cravachait les chevaux du soleil, à travers les gouffres bleus de la fantaisie verbale la plus étourdissante », se rappellera Léon. Anna de Noailles écrit de la prose et des vers, « mais c'est dans l'improvisation de la causerie que je la préfère et de beaucoup, pareille à une fée surgie du plancher, pour calmer à point la souffrance latente qui naît de la vue plate des choses et des gens [10] ».

Fascinante, Anna fait rêver Léon. L'écrivain est toqué de cette princesse, et éprouve une amitié enthousiaste pour Mathieu de Noailles. En 1901, il invite le couple chez Julia, rue de l'Université. Anna est enchantée de la conversation et de l'optimisme dont Léon déborde, alors qu'elle souffre de neurasthénie. Elle l'appelle un « être prodigieux de puissance et d'humanité [11] ». À Mme Bulteau, elle rapporte que « Léon, le cher Léon, qui est la plus belle chose humaine que je sache, nous traîne le soir à souper au boulevard. Cela dure affreusement tard. On voit des bœufs à la mode et des mâches déborder les assiettes, et puis alors la musique, les violons qui attirent les nerfs, les czardas effrénées, grinçantes [12]... » Mais les sentiments se révèlent instables. Selon François Broche, son biographe, Anna est attirée par le beau Lucien Daudet, dont elle connaît l'attirance pour les garçons. Cette affection pour lui se transformera en amitié indéfectible : en 1906, c'est elle qui rédigera la préface du catalogue d'exposition des tableaux de Lucien, galerie Bernheim. Quant à Léon, après avoir cédé au pouvoir de séduction d'Anna, il s'éprend de sa sœur, Hélène de Caraman-Chimay, qu'il appelle « la petite princesse ». Papillon à grosses moustaches, Léon Daudet justifie son besoin des femmes par l'activité créatrice et la spéculation intellectuelle : « Les plus grands poètes, dira-t-il plus tard, les plus grands artistes, les plus profonds philosophes, ont une ou plusieurs figures de femmes à l'origine de leurs conceptions, de leurs frémissements, de leurs meilleures œuvres [13]. »

Il publie dans *Le Gaulois* d'Arthur Meyer, dans *Le Journal*, et il tient la critique dramatique du *Soleil*. Mais c'est dans *La Libre Parole* de Drumont qu'il exprime son retour au catholicisme, lui qui, marié et divorcé, n'a pas hésité à employer dans ses romans des images anticléricales, et dont les parents n'ont pas été des défenseurs acharnés de l'Église catholique. En 1899, le « chrétien des Catacombes », Léon Bloy, se méfie : « Croire, par exemple, que Léon Daudet est un écrivain catholique – ou même un écrivain quelconque – voilà une de ces gaffes prodigieuses qu'on ne pourrait même pas mentionner dans un milieu parisien [14]. » Pourtant, *Les Morticoles* (1894) s'achevaient déjà par une référence explicite aux Évangiles, qui en couronnaient le sens. Sur ce retour à la foi, Léon se montrera discret dans son œuvre. Bien loin de connaître une illumination, comme son condisciple Paul Claudel en 1886, à Notre-Dame de Paris, il est surtout sensible à l'influence catholique de la femme qu'il épousera, Marthe Allard. Pour Léon Daudet, la femme joue un rôle insondable en intercédant en faveur de la foi, comme le fait son héroïne Blanche Coutrat, dans *La Lutte*. Cette réconciliation avec Dieu, le Christ et son Église ne le transformera pas pour autant en écrivain catholique au même titre que Claudel, Huysmans ou Bernanos. La relation de l'homme à Dieu, dans ses romans, n'offre que des schémas frustes, comme si la psychologie religieuse de Daudet ne parvenait pas à sortir des représentations convenues de la fin du XIXe siècle. Il montre plus de dons dans la démolition du matérialisme que dans l'apologétique chrétienne.

Son activité journalistique au *Gaulois* le rapproche du rédacteur en chef, Arthur Meyer. « J'ai collaboré pendant huit ans et je n'ai eu qu'à me louer – sauf au moment de l'assassinat de Syveton – de ce juif mondain, assidu à ses affaires, journaliste expert, rusé même, léporide et impératif [15]. » Arthur Meyer est assez large de vue pour laisser Léon s'en prendre à certains de ses amis, comme le président du Conseil Waldeck-Rousseau. Il ne fait aucun doute qu'il joue auprès de Léon Daudet un rôle de maître en journalisme. À l'heure où Léon distillera des pointes fielleuses dans ses portraits, il ne pourra s'empêcher d'exprimer aussi du respect et de l'admiration pour l'homme de métier. Meyer « vivait de son journal, dans son journal et pour son journal, témoignera Léon. De l'imprimerie, logée dans la maison, il se faisait apporter, pendant la nuit, des épreuves, qu'il relisait encore à une heure du matin [16] ».

Journaliste, écrivain et bon vivant, Léon Daudet, national et gaulois, est en train de naître. Écrivain et critique littéraire reconnu, il fréquente quantité de personnalités littéraires ou politiques dans les salons, les cafés, les brasseries et les restaurants. Chez Weber, il retrouve Marcel Proust, Paul-Jean Toulet, Claude Debussy. À propos du premier, il avoue : « J'ai toujours chéri

Marcel, qui, par ailleurs, était très lié avec mon frère Lucien. Il venait s'asseoir à notre table et commençait à grappiller son raisin ou peler sa poire, en faisant des compliments à tout le monde [17]. » Il se rend souvent au salon de Mme Arman de Caillavet, et plus encore à celui de Mme de Loynes. À l'un de ces dîners, il déclenche des éclats de rire chez les invités, Jules Lemaître, Abel Hermant et Maurice Donnay, en imitant le zézaiement de Zola. « Ça devient presque un métier », confie-t-il à Mme Bulteau.

Grande amie d'Anna de Noailles et de sa sœur, Augustine Bulteau écrit elle aussi au *Gaulois* sous le pseudonyme « Fœmina ». On la dit maîtresse du poète Paul-Jean Toulet. Surnommée par Robert de Montesquiou « la Shéhérazade de l'encre bleue », Mme Bulteau est douée d'une intelligence psychologique et mondaine supérieure, qui fait d'elle la confidente, l'amie, la conseillère de nombreux écrivains, une vraie rivale d'Anna. Léon la voit dans son salon avenue de Wagram, et tient avec elle une correspondance qui l'aide à comprendre le monde d'Anna de Noailles. « Toche », comme la surnomment ses amis, n'en devient pas pour autant sa maîtresse, semble-t-il.

La vie mondaine brillerait plus encore si la politique ne venait la troubler. Au mois de juin 1901, Marcel Proust invite Léon à un grand dîner en l'honneur d'Anna de Noailles rue de Courcelles. Dreyfusards et antidreyfusards se retrouvent alors qu'ils ont coutume de s'étriper dans la presse. Au début, l'atmosphère est froide, sinon glaciale, mais peu à peu, grâce aux arpèges de politesse dont Marcel est capable, on oublie de s'entretuer et l'on fête la poétesse dont l'hôte adore les vers…

Le papillon finit par se poser. En Touraine, Léon Daudet se rapproche de sa cousine Marthe Allard, la fille d'Anna Daudet et de Léon Allard. Née la même année que Lucien, en 1878, elle a presque onze ans de moins que Léon. Cultivée et attirante, elle a été une des premières à adhérer à la Ligue de la patrie française. Mais le lien qui se noue entre eux n'empêche pas Léon de fréquenter encore la « petite Princesse », Hélène de Caraman-Chimay, qu'il rejoint à Venise, ni Lucienne Bréval, avec qui il festoie après la reprise de *Grisélidis* de Massenet. Ces amours passagères vont néanmoins s'éteindre. Le dédicataire de *Sapho* délaisse aussi Pauline Ménard-Dorian, qui se venge de lui en le faisant passer pour un morphinomane. Fasciné par Marthe, jeune femme dont la foi catholique et le royalisme sont très solides, Léon sait que son effervescence et son avidité charnelle vont trouver de puissantes digues. Son tempérament est impétueux et boulimique, sa sensibilité, à fleur de peau. Henri de Régnier surnomme Léon « boule de Swift ». Si sa rondeur et son cœur tendre évoquent Porthos, ils contrastent avec les outrances colériques dont il est capable. On ne compare pas la colère de Léon Daudet à celle d'un autre, on compare la colère des autres à celle de Léon Daudet. Ce critique de la théorie héréditaire, capable d'intuitions et de raisonnements lorsqu'il s'interroge sur la beauté ou sur l'Éros, a une propension au massacre verbal, à la condamnation sans sursis. Violence qui ne se borne pas aux mots. En 1901, Léon Daudet donne ainsi son premier duel. Au parc des Princes, il se bat à l'épée avec le député Alfred Gérault-Richard, rédacteur en chef de *La Petite République*, qui a souvent eu maille à partir avec la justice. Léon le touche à la deuxième reprise, Gérault-Richard à la troisième.

En politique, il possède une culture plus qu'une théorie – il n'a pas encore rencontré Maurras. Sans doute Drumont lui reproche-t-il de ne pas s'investir assez dans le combat contre l'anticléricalisme. Marcel Proust lui-même s'inquiète de la lutte intransigeante que la République mène contre l'Église. À un correspondant, il écrit : « Le fossé de vos deux France s'accentue à chaque nouvelle étape de la politique anticléricale [18]. » Mais Léon est pris de doutes et d'hésitations. Dans *Le Gaulois*, il affirme la nécessité d'un « faisceau » politique qui regrouperait les différentes forces tenant aux « traditions nationales [19] ». Mais « à quoi servent ces distinctions entre royalistes, césariens, plébiscitaires ? » s'interroge-t-il. Or, s'il préfère « le sabre à la balance à faux poids et le goupillon au casse-tête maçonnique », il ne se montre pas pour autant antirépublicain. Il juge que la République n'est qu'une « forme de gouvernement inventée, promulguée, décrétée par des hommes comme les autres, sujets à erreurs et sottise ». Il conspue la forme actuelle du régime, « la chose d'une coterie intermédiaire » qui ôte tout pouvoir au peuple. Léon Daudet serait-il en train de devenir démocrate et sage ?

Il lui arrive d'être tenté de rejeter le démon de la politique, où il pressent un piège. Gagnera-t-il comme écrivain à se lancer dans la politique ? Hugo, Zola, Drumont, Rochefort, Barrès, n'ont-ils pas montré le chemin ? À l'inverse, comment Léon peut-il ne pas constater la prudence, la réserve de son propre père : Alphonse Daudet n'a jamais été un écrivain politique, il n'a adhéré à aucune forme de parti, et n'a jamais pris position publiquement sur l'affaire Dreyfus.

Dans une lettre adressée à son amie Mme Bulteau, Léon formule un credo littéraire envers lequel il se montrera presque aussitôt infidèle : « Je me moque du *vrai*, que l'humanité n'atteindra jamais. C'est le *beau* surtout qui m'importe. Je préfère un Mal gai à un bien morose [20]. » Aveux confus, qui révèlent par ailleurs une tendance de son esprit qui se révélera constante : « Je suis partiellement anarchiste dans les questions de sensibilité, je ne le suis pas du tout dans les questions d'État ou de patriotisme. » Dans *Le Gaulois*, il appelle ainsi Jean Jaurès « le matamore de la paix à tout prix [21] ». Cependant, en 1904, il demande encore à Mme Bulteau dans quel journal il pourrait tenir une rubrique de correspondance étrangère « sans violences, dans le ton de mes articles littéraires du *Gaulois* », comme s'il avait conscience des dangers moraux et spirituels que son tempérament coléreux risque de lui faire encourir. Dix ans plus tôt, il a réclamé la démission d'un préfet de police en le traitant de canaille [22] – preuve qu'il porte cette violence en lui depuis bien longtemps. Entre le journaliste républicain de *Germinal* qui a réclamé la tête de ce fonctionnaire et celui, royaliste, de *L'Action française*, il n'y a qu'une différence de camp.

Républicain, sceptique ou royaliste, Léon Daudet n'a rien perdu de son oreille ni de son goût. Au mois de mai 1902 a lieu l'un des grands scandales de l'histoire de la musique : la création de *Pelléas et Mélisande*, le drame musical de Claude Debussy. Sifflets, quolibets, formation de partis pour et contre. Camille Bellaigue, critique musical de la *Revue des Deux Mondes*, compare l'œuvre à « un vilain petit bruit [23] ». Tandis que la presse est presque unanime à critiquer un chef-d'œuvre qui rompt avec le chant wagnérien et invente de nouvelles harmonies, Léon prend fait et cause pour Debussy dès la première – parti pris qui n'est ni celui d'un conservateur, ni celui d'un réactionnaire. « L'atmosphère tenait de la bataille et du lancement d'un beau navire », se souvient-il. Dans la salle, il est entouré de sa wagnérienne amante Lucienne Bréval, du grand critique du *Temps*, Pierre Lalo, de son acolyte catalan, le romancier Santiago Rusiñol et de quelques autres. Alors que des étourdis lancent horions et cris aux artistes – Jean Périer, Mary Garden –, Léon et ses amis ripostent par d'inlassables « crétins ! », « idiots ! », « gourdes ! », « veaux ! » et autres « moules ! ». Fidèle à l'esprit d'ouverture révélé par son père dans son salon, Léon comprend ce qui ne s'appelle pas encore l'avant-garde musicale. Il vomit « cette horreur du beau qui dort dans le cœur de beaucoup de bourgeois [24] ». Après cette soirée mémorable, il court féliciter Debussy avec Rusiñol et multiplie les compliments : « C'est la gloire pour toi, Devussy ! Tu es un bon cochon, Devussy ! » Plusieurs fois, Léon a croisé celui que l'on appelait déjà *Claude de France*, ce « musicien de génie, qui a un front de chien indochinois ». Dans *Salons et journaux*, il affirme que *Pelléas* est le « chef-d'œuvre du drame musical français contemporain », ce que l'histoire n'a cessé de confirmer depuis. Cela ne l'empêche pas, à la différence de debussystes étroits, d'admirer la « musique sexuelle [25] » de Wagner.

Ni critique musical, ni mémorialiste de la musique, l'écrivain Léon Daudet ne parlera pas d'autres compositeurs français de son temps, qu'il s'agisse de Maurice Ravel, de Gabriel Fauré ou de Vincent d'Indy. Il semble ignorer Stravinsky et Prokofiev. Quant à Richard Strauss, dont on joue la *Salomé* à Paris en 1906, il deviendra sous sa plume le « Boche Strauss »...

Les problèmes juridiques qui ont suivi la mort d'Edmond de Goncourt sont résolus. Les futurs membres de l'académie Goncourt, Léon Daudet, Joris-Karl Huysmans, Octave Mirbeau, J.-H. Rosny aîné, J.-H. Rosny jeune, Léon Hennique, Paul Margueritte, Gustave Geffroy, Élémir Bourges et Lucien Descaves, peuvent enfin accomplir les dernières volontés des célèbres frères. Pour cela ils organisent le premier de leurs dîners au Grand Hôtel, près de l'Opéra, le 26 février 1903. En mettant en place cette académie, Léon a bien conscience de satisfaire une demande qui lui a été clairement exprimée par son père, Alphonse, mort trop tôt pour participer à ce lancement. La fortune des Goncourt dote les dix écrivains de l'Académie d'une rente de 6 000 francs par an, tandis qu'un prix de 5 000 francs est décerné « au meilleur ouvrage en prose de l'année ». Après s'être concertés au cours du mois

La foire de Beaucaire

Pendant des siècles, cette foire attira des milliers de marchands venus d'Orient, d'Afrique, d'Asie et d'Europe. Alphonse et son frère Ernest assistèrent avec leur père Vincent aux derniers feux de cette immense manifestation commerciale.

Le Petit Chose

Souvent surnommé « le Dickens français », Alphonse s'est révélé comme un écrivain de l'enfance malheureuse avec *Le Petit Chose* et *Jack*. L'auteur de *David Copperfield* ne s'y est pas trompé, en reconnaissant Daudet comme son héritier français.

Alphonse Daudet

Séducteur papillonnant, l'écrivain bohème, ici photographié vers 1870, se fait connaître sous le Second Empire. Sa beauté est remarquée aussi bien par les hommes (Edmond de Goncourt ou Henri Rochefort, qui le compare à Daphnis) que par les femmes.

Ernest Daudet

Historien, journaliste et romancier prolifique, le frère d'Alphonse suivit une destinée parallèle à la sienne. Auteur en vue à son époque, Ernest Daudet est surtout reconnu aujourd'hui pour son œuvre pionnière et documentée sur les événements politiques qui ont bouleversé la France depuis la Révolution.

Alphonse Daudet avec sa fille Edmée, par Eugène Carrière

Amie des peintres (Tissot, Renoir, Stevens, Whistler), la famille Daudet a souvent été représentée par eux. Renoir et probablement Claude Monet furent accueillis à Champrosay.

Julia Daudet par Renoir

Estimée de Flaubert, d'Edmond de Goncourt puis de Proust pour le talent qu'elle montra dans ses propres œuvres, Julia Daudet fut aussi la collaboratrice dévouée et discrète d'Alphonse.

Lucien Daudet

« Le plus proustien des proustiens », dira de lui Julien Green dans son *Journal*. Lucien fut l'un des plus distingués dandys du début du XXe siècle, dont il hanta les salons, et un précurseur du roman homosexuel, à l'ombre de Proust. Il eut à subir l'énorme personnalité de son frère Léon.

Mariage de Léon Daudet avec Jeanne Hugo

Le 12 février 1891, à la mairie du 16e arrondissement. Événement d'une république consolidée et d'un Paris flamboyant, ce mariage associe dans un symbole politique et littéraire les noms prestigieux de Victor Hugo et d'Alphonse Daudet.

Affiche de Sapho

Considéré de son vivant comme le chef-d'œuvre d'Alphonse Daudet, *Sapho* connut une adaptation théâtrale avant que Jules Massenet et ses librettistes ne s'emparent de ce sujet pour une pièce lyrique (1884). La grande cantatrice Emma Calvé y trouva l'un de ses airs de prédilection.

La Caricature

Publié en 1877, le roman *Le Nabab* fit un triomphe : le lendemain de la sortie, rapporte Edmond de Goncourt, il s'en était déjà vendu onze mille exemplaires. À une époque où il n'était pas rare que les succès de librairie soient adaptés pour la scène, *Le Nabab* fut représenté au Théâtre du Vaudeville.

Mori Ogai

L'un des grands écrivains de l'ère Meiji, auteur de *La Danseuse*, Mori Ogai (1862-1922) a introduit Alphonse Daudet dans son pays : à partir d'une version allemande, il traduisit en 1889 « La dernière classe » en japonais. La nouvelle a figuré dans les manuels scolaires au Japon pendant presque cent ans.

Alphonse Daudet et Frédéric Mistral

L'amitié d'Alphonse avec le poète provençal Frédéric Mistral fut profonde. Pourtant, l'œuvre de Daudet ne manque pas d'ambiguïté à propos de la Provence qu'il quitta pour conquérir Paris. Mistral estimait que Daudet avait su insuffler l'esprit provençal à la prose française.

Edmond de Goncourt

Ami intime et aîné d'Alphonse, Edmond fut comme un membre de la famille Daudet – à la fois fidèle et persifleur, piquant et délicieux. Il encouragea les débuts artistiques de Lucien.

La propriété de Champrosay

« Champrosay » – aujourd'hui intégré à Draveil, dans l'Essonne – est la plus célèbre demeure d'Alphonse et de Julia. À Paris, leurs déménagements sont à la mesure d'un succès toujours grandissant.

L'Écho de Paris, 31 mars 1896

Alors qu'il n'est pas encore royaliste – il oscille entre conservatisme et anarchie –, l'auteur des *Morticoles*, Léon Daudet, est perçu par le satiriste Steinlen comme un lécheur de pied du duc d'Orléans, le prétendant au trône de France.

La Vermine du monde (1916)

Ce titre élégant en dit long sur l'antigermanisme de l'Action française, dont Léon se fait le champion dans ce roman publié l'année de Verdun. Tour à tour wagnérien et antiwagnérien, parlant lui-même l'allemand, Léon laissera un *Goethe et la synthèse* (1932) plus pacifique et profond.

Duel entre Léon Daudet et Henry Bernstein, 1911

« Quatorze duels et six cents procès », se vantera Léon en 1930. Alphonse avait confié son fils à un maître d'armes. Au cours de ses échanges à l'épée, Léon sera blessé autant de fois qu'il blessera ses adversaires.

À l'Action française

Troisième en partant de la gauche, Léon Daudet ; puis Charles Maurras, Maurice Pujo et Henri Massis. Organe du « nationalisme intégral », le journal royaliste fut créé grâce à un héritage reçu par Marthe Daudet, alias Pampille. Avec Léon comme directeur, ce journal est l'œuvre de la famille Daudet – au grand dam de l'apolitique Lucien.

Le Petit Journal illustré

Événement de l'histoire politique et de l'histoire parisienne : suite au procès qu'il a perdu contre un chauffeur de taxi qu'il estimait complice de l'assassinat de son fils, Léon Daudet est sommé de se rendre pour effectuer sa peine de prison.

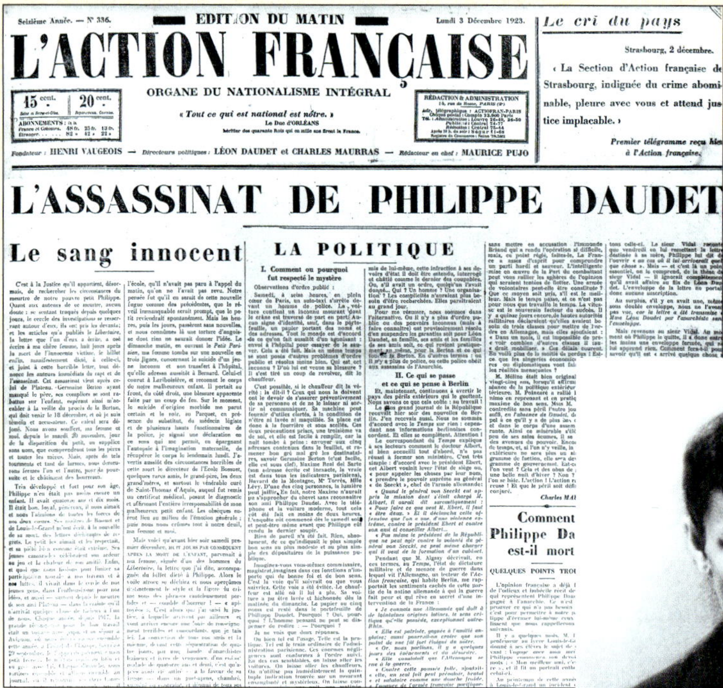

Seizième Année. — N° 336. EDITION DU MATIN Lundi 3 Décembre 1923.

L'ACTION FRANÇAISE

ORGANE DU NATIONALISME INTÉGRAL

« Tout ce qui est national est nôtre. » Le Duc d'ORLÉANS

Fondateur : HENRI VAUGEOIS — Directeurs politiques : LÉON DAUDET et CHARLES MAURRAS — Rédacteur en chef : MAURICE PUJO

Le cri du pays

Strasbourg, 2 décembre.

« La Section d'Action française de Strasbourg, indignée du crime abominable, pleure avec vous et attend justice implacable. »

Premier télégramme reçu hier à l'Action française.

L'ASSASSINAT DE PHILIPPE DAUDET

Le sang innocent

LA POLITIQUE

I. Comment ou pourquoi fut respecté le mystère

II. Ce qui se passe et ce qui se pense à Berlin

Comment Philippe Da[udet] est-il mort

QUELQUES POINTS TROU[BLANTS]

Assassinat de Philippe Daudet

Événement bouleversant autant qu'étrange, la mort en 1923 de Philippe Daudet, âgé de quatorze ans, fait de son père Léon un lion à la fois déchiré et enragé.

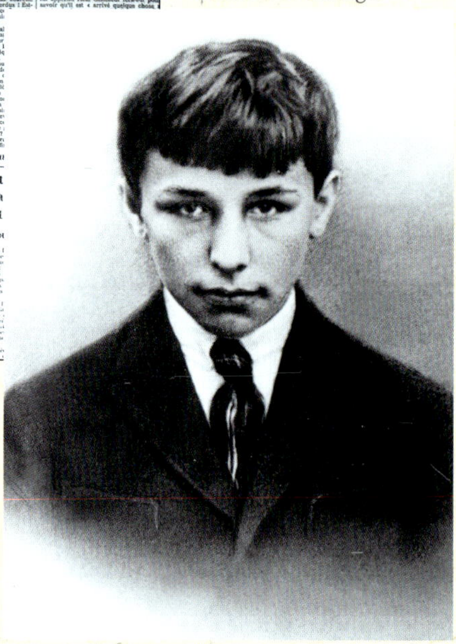

Discours de Léon Daudet

Léon fut l'un des grands orateurs de son temps, capable de diatribes furieuses au cours de réunions politiques, mais aussi d'évocations saisissantes au cours de conférences littéraires. Ses dons verbaux lui permettaient de réveiller aussi bien la mémoire de Victor Hugo que celles de Clemenceau ou de son père Alphonse.

d'octobre au Café de Paris, les dix jurés se retrouvent le 21 décembre suivant, au restaurant Champeaux, place de la Bourse, pour remettre le prix au premier nominé de l'histoire de l'Académie : le symboliste John-Antoine Nau, auteur de *Force ennemie*, roman publié par les éditions de la revue *La Plume*. Déçu de ne l'avoir pas obtenu, Paul Léautaud n'en conservera pas moins son estime à Léon, dont il trouve le talent supérieur à celui d'Alphonse. Mais d'après ce romancier et chroniqueur théâtral, auteur d'un fameux *Journal littéraire*, anarchiste fou de chats et de cochonneries, ce nouveau prix littéraire présente un caractère « subversif » très estimable. Avec l'académie Goncourt, les écrivains bénéficieraient, selon lui, d'un soutien en marge d'une des plus anciennes institutions littéraires de France [26]. Pourtant, Léon n'est pas un antimoderne, comme le montrent ses articles de critique littéraire. Il fait par exemple l'éloge de Ferdinand Brunetière pour ses *Études critiques sur l'histoire de la littérature française* : « J'estime ce contemporain comme le mieux doué des penseurs [27] », notamment parce qu'il a montré la compatibilité du catholicisme avec le progrès humain. Sur un plan personnel, il signe désormais ses livres « Léon Daudet » et abandonne la signature « Léon A. Daudet », qui lui interdisait d'être tout à fait lui-même.

Autre sujet de satisfaction : la possibilité d'un second mariage. Grâce aux vœux laissés par Victor Hugo, il n'a pas été question que Jeanne se marie à l'église : rien ne s'oppose donc à ce que Léon épouse sa double cousine germaine – Marthe Allard étant la fille d'Anna Daudet, sœur d'Alphonse, et du frère de Julia. Cette fois, on ne retrouvera pas les deux mille personnes des noces officielles de 1891. Au contraire, le 3 août 1903, l'église de Chargé accueille des séditieux avérés ou virtuels tels les témoins de Léon, Édouard Drumont et le colonel Marchand, non loin du modéré et néanmoins monarchiste Ernest Daudet, témoin de Marthe. Si le mariage est célébré dans la « stricte intimité [28] », c'est l'archevêque de Tours qui bénit les époux. Les familles Allard et Daudet, les amis sont ensuite réunis pour un déjeuner au château de Pray, à Chargé, où Julia préside.

Bientôt, les époux partent pour un voyage plein de soleil, qui les conduit à Madrid, Grenade, puis Gibraltar. Naturellement, on rend visite à Mistral et à ses amis de Provence. Puis en septembre le couple regagne la Touraine pour un séjour écourté du fait de la présence de Mme Ernest Daudet, d'un tempérament jugé insupportable. À Paris, où les époux s'installent rue Saint-Simon, les amitiés de Léon se resserrent autour de personnalités nationalistes. L'écrivain sympathise avec le lieutenant-colonel Charles Mangin, qui revient de Chine où il a lutté contre les Boxers aux côtés de Jean-Baptiste Marchand, « héros » de Fachoda. Il s'est rapproché encore de Maurice Barrès, que l'Action française célèbre et tente d'amener à elle. Un jour, Léon et Marthe emmènent Philippe Barrès au Cirque d'hiver avec Charles, l'enfant du premier mariage. Avec fair-play et élégance, Mme Bulteau complimentera Marthe Daudet d'avoir su conquérir et gagner son tumultueux ami, dont on ne sait pas vraiment s'il fut son amant : « Marthe, je vous bénis d'être pour mon Léon tout ce que j'avais rêvé, voulu, tout ce qu'il fallait pour qu'il réalisât son génie [29]. »

Avec son tempérament bretteur, à trente-sept ans, Léon pourrait difficilement échapper à la politisation qui marque la génération lettrée d'avant guerre. Charles Péguy, Ferdinand Brunetière, Romain Rolland, et plus encore Maurice Barrès et Charles Maurras, fournissent autant de directions intellectuelles divergentes dans un pays qui a pris l'habitude d'interroger les écrivains pour définir le cap politique, moral, voire spirituel, qu'il lui faut prendre. Avec Hugo, on était humanitariste ; avec Zola, on était plutôt socialiste ; avec Barrès et Maurras, on sera nationaliste et décentralisateur, soit républicain, soit royaliste.

En 1901, Léon a participé à la fondation du Comité national antijuif d'Édouard Drumont et de Gaston Méry, transformé en Fédération nationale antijuive trois ans plus tard, mais il ne s'y montre guère actif. Selon Eugen Weber, son antisémitisme est « complexe [30] » et en partie « opportuniste ». Paradoxalement, Léon est en train de rejoindre les convictions monarchistes d'Ernest Daudet avec lequel il ne s'entend pas, alors que la Fédération antisémite de Drumont est explicitement républicaine. C'est que Léon a butiné dans les grandes reconstitutions historiques de son oncle, qui nourrissent un Daniel Halévy ou un Charles Maurras, mais il s'est surtout abreuvé aux grandes sources historiques du siècle écoulé, de Michelet à Taine et Renan. Autant que Jacques Bainville et Charles Maurras, Léon Daudet entend faire de l'histoire sa maîtresse en politique – une histoire incarnée, qui s'appuie sur le principe intemporel d'une France mère des arts, des armes et des lois.

Cette « conversion » au royalisme n'a rien d'inéluctable, mais elle a été préparée par le climat intellectuel des années 1880 à 1900, où les idées et la culture royalistes n'ont cessé de vivre en France, que ce soit dans certains milieux sociaux, dans la presse et chez des intellectuels importants. Scandalisé par la défaite de 1870, Ernest Renan a désigné la monarchie comme un recours possible pour assurer la stabilité constitutionnelle de la France. Tout au long des années 1890, la Révolution française a fait l'objet de critiques issues non seulement des penseurs contre-révolutionnaires et catholiques, mais aussi de libéraux et de sociologues, dont le plus grand représentant est Frédéric Le Play, auteur de *La Réforme sociale*. Chez les écrivains eux-mêmes, la démocratie et la république ont souvent mauvaise presse : qu'il s'agisse de Baudelaire, de Flaubert – « je hais la démocratie », lance l'auteur de *Bouvard et Pécuchet* –, plus tard de Proust, tous sont révulsés par l'idée de nombre et de masse, l'anonymat des foules et les jeux politiciens, tout en demeurant vigoureusement attachés aux libertés publiques. À l'orée du XXe siècle, presque tous les États européens sont des monarchies ou des empires. Léon lui-même est frappé par le déséquilibre des institutions : l'exécutif de la IIIe République est faible face au Parlement. Il s'inquiète de la suppression du Deuxième Bureau – le service d'espionnage de l'armée – consécutive à l'affaire Dreyfus, de la perte de crédibilité d'un pouvoir qu'entachent de multiples affaires, dans une Europe menacée par des crises diplomatiques et des guerres. Enfin, Léon a grandi dans les écoles de la République, où l'esprit de la Revanche a été entretenu systématiquement, rendant plus vif et intransigeant le patriotisme familial.

Pourtant, Léon n'a pas participé à l'*Enquête sur la monarchie* que Maurras a menée en 1901, et il a connu une période d'indécision et de scepticisme. D'un tempérament politique conservateur, comme il en a fait l'aveu à Jeanne, il aurait pu demeurer en retrait de la politique, si des rencontres, plus décisives que les livres, ne l'avaient séduit. Ces témoins vivants, partisans du principe monarchique, sont Marthe Allard, Charles Maurras et le duc d'Orléans. La première vainc ses réticences par une argumentation issue du second. C'est ainsi que Léon se met à fréquenter le petit groupe de l'Action française, que Maurras a récemment achevé de convertir à la monarchie. Il expliquera ainsi son évolution : « Mon esprit, héritier de plusieurs "Blancs" du Languedoc et de l'Ardèche, dont mon grand-père paternel Vincent Daudet, accueillit la vérité politique avec une sorte de passion. Aujourd'hui encore mon cœur bat, quand je songe à cette entrée dans la lumière [31]. » Si Léon perpétue la tradition familiale sur le plan politique, c'est en sautant une génération et en s'accommodant du républicanisme modéré de son père.

Le 3 septembre, *Le Gaulois* publie ce qui apparaîtra comme la profession de foi royaliste de Léon Daudet. Dans un premier temps, l'écrivain évoque les grèves qui viennent d'éclater à Marseille, le drapeau rouge agité et l'*Internationale* chantée, et file la métaphore d'un bateau que rien ni personne ne dirige. La République, âgée de trente-quatre ans, a été inventée, affirme-t-il, « par les francs-maçons pour déshabituer peu à peu les Français du pouvoir personnel [32] ». Le président de la République, « même s'il est un brave homme [...], est le plus désarmé, le plus débile des fonctionnaires. Sa besogne est d'acceptation, son geste unique, de signature ». Tout en soulignant le manque de responsabilité en économie, l'appui nécessaire du pouvoir spirituel, il insiste sur le déséquilibre institutionnel et les inconvénients du jeu électoral. « Le roi seul peut être un arbitre parce qu'il n'a personne à ménager, affirme-t-il. L'hérédité du pouvoir suprême évite des querelles répétées, des dépenses vaines, une perte de temps et l'épuisement par corruption. Une restauration monarchique est fatale, non certes parce que nous le voulons, mais parce que la nature et la forme de nos sociétés l'exigent de plus en plus sous peine de mort. » Dans ce mélange d'arguments, de paris et de proclamations, Léon omet des éléments propres à la doctrine de l'Action française, comme la décentralisation et la thèse des « quatre États confédérés » – cet « ennemi » de l'intérieur identifié par Henri Vaugeois – qui regroupent franc-maçons, protestants, juifs et « métèques ». Contrairement à ce que l'on aurait pu attendre de lui, la position royaliste de Léon est d'abord liée à une préoccupation d'ordre institutionnel et moral.

Léon décide ensuite de rencontrer l'héritier des « quarante rois qui ont fait la France », Philippe d'Orléans. Charles Maurras, Henri Vaugeois, Léon de Montesquiou en parlent très souvent. Ils admirent notamment son courage politique et sa trempe. En 1890, conseillé par Arthur Meyer et la comtesse de Loynes, le jeune prince a enfreint la loi d'exil pour entrer en France, se rendre à la mairie du 7e arrondissement de Paris et au ministère de la Guerre, et demander à effectuer son service militaire, comme tous les Français. Il a été arrêté et envoyé à la Conciergerie, puis reconduit à la frontière quatre mois plus tard. En sortant, le prince a ajouté mélancoliquement : « La prison, c'est encore la France. » Explorateur et collectionneur, le duc d'Orléans montre un sens politique sur lequel les royalistes peuvent compter. Le contact est bientôt établi à l'initiative de Maurras, et en novembre 1904, Léon Daudet peut rencontrer le prince dans un hôtel à Londres. « J'eus le coup de foudre, se souvient le visiteur. Cet accueil émouvant, cette bonne grâce, cette intelligence prodigieuse, ce visage doré, rappelant celui de François Ier et d'un caractère nettement Valois, cette souffrance ressentie, devinée, sous le charme enveloppé de l'inoubliable regard bleu, cette grandeur familière m'avaient coupé la parole et je demeurai comme un nigaud en face du Prince souriant, qui m'interrogeait en prenant le bras [33]. » Un coup de foudre royal, et voilà Léon marqué pour la vie !

Chapitre 14

Daudet en flammes

Un événement sinistre précipite l'engagement de Léon Daudet à l'Action française : la mort du député Gabriel Syveton. Léon connaissait ce nationaliste depuis longtemps. Au lycée Louis-le-Grand, Syveton a été son condisciple en rhétorique, avant d'entreprendre de brillantes études. Agrégé d'histoire et docteur ès lettres, Syveton a enseigné dans plusieurs villes de province, mais a été mis en disponibilité pour fonder la Ligue de la patrie française. Sa lutte acharnée contre le régime et contre le dreyfusisme lui a valu d'être suspendu de l'enseignement en 1899, puis définitivement révoqué en 1900.

Mais le nom de Gabriel Syveton se rattache surtout à l'affaire des fiches. En 1904, Guyot de Villeneuve, député de Neuilly, révèle à la Chambre des députés que depuis plusieurs années, le cabinet du ministère de la Guerre reçoit du Grand Orient de France des fiches dénonçant les officiers monarchistes et catholiques. Un dossier a été constitué, qui réunit les noms des officiers susceptibles d'avancement ; un second dossier, intitulé « Carthage », contient les noms des autres officiers, bloqués dans leur carrière. Tollé général au Palais-Bourbon, puis dans la presse. *Le Figaro* reproduit en fac-similé un exemple de fiche et la signature du ministre de la Guerre désormais confondu, le général André. Alexandre Millerand, député socialiste de la Seine, tonne à la tribune : « Vous avez la folie de croire que c'est par de pareils procédés que vous constituerez une armée républicaine. Vous avez ressuscité, en le rapetissant à votre taille, le régime des suspects [1]. » Alors que l'ordre du jour est rejeté au milieu d'une agitation extrême parmi les parlementaires, Gabriel Syveton se précipite vers le général André pour lui flanquer une paire de gifles qui retentit dans toute la France, dernier coup obligeant le ministre à démissionner. Si cette correction ne plaît pas aux modérés, elle jette un froid inattendu chez les amis politiques naturels du chef nationaliste. Ne le soutiennent ni Drumont, ni Henri Rochefort, ni le journal royaliste *Le Soleil*. Syveton est même désavoué par *Le Gaulois*.

Deux jours plus tard, Léon rencontre sur les Champs-Élysées un Gabriel troublé : presque tous ses amis sont en train de le lâcher. Alors que La Ligue de la patrie française s'essouffle, Syveton rêve d'un journal royaliste où Maurras, Daudet et Jules Lemaître associeraient leurs efforts sous sa houlette. N'est-il pas l'homme de la situation, celui que Léon appelle de ses vœux ? Quelques jours plus tard, il le retrouve, cette fois extrêmement inquiet : Syveton reçoit des menaces de mort et craint un attentat.

Coup de théâtre, le 8 décembre 1904. Après avoir travaillé à son prochain roman, *Le Partage de l'enfant*, Léon se rend comme d'habitude au *Gaulois*, lorsqu'un confrère lui apprend que Syveton est mort assassiné. Il se rend avenue de Neuilly en fiacre, fonce dans l'appartement rempli de policiers et d'amis ; un juge d'instruction est également présent. Officiellement déjà, on invoque le suicide. Jules Lemaître, lui aussi sur les lieux, n'y croit pas. Léon aperçoit une étrange écorchure au front de la victime, et des yeux exorbités qui expriment l'horreur. Il demande que l'on procède à une autopsie, mais on lui suggère d'oublier cette idée et de ne pas faire de scandale en un moment pareil. Alors que le gendre de Syveton et le commissaire de police tentent de le calmer, Léon lance plusieurs fois un tonitruant : « Nous te vengerons, Syveton ! » À tous ceux qu'il rencontre, il affirme qu'il s'agit d'un assassinat maçonnique : le Grand Orient se venge de celui qui a dénoncé l'Affaire des fiches dans la presse. La classe politique ne se sent-elle pas soulagée par cette mort opportune ?

Bientôt, des détails sur la vie privée de Gabriel Syveton sont révélés par la presse autrichienne, relayée par *Le Gaulois* – Meyer ayant depuis longtemps, selon Daudet, pactisé avec la police. Syveton a-t-il mis fin à ses jours parce qu'il aurait violé sa belle-fille et couché avec les deux bonnes de sa maison, évitant ainsi un second procès, après celui qui allait avoir lieu pour juger son geste ? A-t-il ou non détourné de l'argent de la Ligue de la patrie française, comme le révélera étrangement sa femme, celle que Léon appelle « la veuve ténébreuse » ? Ou bien s'agit-il d'un assassinat déguisé en suicide ? Et cet assassinat est-il politique, ou bien a-t-il été perpétré par l'épouse même de Syveton, Marie de Bruyn, et son amant ? Ni Maurras, ni Barrès, ni Henri Rochefort, ni même Jean Jaurès ne croiront en la thèse du suicide, trop commode. Le doute subsiste jusqu'à aujourd'hui. En 1934, le journaliste Jacques Crepet arrachera à un ancien policier de la Sûreté générale de terribles aveux : peu avant de mourir, ce dernier explique la façon dont il aurait exécuté Syveton en 1904 – mais quelle crédibilité accorder à un témoignage publié dans *Candide* trente ans après les faits, en pleine fièvre antiparlementaire ? Cette affaire affecte profondément Léon. Elle détermine sa hantise du complot d'État, des agissements secrets de la police politique : elle prépare en somme une autre affaire, encore plus bouleversante, l'affaire Philippe Daudet.

Syveton mort, le nationalisme politique est à la fois décapité et appelé à se renforcer, tant l'exaspération contre le gouvernement est grande. L'opinion nationaliste – royalistes, bonapartistes et républicains – ne peut que se tourner vers la force politique montante : l'Action française, créée en 1899. Léon y adhère publiquement quelques jours à peine après la mort de Syveton, salle des Sociétés savantes. Même les républicains Henri Rochefort et le commandant Driant sont venus soutenir Léon dans cet engagement.

L'amour d'un prince idéal et l'assassinat (selon lui) d'un ami sont à la racine du choix par Daudet de la politique partisane et du combat impitoyable – au moins verbalement –, puisque ses compagnons tiennent au roi autant que Clemenceau et Poincaré à la République. Son rapport à la monarchie est la forme que prend sa révolte personnelle. « La rébellion, dira-t-il, est la première preuve des esprits originaux, en lettres, en arts et en sciences, le premier symptôme des véritables personnalités [2]. »

Léon entend obéir à la volonté de Gabriel Syveton : il faut à tout prix fonder un journal, un quotidien, afin de diffuser la doctrine mise au point par Charles Maurras, Henri Vaugeois et une pléiade d'écrivains, d'historiens et d'essayistes, notamment dans la revue *L'Action française*. Il convient aussi de mettre au point une véritable chouannerie capable de renverser le régime. En contradiction avec l'image d'un âge d'or des libertés publiques auquel elle cherche à s'identifier, la République n'a pas hésité à républicaniser par la force, dans les années 1880. Elle n'a pas hésité à effectuer la plus vaste épuration administrative et juridique de l'histoire de France et, dans ses manuels, à noircir systématiquement le passé monarchique du pays. Comment, dans ces conditions de guerre civile larvée, ne pas mener contre elle une lutte sans merci, d'autant plus que la force persuasive de Maurras multiplie les ralliements et les adhésions – à l'exception de celle de Barrès ? Jules Lemaître, Lucien Moreau, le critique et universitaire Pierre Lasserre, le jeune historien Jacques Bainville, le critique d'art Louis Dimier, le positiviste Léon de Montesquiou subissent cette force d'attraction et rejoignent peu à peu ce mouvement.

Pendant ce temps, Julia maintient son salon, chez elle, bien qu'il n'ait plus l'éclat du temps d'Alphonse. Lucien vit avec elle tandis qu'Edmée a grandi. Marcel Proust décrit une jeune fille qui a « une impétuosité juvénile et une sagesse de vieux brahmane qui penserait depuis mille ans, et une intelligence telle incarnée dans une beauté si ravissante que c'est une personne inouïe [3] ». Les fiançailles d'Edmée Daudet avec André Germain ont lieu au printemps. Julia organise une grande réception, où se rend Proust, et au cours de laquelle Cécile Sorel récite des vers de Marceline Desbordes-Valmore. Le mariage a lieu à la chapelle des Catéchismes de Sainte-Clotilde, le 10 octobre 1913. Malheureusement, l'union tournera court. Les deux époux vivront d'abord séparés, puis annuleront leur mariage. Edmée Daudet se mariera quelques mois plus tard avec Robert Chauvelot, avocat à la cour d'appel.

Comme son père et comme Victor Hugo, Léon est attaché à l'Alsace. Alors que la province est sous occupation allemande, il voyage à Strasbourg, Mulhouse et Colmar. « Les sentiments hostiles aux officiers et à l'occupation [...] se lisaient dans tous les regards, témoignera-t-il dans *Le Drame franco-allemand*. Il y avait cependant trente-sept ans depuis le drame et l'on était à la seconde génération. L'Alsace est un pays qui n'oublie pas [4]. » Au début de l'année 1914, Léon se promène en Moselle en automobile. À Toul, où il déjeune dans un restaurant, il entend parler favorablement de Maurras, ce qu'il interprète comme un bel indice de la progression du royalisme.

L'antigermanisme de Léon s'oppose parfois à l'universalisme de sa culture et de son esprit. Admirateur de Goethe – auquel il consacrera un essai – et de Beethoven, parlant avec aisance la langue allemande, l'écrivain est né dans un pays mû par l'esprit de la Revanche. Mais depuis qu'il est lié à l'Action française, dont l'école intellectuelle défend inlassablement les valeurs de la civilisation classique, celles d'Athènes et de Rome, il ne cesse de critiquer la politique allemande et cherche à déceler les infiltrations germaniques en France. Il ne déroge pas à la tradition familiale, Alphonse ayant déjà croqué des Prussiens perdus dans la campagne française, des Prussiens en embuscade, ou des Prussiens assiégeant Paris. Et l'ami de la famille Daudet, Victor Hugo, n'a-t-il pas été l'un des principaux promoteurs de la Revanche ? Le poète-songeur rêvait à des États-Unis d'Europe tout en militant pour que la République ne renonce jamais à recouvrer les provinces perdues. Après 1870, le vieux prophète de la Liberté et du Progrès estimait que la France devait « ressaisir la Lorraine, ressaisir l'Alsace. Et puis, est-ce tout ? Non, saisir Trèves, Mayence, Cologne, Coblence, toute la rive gauche du Rhin [5] ». Léon est un enfant de la génération de 1870, tourné vers l'avenir, mais les pieds fichés dans le passé et le cœur accroché aux Alsaciens et aux Lorrains. La France dans laquelle il a grandi a fait de l'Histoire un objet de dignité et un enjeu national. Tandis que Jean Jaurès veut asseoir le socialisme sur la légende révolutionnaire, l'Action française fait de Fustel de Coulanges le grand historien de la Gaule et de la France médiévale, qui a non seulement décrit la cité antique, mais taillé en mille pièces les thèses du XVIIIe siècle qui faisaient de la noblesse française un héritage germanique, via les Francs. Articles, réunions, pétitions, contestations des historiens officiels qui ignorent l'œuvre de Fustel, c'est la « bataille de Fustel », justement nommée par Maurras, dont l'un des amis, Frédéric Amouretti, a été le seul élève. En 1905, Léon participe à la réhabilitation de Fustel, au carrefour de l'histoire et de la politique, levier de mobilisation et de conquête des milieux universitaires.

Patriote lui aussi, Ernest Daudet se tient en marge de ce combat un peu voyant. Il préfère poursuivre son travail dans le silence des bibliothèques, car il a le goût des vieux papiers qui distingue l'historien et l'archéologue. Ses ouvrages ne sont pas pour autant purs de toute subjectivité. Dans un premier temps, il s'est intéressé aux événements dont il a été contemporain. Il a publié successivement un essai intitulé *La Vérité sur l'essai de restauration monarchique* et, en 1871, *L'Agonie de la Commune, la France et les Bonaparte*, publié anonymement. Ensuite, il s'est intéressé aux sources des grands bouleversements qui ont secoué le XIXe siècle, dont sa propre famille a été la spectatrice ou la victime. Au lieu de considérer la Révolution en elle-même, qui a déjà ses grands historiens, il l'analyse à travers les figures qui ont marqué l'émigration royaliste et les deux Restaurations. Son *Ministère de M. de Martignac, sa vie politique et les dernières années de la Restauration*, couronné par l'Académie française, ouvrait un nouveau champ à la recherche historique sur une période qui restait encore à défricher largement. Son œuvre d'historien a surtout culminé avec *La Terreur blanche* (1878), l'*Histoire des conspirations royalistes du Midi sous la Révolution, La Police et les Chouans sous le Consulat et l'Empire* (1893), l'*Histoire de la Restauration* (1882), puis une vaste *Histoire de l'émigration* en trois volumes, qu'il publie entre 1904 et 1907. Ouvrages souvent pionniers, qui témoignent d'un travail consciencieux et – contrairement à ceux de son neveu – relativement impartial. Interlocuteur de Taine [6], Ernest Daudet est cité par la plupart des historiens de la Révolution, de l'Empire et de la Restauration, d'Alexandre Houssaye à Thureau-Dangin, jusqu'à aujourd'hui Jean Tulard. Alors qu'il a échoué au théâtre, et que ses romans ne plairont qu'au public de son temps, Ernest fournit des éléments fondateurs à l'histoire moderne. De cette carrière dont il a été le témoin, Arthur Meyer écrit : « Ernest Daudet a eu le mérite de comprendre qu'il ne pouvait pas se contenter de vivre à l'abri de l'illustration de son frère ; il voulut son nom à lui ; il l'a conquis ! Historien, romancier, journaliste, rien ne lui était étranger. L'Académie française s'honorerait en le nommant. Elle consacrerait en même temps un grand nom et un beau talent [7]. »

Alphonse, Léon, Ernest... parmi toutes ces gloires, que devient Lucien ? Les années 1900 voient se concurrencer chez lui la vocation de la peinture et celle de la littérature. Malgré son peu de confiance en lui, il consent à exposer tour à tour à la galerie Bernheim, en juin 1906, sous le titre « Fleurs et Portraits », au Grand Palais, puis au pavillon de Marsan en 1907. Autant que Proust, l'impératrice Eugénie admire ses qualités de peintre et l'encourage à poursuivre dans cette voie. Pourtant, comme il s'en explique avec celle-ci et avec sa mère, Lucien avoue que la peinture lui est une source de déception. « Whistler, dont j'ai été, je crois, le seul élève français, m'a donné un certain goût en peinture », explique-t-il dans une lettre à sa mère. Il « m'a fait comprendre pourquoi une chose est belle, mais m'a donné en même temps un très grand mépris pour ce qui n'est pas de premier ordre », et « ce mépris je l'applique aussi à ce que je fais [8] ». Croyant connaître Lucien mieux qu'il ne se connaît lui-même, Marcel tâche de l'encourager à écrire, en employant dans ses lettres des expressions superlatives. « Mon cher petit, lui conseille-t-il, en lisant des lettres comme celle que j'ai reçue de vous tout à l'heure, je me dis qu'il est impossible que la nature intellectuelle, sensible, morale, physique, la plus extraordinaire que je connaisse, c'est-à-dire la vôtre, ne soit connue, en quelque sorte par confidences éloignées, que de très rares personnes comme moi, et qu'il faut absolument que vous exprimiez d'une manière quelconque ces dons prodigieux d'intelligence et de personnalité [9]. » Peu à peu, et malgré ses scrupules, Lucien suivra le conseil, sans abandonner la peinture.

Alors que Lucien s'interroge sur son avenir artistique, Léon s'engage à toute vitesse dans la voie qu'il s'est tracée. Au mois de mars 1908, le rêve de Syveton, qui est celui de toute l'Action française, va enfin s'accomplir. La comtesse de Loynes vient de mourir, laissant à Marthe Daudet un legs de 200 000 francs-or [10], que celle-ci offre immédiatement aux royalistes pour créer un quotidien. Comme le note Eugen Weber, on voit ainsi l'or bonapartiste servir « à créer le plus virulent des journaux orléanistes que la France eût jamais connu [11] ». À cette somme s'ajoutent des dons particuliers, comme celui de la marquise de Mac-Mahon, veuve du maréchal. L'équipe de rédaction est très vite constituée, qui fait de Léon le rédacteur en chef – ce qu'il n'avait jamais été auparavant. Mme de Mac-Mahon ne s'y oppose pas, mais elle exprime une nuance : « Nous faisons crédit au polémiste. Quant au romancier, nous l'ignorons. C'est un autre homme [12]. » Avant de lancer ce quotidien, les responsables de l'Action française avaient songé à reprendre *La Libre Parole* de Drumont, mais Maurras ne voulait pas limiter le projet monarchique qu'il proposait à la revendication antisémite, bien que le discours antijuif et antidreyfusard fût dès le début une obsession de ces nationalistes royalistes.

Arthur Meyer explique à Léon que « jamais la cause du roi ne sera populaire en France [13] », et donne six mois d'existence au nouveau quotidien. Les fonds sont d'ailleurs vite épuisés. Des souscriptions sont lancées pour remettre cette barque à flot. Le journal connaîtra une crise financière perpétuelle. Dans son bureau de la rue de la Chaussée-d'Antin, au siège de *L'Action française*, Léon se met à la tâche avec entrain, même s'il ne publie pas d'article chaque jour. Mais peu à peu, la première page du journal prend sa physionomie définitive : sur la colonne de gauche, l'article de Léon Daudet ; au centre, celui d'Henri Vaugeois ou celui de Maurras ; enfin, à droite, la colonne dans laquelle Jacques Bainville traite de la vie parlementaire, de la politique internationale, parfois de l'économie et des finances. Le lecteur sait d'avance qu'il va retrouver dans cette page trois noms célèbres à des titres divers, tous trois écrivains, qui publient chacun avec régularité chez de grands éditeurs. Il rencontre aussi trois styles et trois tempéraments. Le style de Léon, tour à tour tendre et virulent, drolatique ou calomnieux, armé d'inépuisables ressources verbales qui dressent les contours d'un personnage de journaliste qui se met en scène, tantôt militant, tantôt mémorialiste. Le style de Maurras, davantage analytique, montre une connaissance des idées et des faits beaucoup plus précise, dans une langue souplement classique où les pointes, l'ironie et l'autorité ne manquent pas. Le style de Jacques Bainville marque un esprit rationnel, modéré mais aigu, parfois sec : la chronique étrangère de cet historien s'imposera bientôt comme la meilleure de toute la presse française. Peu importe si Bainville est dreyfusard sur le plan judiciaire et antidreyfusard sur le plan politique, dès lors que le patriotisme forme la clef de voûte sous laquelle les trois hommes vont travailler avec un acharnement que beaucoup ne croyaient pas durable. Comme on le mesurera de plus en plus, ce sont des royalistes originaux, peu en phase avec le royalisme traditionnel : Léon est un catholique reconverti et bien en chair, Maurras est un agnostique insatisfait, qui parfois voudrait retrouver la foi, et Bainville, un véritable incroyant. Ces hommes-là ne cherchent pas à rétablir le goupillon, encore moins à instaurer une théocratie ou un pouvoir militaire.

Machine à décrédibiliser la République et à convertir à la monarchie, *L'Action française* prône généralement le fédéralisme ou la décentralisation (sauf Bainville), le régime corporatif, la réforme de l'Université. Elle prend la défense de l'Église, dont l'État a diminué le rôle dans la société, et entend mettre au pas les « protestants », les « Juifs » et les francs-maçons, ces ennemis de l'intérieur qui défont la France traditionnelle. Interdire la franc-maçonnerie, exclure les « Juifs » de certains emplois sont des éléments de programme qui apparaissent dès les débuts de l'Action française, et qui circulent légalement dans les formations nationalistes. À côté de la politique, *L'Action française* accorde une grande place à la littérature et aux ouvrages des historiens. Comme d'autres journaux, elle publie des romans en feuilleton (de René Boylesve, d'Henry Bordeaux), propose une chronique des dernières parutions, et il n'est pas rare qu'au milieu d'un article de politique, Maurras commente l'ouvrage d'un prosateur ou d'un poète.

Œuvre d'écrivains et de professeurs typiques de l'alliance que la France du XIXe siècle a scellée entre la politique et la littérature, l'Action française n'en est pas moins dotée d'une véritable organisation politique : les Camelots du roi, crieurs de journaux et service d'ordre, se retrouvent au sein de la ligue d'Action française, une organisation aussi musclée que les futures équipes communistes, sans être paramilitaire. L'Action française a également des sections dans les provinces, des associations de « jeunes filles royalistes » et de « dames royalistes », des revues voisines ou amies, dans lesquelles s'expriment des écrivains et des penseurs qui n'adhèrent pas au mouvement proprement dit. Les congrès de l'Action française, qui se réunissent une fois par an, salle Wagram à Paris, réunissent environ six mille personnes.

L'histoire a retenu le duo Maurras/Daudet comme une image symbolique qui va de soi. Or, il n'en est rien. D'abord, on se souvient que Maurras, tout en considérant *Sapho* comme un chef-d'œuvre, n'appréciait guère Alphonse Daudet. Il a été parmi les principaux critiques à contester l'authenticité des *Lettres de mon moulin*, et à dénoncer les préjugés sur la Provence que diffusent les œuvres d'Alphonse. Sans être un philosophe au sens propre, Maurras élabore une pensée et une méthode politiques suffisamment riches pour attirer des disciples et inspirer d'autres « maîtres ». Né à Paris, Léon n'a pas un passé de félibre. Plus qu'un dialecticien, c'est un esprit intuitif et un créateur un peu brouillon. Dans *Charles Maurras et son temps*, éloge amical du compagnon et maître politique, Léon écrira : « Issus l'un et l'autre d'un sang méridional, nous voyons les choses sous le même angle, surtout dans le domaine de l'action. Nous aimons et méprisons les mêmes gens. Le mistralisme nous anime de la même flamme [14]. » Maurras va influencer Léon Daudet jusque dans sa conception de la civilisation et dans ses idées littéraires. À l'orée du siècle, le second affirmait ainsi : « Chateaubriand, c'est, dans la plus majestueuse harmonie, toute la tradition française et chrétienne dont le souffle lyrique, embaumé, chassait la poussière révolutionnaire. » Or, dans *Trois idées politiques* (1898), Maurras fait de Chateaubriand un emblème de l'anarchisme et du renoncement à la politique. Il l'accuse de n'aimer la monarchie qu'au passé, et de fournir un piètre modèle aux royalistes. Peu à peu, Léon reviendra sur certains de ses goûts. Sa critique de Victor Hugo n'est pas liée à la lecture de Maurras, puisqu'elle apparaît déjà dans *L'Astre noir*. Mais il fait de plus en plus sienne la critique maurrassienne du romantisme, qui prend sa place dans un inventaire beaucoup plus large : classés à gauche, Paul Valéry et André Gide rejettent eux aussi le romantisme au profit de la mesure et de la permanence classiques. Sans doute, Maurras et Daudet ne partageront-ils pas toujours les mêmes admirations ni les mêmes rejets littéraires. Ni l'un ni l'autre ne sont de véritables hommes d'action. Mais ces personnalités à la fois entières et complexes se vouent à la restauration du principe monarchique avec une égale ardeur : aux uns ils paraîtront dangereux et insupportables, aux autres ils sembleront admirables, héroïques et fascinants.

Au cours de ces années très Action française, Lucien tourne le dos à la politique. Il désapprouve la violence verbale du journal, l'agitation parfois musclée des Camelots, la tonitruance de son frère Léon. L'Action française choque les modérés, surtout parce qu'ils n'ont pas de régime politique à renverser. Comme le confirme la lecture des journaux de l'époque, une certaine brutalité fait partie des mœurs politiques, parlementaires ou non, de ces années-là, et on la rencontre aussi bien à gauche qu'à droite, dans la presse catholique et les journaux laïcistes. Elle abonde dans la littérature pamphlétaire. Victor Hugo a usé d'innombrables formules féroces et caricaturales dans ses *Châtiments*, infligés à Napoléon III, n'hésitant pas à calomnier, à insulter, à généraliser et à vomir. Zola a créé dans ses romans des images épiques de populations en révolte, et l'on trouve chez Jules Vallès et Georges Darien autant d'encouragements à l'insurrection et à la revanche sociale. En 1908, le thème est d'ailleurs abordé et systématisé par Georges Sorel dans ses *Réflexions sur la violence*, avant même que ce penseur politique ne se rapproche de Maurras. La Belle Époque ne condamne pas la violence comme prétend le faire notre Très Belle Époque. La IIIe République guillotine, déporte à Cayenne, réprime durement les insurgés marocains lors de la guerre du Rif, colonise et maintient l'ordre d'une main de fer partout où elle exerce sa souveraineté. À l'occasion, elle donne la troupe contre les ouvriers, les prêtres ou les paysans, comme on l'a vu lors de la crise viticole de 1907, dans le Languedoc. Les coups d'État ? Les républicains y ont songé en 1832, en 1848, et ils n'en abandonnent le songe qu'après avoir triomphé légalement.

L'Action française conçoit la possibilité d'un coup d'État que prépareraient l'agitation, la propagande et les jeux d'influence ; elle attend le moment où une partie suffisante de l'opinion atteindrait la maturité nécessaire pour que tout se déroule le mieux possible. À l'Action française, Léon est admiré pour son talent d'orateur. Personne ne sait comme lui sentir et maîtriser une salle, l'émouvoir, la faire gronder, déclencher les rires ou les larmes, même si l'on ignore ce qui, de la politique, de la littérature ou de la blague, lui permet le mieux de faire éclater ses dons. Quant aux lecteurs, qui vont très vite dépasser les frontières du public royaliste, ils apprécient le langage tour à tour grave ou bouffon, sentimental ou pamphlétaire, que Léon tient tout au fil de ses articles, témoignant d'une vitalité débordante et d'une audace sans comparaison. On attend l'article de Léon Daudet comme on attend un match de boxe, une comédie ou un sketch. Aujourd'hui, qu'est-ce que Léon va *leur* mettre ? Telle est la question gourmande que se pose tout lecteur du quotidien royaliste.

Chapitre 15

Marcel Daudet

À L'INVERSE DE son frère Léon, Lucien cultive un esthétisme distingué, qui se vérifie jusque dans sa mise impeccable. Dans les salons parisiens, comme celui de la Princesse Edmond de Polignac, où, en juin 1908, il paraît aux côtés de Marcel Proust, et du peintre Jacques-Émile Blanche, la toilette et l'élégance du jeune homme sont devenues une référence. On le dit d'un snobisme achevé. Beaucoup plus que la politique, lui plaisent la douceur des amis et les beaux gars du peuple, les salons qu'il hante, les concerts et les théâtres, la lecture et la correspondance. Lucien est toujours à la recherche du beau, de l'exquis et des fous rires de la nuit. Dix ans plus tard, Paul Morand admirera le charme encore intact de cet Adonis [1].

Régulièrement, Lucien va écouter son maître en dandysme, Robert de Montesquiou, prononcer des conférences à la galerie Georges Petit. Les exposés de ce prince esthète portent sur l'art japonais. Modèle de Des Esseintes dans *À rebours* de Huysmans, de Charlus dans *À la rercherche du temps perdu*, et du personnage éponyme dans *Monsieur de Phocas* de Jean Lorrain, Montesquiou a donné plusieurs titres à la littérature homosexuelle qui tente Lucien. Dans *Le Chancelier de fleurs* (1907), il retrace les douze « stations d'amitié » qu'inspira sa relation avec un beau Péruvien, Gabriel Yturri, qui a été son secrétaire et compagnon pendant vingt ans, et est mort prématurément deux ans plus tôt. Lorsque Montesquiou s'apprête à publier son prochain livre, *La Petite Demoiselle*, il se rend chez Julia Daudet, au château de La Roche – qu'elle a acheté après avoir vendu Champrosay en 1897 – pour en donner une lecture.

Lucien le félicite et l'encense, tel un petit maître proustien : « Depuis Baudelaire, personne n'a parlé d'art avec une telle profondeur, une telle maîtrise, écrit Lucien à Robert de Montesquiou ; personne n'est descendu avec tant de goût et d'aisance dans l'abîme des ridicules contemporains, ne s'est élevé avec tant de grâce jusqu'au plaisir d'admirer [2]. » Dans la haute bourgeoisie et l'aristocratie des salons parisiens, les amours masculines ne sont pas toujours honteuses. La capitale possède de nombreux lieux de rencontre pour des hommes de toutes classes sociales, et des maisons pour messieurs. Récemment, une étude a révélé le contenu d'un rapport de police, après une descente dans l'un de ces établissements, situé rue de l'Arcade. Sur la liste des personnes présentes ce soir-là, on reconnaît le nom de Marcel Proust [3].

Lorsque Lucien emmène le très jeune Jean Cocteau boulevard de Bellechasse, Julia Daudet comprend de quoi il est question entre eux. Elle se montre d'un libéralisme parfait. Si Lucien et Jean sont amants depuis 1908, la mère de ce dernier connaissait depuis longtemps Julia, qu'elle voyait chez elle du vivant d'Alphonse, et qu'elle recevait avec son mari, avenue Raymond-Poincaré. Lucien apprécie que son cadet le suive dans son style dandy, et éprouve une jalousie instinctive quand il entend les fous rires que Léon sait déclencher chez Jean. Pour Cocteau, qui a perdu son père lorsqu'il avait dix ans, les Daudet deviennent une famille de substitution [4]. Lucien n'est-il pas le premier à reconnaître son talent, à l'encourager et à le pousser dans le monde ? Il l'introduit dans tous les salons, dont celui de Mme Lemaire, où s'organisent des soirées déguisées, des concerts de musique de chambre où Reynaldo Hahn rayonne au piano. Comme Léon, Lucien se fait admirer pour ses talents d'imitateur. Alors que son frère excelle dans le rôle de Zola, lui imite le cher Marcel. Un soir, Lucien présente Jean à un autre jeune écrivain, originaire du Bordelais, catholique et secrètement amoureux des garçons, lui aussi : François Mauriac. Ce dernier fréquente depuis peu le salon de Julia Daudet, où il a été introduit par Maurice Barrès, et il est en train de découvrir les premières œuvres de Marcel Proust, qui l'éblouissent.

C'est en 1908, l'année du lancement de *L'Action française* (et, sur l'autre rive, de *La Nouvelle Revue française*) que paraît *Le*

Chemin mort, l'un des premiers romans à évoquer une liaison homosexuelle, et le premier roman de Lucien Daudet. Tandis que Léon assure au « nationalisme intégral » un organe de propagande majeur, son frère ose parler de ce que catholiques et protestants demandent de taire comme une honte indicible. On est bien loin de *La Curée* de Zola, où la féminité masculine et l'homosexualité d'un domestique appuient la dénonciation morale du Second Empire. Exploration d'une psychologie encore peu défrichée, le livre ne présente rien qui puisse choquer la pudeur. Le lecteur comprend qu'il s'agit d'une confession que le personnage principal, Alain Malsort, livre à un aumônier : après avoir perdu son père et avoir été chassé de chez lui par l'amant de sa mère, il a été obligé de dormir dehors sans argent. Marcel, un riche fils d'industriel, « élégant comme une gravure de mode », décide de recueillir le jeune homme de dix-sept ans. Il l'installe dans un appartement mais lui demande de passer ses journées avec lui dans son hôtel particulier de l'avenue Marceau. Tandis qu'Alain demande l'autorisation d'aller courir les filles et s'éprend d'une femme qui va se révéler intéressée, Marcel cherche à épouser une duchesse pour s'établir. Tourmenté, cet homme de trente-cinq ans pense à Alain lorsqu'il voit Claire, et ses sentiments pour Alain sont troublés par la vue de cette duchesse. À Arcachon, l'affaire tourne mal : la future mariée quitte brusquement Marcel en précisant dans une lettre d'adieu : « Je compte beaucoup sur le jeune Malsort pour vous distraire [5] », étant convaincue de la relation qui unit Marcel et Alain. Désespéré, et au fait de la liaison d'Alain avec Isabelle, Marcel décide de rompre subitement et de chasser celui qui s'était engagé à devenir son ami en renonçant à tout engagement avec une femme. Voici Alain à nouveau dans la rue. Lorsqu'il aperçoit Marcel rentrant chez lui, il l'adjure une dernière fois de renouer avec leur amitié particulière. Comme l'autre le repousse méchamment, Alain s'empare de lui et, dans la confusion, l'entraîne sous un tramway.

Sans militantisme, le romancier décrit la naissance du sentiment inavouable qui dévore Marcel et qu'Alain finit par reconnaître et accepter, lorsque tout est trop tard. Très bien écrit et construit, d'un ton juste et émouvant, *Le Chemin mort* révèle non seulement le savoir-faire romanesque de la famille Daudet, mais il met en scène une vérité humaine que la société opprime, et que les deux personnages ont à reconnaître sans l'avoir recherchée. Lucien Daudet n'est pas le petit mondain frêle et naïf que l'on a souvent dépeint. Il est au contraire un artiste intelligent, qui ne démérite pas de son père, à qui le roman est dédié.

Le lancement s'annonce bien. Marcel Proust rédige dans *L'Intransigeant* un éloge enthousiaste – avec une amusante coquille : au lieu de Marcel Dante, l'article est signé « Marc Eodonte ». Il félicite l'auteur pour son sens de « l'observation pathétique [6] », et des qualités qui, inspirées par Alphonse Daudet, ne l'y font pas ressembler, car son livre est « entièrement original ». Ce roman lui fait penser tour à tour à Dickens et à Whistler. Proust se garde d'aborder le sujet du livre : et pour cause. Non seulement il n'aime pas argumenter publiquement sur ce sujet, mais sa discrétion l'empêche d'aborder plus directement un roman qui s'inspire de près de la réalité. Le riche héritier s'appelle Marcel et habite avenue Marceau, comme Proust lui-même – au 123, non au 57. Ensuite, Lucien Daudet a peut-être transposé la relation de son ami avec le chauffeur Alfred Agostinelli, et certains traits de caractère de Marcel Charquin se retrouvent chez Marcel Proust. Comment ce dernier pourrait-il ajouter des clins d'œil aux clins d'œil ?

Publié chez Flammarion, le roman disparaît très vite, comme s'il avait été soudain retiré des librairies. Est-ce sa relation intime avec Proust qui aurait décidé Lucien à le retirer de la distribution et de la vente, avant de l'effacer dans certaines listes ultérieures de ses ouvrages ? Énigme. Il n'y eut aucune brouille entre les deux amis. À plusieurs reprises, Marcel lui évoque son « merveilleux roman. [...] J'aime tant le livre que c'est pour moi une joie et une souffrance d'en parler aux gens que je rencontre [7] ». Lorsque Lucien se plaint du peu d'échos que reçoit *Le Chemin mort*, son ami cherche à le rassurer sur ce qu'il considère comme un « délicieux chef-d'œuvre [8] ». « On peut écrire un chef-d'œuvre, et qu'il reste ignoré. Et on le découvre cent ans après comme un trésor. » Il en parle même à Julia, qu'il félicite d'avoir un fils ayant donné naissance à un livre si admirable. Alors que Proust ne publie rien entre 1909 et 1911, il encense le nouveau livre de Lucien, *Le Prince des cravates* (toujours publié par Flammarion, en 1910), en évoquant encore *Le Chemin mort* [9]. La disparition de ce roman procède-t-elle de la volonté de protéger Lucien ou Marcel, voire

Léon, frère de l'auteur et ami du second ? Au poète André Raffalovich, naguère ami d'Oscar Wilde et militant homosexuel, Lucien a confié ses craintes. Mystères du Cercle, secrets des Amis…

Une autre hypothèse doit être formulée : ne serait-ce pas que le roman de Lucien gêne Léon Daudet et l'Action française, au moment où le journal royaliste vient d'être lancé ? Le frère aîné ne tient sans doute pas à la parution d'un roman aussi scabreux. Divorcé, Léon conspue la loi sur le divorce, et consacre à Naquet, son auteur, les lignes parmi les plus antisémites qui aient été écrites en langue française. Ce qu'il écrit sur Wilde est toujours plus ou moins frappé d'hostilité vis-à-vis de son homosexualité – en 1939, il évoquera encore ce « vice repoussant et ridicule [10] ». Au fond de lui, probablement, Léon n'a cure de tout cela : il aime son frère Lucien, adore Proust… Mais dans le monde de la Belle Époque, il faut maintenir les apparences. Peu importe si, comme le remarquera Didier Eribon, le camp royaliste est particulièrement riche en homosexuels, du maréchal Lyautey aux historiens Pierre Gaxotte et Georges Dumézil, et à l'écrivain François Sentein. Est-ce un hasard si, dans ce contexte d'amours interdites, l'écrivain Binet-Valmer publie en 1910 un roman dans lequel il brosse le portrait d'un jeune homosexuel parisien, qu'il intitule *Lucien* ? Vingt-cinq fois réédité, et sans doute le meilleur livre de cet écrivain suisse, *Lucien* est néanmoins conspué par Proust dans sa correspondance. De facture très conventionnelle, ce texte souffre de sa proximité avec le roman mort-né de l'ami Lucien. En outre, ce roman populaire a le tort de bien se terminer, en montrant un couple homosexuel heureux. Aux yeux de Proust, les « invertis » sont condamnés à vivre malheureux, et la *Recherche du temps perdu* dissimulera le « vice » du personnage narrateur.

Malgré sa courte vie en librairie, *Le Chemin mort* a droit à quelques articles. Fernand Divoire signale Lucien Daudet comme un « jeune romancier de talent [11] ». Dans son *Mercure de France* favori, la romancière anarchiste Rachilde ironise : « Nous comptons, si je sais compter sur mes doigts, cinq Daudet qui ont tous du talent comme un seul Alphonse Daudet et cela me semble vraiment extraordinaire. Dans la famille Daudet tout le monde cherche à l'effacer, sans le vouloir d'ailleurs, tellement chacun a pris à cœur de faire le contraire ou autre chose que lui. Ernest

est plus grave, Léon est moins tendre, quant à Lucien, le dernier, il est plus mystérieux. *Le Chemin mort* ne mène à rien, sinon à l'entière perplexité du lecteur. » Malgré son évidente mauvaise foi, Rachilde reconnaît que le roman est « bien écrit et fait le plus grand honneur à la mémoire du chef dynastique [12] ». Quelques années plus tard, Paul Morand lira *Le Chemin mort* de son ami et le trouvera « excellent [13] ».

On peut imaginer les réticences de Léon vis-à-vis des débuts littéraires de son cadet, même s'il n'écrit rien contre lui. D'un autre côté, les débuts de Léon dans un mouvement ligueur ne plaisent pas à Lucien. Campagnes post-antidreyfusardes, attaques des Camelots du roi contre le professeur Thalamas, traité comme un insulteur de Jeanne d'Arc au moment où les nationalistes militent pour la reconnaissance officielle de l'héroïne, dénigrements du philosophe le plus courtois du monde, Henri Bergson : cette agitation est vraiment trop bruyante, violente et absurde pour Lucien. En 1911, alors que Léon anime la campagne de l'Action française contre le « déserteur » Henry Bernstein (coupable de n'avoir pas effectué entièrement son service militaire, en quittant sa garnison pour rejoindre une demoiselle en Belgique), et que la presse nationaliste se déchaîne contre lui, Lucien Daudet consacre un article favorable à la dernière pièce de l'auteur, *Après moi*, dans le journal *Action* dont il tient la chronique théâtrale depuis 1909. On ne saurait mieux marquer l'opposition entre frères. Léon n'en poursuit pas moins Bernstein, et peu lui importe de se trouver embarqué par la police et roué de coups, à la consternation de Julia. La campagne de son fils contre Bernstein lui déplaît autant qu'à Lucien. Elle ne correspond pas à l'esprit modéré dans lequel la famille Daudet évolue, en marquant une séparation délibérée entre les opinions privées et l'expression publique des idées. Comment Julia, Lucien et le très catholique Ernest pourraient-ils s'y retrouver dans l'activisme politique ? En dépit de leurs différences, Léon et Lucien ne se déchirent pas ; en 1910, le second dédiera « à Léon Daudet » l'un de ses récits, *Mnanie*.

Avec la naissance de Philippe Daudet, le 7 janvier 1909, Marthe est comblée de bonheur. Ayant un mari qu'elle a gagné à ses convictions, ce premier fils sera-t-il un second Léon ? Dès les premiers numéros de *L'Action française*, elle a publié des articles sur les à-côtés de la politique, des éléments de culture bien française, comme la cuisine, que ce soit sous son surnom habituel, Pampille – tiré de la passementerie –, ou sous d'autres pseudonymes. On la verra écrire non seulement sur la mode vestimentaire des femmes et des enfants, mais aussi sur les cadeaux de Noël, n'hésitant pas à dénoncer les petitesses des « mauvaises clientes » qui font attendre des queues entières. Mais c'est surtout dans la critique gastronomique que Marthe brille, en proposant aux lecteurs nombre de recettes aux noms très significatifs, telles les « Crêpes Léon Daudet », ou les « Ananas Léon Daudet ». Son principal ouvrage, *Les Bons Plats de France* (1913), annonce la mise en valeur gastronomique des provinces dans les années vingt [14]. Pampille est une petite femme au caractère bien trempé qui réconcilie en elle Réaction et Avant-garde. Elle attire au journal un public féminin tout en se faisant remarquer et estimer de certains écrivains. Amateur des pages gastronomiques de Pampille, Proust chante ses « recettes incomparables » et le talent de ce « vrai poète » dans la *Recherche*. Fou des bons plats de France et de leur prêtresse, Léon a épousé la femme qui lui convenait : Pampille rime avec papilles. D'après Léon, « l'Ancien régime » n'est qu'un intitulé inquiétant et paradoxal, que les révolutionnaires ont imposé pour faire croire que l'on mangeait mal au temps des rois. Bien manger, boire de bons vins, honorer l'art de la table sont au contraire des vertus royales autant que françaises, de véritables viatiques pour affronter les duretés de l'existence. Maurras rejoindra ses amis Daudet dans sa préface à *Groumandugi*, ouvrage écrit par un grand restaurateur marseillais. La communion gastronomique entre royalistes accompagnera toujours les péripéties de leurs combats.

Politique extérieure, politique intérieure, tout passionne Léon. Dans *L'Action française*, il commente avec passion les récentes émeutes de Barcelone, qui marquent un moment essentiel dans l'histoire des revendications catalanes. Il multiplie également les articles incendiaires, le matraquage verbal, les insinuations et les duels. Il provoque le journaliste Gaston de Mézières, coupable, dans *Le Gaulois*, d'avoir déformé un propos du duc d'Orléans, lui faisant dire qu'il condamnait les attaques de l'Action française contre l'armée. Manque de chance pour Léon, il est souvent blessé. Mézières le touche au poignet, Legrand au bras, Gérault-Richard au front et au biceps. Bien sûr, il continue d'écrire des romans de mœurs : *La Mésentente*, *Ceux qui montent* et *Le Lit de Procuste*. Dans ce dernier ouvrage, il retrouve son goût pour la lutte en opposant un intellectuel anarchiste et un romancier adepte de l'art pour l'art. Tandis que Juliette Adam lui reproche d'étaler trop complaisamment le vice, Proust le conforte au contraire : « Vous avez dans l'horrible des inventions d'une grandeur antique et d'une cruauté diabolique [15]. »

Absorbé par son combat politique et son besoin impérieux d'écrire, Léon s'efforce de goûter encore aux derniers feux de la Belle Époque, continuant de fréquenter des cafés et des restaurants auxquels il est habitué. À la Closerie des Lilas, il aperçoit des clients russes écoutant religieusement l'un des leurs, que Léon identifiera plus tard : Vladimir Ilitch Oulianov, dit Lénine.

Depuis 1905, l'Action française est persuadée que la guerre contre l'Allemagne est inéluctable, que la France doit refaire son unité politique et recouvrer les provinces perdues. Léon entame une campagne contre toutes les formes d'influence allemande en France. Frappé d'espionnite aiguë, il étudie quantité de cas et d'affaires où il voit des intérêts financiers allemands engagés, des alliés, des complices, des naïfs, qu'il regroupe sous l'étiquette de « clan des Ja », et auxquels il associe naturellement l'influence des méchants juifs. Il démontre la façon dont les Allemands sont parvenus à mettre la main sur les mines de fer de Normandie. Il dénonce la loi Delbrück qui conserve la nationalité allemande aux sujets allemands qui se sont fait naturaliser à l'étranger. « Bien entendu, s'indigne-t-il, ces ennemis masqués trouvent des protecteurs, députés ou préfets, qui se portent garants pour eux à la moindre alerte [16]. » Dans l'Oise « envahie », par exemple, on ne veut pas croire que l'espionnage allemand est bel et bien implanté. Certains articles de Léon sont repris dans la presse de province ou dans les journaux de diffusion nationale. Il n'est pas jusqu'au président Poincaré qui n'écrive à ce journaliste enquêteur et parfois fabulateur pour tenter de justifier l'indépendance du régime vis-à-vis de l'influence allemande. Tout cela contraste évidemment avec le discours socialiste, qui cherche à démontrer l'existence d'une communauté d'intérêts entre les ouvriers allemands et français.

Maurras se réjouit des talents multiples de Léon Daudet, tout en éprouvant une réticence pour ses « excès ». « Le merveilleux tient chez Daudet, analyse-t-il dans un article de *L'Action française*, qu'il s'agisse d'une phrase d'article ou d'une page de livre, à la fermeté de l'expression, à la sûreté du trait, au définitif du langage. Sujet comme nous tous à l'erreur et aux fautes, celui en qui se trouvent si allègrement rassemblées tant de belles forces fécondes (cette puissante imagination, cette profonde sensibilité) est infaillible sur un point : il lui est impossible de se tromper sur le choix du mot approprié, du rythme expressif, de l'inflexion juste [17]. » Il admire aussi l'orateur, acclamé frénétiquement par le public des congrès de l'Action française. « Évoluant de long en large sur la tribune, se souviendra-t-il plus tard, il lançait un regard sur sa feuille, y happait une phrase, et, recommençant la promenade, il la lançait ou la jetait, mot par mot, d'une voix tonnante. Il revenait alors vers la table où dormait la suite, à laquelle il allait donner le même vol de feu. Et alors éclatait un phénomène sans exemple : un déplacement simultané des cœurs, des esprits, des corps [18]. »

Marcel Proust, le génial psychologue de la jalousie amoureuse – il le montrera dans *Du côté de chez Swann* – enrage de savoir Jean Cocteau fréquenter Lucien, tant ses amours, ses affinités, ses émois sont exclusifs. Pour tenter de détourner Jean de Lucien, Marcel offre au premier une émeraude qui se voit refusée. Ô rage ! Mais Lucien prévient son jeune protégé : Proust est maladivement possessif. « Marcel est génial. Mais c'est un insecte atroce. Vous le comprendrez un jour [19]. » Attiré par Lucien et reconnaissant envers lui, Jean Cocteau le suit partout, y compris chez l'impératrice Eugénie. Au Châtelet, dans la loge de Julia, ils assistent ébahis à une répétition générale des Ballets russes, qui interprètent les *Danses polovtsiennes*, tirées du *Prince Igor* de Borodine. La Russie magique et enchantée élargit la mythologie que le Cercle des amis affectionne : danse moderne, couleurs chatoyantes riches d'orients imaginaires, peintres et décorateurs d'avant-garde, musiciens de génie. Jean et Lucien sont présentés à Diaghilev, génial démon des Ballets russes, qui forme avec son protégé Nijinski un couple aussi passionné qu'infernal. Au sujet du magique danseur qui triomphe dans *Le Spectacle de la rose*, Lucien écrit : « Nijinski est toujours celui qui confond Newton et qui affole les spirites en prouvant si aisément que la pesanteur n'existe pas, que l'air est lourd et que les corps sont légers, et que la lévitation ne saurait être un phénomène puisqu'elle est son état ordinaire [20]. »

Dans ce cercle aérien navigue aussi François Mauriac. Discrètement : la foi et les valeurs familiales rendent ces amours compliquées chez un jeune homme qui a tendance à considérer la chair comme l'œuvre du diable. Non seulement doit-il observer de la discrétion en société, mais épouser le seul modèle possible pour un jeune bourgeois issu de province et nourri d'ambition : le mariage. En 1911, alors qu'il s'apprête à se fiancer avec Marianne Chausson (la fille du compositeur), Mauriac fréquente Lucien Daudet et André Lafon. Selon son propre journal, cette relation est extrêmement compromettante pour lui. Elle ne durera pas. Alors que le thème de l'inversion traverse certaines de ses œuvres, Mauriac répondra dans une enquête de la revue *Les Marges* : « Nous ne saurions, sur ces matières, admettre la compétence d'aucun autre tribunal que la Sainte Inquisition [21]. » Pourtant, se souviendra Jean Cocteau, « Lucien Daudet, Mauriac et moi formions une petite bande et nous ne nous quittions guère [22] ». Plus tard, le romancier catholique s'éprendra du séduisant Jean-Jacques Servan-Schreiber.

Ivre de nouvelles expériences, Lucien propose à Jean de partir en Algérie : loin d'une tartarinade, il s'agit plutôt d'une équipée gidienne. Cocteau ne se munit-il pas de *L'Immoraliste*, et n'a-t-il pas déjà goûté au type d'exotisme que Gide affectionne dans ce pays du soleil ? Les amants séjournent du 12 mars au 8 avril 1912 dans un paradis sensuel dont les détails ne nous sont guère connus. Mais ce séjour est brusquement interrompu par l'impératrice Eugénie qui réclame son page, Lucien : Jean restera seul quelque temps encore en Algérie.

À la fin du mois d'août 1913, Lucien supplie Marcel de lui adresser le plus vite possible les épreuves de *Du côté de chez Swann*. « Je les reçus le surlendemain matin et passai toute cette journée et une partie de la nuit à lire *Swann* [23] », se souviendra-t-il. Aussitôt après, Lucien écrit à Marcel une lettre de dix pages remplies de félicitations enthousiastes, avec des remarques très pertinentes. Surtout, il se propose de consacrer un article à ce roman qui l'éblouit. Lucien reçoit alors une lettre encore plus riche de fleurs et de gentillesses, tel un concours de gagnants : « Mon cher petit, je ne crois pas que mon admiration pour vous soit un effet de ma tendresse pour vous, mais je crois que ce que vous appelez votre admiration pour mon livre est un effet de votre grande gentillesse pour moi. Et peut-être n'en a-t-elle jamais eu de plus grand, de plus prodigieux que cette lecture et cette lettre immédiate [24]. » Quant à l'article, il n'est pas difficile à Lucien de voir les colonnes du *Figaro* s'ouvrir à lui : c'est un contributeur occasionnel qui porte un nom aussi célèbre que celui de Hugo et Flaubert. « J'en serai assez ravi au point de vue du pur sentiment que je peux très franchement vous dire que je le serai aussi au point de vue de mon amour-propre », répond Marcel Proust [25]. *Le Temps*, le *Journal* et *La Nouvelle Revue française* ont en effet refusé de publier les extraits que Proust leur a adressés, alors que *Le Figaro* a déjà publié un extrait du roman sous le titre « Épines blanches, épines roses ». Lucien se met donc à l'ouvrage. Il achève son papier juste avant de partir pour l'Angleterre afin de rejoindre une nouvelle fois l'impératrice, dont l'état de santé se détériore.

L'exemplaire que Proust adresse à Lucien contient, pour ce dernier, l'une des plus fabuleuses dédicaces. Elle vaut d'être citée intégralement : « Mon cher petit, vous êtes absent de ce livre : vous faites trop partie de mon cœur pour que je puisse jamais vous peindre objectivement, vous ne serez jamais un personnage, vous êtes la meilleure part de l'auteur. Mais quand je pense que bien des années de ma vie ont été passées "du côté de chez Lucien", de la rue de Bellechasse, de Bourg-la-Reine, les mots "le temps perdu" prennent pour moi bien des sons différents, bien tristes, bien beaux aussi. Puissions-nous un jour le "retrouver". D'ailleurs, pour vous qui avez peint la pagode de Chanteloup et les roses de Pâques tout est retrouvé et sera éternellement gardé [26]. » Ne pas faire de Lucien un personnage de roman, c'est consacrer l'amant qu'il a été, c'est le tenir hors de la dissimulation fondamentale d'*À la recherche du temps perdu* : miroir de Marcel, le personnage narrateur n'aborde jamais directement son homosexualité.

Quinze jours après la sortie de *Du côté de chez Swann* en librairie, l'article paraît le 27 novembre 1913, signé Lucien-Alphonse Daudet, en première page du *Figaro*. Commentaire important, et le plus avisé de tous. Lucien commence par évoquer le halo de mystère qui entoure le nom de Marcel Proust, et souligne la profondeur à laquelle convie la lecture de cet écrivain. Dans les trois parties du roman, « et dans le domaine tour à tour objectif et subjectif où nous conduit M. Marcel Proust, ce qui, au même point que le roman lui-même, nous passionne, c'est l'analyse de tous les sentiments, de tous les raisonnements même, de toutes les heures du jour, de tous les aspects de la nature, et cela presque simultanément, car on devine que, pour l'auteur, l'invisible sans cesse rejoint le visible. Jamais, je crois, l'analyse de tout ce dont est composée notre existence ne fut poussée aussi loin [27] ». Chez le romancier, analyse et sensibilité s'unissent parfaitement. D'autant plus qu'il a « bien souvent versé des larmes sur les tristesses d'une passion sans partage, sur les transports investigateurs et superstitieux d'une jalousie cruelle, que le hasard ou la confiance venaient lui révéler, bien souvent participé aux bonheurs ou aux gaietés d'autrui ». À travers ces lignes on perçoit le murmure de l'intimité qui unit ces deux amis. Mais Lucien Daudet insiste surtout sur le style admirable de l'écrivain, « complètement parallèle à sa pensée : avec une scrupuleuse précision, il contente sans cesse, au-delà du croyable, ce que nous attendons de l'expression par rapport à l'impression reçue. Et quand certaines de ses phrases nous paraissent longues à première vue, nous nous apercevons vite qu'elles se déduisent l'une de l'autre, comme ces boîtes japonaises dont la taille décroissante permet de les réunir en une seule, que chacune d'elles forme un tout commenté par la suivante, et qu'il devait en être ainsi pour que les méandres de la période pussent accompagner toutes les sinuosités de la pensée et suivre son parcours, afin d'aboutir à la justesse absolue ». Après avoir maudit l'attitude qui consiste à ne couronner les auteurs que lorsqu'ils sont morts, Lucien apporte une conclusion que la postérité confirmera : « Plus tard, lorsqu'on parlera du livre de M. Marcel Proust, il apparaîtra comme une extraordinaire manifestation de l'intelligence au XXe siècle », car « tout chef-d'œuvre est un grand cri précurseur, rassemblant par-delà le temps, dans le gel noir de l'éternité, les autres chefs-d'œuvre à venir ».

Quelle carrière de critique littéraire Lucien ne réussirait-il pas, s'il n'était la proie constante du doute et du complexe d'infériorité. Même si Marcel a tendance à tresser des fleurs à ceux qui disent du bien de lui ou qui l'aident en quelque façon, on voudrait le croire lorsqu'il remercie son ami : « Mon cher petit, vous avez écrit à propos de moi des choses admirables. La liquidité bleue et vernie et dorée du mot "vélum" donne à votre phrase sur cet éther bleu des deux ou trois plus merveilleuses phrases que je sache en français, et où s'est accompli le miracle suprême, la transsubstantiation des qualités irrationnelles de la matière de la vie dans les mots humains. »

Bien loin de ces louanges, les événements politiques intérieurs retentissent avec des coups de feu. L'année 1912 voit ainsi la fin de la bande à Bonnot. Fin avril, Léon est allé à Choisy-le-Roi pour assister à la prise d'assaut de la villa où l'anarchiste Jules Bonnot s'est retranché avec l'un de ses complices, tous deux abattus par les forces de l'ordre. À Nogent-sur-Marne, il voit ensuite un régiment de dragons faire sauter la maison d'où deux autres anarchistes, Garnier et Vallet, ont repoussé les initiatives de la police. Enfin, en avril 1913, Léon assiste à la décapitation de Soudy, Guillemin et Monier, les derniers membres de la bande qui a terrorisé la France pendant des mois. Face aux anarchistes, Léon se montre plus indulgent que Maurras, notant en particulier leur attitude suicidaire. « Leur tentative, bien entendu, était absurde, note-t-il. On ne change pas la société à dix, ni même à cent, ni même à dix mille, en tirant des coups de révolver. D'ailleurs, ils n'avaient, à ce qu'il m'a semblé, aucun programme de remplacement [28]. » Il admire le courage de ces poseurs de bombes et assassins. Serait-ce qu'il s'identifie à eux ? Tant qu'ils n'auront pas restauré le roi, les militants de l'Action française pourront donner l'impression de répandre, eux aussi, la sédition. Depuis 1911, des anarchosyndicalistes entretiennent des contacts avec l'Action française au sein d'un cercle de réflexion, le cercle Proudhon, publiant ensemble des cahiers trimestriels. Sans doute Léon Daudet se bat-il pour l'héritier des « quarante rois qui ont fait la France » et se réclame d'un ordre plus ancien, plus légitime, selon lui, que la République ; mais les armes de ce chevalier évoquent une rage contestatrice, des élans populistes, des défis constants au personnel politique et à la police, une réactivité épidermique, un peu folle, un goût pour les duels et les manifestations de rue, une solidarité profonde avec les militants et les ligueurs. Cette armure fait de lui un adversaire résolu de l'ordre établi, quand bien même il l'appellerait désordre établi. On prête il est vrai à Maurras ce mot : la monarchie, c'est l'anarchie plus *un* – le roi.

Parallèlement à ses campagnes contre l'entreprise de laiterie Maggi-Kub, soupçonnée d'espionnage et de vouloir empoisonner les nourrissons, Léon Daudet publie *L'Avant-guerre*, titre destiné à faire florès, et dont *Notre avant-guerre* de Robert Brasillach, dans un autre contexte, sera une reprise. Publié le 5 mars 1913, l'essai rencontre dans la presse un silence désarmant, à l'exception du *Temps*, peut-être parce que l'on ne prend pas au sérieux les allégations de Léon sur l'espionnage allemand en France. Pourtant, depuis l'affaire Dreyfus, le service de contre-espionnage de l'armée a été supprimé, laissant le pays borgne face à son voisin. Ce sont les lecteurs qui font son succès : des milliers d'exemplaires se vendent dès la sortie, et *L'Avant-guerre* verra ses ventes augmenter de vingt mille exemplaires en 1914 à cinquante mille en 1916, l'ouvrage connaissant sa cinquantième édition en 1918. Le goût du spectaculaire, l'obsession de la trahison et des espions ne suffisent pas à expliquer le succès d'un ouvrage où le « procureur du roi », comme il se surnomme lui-même, scrute les infiltrations de l'Allemagne sur le territoire français. Scandalisé par la nullité fréquente des politiciens et les changements de ministère et de gouvernement, Léon cite souvent la remarque de Charles Benoist, important juriste qui a rejoint Maurras : un ministre, c'est « n'importe qui, qui, étant bon à n'importe quoi, peut, n'importe comment, être mis n'importe où [29] ». Au-delà du déséquilibre institutionnel, et comme en 1870, les Français montrent une certaine légèreté face à un Reich sûr de lui-même, dont les visées expansionnistes sont très claires – et qui déclarera la guerre à la France.

Le contre-espionnage journalistique conduit par Léon trouve l'appui de tout un réseau d'amis, d'abonnés et de toutes sortes de bénévoles qui correspondent avec lui, et qu'il cite dans ses articles. Par exemple, les forts de l'Est s'approvisionnent en charbon allemand. Tandis que nos dirigeables militaires reçoivent de l'hydrogène d'une usine allemande de produits chimiques, le service automobile des armées utilise une huile de graissage allemande. Un industriel allemand, fournisseur et ami de Krupp, surveille Cherbourg et contrôle l'exportation du métal dans le port de Diélette, en Normandie. Comme il en fait l'aveu à Léon Daudet, le chef de l'État Joseph Caillaux n'était pas au courant ! Mais Léon ne s'en tient pas à quelques exemples. À Puteaux, une usine allemande jouxte un arsenal où l'on fabrique en secret le frein du canon de 75. À Creil, la densité des ingénieurs, des contremaîtres et des ouvriers allemands est exceptionnelle. Comment ces intérêts allemands en France ne rentreraient pas dans la stratégie de l'état-major allemand en cas de conflit ?

Ces démonstrations, nourries d'annotations et de références abondantes, sont renforcées par Bainville et par Maurras, qui insistent surtout sur l'insuffisante préparation militaire et financière de la France. En 1914, Maurras exploitera les rapports officiels qui feront trembler de nombreux parlementaires, et enrager Clemenceau. De fait, alors que, depuis 1906, les Allemands consacraient 1 400 millions de francs pour leurs armements, la France n'en dépensait que 700 millions. Face à ces révélations, le rapporteur lui-même demeure sans voix : « Il ne peut pas répondre, commente Maurras. La perpétuelle diversité du personnel républicain dépend du régime qui a permis un tel défilé : il ne consiste même qu'à permettre cela. Si l'on dit que son unité est toute idéale mais n'a rien de réel, on dit en d'autres mots ce qu'il faut dire et ce que nous disons : c'est à l'absence d'unité et d'identité gouvernementale que revient la responsabilité de la faute. Si la faute est à tout le monde et si elle n'est à personne, il faut incriminer ce gouvernement de tout le monde et de personne qui s'appelle la République [30]. » Ces révélations et ces combats font de Léon Daudet et de l'Action française des fers de lance du patriotisme en cette période d'avant guerre ; le prestige des royalistes en ressort renforcé. Témoin de cette force symbolique, le président de la République Raymond Poincaré, élu au mois de janvier 1913, adresse à Léon des lettres de huit pages pour lui demander pourquoi il s'en prend à lui si souvent, avec des jeux de mots faciles et enfantins : Point-carré, Poing-carré, Pont-carré…

Hanté par le spectre des menaces extérieures et intérieures, Léon donne à ses nouveaux romans le sens qu'il illustre déjà dans ses articles. *La Fausse Étoile*, le roman qu'il publie chez Fasquelle en 1913, évoque un gouverneur de Madagascar qui rentre en France, François Auboir. Caressé par les politiciens, flatté par un président du Conseil qui cherche à l'entraîner dans la franc-maçonnerie, il ne fait que rêver, fuyant tout engagement. Il se ressaisit en fréquentant d'anciens officiers de Madagascar qui sont en garnison sur la frontière de l'Est. Conclusion : il faut lutter contre les forces de « l'Anti-France ». Adepte des métaphores médicales, le docteur Léon Daudet livre son diagnostic : « L'aphasie ethnique est le dernier mot. La race ne meurt pas, mais la société, l'ensemble des institutions qui lui permettaient de s'exprimer dans son dialecte, tombent au pouvoir de l'étranger, se dénationalisent, emportant avec elles la syntaxe, la grammaire et le dictionnaire. Désormais, ce que l'enfant apprendra à l'école, ce sera le parler du vainqueur [31]. » L'individu rendu « à l'état de poussière » sera « coupé de ses ancêtres et de ses lares ». Georges Bernanos sera l'un des premiers à saluer ce roman éperdument réactionnaire, au ton à la fois amer et prophétique. « La pensée du grand écrivain n'a jamais été plus lucide, mais elle s'impose à grands coups, elle entre en nous par effraction », affirme-t-il dans un article [32].

Cette dénonciation scelle définitivement la rupture de Léon avec le monde officiel et institué dans lequel il a grandi.

Chapitre 16

DOCTEUR DES *HÉRÉDOS*

COUPÉ DE LA vie des salons parisiens par ses prises de position politiques, Léon a le loisir d'entreprendre la synthèse du bouillonnement littéraire et intellectuel qu'il a traversé depuis son enfance. *Fantômes et vivants*, qui sort en mars 1914 à la Nouvelle Librairie nationale, constitue son premier volume de mémoires littéraires. Il est dédié « à Mme J. Alphonse-Daudet, à ma mère chérie, en souvenir des jours disparus ». Portraits d'hommes politiques célèbres, d'écrivains reconnus ou plus obscurs, saynètes, charges furieuses et éloges romains, bonhomie et drôlerie, culture phénoménale, style toujours allègre et piquant : Léon Daudet vient de créer un nouveau modèle de mémoires, l'un des plus vivants, parce qu'il permet de rencontrer une époque en en restituant la saveur avec un esprit très personnel. Tirés à 6 600 exemplaires, ces *Fantômes et vivants* connaissent plusieurs tirages jusqu'à la fin de la guerre. Ils dévoilent un nouveau Léon Daudet : à côté du romancier et du journaliste politique, il y aura désormais un mémorialiste, dont l'étendue des connaissances et les jugements dépassent les clivages politiques, philosophiques et littéraires. Pour connaître la fin du XIXe siècle et le début du XXe siècle, il faudra recourir à Léon Daudet comme on avait recours au *Journal* des Goncourt pour la période précédente.

Au mois de mars 1914, la mort de Frédéric Mistral symbolise un changement d'époque. Avec le grand poète de *Mirèio* et de *Calendau*, le plus renommé fondateur du Félibrige, s'éteint l'un des principaux témoins de la jeunesse d'Alphonse. La poésie mistralienne touchait encore aux bergers de Virgile, aux rythmes de la nature, des cités et des sols méditerranéens. Son recueil ultime, *Les Olivades*, offrait à ses lecteurs le testament poétique d'une civilisation parvenue à son crépuscule. Du monde des magnaniers, des vanniers et des pâtres, l'humanité passe à celui du fer, des masses et des règlements. C'est Léon qui reçoit la nouvelle et qui la transmet à Maurras : bouleversé, ce fils spirituel de l'Homère provençal – c'est ainsi que Lamartine appelait Mistral – lui consacre l'une de ses plus belles pages dans son journal quotidien.

Mais les événements se précipitent. Tandis que l'Europe se prépare moralement à la guerre, sans savoir qui tirera le premier, tout Paris retentit de l'assassinat de Gaston Calmette par Mme Joseph Caillaux. Dans la rue, les Camelots du roi poursuivent leur agitation en dominant le Quartier latin. À plusieurs reprises, Léon est conduit au poste de police avec ses amis Maxime Réal del Sarte, Lucien Lacour et Marius Plateau. Pour bien des Camelots, Léon est un héros qui porte un nom illustre et qui de ce fait gêne la République – depuis 1904, elle a perdu un allié possible, un écrivain né dans le berceau favorable où se sont penchés Alphonse Daudet, Victor Hugo et Émile Zola. Admiré d'Henri Lagrange, secrétaire général des étudiants d'Action française, il est célébré par Georges Bernanos (à une époque où celui-ci n'est encore que journaliste) : « Chaque fois que retentit la bonne voix de Léon Daudet, écrit-il dans *L'Avant-garde de Normandie*, la bête du juste milieu, l'animal à sang froid agite avec douleur ses membres pesants, son corps inerte. La souffrance ranime dans ses yeux stupides une lueur de conscience et d'humanité [1]. »

Plus que la guerre de 1940, qui verra le mouvement fragilisé par plusieurs coups reçus antérieurement, la guerre de 1914 sera la guerre de l'Action française. C'est là que son rôle sera le plus déterminant et le plus influent.

Par téléphone, Bainville informe Léon de l'ultimatum autrichien à la Serbie, conséquence de l'assassinat de l'archiduc François-Ferdinand d'Autriche par un nationaliste serbe de Bosnie, à Sarajevo. La guerre semble inévitable et prochaine. Léon regagne Paris. Le système très complexe des alliances militaires et diplomatiques, l'irrédentisme italien, la poudrière balkanique, la volonté française de retrouver les provinces perdues, des causes économiques, tout a convergé pour envoyer à la guerre ces grands carnassiers que sont, en 1914, les pays européens.

Tandis que les armées se préparent, Jean Jaurès est assassiné le 31 juillet. Dès que la nouvelle se répand, l'Action française publie un communiqué en première page du journal pour nier toute responsabilité dans cet acte, imputation « ridicule [2] », se défend le mouvement, puisque la pratique de l'assassinat politique y est a priori exclue. Aussi l'Action française réprouve-t-elle « hautement l'attentat qui vient d'être commis ». Si plusieurs journaux ont cru discerner dans cet assassinat le résultat de mois de campagnes contre le pacifisme de Jaurès, ils ont déformé l'identité politique complexe de l'assassin, Raoul Villain. Ce dernier a fréquenté des réunions de l'Action française, mais il n'en a jamais été membre. Il appartient en revanche au Sillon, le mouvement catholique de Marc Sangnier, et à un groupe nationaliste alsacien. Il finira à moitié fou à Ibiza, assassiné lui-même par les anarchistes espagnols, en 1936. À propos de la mort de Jaurès, Léon Daudet commentera plus tard : « Affreux et déplorable trépas, mais qui ne méritait tout de même en aucune manière le Panthéon, si du moins il est entendu que cette église désaffectée doit abriter les restes de ceux qui ont bien servi la Patrie ! Je n'ai jamais approché Jaurès. On m'a dit qu'il avait un charme personnel très grand. Mais je considère le socialisme international comme une infirmité de l'esprit, en dehors même de toute considération politique, et la démagogie, que je ne sépare pas de la démocratie, m'est en horreur [3]. »

Au 1er août 1914, près de 880 000 hommes sont appelés sous les drapeaux. Partout en France, les clochers font sonner le tocsin. Léon s'afflige d'un mot faussement rassurant de Poincaré : « La mobilisation n'est pas la guerre. » Le lendemain, jour de la déclaration de guerre, l'écrivain a un accident d'automobile sur la route d'Artenay, près d'Orléans [4]. La princesse de Broglie ayant emprunté le même chemin, elle arrête sa voiture et conduit le blessé jusque chez un médecin : après avoir nettoyé à l'alcool une plaie de vingt centimètres à la tête, le praticien ne pose pas moins de vingt-deux points de suture sans anesthésie. Dans la famille Daudet, l'histoire semble parfois se répéter : Alphonse ne s'était-il pas cassé la jambe au tout début de la guerre de 1870 ?

Le convalescent se repose au château de La Roche. C'est là qu'il apprend la mort, le 5 août, de Jules Lemaître. Rendu inquiet par les nouvelles qu'il reçoit, assistant lui-même au flux incessant de l'exode, il confie à Bainville : « L'attente nous torture, et je vois par votre lettre que vous êtes logé à la même enseigne, avec cette différence que je m'attache désespérément à l'espérance. Nous jouons tellement notre peau et, qui pis est, celle du pays !... Oui, il y a les institutions. Mais il y a aussi quelque chose qui compte à la guerre, en dehors de la préparation qui, chez nous, a persisté malgré le régime – exemple la mobilisation si bien réussie. Ce quelque chose, c'est un tempérament anciennement guerrier qui se réveille [5]. » Le tempérament... C'est ce qui soutient les soldats, en dépit de l'incurie de l'état-major, en retard d'au moins une guerre. Dans son *Journal*, Jacques Bainville se montrera sévère envers un pays qui a indirectement causé l'unité de l'Allemagne sans savoir se protéger d'elle, qui a voulu une nation en armes mais mal préparée, qui a imposé des pantalons rouges à ses soldats sans prévoir de casques, qui n'a pas su élever les fortifications là où elles étaient nécessaires, ni prévu d'artillerie suffisante.

Sur les Allemands, les articles de Léon se font de plus en plus violents. Ils répondent aux exactions commises par l'armée allemande sur la population civile. « La civilisation exige que le Français, l'Anglais, le Russe et le Belge, maintenant qu'ils tiennent le porc allemand, le saignent sans merci sur leur billot. Alors seulement on respirera », s'exclame-t-il dans *L'Action française* [6]. Les « Boches » sont partout ; avant la guerre, dit-il, il s'en trouvait en Provence, dans le Languedoc, jusqu'en Algérie et en Tunisie [7]. Le 17 décembre 1914, impressionné par l'ampleur meurtrière des combats, il se demande s'il ne s'agit pas (déjà) de la dernière des guerres européennes [8]. Dans son *Journal*, Bainville note que l'entrée des Allemands à Bruxelles « a introduit le peuple de Paris dans des pensées graves. On comprend que l'ennemi marche vers la frontière du Nord. On commence à s'étonner un peu que nous l'ayons déjà laissé descendre si bas [9] ». Alors que s'achève la victoire de la Marne, le 13 septembre 1914, Léon exalte « nos alliés anglais ». Mais que d'anonymes fauchés par les combats, combien d'intellectuels et d'artistes dans les nécrologies ! Au cours de la guerre, Léon perd des amis proches ou lointains, Primat, un ancien condisciple de Louis-le-Grand, Édouard Raoul-Duval, Léon de Montesquiou, Pierre David, « héros juif d'Action française [10] ». En 1914, la mort de Charles Péguy ouvre une série funèbre par laquelle les écrivains vont apporter leur tribut à la défense du territoire. Poètes, journalistes, prosateurs de l'Action française formeront bientôt une véritable légion de sacrifiés. Les premiers mois de la guerre nourrissant de nombreuses interrogations sur ce cataclysme, *L'Avant-guerre* de Léon Daudet, qui avait été boudé par la presse, connaît un regain d'intérêt. On lit cet essai pour comprendre ce que l'écrivain avait annoncé, qui est en train d'arriver. Le sénateur-maire de Lyon, Édouard Herriot, reconnaît le bien-fondé de l'enquête menée par Léon, et le félicite de sa lucidité. Tout en ressentant du dégoût pour la haine que Français et Allemands se vouent, Proust confie à Lucien : « Je vais écrire à votre frère. J'allais d'ailleurs le faire pour lui dire mon admiration. La guerre a hélas vérifié, consacré et immortalisé *L'Avant-guerre* [11]. »

Dans un tel contexte, le rapport à la culture lui-même est durement atteint. Alors que tant d'hommes meurent « au champ d'honneur », le wagnérisme revêt une valeur symbolique exacerbée. Comment aimer Wagner, chantre de l'Allemagne, après la destruction de la cathédrale de Reims et le torpillage du *Lusitania* ? Dès l'automne 1914, Camille Saint-Saëns s'indigne : « Après les massacres de femmes et d'enfants, comment peut-il se trouver des Français pour entendre Wagner [12] ? » Une grande partie des musiciens français communient dans ce rejet, à commencer par Debussy, lorsqu'il compose le *Noël des enfants qui n'ont plus de maison* : « Les Allemands nous ont tout pris, tout pris. » À la tête de la Société nationale de musique, Saint-Saëns – devenu l'une des grandes gloires artistiques de la IIIe République – demande que soient exclues des programmes les œuvres des compositeurs allemands et autrichiens. Dans un article écrit alors qu'il est lui-même mobilisé, le compositeur Déodat de Séverac soutient Saint-Saëns [13] ; et parce qu'il a en commun avec Léon Daudet d'avoir adoré Wagner dans sa jeunesse, il lui dédie son article. Paré d'une armure mentale gauloise, Léon se met à brûler ce qu'il a longtemps aimé. Dans ses souvenirs sur les années 1880 à 1905, intitulés *Devant la douleur* (1915), il revient sur son passé sur le ton de la repentance : « La mystique embrumée, incestueuse, le goût de genèse, les horizons ethniques, les sentiments excessifs et soudains, quasi miraculeux, qui caractérisent les drames de Wagner parurent à la fatigue de la jeunesse laborieuse française comme une promesse de délivrance. [...] Ce fut moins pour sa prodigieuse harmonie, si captivante pour la mélancolie comme pour l'aspiration héroïque, baume des grandes douleurs secrètes, que grâce à sa paramétaphysique, si l'on peut dire, que le maître de Wahnfried devint pour nous un dieu [14]. » Ailleurs, il ternira « la Mecque de *Parsifal* », parlera d'« engouement suicidaire » et conclura : « À bas Wagner[15] ! »

Débat apparemment dérisoire face à ce que les états-majors français et allemands n'avaient pas prévu : le front occidental s'enlise. En Artois, en Champagne, les tentatives de percée échouent les unes après les autres, éprouvant durement le moral des troupes. En mars 1916, Léon est un des premiers à mesurer l'apparition de la « guerre totale [16] » à travers l'épouvantable bataille de Verdun : la guerre moderne dans toute son horreur, celle qui affecte toute la vie nationale. L'année précédente, il avait soutenu le lancement des *Guerres d'enfer*, un essai dans lequel Alphonse Séché annonçait prophétiquement ce type de guerre, mais aussi les guerres d'extermination et les armées mécanisées. La réalité confirme la projection de l'essayiste.

Réformé en raison de sa faible constitution, Lucien est d'abord affecté à la Croix-Rouge de Tours, mais il n'est guère enthousiaste, et tentera plusieurs commissions de réforme. L'un de ses supérieurs, un lieutenant, a lu tout Léon et tout Julia Daudet. Ses seuls moments de répit et de lumière, ce sont les visites que, pendant ses permissions à Paris, il rend à sa mère et le temps qu'il passe auprès du cher Marcel, toujours plus cloîtré dans son appartement de la rue de Malesherbes. À Lucien, Proust ne cesse de donner du « cher petit » et d'offrir des phrases tendres. Flatteur et bienveillant, Marcel encourage Lucien qui s'est lancé dans un essai au sujet extrêmement original : *Le Pont suspendu*, sorte de physiologie des ponts de France. « J'espère que *Le Pont suspendu* continue à gréer son arche immortelle, lui écrit-il, le pont sur la Loire, frère du livre (tu ne seras pas flatté !) que j'ai le plus aimé et qui n'était pas un pont, mais quelque chose aussi sur une rivière, *Le Moulin sur la Floss* [17] », le roman de George Eliot. Hélas, ravagé par les doutes, Lucien n'ira pas au bout de ce travail littéraire.

Le premier fils de Léon, Charles Daudet, est lui aussi un admirateur de Proust, sans en être un intime. Brillant diplômé de l'École des chartes, il publiera en 1928 un important *Répertoire des personnages de « À la recherche du temps perdu ».* Charles a d'abord suivi son père dans l'aventure de l'Action française, pour embrasser finalement des idées pacifistes. Alors que, pendant la guerre de 1914-1918, Léon s'évertue à dénicher des complaisances et des trahisons, le fils – il a vingt-deux ans – collige les bourdes et les mensonges répandus dans la presse durant cette période de carnage et d'hystérie. Famille d'enquêteurs, en somme.

Les principes de Léon sur la création littéraire et le fonctionnement de l'esprit humain lui interdisant de relire ses manuscrits, il lui arrive tour à tour de briller et de commettre des légèretés. Son ami Marcel Proust, qui lit tous ses livres, a trouvé « éblouissant » *Devant la douleur.* Tout en ménageant nombre de fleurs, il ironise sur un passage des *Salons et journaux, souvenirs des milieux politiques, littéraires, artistiques et médicaux de 1880 à 1908*, parus à la Nouvelle Librairie nationale début mars 1917. Marcel le remercie de parler de lui dans le passage qui le concerne, un de ces portraits brillants et pittoresques, mêlés d'affection et d'un zeste d'humour, dont Léon a le secret. Marcel y est croqué, en même temps que l'atmosphère d'une époque y est décrite : « Vers 7 heures et demie arrivait chez Weber un jeune homme pâle, aux yeux de biche, suçant et tripotant une moitié de sa moustache brune et tombante, entouré de lainage comme un bibelot chinois. Il demandait une grappe de raisin, un verre d'eau et déclarait qu'il venait de se lever, qu'il avait la grippe, qu'il s'allait recoucher, que le bruit lui faisait mal, jetait autour de lui des regards inquiets, puis moqueurs, en fin de compte éclatait d'un rire enchanté et restait. Bientôt sortaient de ses lèvres, proférées sur un ton hésitant et hâtif, des remarques d'une extraordinaire nouveauté et des aperçus d'une finesse diabolique. Ses images imprévues voletaient à la cime des choses et des gens, ainsi qu'une musique supérieure, comme on raconte qu'il arrivait à la taverne du Globe, entre les compagnons du divin Shakespeare. Il tenait de Mercutio et de Puck, suivant plusieurs pensées à la fois, agile à s'excuser d'être aimable, rongé de scrupules ironiques, naturellement complexe, frémissant et soyeux. C'était l'auteur de ce livre original, souvent ahurissant, plein de promesses : *Du côté de chez Swann*, c'était Marcel Proust [18]. » Ce bel éloge se terminant par un accident – le terme « ahurissant » est un superlatif trop nébuleux pour l'objet délicat auquel il s'applique –, Léon se fait rabrouer avec mille sucreries par Marcel : « Cher ami n'ouvrez jamais *Swann*, mais redînons ensemble [...]. J'ai été tellement ravi de vous revoir l'autre jour, si jeune, si beau (et même embelli), si gentil, si simple [19]. » Il est vrai que c'est Lucien, et non Léon, qui a lancé *Du côté de chez Swann*. Avec Bernard Grasset, Gaston Gallimard, André Gide et quelques autres, les frères Daudet sont les seuls à avoir perçu le génie de leur Marcel, encore très peu connu et victime de malentendus chez ses premiers lecteurs.

Comme autour de Proust et de centaines de milliers de Français, les morts s'accumulent autour de Léon, de Maurras et de Bainville : amis d'autant plus exposés et nombreux à mourir « au champ d'honneur » qu'il s'agit de patriotes en fer blanc, si possible exemplaires, dont le sacrifice doit revêtir un caractère symbolique auprès des républicains. En 1914, le jeune maurrassien Henri Lagrange avait déclaré qu'il appartenait aux intellectuels de montrer l'exemple : il le montra en tombant à Auberive le 6 octobre 1915. À côté d'adhérents, de lecteurs et de sympathisants anonymes, d'autres artistes et intellectuels royalistes périssent au cours du conflit ravageur : les poètes Pierre Gilbert, Jean-Marc Bernard, Lionel Des Rieux, l'essayiste Henry Cellerier, secrétaire de Maurras et théoricien de la décentralisation, Augustin Cochin, l'un des historiens de la Révolution française parmi les plus novateurs... Léon Daudet avait revu Léon de Montesquiou avant qu'il ne meure sur le front. Son fils Philippe avait interrogé cet impressionnant lieutenant légionnaire à propos de la guerre : « "On ne voit personne, mon vieux Philippe, et on fait poum, poum tout le temps", lui avait répondu Montesquiou. "Et quand on perd son fusil, monsieur [20] ?" » Montesquiou avait éclaté de rire en ajoutant qu'il fallait en chercher un autre. « Il prit, dans ses bras, l'enfant destiné lui aussi, huit ans plus tard, à la mort violente, le souleva du sol, l'embrassa, raconte Léon Daudet. J'avais la gorge serrée en lui disant adieu. C'est un cœur exquis, une âme forte et une raison que rien ne déroutait, quand elle avait décidé d'agir, un homme enfin selon Marc-Aurèle et Corneille. »

Au mois de mai 1915, Pampille accouche d'un second fils, François, dont Maurras est le parrain.

Tout en continuant à donner son article quotidien au journal, Léon consacre du temps à la littérature et à ses propres recherches

– lui que le docteur Potain considérait comme « le médecin de l'avenir ». En 1916, il publie *L'Hérédo*, un « essai sur le drame intérieur », l'un de ses livres les plus importants, l'un de ceux qu'il a porté le plus longtemps en lui, et sans doute l'un des moins connus. Cet essai contrarie en effet les clichés que l'histoire a sédimentés sur le « gros Léon », blagueur, pamphlétaire, au risque de méconnaître ses investigations théoriques les plus hardies et les plus stimulantes. Alors que ses romans sont nourris par la figure de créateurs, d'inventeurs, de savants – tel Malauve, dans *L'Astre noir*, ou plus tard Martial Hauffroy, le fondateur de la neurochimie biologique, dans le roman *Le Cœur brûlé* –, Léon Daudet se fait ici savant. Comme on l'a vu, la question de l'hérédité avait hanté la fin du XIXe siècle, non seulement la médecine, mais aussi la littérature et la philosophie, tirant plusieurs générations vers une conception déterministe du monde. C'est à cette grande question que Léon Daudet prétend répondre.

Dans le cadre d'une recherche sur le psychisme humain, l'écrivain et ancien élève de médecine exalte le développement de la liberté intérieure, en fondant sa démonstration sur la distinction entre le « moi » et le « soi ». Ainsi déclare-t-il : « J'écris ce livre pour persuader à toutes les victimes de la prédominance du moi et des images ou impulsions héréditaires que le combat est possible et joyeux et que, bien mené, il doit se terminer par la victoire, par le triomphe de la raison, par l'acte de foi dans l'équilibre [21]. » Comme un penseur non philosophe, Léon tend à se créer son propre vocabulaire, il procède par intuitions et use d'images poétiques au lieu de s'appuyer sur un langage scientifique préétabli. Son ambition est d'ouvrir une voie nouvelle aux études philosophiques et métapsychologiques, un sillon placé entre « l'abrutissant matérialisme de la fin du XIXe siècle et l'illusoire intuitivisme du début du XXe [22] ». Selon Antoine Foncin, qui a étudié l'œuvre de Léon Daudet sous un jour très neuf, l'essayiste découvre que le moi est une mémoire organisée en images distinctes, dont il étudie l'énergétique propre [23] : impulsion créatrice du soi, instinct génésique, reviviscences héréditaires, projections, dans la personnalité, d'hérédismes ou de fragments d'hérédismes, etc.

Par endroits, *L'Hérédo* anticipe sur Gaston Bachelard à propos du rêve (*L'Eau et les Rêves* sera publié en 1941) mais aussi dans sa méthode. Comme le philosophe le fera plus tard à propos des éléments, Daudet développe ses thèses à partir d'exemples relevés chez les plus grands écrivains, de Shakespeare à Balzac, de La Rochefoucauld à Montaigne, ou de Voltaire à Renan. Dans un chapitre, il répond à Freud et à ses précurseurs à propos de l'inconscient. Les phénomènes d'ordinaire attribués « à l'Inconscient dérivent en réalité de l'instinct génésique, des formes héréditaires dont il peuple le moi, par le mécanisme de l'autofécondation, et de l'obscurité qu'il projette sur le soi [24] ». Ce que l'on appelle inconscience serait en définitive la comédie de l'inconscience que l'instinct génésique se donne. Mais l'homme « est un fabricateur de conscient ». Sa dignité « vient précisément de son aptitude à "conscientiser" la nature et à l'humaniser ». Plus tard, il reviendra sur sa relation critique avec le médecin viennois, en expliquant : « Nul ne conteste l'importance considérable des phénomènes sexuels dans l'espèce humaine et dans l'individu. Mais soumettre la *personne* humaine à l'exclusive tyrannie de l'instinct génésique, alors que sa raison lutte sans trêve contre cet instinct, est une erreur à tous points de vue déplorable et qui rejoint le décevant fatalisme d'avant 1914 [25]. »

Léon Daudet est donc un théoricien de la liberté, de la volonté et de la décision humaine, en opposition avec les conceptions déterministes et les théories de la dégénérescence qu'il a rencontrées au cours de sa formation intellectuelle. Sa réflexion entre parfois en convergence avec celle de Bergson, sans lui emprunter directement. Il rejoint certaines thèses de la psychosomatique psychanalytique, lorsqu'il affirme par exemple que « tout désordre organique est, à son origine, psychomoral », et que des moyens appropriés permettront de venir à bout « d'affections même organiques, considérées comme incurables [26] ». L'esprit déterminant le corps, la santé relève du psychisme, ou de ce que Léon nomme plutôt « le drame intérieur ».

Si la guerre pèse sur les conditions de sortie de cet essai, trois auteurs majeurs vont le lire avec attention. Hospitalisé, Guillaume Apollinaire écrit à Léon Daudet pour le féliciter de son essai, et le soutenir activement dans la campagne patriotique qu'il mène : « Il faut bien que ceux qui sont de votre avis vous aident. [...] Vous pouvez toujours correspondre avec moi, par la voie du journal, sous le vocable *trépané* [27]. » Auteur d'une thèse de philosophie à Harvard, immense poète et grand connaisseur de la littérature française, T. S. Eliot discutera les propositions de Daudet sur Montaigne et assimilera celles qu'il avance sur Baudelaire [28]. Enfin et surtout, cet essai sera lu par l'un des plus grands psychologues du XXe siècle, Carl Gustav Jung. Deux fois au moins dans son œuvre, il s'appuiera sur des analyses de Léon Daudet, comme celle qu'il a découverte à propos d'un cas « de possession par l'âme de quelque ancêtre [29] » (ce que Daudet appelle les « psychofigures ancestrales ») pour appuyer ses propres théories sur la structure de la conscience. Il estime que *L'Hérédo* est un ouvrage « confus mais ingénieux [30] », qui entre dans le même champ de recherche que le sien, notamment à propos de l'inconscient collectif. La rencontre intellectuelle entre Jung et Léon Daudet est liée à leur intérêt commun pour le XVIe siècle et l'alchimie. Sur le thème de la vie mentale, que développent *L'Hérédo* et *Le Monde des images* (son complément, publié en 1919), Léon Daudet exercera une influence sur Édouard Pichon, le fondateur de la première société française de psychanalyse, maître de Françoise Dolto et maurrassien convaincu. D'après Antoine Foncin, la méthode proposée par Daudet « a donné en partie naissance à une thérapeutique, celle du rêve éveillé dirigé (chez Eugène Caslant et Robert Desoille) qui déclare ouvertement sa filiation [31] ». Cet aspect de l'œuvre et de la pensée de Léon Daudet ne peut se rattacher qu'indirectement à sa politique. Il n'est pas excessif d'affirmer qu'il échappera à la plupart des partisans de l'Action française.

Loin de cette investigation qui mûrit sans bruit, une dette de reconnaissance incite Proust à rendre hommage au travail de Léon Daudet. Dans l'article important qu'il consacre au style de Flaubert dans *La Nouvelle Revue française*, pour lequel il demande à Jacques Rivière une correction destinée à renforcer l'éloge, Marcel Proust glisse cette fleur rouge vif : « Une nouvelle critique littéraire découle de l'*Hérédo* et du *Monde des Images*, ces livres admirables et si grands de conséquences de M. Léon Daudet, comme une nouvelle physique, une nouvelle médecine, de la philosophie cartésienne. Sans doute les vues profondes de M. Léon Daudet sur Molière, sur Hugo, sur Baudelaire, etc., sont plus belles encore si on les rattache par les lois de la gravitation à ces sphères que sont les images, mais en elles-mêmes et détachées du système elles prouvent la vivacité et la profondeur du goût littéraire [32]. » Alors que Léon Daudet attire l'attention des lecteurs grâce à ses éclats de journaliste et d'écrivain pamphlétaire, il mène un travail parallèle à la fois plus discret et novateur, qui le fait naviguer entre la recherche psychique, la théorie symbolique et la critique littéraire. Très peu, parmi ses contemporains, savent reconnaître ce Léon Daudet.

Chapitre 17

La guerre intérieure

Au début de la guerre, Maurras et son mouvement ont soutenu la doctrine de l'Union sacrée, proclamée officiellement par Raymond Poincaré. Très vite, pourtant, les parlementaires retrouvent leurs divisions traditionnelles – les acharnés « parlementeurs » dont Léon Daudet a brossé quelques années plus tôt le portrait acide dans un roman satirique, *Le Pays des parlementeurs*. Alors que la guerre fait rage, les intérêts politiques se réveillent. En août 1916, Léon écrit une lettre ouverte à Clemenceau, pleine de colère : « Oh ! Comme je vous connais ! Votre élément, c'est le désastre national à condition de pouvoir y faire des mots. Vous appartenez à la génération absurde et aveugle qui, en 1870-1871, guettait une ascension politique sur les malheurs de la patrie [1]. »

D'autres poisons se révèlent peu à peu. Au bureau de l'Action française, Louis Dimier et Marius Plateau reçoivent des preuves accablant le ministre de l'Intérieur, Louis-Jean Malvy, supposé avoir soutenu le journal anarchiste *Le Bonnet rouge*. Ces preuves leur auraient été discrètement transmises par des collaborateurs de Clemenceau [2]. Le journal royaliste affirme détenir l'exclusivité de cette affaire. Expert en lutte anti-allemande, Léon décide de s'emparer de ce sujet dans son journal et de lancer une campagne impitoyable contre le « traître ». Il mène d'abord sa propre enquête, se documente et prend des renseignements. Il apprend que Malvy, ami de Caillaux, a bien eu des relations avec *Le Bonnet rouge*, particulièrement avec son directeur Miguel Almereyda, et qu'il subventionne ce journal. Celui-ci n'a-t-il pas attaqué *L'Action française* en 1915, conduisant contre elle une violente campagne ?

Almereyda a été condamné pour diffamation à un mois de prison et contraint à payer à Maurras et à Daudet des dommages et intérêts. En août 1916, Léon reçoit une lettre anonyme qui l'informe des activités d'Almereyda et de Duval, l'administrateur du journal anarchiste. Pour l'essentiel, les sources de Léon sont des lettres, voire des dossiers, comme celui que lui transmet le président de la commission de l'armée au Sénat, Henry Béranger. Il bénéficie peut-être aussi de fuites de la préfecture de police et de la Sûreté générale.

Face à cette campagne, le gouvernement marque de l'hésitation. Grâce aux renseignements fournis par Léon, Poincaré fait remettre à Maurras les preuves des liens entre Almereyda et l'Allemagne. Malvy et Caillaux deviennent les têtes de Turc de Daudet. Le premier a trahi, le second a voulu désarmer la France, allier celle-ci à l'Allemagne, remettre en question le service militaire, oublier les provinces perdues. Aux observations raisonnées, aux hypothèses plausibles, Léon mêle des supputations, des insinuations et des déductions imaginaires qui alcoolisent ses articles. La campagne s'amplifie et gagne d'autres journaux. L'affaire du *Bonnet rouge* se démultiplie elle-même en affaires Duval, Almereyda, Leymarie, Malvy, Lenoir, Desouches, Bolo, Caillaux… Maurice Barrès interpelle ainsi Malvy à la Chambre : « Parlez-nous de la canaille du *Bonnet rouge.* » Léon se rend chez le chef du service des renseignements du ministère de la Guerre, rencontre le président du Conseil Alexandre Ribot, le ministre des Colonies André Maginot, le général Mangin, exaspéré par cette affaire. Léon a beau avoir peur d'être assassiné, il estime qu'il faut faire preuve de ténacité alors que tant d'hommes sont au front, animés par le sens du devoir et du sacrifice. Les royalistes qui ne peuvent pas servir sous les drapeaux entendent accompagner l'effort des soldats en montrant l'exemple du patriotisme le plus intransigeant.

Quelques mois plus tard, alors que des organisations anti-allemandes se créent en France, Marius Plateau apprend l'existence du « chèque Duval » : le 15 mai 1917, une dénonciation anonyme permet de saisir à la douane de Bellegarde un chèque de 150 000 francs dont Duval, administrateur du journal *Le Bonnet rouge*, est le porteur. Ces fonds sont de provenance allemande. Cette fois, la République ne peut que procéder à une purge.

Le 23 juillet, au Sénat, Clemenceau accuse Malvy d'avoir trahi les intérêts de la France. « Le vieux tribun, rapporte Léon Daudet, transporté hors de lui-même, dans une région supérieure de la sensibilité nationale, était en possession de tous ses moyens, massif, les deux mains appuyées à la tribune, comme prêt à bondir. Ses regards, sous les épais sourcils, étincelaient et sa voix avait des profondeurs presque surnaturelles [3]. » Léon écrit à Poincaré pour lui demander que Malvy soit déféré aux tribunaux militaires. Mais tous ne sont pas dans d'aussi bonnes dispositions vis-à-vis de l'Action française, dont les services rendus au pays favorisent son image et sa stratégie. Ne s'agit-il pas de mettre la République à l'épreuve de l'intégrité patriotique qu'elle n'a d'ailleurs cessé de promouvoir dans tout le pays et de marteler dans les écoles ? Paul Painlevé, Théodore Steeg et Raoul Péret convoquent Maurras et Daudet au ministère de la Guerre, mais ils sont embarrassés. Quelques jours après, Léon remet à un magistrat du palais de Justice tous les documents qu'il possède sur l'influence d'Almereyda auprès de certaines personnalités du gouvernement. Réponse molle et confuse. En même temps, plusieurs articles de Léon sont censurés.

Accusé d'intelligence avec l'ennemi, Almereyda est finalement arrêté le 7 août. On le retrouve étranglé dans sa cellule sept jours plus tard. Aux yeux de Léon, cet assassinat, officiellement appelé suicide, est la preuve de la culpabilité embarrassante de l'anarchiste. Quant à Malvy, il préfère démissionner le 30 août, entraînant la démission du gouvernement Ribot. Cela ne suffit pas à Léon, qui écrit à Clemenceau et accuse Malvy d'intelligence avec l'ennemi : le président du Conseil Painlevé lit lui-même cette lettre dans l'hémicycle, le 4 octobre. Ni le gouvernement, ni le régime ne peuvent se sentir menacés par l'activisme de Léon Daudet, qui ne semble pas se douter qu'il peut être instrumentalisé à des fins purement politiciennes. Cependant, les adversaires de l'Action française ne peuvent-ils pas trouver chez cet acharné pamphlétaire une mise en cause générale de leur loyauté ? Peuvent-ils laisser penser que les républicains seraient moins patriotes que les royalistes ? Déjà sourdent contre ces derniers des critiques exaspérées, des indignations et des inquiétudes.

Pour que cesse cette campagne, et retourner l'opinion en sa faveur, Painlevé imagine qu'un complot monarchiste cherche à renverser le gouvernement. Peut-être entend-il dissoudre la ligue d'Action française, dont la plupart des membres sont sous les drapeaux. Clemenceau renchérit dans son journal *L'Homme enchaîné*, en reprochant à Léon Daudet de multiplier les accusations de trahison sans fournir de preuves. Au mois d'octobre 1917, la police perquisitionne le domicile de Maurras, 60 rue de Verneuil, celui de Daudet, 31 rue Saint-Guillaume, et celui de Marius Plateau, avenue de La Motte-Picquet. Tous sont priés de demeurer chez eux jusqu'à nouvel ordre. Dans un premier temps, les autorités annoncent qu'elles ont trouvé de nombreux papiers importants chez Maurras et Daudet – ce sont, en fait, des livres en vrac. Dans les locaux de l'Action française, où s'est rendu en personne le chef de la Sûreté générale, la police ne trouve que quelques trophées arrachés par les Camelots du roi, des drapeaux, des haltères, de vieux pistolets, des cannes plombées et une panoplie murale. Rien qui fasse songer à un coup d'État. L'effet de ces perquisitions ne se fait pas attendre. Il s'agit de « brimades inopérantes [4] », s'énerve Barrès. Dans *Le Figaro*, Alfred Capus justifie : « Léon Daudet et Charles Maurras sont des patriotes et des hommes d'une vie irréprochable [5]. » De Gustave Hervé à Arthur Meyer, ce ne sont que ricanements et suspicion envers ce Painlevé mal moulé. Le non-lieu est prononcé dès le 6 novembre. *L'Action française* exulte à longueur de pages sur cette « farce » que Léon, à la suite de Capus, a épinglée d'un nom génial : « le complot des panoplies ». Mis en minorité huit jours plus tard, Painlevé démissionne. Dans ses *Mémoires*, Raymond Poincaré (alors président de la République) évoquera la maladresse insigne de cet homme politique.

Ami de Léon Daudet, mais plus mesuré, Maurice Barrès fait remarquer : « Ce ne sont pas les divulgations de Léon Daudet et de Clemenceau qui rompent l'union et qui diminuent le moral du pays. Le mal vient des bocheries [6]. » L'affaire n'est pas terminée. Elle traîne en longueur par la faute du gouvernement, qui hésite à faire ouvrir une enquête. En novembre, une commission de trente-trois membres organisée par Paul Deschanel décide de renvoyer Malvy devant la Haute Cour, qui le condamne à cinq ans de bannissement. On lève ensuite l'immunité parlementaire de Joseph Caillaux, que la police arrête chez lui le 14 janvier 1918, et qui va connaître un long procès. Duval est condamné à mort, ses complices à de lourdes peines de prison.

Les anarchistes considèrent que Léon Daudet a du sang sur les mains.

Un jour, il le paiera.

Fatiguée par la guerre, la France connaît en 1917 une vague de mutineries – dont Léon attribue la responsabilité à Malvy, innocent sur ce point. Comme Maurras, il préconise une concentration des pouvoirs : « Politiquement, il nous faut une dictature de la guerre, déclare-t-il, une concentration et une mise en œuvre des pouvoirs nécessaires et suffisants à la conduite de cette sérieuse affaire [7]. » Ses vœux vont être satisfaits. Malgré l'opposition des socialistes et d'Aristide Briand, Clemenceau est appelé par Poincaré comme président du Conseil le 16 novembre 1917. Il choisit des ministres dociles, révoque les incompétents, restaure la confiance, réprime les grèves, les mutineries et les défaitistes, participe même au Conseil supérieur de la guerre. Léon estime que la République ne peut sauver la France qu'en devenant une « monarchie de la guerre » (l'expression est de Maurras) capable de rivaliser avec l'unité de l'empire allemand. La guerre de 1914-1918 est à ses yeux la preuve que le régime démocratique et parlementaire est incapable de préparer une lutte de vaste envergure et de conduire le pays à la victoire, sauf à se soumettre à des impératifs qui le dénaturent. Peu importe si Léon, Maurras et les autres rédacteurs du journal royaliste ont si souvent traîné dans la boue Clemenceau, du moment que ce dernier agit en fonction de l'intérêt national. L'urgence prime sur les préférences. La politique refait autant qu'elle défait les amitiés et les connivences…

Alors que les combats s'éternisent, la vie littéraire semble ralentie et circonscrite. En février 1918, Julia organise chez elle une soirée en l'honneur de Francis Jammes, qui prononce une conférence sur « la poésie religieuse et les sept jours de la Création ». Anna de Noailles est arrivée en retard, mais Marcel Proust et François Mauriac font connaissance. Sont également présents l'abbé Mugnier, mémorialiste souvent anecdotique et confesseur attitré des *gendelettres*, Jeanne Mühlfeld, qui tient elle aussi un salon brillant à Paris, et bien sûr, Léon Daudet, « tout bouffi de graisse jaune [8] » selon le mot peu amène de Mauriac. Les mondanités n'ont pas l'éclat d'avant guerre. Quelques jours plus tard, des coups de canon retentissent dans Paris. Les Allemands sont à cent vingt kilomètres et font jouer leur Grosse Bertha, pleureuse d'obus de huit cents kilos, sur des habitants affolés. Julia décide de s'éloigner de la capitale pendant les bombardements. L'église Saint-Gervais est frappée par un obus, puis la rue de Rennes, la rue Michelet... En mars, l'offensive de Ludendorff permet à l'ennemi d'enfoncer les lignes britanniques. Clemenceau nomme Foch généralissime des forces alliées : cette unité de commandement va pouvoir confondre la tactique allemande, fondée sur la division de l'ennemi. La débâcle allemande commence véritablement en octobre 1918, lorsque le prince de Bade, partisan de la paix, devient chancelier. Guillaume II abdique le 9 novembre.

Deux jours plus tard, au milieu d'une foule géante, Léon et de nombreux militants et amis de l'Action française participent au défilé triomphal qui part de l'Étoile pour aller aux Tuileries. « Des petites boutiques aux couleurs alsaciennes, aux noms de villes et de bourgs d'Alsace, où l'on vendait des drapeaux et des cocardes, décoraient l'avenue redevenue glorieuse, que garnissaient, de chaque côté, des centaines et des centaines de canons et de caissons, pris aux Boches par l'armée Mangin, se souviendra-t-il. Des avions traversaient l'air, volant bas, au milieu d'acclamations, de chants, de fanfares. C'était le débordement de la joie, le déliement de l'angoisse immense, aussi vaste que la nuit [9]. »

Une nuit qui – on l'ignore alors – a avalé 1,8 million d'hommes, du seul côté français. Le pays compte autant de mutilés et d'invalides, autant de veuves et d'orphelins. Pendant quatre ans, une large partie de la France a été un champ de bataille, alors que le territoire allemand est intact. Au lendemain du 11 novembre 1918, une partie de la gloire nationale rejaillit sur l'Action française : si elle s'est livrée à une chasse à l'espion de façon systématique, publiant avec fierté dans son *Almanach de 1918* le « tableau de chasse » de Léon Daudet, elle a milité pour l'Union sacrée et pesé dans le choix de Clemenceau pour terminer la guerre. De Proust à Rodin, de l'historien Augustin Cochin à Apollinaire, tous ont lu *L'Action française* comme le journal de référence du pays en armes, celui qui aurait contribué le plus largement à assurer la victoire. Qu'importent les excès de tel ou tel article. André Gide s'est abonné au journal. Maurice Maeterlinck écrit à Léon pour le féliciter des articles qu'il a écrits pendant la guerre. Quant à Walter Benjamin, il s'abonnera à *L'Action française.*

Si l'Action française a calmé ses élans contre-révolutionnaires, qu'elle a même accepté de travailler avec le régime pour aider la France à vaincre, elle devient dans l'après-guerre une force politique et morale de premier plan. Son journal est lu bien au-delà des cercles royalistes et nationalistes. Le mouvement royaliste est celui qui, en proportion, a offert le plus de vies à la patrie et c'est aussi celui qui a usé du langage le plus intransigeant, frôlant parfois la folie paranoïaque. Cependant, l'aura qui s'attache à l'Action française s'étend dans les cercles militaires et religieux, et auprès des anciens combattants. Comme la plupart des historiens s'accordent à le reconnaître, les années 1918 à 1926 verront l'apogée du mouvement royaliste.

L'heure est désormais à l'honneur des combattants tombés au champ d'honneur. Dans ce grand linceul moral et patriotique que la France épuisée doit à ses morts, les royalistes jouent un rôle essentiel. Le Suisse Jean Binet-Valmer, Camelot du roi et maurrassien des plus ardents, s'est battu comme un lion dans la Légion étrangère. Au lendemain de la guerre, il milite avec Maxime Réal del Sarte, chef des Camelots du roi, sculpteur renommé et blessé de guerre, pour que la présidence de la République place le soldat inconnu sous l'Arc de triomphe, entretienne la flamme, et érige le monument de la victoire, à Rethondes. Au début du siècle, les Camelots du roi ont réussi à instaurer la tradition d'un cortège de Jeanne d'Arc, chaque 1er mai, au prix de dix mille jours de prison cumulés. Les royalistes soutiennent Maurice Barrès lorsqu'il défend à la Chambre l'idée d'instituer une fête nationale de Jeanne d'Arc. Maurras consacre un recueil de souvenirs et d'hommages, *Tombeaux* (1920), aux morts de l'Action française, et l'un de ses poèmes les plus musicaux, « Le colloque des morts », aux amis qu'il a perdus. Quant à Léon, il a la bonne idée de présenter Jacques Bainville à Arthème Fayard, qui lui commande une *Histoire de France* qui fera date.

Afin de pouvoir profiter de son aura, l'Action française décide de participer aux élections législatives. Ce n'est pas que Maurras récuse le suffrage universel, encore moins qu'il rejette le principe du vote : il voudrait que le système électoral soit appliqué à l'échelle locale, où la population connaît mieux la réalité qu'à l'échelle suprême du pouvoir. Ensuite, l'Action française prétend user de tous les moyens, « mêmes légaux », pour donner un jour le pouvoir au prince prétendant. Dans ces élections à la Chambre, certains verront un virage, une compromission avec le régime, un grave oubli des accents contre-révolutionnaires du début du siècle. Il est vrai que Maurras a rendu plusieurs fois visite à Raymond Poincaré à l'Élysée et entretenu une correspondance avec lui, toujours au nom de l'impératif patriotique et de l'Union sacrée. Depuis 1918, Maxime Réal del Sarte est devenu l'ami de Clemenceau. À la naissance de sa fille en 1920, le Père la Victoire lui écrit : « Vous avez de belles qualités qui ne sont pas le partage, hélas ! de tous les Français. C'est à quoi la génération que vous préparez d'un si bel entrain aura le devoir de suppléer [10]. » En février 1919, lorsque Clemenceau est victime d'un attentat, Léon Daudet est l'un des premiers à se rendre au domicile du blessé pour prendre de ses nouvelles. Indépendamment de ces circonstances, la Chambre avait toujours compté des députés royalistes.

À côté du Bloc national constitué par Alexandre Millerand, l'Action française va donc former une Union nationale pour présenter des candidats. Léon se présente dans le IIIe secteur de Paris. Au programme : le refus de toute amnistie pour ceux qui ont commis des crimes envers la patrie, l'institution de la « part du combattant » – une prime pour les poilus, dont Maurras développe le projet dans un petit livre –, l'assistance aux régions dévastées par la guerre, une réglementation resserrée de l'immigration et la création d'une armée de métier [11]. Les élections ont lieu le 16 et le 30 novembre 1919. Le Bloc national obtient un succès éclatant, tandis que les royalistes n'obtiennent qu'une élection à Paris, celle de Léon Daudet.

Cette fois, c'est un lion qui entre dans l'arène. À peine les premières séances commencent-elles qu'il s'acharne sur sa bête noire, son ennemi juré, sa cible préférée : le président du Conseil. « Dans quel désarroi, lorsqu'il fut à la Chambre, le rire de Léon Daudet ne jetait-il pas un Aristide Briand, se souviendra le critique et essayiste catholique Henri Massis. Quand Briand, par sa mélodie, croyait tenir l'Assemblée tout entière sous le charme, quand tout et tous subissaient l'ensorcellement du vide, un rire faisait soudain retentir son tonnerre... Tout était rompu... Les conversations reprenaient leur train. [...] La réplique d'un adversaire fait rebondir l'orateur, *mais un rire* [12] ? » Un jour, au cours d'une séance, Léon lui inflige, pendant une heure, la lecture pleine d'emphase d'une suite de formules et de déclarations révolutionnaires que Briand avait écrites dans sa jeunesse et qu'il tentait d'oublier, sans que personne ne puisse interrompre ce flux. Non loin des huissiers pris de fou rire, la physionomie du président du Conseil « était quelque chose d'impayable [13] ». Caricaturiste dans le sang, rabelaisien à bout portant, Daudet détonne par rapport à ses confrères députés, pour la plupart braves notables des provinces profondes, respectueux des *gendelettres*, des bonnes mœurs et du règlement de l'Assemblée. Léon Daudet en fera l'aveu : « Mon paillasse de choix et celui sur lequel je m'essuyais les pieds avec le plus d'entrain, c'était, au premier rang, Aristide Briand. Il m'inspirait : et, quand je l'apercevais, méfiant déjà, la margoulette de biais sous sa pluie de cheveux sales, je me sentais d'aplomb comme jamais. » Léon mène contre lui une lutte d'autant plus féroce qu'elle redouble dans *L'Action française*, donnant à ses démolitions à la Chambre la consécration de l'écrit. Certes, Aristide Briand n'est pas la seule victime du pamphlétaire. Déjà Léon Daudet s'attaque à Léon Blum, conseiller d'État qui vient de monter pour la première fois à la tribune « d'une voix plaintive ». Mais avec Briand, il se régale, il se repaît : « Tout à coup, sur un banc du centre, auquel il s'appuyait de ses griffes fuselées, on vit se dresser un vieux chat, à la bouche oblique, enflée et mauvaise, tignassé, aux yeux blancs, bossu d'une seule bosse du côté droit. C'était Briand, qui tâtait le terrain, avant de se présenter à la nouvelle Chambre [14]. » Comparé à Iago, traître d'*Othello*, à un chat bossu ou à un fou laissé en liberté, Aristide Briand devient un personnage de théâtre satirique dont la moindre apparition ne peut plus être prise au sérieux. Le polémiste a décidé d'amuser la galerie : non seulement le public acquis de l'Action française mais, au-delà, les lecteurs qui voient enfin dans la vie politique une occasion de rire. Là où Clemenceau faisait tomber des ministères à coups d'exclamations cruelles et de colères feintes ou sincères, Léon agit par le rire, transformant la vie parlementaire en comédie tantôt burlesque, tantôt pitoyable. Armé d'une culture littéraire et historique redoutable, d'un nom célèbre et d'un tempérament hors du commun, il demeure où qu'il soit, et comme il veut, un écrivain.

Animalier, entomologiste, blagueur, Léon est l'héritier de la tradition polémique, des cymbales rhétoriques et des grosses caisses de la littérature pamphlétaire du XIXe siècle. Il prolonge le Victor Hugo des *Châtiments*, le ton d'Henri Rochefort. Sous sa plume, Zola est un « Vénitien de l'égout », Paul Deschanel s'appelle « Poldéchanelle », Léon Blum est « une sorte de lévrier hébreux, minaudant et hautain », Paul-Boncour, un « avocat à la coule, tout en ronds de bras et qui porte, sur un corps de poulet dorloté par les belles, une tête à la Robespierre que couronne une ondulation-platine argentée ». Clemenceau a l'air d'une « tête de mort sculptée dans un calcul biliaire », Poincaré est surnommé le « nain de Lorraine », et Albert Sarraut n'est qu'« un singe défraîchi [15] ». Dans le petit monde de Léon, le député Camille Chautemps se nomme « le courtois ténébreux », le parlementaire Franklin-Bouillon « Washington-Potage » et le journaliste Gustave Téry, « la truie verticale ». L'invention verbale ne se limite pas aux personnes, elle lui permet de créer des néologismes ravageurs : Léon Daudet parle ainsi de *crapulocratie.* Nourri de La Fontaine, il écrit contre l'Assemblée nationale une fable en vers, « La fille savante et le chat bossu ». Face à ce type d'attaque – récurrent chez Léon, mais dont il est loin de détenir le monopole –, Julien Benda s'exclamera : « C'est du tir à la carabine ! »

Cette verve pamphlétaire ne signifie pas que le député royaliste manque de stratégie, d'idées ni de buts. En 1920, il exulte en apprenant que, suite à ses longues campagnes de dénigrement et de calomnies délibérées, Joseph Caillaux est condamné à trois ans de prison, cinq ans d'interdiction de séjour et à dix ans de privation de ses droits civiques. En 1921, il triomphe avec toute l'Action française en faisant battre Briand à la Chambre, mettant fin à son mandat de président du Conseil. Parallèlement, Léon Daudet remplit le journal royaliste d'attaques personnelles, souvent obsessionnelles, qui contrastent avec les articles de fond de Jacques Bainville. Le premier s'agite en grognard des premières lignes, tandis que le second observe en général éloigné du front. Sous la plume de Léon, la dénonciation et le dénigrement ont tendance à tenir lieu d'intelligence critique. Encore parvient-il de temps en temps à des vues plus équilibrées et à élaborer des raisonnements construits. Tirant leçon de ses conversations avec Bainville et du chef-d'œuvre prophétique de cet historien, *Les Conséquences politiques de la paix*, il prévient ainsi ses collègues de la Chambre : « Il n'y a pas deux Allemagnes : il y a une thèse allemande qui préconise la reprise immédiate de la guerre… et il y a une seconde thèse, celle qui déclare qu'il faut retarder la guerre… pour mieux la préparer [16]. »

Dans la classe politique, beaucoup veulent croire dans la volonté pacifique du peuple allemand. Ému par le spectacle de deux nations épuisées, Aristide Briand se veut conciliant avec l'Allemagne vaincue et débitrice, et il se rêve garant de la paix internationale – qu'il soit président du Conseil ou ministre des Affaires étrangères. Il a combattu Clemenceau lorsque celui-ci, en 1918, poussait la France vers une victoire décisive, de la même façon qu'en 1928, il cherchera à mettre la guerre « hors la loi ». Naïveté et bêtise ! jugent Léon et ses amis. Comme Bainville, Daudet préconise de briser l'unité allemande et d'imposer le retour aux États et principautés que l'Allemagne a connus jusqu'en 1871, pour assurer la paix en Europe. Hanté par la guerre de 1870 dont son père a été l'un des meilleurs mémorialistes, frappé par la mort d'amis et de partisans de son camp de 1914 à 1918, il ne croit nullement à la thèse de la der des ders. Après une telle hécatombe, comment ne pas craindre la renaissance de l'Allemagne, dont, avec Bainville, Maurras et d'autres observateurs, il guette les signes inquiétants ?

Le député royaliste ne néglige pas pour autant les questions intérieures, ni les problèmes de société. Il se fait le champion de la défense des Humanités, une question d'intérêt national et de bon sens quand on est de langue française. Il débat notamment avec Ferdinand Buisson, grande figure de l'enseignement primaire et professionnel :

« M. Léon Daudet : La question de l'enseignement est donc primordiale. C'est pourquoi j'estime que, après une guerre comme celle-ci, il importe d'utiliser toutes les richesses de la nation. On a dit – et j'approuve entièrement cette parole – que tous les petits Français ont droit à l'enseignement intégral. C'est la thèse que j'ai toujours soutenue. Que sont, en réalité, les instituteurs, les professeurs en Sorbonne, les professeurs de facultés ? Ce sont des prospecteurs, des hommes chargés de découvrir et d'extraire les richesses contenues dans tous les gisements intellectuels. Or, dans toutes les classes sociales, il y a des gisements de richesses. *(Applaudissements.)*

M. Ferdinand Buisson : Tout le monde vous applaudit.

M. Léon Daudet : Il faut mettre les enfants des écoles primaires, par une année de latin, à même de passer dans l'enseignement secondaire, il faut les mettre à même de poursuivre les études latines. La question d'argent ne m'importe pas ! En matière d'enseignement, elle n'existe pas, c'est de l'argent placé à 150 %, à 10 000 % ? *(Applaudissements.)* La misère d'un pays, c'est de n'avoir pas des intelligences pour le guider [17]. »

Au cours d'une autre séance, Léon discute avec des députés radicaux ou socialistes à propos de traductions de Virgile et de Térence, pour déterminer lesquelles sont les meilleures.

Assez peu économiste (non moins que Briand et une génération qui ne s'y intéresse que faiblement), Léon Daudet en reste, dans les affaires sociales, aux projets du christianisme social adoptés par l'Action française, récusant à la fois le capitalisme sauvage et le socialisme collectiviste. Il s'en prend au capitalisme libéral et à l'interventionnisme fiscaliste, mais sa réflexion ne le mène pas plus loin dans le domaine économique.

Le député a beau être virulent, l'homme est très bien accepté de ses collègues. Il se montre cordial, accueillant et gastronome, il a une connaissance parfaite du règlement de l'Assemblée, et séduit tous ceux qui ont l'occasion de connaître sa conversation éblouissante. Ce polémiste tonitruant sait participer à un débat, écouter et échanger, il ne manque jamais une séance, et ne se permet pas le moindre retard. « Même les jours de congé, écrit Maurice Martin du Gard, il lui arrivait de venir au Palais-Bourbon [18]. » Souvent, il se divertit et amuse les autres en imaginant des blagues : un jour, il se fait passer pour le président de l'Assemblée nationale auprès de visiteurs américains. « Je dois dire que les premières semaines, et même les premiers mois de mon métier de parlementaire m'amusèrent – au sens enfantin du terme – beaucoup », confirmera-t-il dans son livre de souvenirs, *Député de Paris* [19]. Un autre jour, un député communiste cherche à le molester dans la salle de lecture : il lui flanque alors un coup de poing qui le débarrasse aussitôt de ce bolcheviste. Singulière charge que celle de député antiparlementaire ! Maurras se félicite du travail de Léon et l'écrit à Barrès : « Daudet réussit à la Chambre plus complètement que je n'ai jamais vu aucun nouveau réussir. Il n'y a pas de précédent [20]. »

Chapitre 18

DES FLEURS POUR MARCEL

EN 1919, MARCEL Proust adresse à Lucien – démobilisé en mars – le manuscrit du deuxième volume d'*À la recherche du temps perdu* : *À l'ombre des jeunes filles en fleurs.* Lucien le fait lire à Julia, et tous deux communient dans l'enthousiasme pour ce deuxième volet de la *Recherche.* À son tour, Léon lit ce roman que Lucien et Julia lui demandent de soutenir pour le prochain prix Goncourt. À Reynaldo Hahn venu lui demander ses intentions, Léon répond que Marcel peut compter sur sa voix. Mieux que cela, il mène campagne auprès de ses pairs de l'académie Goncourt. Le combat n'est pas gagné d'avance, puisque plusieurs membres du jury préfèrent Roland Dorgelès pour son roman *Les Croix de bois.* Rosny aîné, Henry Céard et Élémir Bourges se rangent assez vite du côté de Léon, tandis que Lucien Descaves et Léon Hennique votent pour Dorgelès. Marcel obtient le prix Goncourt par six voix contre quatre. Le 10 décembre 1919, Léon et ses collègues se rendent directement boulevard Malesherbes, chez Proust, pour lui annoncer la nouvelle.

En trois jours, le romancier reçoit 886 lettres de félicitations [1]. Cette récompense et cette reconnaissance seront essentielles dans la carrière de l'écrivain, en suscitant un regain d'intérêt pour le volume précédent, *Du côté de chez Swann*, et en facilitant la parution des volumes suivants de la *Recherche.* Le choix de l'académie Goncourt est vraiment l'œuvre du clan Daudet. Bien sûr, Lucien et Léon ne lisent pas Proust de la même manière. L'article du *Figaro* que le premier a écrit en 1913 sur *Du côté de chez Swann* révélait chez lui une lucidité de devancier. Mais le nez de Léon ne le trompe pas. En 1920, il ironisera encore sur ces détracteurs qui reprochaient aux membres de l'académie Goncourt « le choix du grand et délicieux écrivain, héritier de Montaigne et de Saint-Évremond, qu'est l'auteur d'*À l'ombre des jeunes filles en fleurs*, l'incomparable Marcel Proust, et j'avoue que leur colère nous a excellemment diverti [2] ».

Cette victoire pourrait rapprocher Lucien de son frère, qui a égratigné Oscar Wilde dans *L'Entre-deux-guerres*, en le prétendant « fait pour le sanatorium d'Elseneur ». Mais Lucien exècre l'Action française et ne veut pas toucher à la politique. Encouragé, trop encouragé peut-être par Marcel Proust, Lucien se détourne du roman. Une part de sa mélancolie tient à ce renoncement et à l'ombre de la gloire de son ancien amant. Déçu, parce qu'il n'a rencontré aucun succès durable – contrairement à son père et à son frère – et que ses écrits ne lui ont pas apporté la notoriété d'Ernest, il ne renonce pourtant pas à l'écriture. Son amour de l'art, sa curiosité pour la nouveauté, la tradition littéraire de sa famille, tout le pousse vers la création. Lucien s'essaie aux poèmes en prose avec *Évidences* (1920) [3], recueil qu'il dédie à son ami le comte Étienne de Beaumont. Parmi les envois, l'un d'eux est adressé « à Marcel Herrand, très affectueusement [4] » – Herrand, le subtil acteur qui immortalisera Lacenaire dans *Les Enfants du paradis*. « Rencontres », « Climats », « Inconfort », « Règlement » et les autres sections jalonnent ce recueil qui se distingue dans la vaste production de la maison Daudet. Celle-ci excelle dans le roman, non dans la poésie. L'intimisme musical, la nostalgie parisienne caractérisent l'écriture élégante et mesurée de Lucien. Comme dans une confidence adressée à lui-même, le poète semble méditer ainsi sa différence avec son frère Léon : « Quelle unité espérais-tu, toi qui ne comprends aucun nationalisme spirituel ou sentimental et qui t'es accordé le privilège d'exterritorialité [5] ? » Ailleurs, il avoue son sentiment d'échec à fleur de peau en s'adressant à lui-même : « Tu es un animal mou et sans défense. »

Est-ce par esprit de rencontre ou par hasard si Julia publie la même année un recueil de poèmes, *Lumières et reflets*, chez Lemerre ? C'est une poésie mineure, certes, où ne manquent pas les jolies tournures et les bons sentiments. Quant au recueil de Lucien, il reçoit un accueil poli. Dans *La Nouvelle Revue française*, Benjamin Crémieux note que ce livre « ne fera évidemment pas oublier les *Illuminations* [...] mais il contribuera, avec d'autres livres, à établir autour de ce chef-d'œuvre la multiplicité d'un genre, à prouver par là le bon droit et la légitimité de la tentative de Rimbaud [6] ». L'année suivante, Lucien publie chez Flammarion un ouvrage de souvenirs, *Les Yeux neufs*. Cette fois, c'est Albert Thibaudet qui chronique son livre : « Après ceux d'Alphonse et d'Ernest Daudet, les fort agréables souvenirs de Mme Alphonse Daudet et cette série de M. Léon Daudet, gonflée de verve, de style savoureux et de grosse santé, voici que M. Lucien Daudet ajoute avec *Les Yeux neufs* un cinquième nom à notre liste. On ne saurait rien imaginer de plus différent de *Fantômes et vivants* (où il y a plus de vivants que de fantômes). Le livre est en demi-teintes, avec peu d'anecdotes, et de jolis et mélancoliques sentiments d'enfant doux. Pas de mémoires de la vie littéraire, mais simplement de la vie, qui ne s'impose pas et qui éprouverait une certaine pudeur d'exister [7]. » Comme il est difficile de se faire un prénom dans une famille qui compte autant d'écrivains contemporains les uns des autres !

Lucien a beau fréquenter les salons parisiens, il se sent lié à une autre époque. Selon Paul Morand, à quarante-deux ans, Lucien a l'air d'un revenant [8]. Pourtant, les années vingt sont pour lui une période d'enthousiasme et de renaissance grâce à des découvertes artistiques fascinantes et une effervescence parisienne où tout ce qui compte d'artistes jeunes se côtoie, crée avec ivresse et talent, bouscule les genres, les formes et les académismes. Les années vingt sont des années de chorégraphies fabuleuses, de danseurs éblouissants, où l'on voit grandir le génie protéiforme de Stravinsky, où les couturiers français excellent et donnent au monde un nouvel ordre du goût, tandis qu'une littérature d'avant-garde s'affirme au sein du dadaïsme et du surréalisme.

Plongé dans la capitale de la fête artistique dont il est un symbole vivant, Lucien joue un rôle de relais, de conseiller et de joyeux drille qui cherche à noyer sa tristesse. À un bal donné chez Caryathis, la belle danseuse excentrique qui enseigne son art à Gabrielle Chanel et épousera bientôt Marcel Jouhandeau, on le voit déguisé en spectre de la rose. Sans doute, son costume défraîchi altère son charme. En le voyant, Roger Martin du Gard fustige méchamment « la grande pédérastie parisienne sur le retour [9] ». Avec Misia Sert, l'égérie de nombreux peintres et musiciens, il vend à Coco Chanel un parfum, « une recette de beauté » qu'il tient de l'impératrice Eugénie : cette eau marquera le début de la célèbre ligne des parfums Chanel. Les regards hostiles n'empêchent pas Lucien d'entretenir de nouvelles amitiés et de se livrer à des facéties. Plutôt qu'un snob – personnage suiveur, qui imite le goût des autres pour s'intégrer à eux, comme l'explique Frédéric Rouvillois dans son *Histoire du snobisme* [10] – Lucien est un dandy, un flaireur, toujours à la pointe du goût et de la nouveauté. Ces Années folles, auxquelles il prête sa propre fantaisie, sont celles de l'art moderne et de l'intense collaboration entre des créateurs qui s'illustrent dans des arts différents.

Par l'entremise de Cocteau, Lucien Daudet a rencontré le jeune compositeur Darius Milhaud, au moment où l'on commence à parler du « Groupe des Six », baptisé ainsi par le critique Henri Collet dans le journal *Comœdia.* Avec Jean Cocteau, Darius Milhaud travaille à la fondation de cette petite société d'amis compositeurs, et il organise une série de soirées dont les convives s'appellent les « samedistes ». En juin 1919, Lucien s'associe à l'exécution des *Choéphores* de Darius Milhaud – ballet d'après Eschyle, composé sur un livret de Paul Claudel – à côté de Cocteau, Arthur Honegger, Georges Auric et Francis Poulenc [11]. Ironie, on a placé ce doux personnage aux percussions. L'année suivante, il écrit pour Milhaud *Catalogue des fleurs*, cycle de sept poèmes que met en musique le compositeur, et qu'interprétera bientôt Irène Joachim, l'une des plus talentueuses chanteuses de mélodies françaises.

En dehors des spectacles, ce groupe d'amis se retrouve fréquemment dans Paris, notamment au bar Gaya. Là, ils sont rejoints par Marie Laurencin, Jean Hugo, Paul Morand et Raymond Radiguet. Un soir de 1920, on voit dans la même salle André Gide et son compagnon Marc Allégret, Diaghilev, Picasso, Poulenc, Mistinguett, Maurice Chevalier, Cocteau, Radiguet, Anna de Noailles, ainsi que Lucien Daudet, accompagné de Marcel Herrand. Un autre soir, c'est Lucien qui invite rue de Bellechasse, pour un cocktail, Étienne de Beaumont, Arthur Honegger, Paul Morand, et de nouveau Jean Cocteau, Raymond Radiguet – qu'il appelle « Son Altesse Impériale » – et Marcel Herrand. Pendant la période des répétitions du *Bœuf sur le toit*, raconte Darius Milhaud dans ses souvenirs, « Lucien Daudet nous aida avec un dévouement merveilleux. Sa mère, Mme Alphonse Daudet, qui tenait à être au courant de toutes les nouveautés littéraires et artistiques, nous recevait avec une extrême gentillesse [12] ». Le soir de la création de cette œuvre musicale, pour plaire à Cocteau et à Milhaud, Julia fait servir « en guise de dessert une petite maison en caramel surmontée d'un bœuf, le tout dressé sur une glace à la vanille ». Organisateur de la première, Jean Cocteau demande à Lucien d'envoyer trois cents pneumatiques, et c'est encore Lucien qui, en personne, tient le contrôle des spectateurs. Ce soir-là, en même temps que *Le Bœuf sur le toit*, on joue *Trois petites pièces montées* de Satie, *Fox-trot* d'Auric et les *Cocardes* de Poulenc. En 1934, Milhaud sera le compositeur tout indiqué pour écrire la musique de *Tartarin de Tarascon*, film de Raymond Bernard, avec Raimu et Charpin.

Ami de Tristan Tzara, Lucien sympathise aussi avec Max Jacob. Naturellement, il fréquente le salon du comte Étienne de Beaumont, descendant d'une vieille famille de France et mécène très riche, passionné par les arts et amateur de bals costumés – il a fourni à Raymond Radiguet le modèle de son comte d'Orgel. Là, Lucien s'essaie à la danse rythmique en collant noir, cause avec Picasso et déjeune avec Francis Poulenc, homosexuel comme lui. Au cours d'une soirée déguisée organisée chez Carya, il s'habille en moine, tandis que son ami Max Jacob revêt une gandoura blanche qu'il lui a prêtée. Avec Cocteau et d'autres compères, il court au cirque Medrano, qui lui inspire des poèmes. Il compte parmi les rédacteurs du *Coq*, l'éphémère revue que « Jean » a lancée en 1920. Ce dernier dédicacera son roman *Le Grand Écart* « à Lucien Daudet, que je considérerai toujours comme mon meilleur ami ».

Avec Lucien, la famille Daudet est entrée dans l'effervescence artistique du XXe siècle. Avec Léon, elle reste attachée au XIXe siècle, même lorsque, critique littéraire, le fils aîné d'Alphonse reconnaît quelques-uns des grands génies du siècle nouveau. Le pouvoir créateur de Léon, compulsif, multiple, est marqué par les mentalités, la culture et la pensée des années 1890-1900, qui sont celles de sa première maturité. Plus discret, moins fécond, Lucien accompagne la vie artistique de l'avant-garde sans y participer directement, n'hésitant pas à ouvrir son carnet d'adresses pour aider ses cadets dans leur ascension personnelle. Ce sont surtout leurs préoccupations qui distinguent les deux frères dans les années vingt : tandis que l'un s'élance dans l'avant-garde et le spectacle parisiens, l'autre se plonge dans la mêlée politique, au cœur des inquiétudes nouvelles que génère l'après-guerre.

Pas davantage que Maurras et Bainville, l'aîné des Daudet n'est satisfait par les traités de Versailles, de Sèvres et de Trianon, réglés par les Américains, les hommes d'affaires et les diplomates français et anglais. Le découpage de l'Europe nouvelle leur semble gros d'une guerre prochaine, peut-être encore plus terrible que la précédente. *Les Conséquences politiques de la paix* de Bainville apportent un élément fondateur aux prises de position du journal royaliste en matière de politique internationale. Toujours animé par la colère envers le pays qui a déclaré la guerre à la France en 1914, Léon développe une thèse dont l'Action française fera l'un de ses principaux thèmes : « Je ne crains pas d'affirmer que l'entrée de nos troupes dans la Ruhr et la certitude de voir l'Allemagne ainsi contrainte à payer ce qu'elle nous doit, jointe à la sécurité définitive de nos frontières, soulèveraient chez nous un réel enthousiasme [13]. » Dans un autre article, il condamne le sentiment antiautrichien et la fascination pour la Prusse, deux constantes d'une tradition française complètement aveugle. « Cette maladie, d'origine vraisemblablement anticléricale et démocratique, a pour principaux symptômes une phobie extrême de l'Autriche, même vaincue et démembrée, une certaine indulgence et sympathie admirative pour la Prusse et le respect fondamental de l'unité allemande, sous l'hégémonie de Berlin [14]. » Débonnaire vis-à-vis de l'Allemagne, Aristide Briand se montre implacable avec l'Autriche. Au lieu de maintenir les États autrichiens unis et de fédéraliser l'Allemagne, les anticléricaux français, Briand, Caillaux et Clemenceau ont entrepris le contraire, promettant l'Europe aux hécatombes futures. La monarchie austro-hongroise et l'Empire ottoman démantelés, l'Europe redessinée prête le flanc aux revendications pangermanistes.

Demeuré fidèle au vocabulaire *antiboche* de la Grande Guerre, Léon ne voit pas d'un mauvais œil les désordres multiples qui étreignent l'Allemagne : crise monétaire, agitation révolutionnaire, oppositions radicales entre militaristes et communistes. On le voit écrire contre les Allemands des lignes qu'il n'a jamais écrites contre les juifs, au pire moment de son antisémitisme. Il est vrai que le comique, le jeu verbal, le style tendent à désamorcer la violence du journaliste rabelaisien : « Je ne crois pourtant pas avoir une mauvaise nature, mais plus ça flambe, plus on s'assomme chez l'ennemi héréditaire et plus je suis content. L'idéal, ce serait qu'au-delà du Rhin, trente millions d'Allemands réactionnaires demeurassent, pendant un siècle ou deux... ou même trois, aux prises avec trente millions d'Allemands révolutionnaires, s'égorgeant, s'asphyxiant, se bombardant à petite, moyenne et longue distance, se tirant les boyaux du ventre et la cervelle de son canton, au nom de Luther, de Spartakus, de Guillaume II, de Noske, de Wagner, de Nietzsche [...], mettant le feu à Moabit, à Charlottenbourg, à Munich, à quelques quartiers de Dresde, voire de Stettin et de Nuremberg, se faisant réciproquement bouillir, griller, à l'étouffée ou en daube, avec ou sans saucisses et autres *delikatessen*, au besoin en mangeant et se digérant [15]. » L'imagination morticole de Léon Daudet traduit une profonde exaspération française contre un ennemi que les pays vainqueurs rendent seul responsable de la guerre.

Le jeudi 24 mars 1921, Léon quitte son domicile par un temps superbe et parvient à l'intersection entre la rue de Luynes et le boulevard Saint-Germain. Soudain, en arrivant à la hauteur de trois hommes qui semblaient attendre quelqu'un, l'un d'eux, grand et solide, lui assène un coup de canne en lançant une accusation rageuse : « Voilà le salisseur public ! » Léon Daudet riposte aussitôt, maîtrisant l'agresseur avant de se précipiter jusqu'à une pharmacie. Blessé au bras, Léon a fendu la peau du crâne de son ennemi, un ancien administrateur des colonies et officier de réserve. Comme son homonyme de 1835, Jacques Fieschi a manqué son attentat : le premier avait été perpétré contre le roi Louis-Philippe d'Orléans, le second, contre un royaliste orléaniste. Dès le lendemain, Léon commente l'agression dont il vient d'être victime. Au cours du procès en correctionnelle, Fieschi déclarera n'avoir rien prémédité et n'avoir pas été en service commandé. Il n'aura qu'une condamnation avec sursis. A-t-il été excité contre Daudet par « un parfumeur mégalomane imbécile [16] », Sportuno, dit François Coty ? ou bien y aurait-il derrière tout cela une affaire de femme, si l'on en croit les propos allusifs des deux compères qui entouraient l'agresseur ?

Cet incident marque en tout état de cause une étape dans les menaces qui pèsent sur Léon depuis qu'il est devenu un

« procureur du roi [17] », comme il s'appelle lui-même. « Le plus beau témoignage pour Léon Daudet, commente glorieusement Maurice Pujo, c'est d'être l'homme le plus haï des mauvais Français [18]. » Les mœurs politiques, il est vrai, ne cultivent ni la douceur, ni la bienveillance. À côté d'une caricature haineuse, où Léon apparaît comme un masque libidineux et grotesque, *L'Humanité* défend les trois « citoyens [19] » – Fieschi et ses comparses – qui se sont livrés à un « exercice hygiénique ». La loi du genre vaut à l'agresseur d'être agressé, sans que l'on sache toujours qui a tiré le premier. Modèle de rage et d'obstination dans la presse d'opinion, Léon Daudet sait transformer en hymne comique les haines soulevées contre lui : « Personnellement, j'ai été traité de diffamateur, d'assassin, de maître chanteur, de captateur de testament (?), d'agent des Jésuites, de l'Autriche, de Rome, d'exploiteur de vieillards, de femmes et d'enfants, de buveur de sang, de belliciste, de poltron, de pantouflard, de dévergondé, de débauché, de falsificateur de documents, de faussaire, de bandit, de mufle, de goinfre, d'ivrogne, de dément furieux, d'ignoble, d'inexistant, de barbare, de sauvage, de porc, de veau, de cafard, de rat d'égout, de brute sans nom, de chambellan, de courtisan, de suppôt de sacristie, d'estampeur de nobles, de douairières et de curés, de fourbe, de chouan, de procureur du roi, de bourreau, de monomane, de sadique, de pantin, de fantoche, de chauvin, d'ignare, de paresseux, de menteur, de crapule, de canaille, de tartuffe, de brute… et je m'excuse d'une énumération si incomplète [20]. »

La violence verbale n'est pas l'apanage de l'Action française. Elle éclate au Parlement. Dans la presse. Il est impossible de savoir si une telle pratique entraîne à la violence physique, ou si au contraire, l'éclat du verbe empêche certains partisans d'aller plus loin. Les extraordinaires diatribes de Léon Daudet ne prolongent pas seulement une tradition et un genre littéraires, elles correspondent à un goût de l'époque, à l'attente d'un lectorat qui veut en découdre, au moins symboliquement. Dans ces débordements, il faut aussi reconnaître l'intransigeance d'une ère qui ne connaît point le relativisme, et qui donne en même temps une extraordinaire liberté aux journalistes et aux écrivains. La IIIe République tolère l'expression de l'antisémitisme et du racisme. Enfin, avec le recul, on est tenté de voir dans l'agressivité parfois extrême de Léon un aveu d'impuissance en même temps qu'un orgueil démesuré. « Notre force est d'avoir raison », clame *La Royale*, l'hymne de l'Action française.

Le 20 août 1921, le frère aîné d'Alphonse Daudet, Ernest, meurt après une brève maladie, âgé de quatre-vingt-quatre ans. Il était en train de terminer un roman historique, *Ministre*, dans lequel il mettait en scène Émile Ollivier, la cour de Napoléon III et l'Empire libéral dont il avait été l'agent, en partie malgré lui. Au fil des ans, Ernest était aussi devenu le doyen de la presse française, un historien respecté de l'Université. Sa disparition, relatée dans de nombreux journaux, est aussi l'occasion de quelques perfidies à l'endroit du neveu, Léon. *Le Figaro* remarque qu'Ernest Daudet « n'avait point le goût des polémiques violentes [21] », et qu'il était « d'abord un sage, un libéral tranquille et un homme très bien élevé ». Plus directe, *L'Humanité* note qu'Alphonse Daudet eut « un fils qui fut peut-être une faute [22] », en parlant, bien entendu, de Léon. Paradoxalement, la mort de l'historien sert à attaquer son neveu, comme si l'on pouvait opposer un Ernest-le-Grand à un Léon-le-Petit. L'histoire de la littérature préférera l'inverse, en retenant Léon, dont certaines œuvres sont toujours rééditées aujourd'hui. Peut-on mettre sur le même plan un journaliste politique fortement engagé, lié à une école de pensée et à une organisation militante, et un historien qui hanta surtout les bibliothèques et qui préféra éviter de s'exposer ?

Ernest Daudet disparu, la moisson littéraire revient principalement à Léon. Cet admirateur du XVIe siècle et de l'œuvre de François Rabelais publie coup sur coup le roman *Un amour de Rabelais* (1920) et les *Dicts et pronostiquations d'Alcofribas Deuxième, pour le bel an MCMXXII, par Léon Daudet, de l'Académie Goncourt.* Là, l'écriture pamphlétaire prend un air de comédie souvent burlesque, où les morceaux de bravoure ne manquent pas. Les hommes politiques de l'époque voient leur nom transformé. Ils deviennent : « Millerandus, qui présyde la Respublique, à bonnes fins et crebaison. Aristidès, qu'on dict Briandus et bon macro. Ichtus, chief des macrotins et amy d'Aristidès. L'Oucheur, menistre, tout garny et farcy d'or. » Pamphlet politique, cet ensemble de seize chapitres parodie d'un bout à l'autre l'écriture de Rabelais en suivant l'orthographe et la grammaire du XVIe siècle. À l'instar de son illustre modèle, l'écrivain recourt aux néologismes. Comme

Rabelais aussi, Daudet satisfait par le style comique, les images et le ton son besoin de violence punitive. L'actualité de 1922 s'immisce constamment dans ce style ancien, mais « Alcofribas Deuxième » n'hésite pas à rappeler l'histoire du régime : « À partir de Waldeckus et sous général Gallifiant, puis Andreas à la gifle, fut fondée, organisée et même bien surveillée, milice de délation militaire, qui passa peut-être un petit mesure [et le fis-je à l'époque observer, pour ce que me déplaisoit la mesmes gueule du mesme Combes, puisse Satanas le faire bouillir !] mais affermit néanmoins Respublique en amoindrissant genz armez, rendant leur condition risible ou honteuse, comme de moine, curé ou capelan, bonne sœur, tourière, ou crestain. Item, en 1914 advint guerre, qu'aulcun respublicain n'avait prévue [23]... » Avec cet essai, Léon Daudet affirme son affinité avec un siècle qu'il a déjà célébré à travers Shakespeare. Alors que son ami Charles Maurras cultive le Grand Siècle classique, celui de Louis XIV et de Racine, Léon se sent plutôt attiré par le XVIe siècle, avec sa science des monstres, son anatomie, son alchimie, son goût de l'érudition et de la profusion des images.

Avec régularité, Léon Daudet écrit également des romans à la facture traditionnelle, sinon rebattue. Au mois d'octobre 1921, l'écrivain publie chez Flammarion *L'Entremetteuse*, dédié à Marcel Proust, « maître de l'improvisation, histologiste de la vie intérieure ». Cet ouvrage relève d'une série de romans où Léon se veut investigateur et moraliste : « La plupart de mes romans sont mêlés de clinique et de psychologie, d'aventures amoureuses et sociales, d'hypothèses scientifiques plus ou moins hardies, comme tout ce qui s'est publié en librairie depuis que la littérature française romanesque a pris son essor, se justifie-t-il. Beaucoup d'entre mes livres ont une idée morale, par exemple *La Lutte*, sur la morphinomanie, *La Mésentente*, sur ce grand drame clos qu'est la frigidité conjugale, ou encore *Les Deux Étreintes*, sur la diplopie intellectuelle et sentimentale qui partage une femme douloureusement [24]. »

Malheureusement pour ce roman, *L'Entremetteuse* paraît dans un contexte très défavorable. Jusqu'alors, les romans de Léon Daudet n'avaient posé aucun problème à l'Église de France, d'autant moins que nombre de prêtres, et presque tout le haut clergé, voyaient dans l'Action française une alliée utile, quoique son langage fût peu évangélique. Mais depuis 1913 au moins, une minorité de journalistes et de théologiens, des prêtres progressistes ou simplement inquiets ont entrepris de détourner l'opinion catholique de l'Action française, jugée païenne, libertine, athée, *naturaliste*, ou encore concurrente. Le sujet de *L'Entremetteuse* – le proxénétisme – donne aux adversaires de Léon Daudet une occasion de l'attaquer. Dès l'apparition du roman, l'abbé Bethléem en dénonce « l'effrayante obscénité ». D'après *La Semaine religieuse*, très lue, « l'histoire est plus que scabreuse. Le pis est qu'elle est racontée avec les détails les plus concrets ». Dans *Ouest-France*, Anatole Manceau dénonce ce roman, qu'il juge scandaleux. Un autre article s'en prend à l'« empoisonneur public », à « ce malade lubrique, ce quinquagénaire libidineux, cet incorrigible et répugnant maniaque de l'obscénité [25] ». « C'est ce Léon Daudet, l'auteur de *L'Entremetteuse* et d'une douzaine d'autres livres toujours en circulation et non moins ignobles, qui chante la gloire de Jeanne d'Arc », conclut *Ouest-France*. L'abbé Trochu va jusqu'à publier une brochure formée d'extraits de romans précédents de Léon Daudet pour en faire un pornographe.

On peut certes invoquer le cas de *La Garçonne*, roman de Victor Margueritte qui a déclenché un scandale analogue la même année. Mais il faut convenir qu'une frange active du catholicisme suspecte l'Action française de tous les maux, lui reprochant notamment la part positiviste de sa doctrine, sa contribution à la reconnaissance du *libertin* Stendhal, critiquant le goût affiché de Maurras et Bainville pour Voltaire, en qui les deux écrivains voient l'un des plus géniaux stylistes de la langue française. Le père Janvier, que Léon considère comme son directeur de conscience, lui reproche de sacrifier la morale de l'Évangélisme au réalisme [26].

Devant cette levée de pieux boucliers, et la menace d'une condamnation de l'Action française par l'Église, Léon décide de faire amende honorable. Dans une lettre adressée au cardinal Dubois, il annonce qu'il va faire retirer son livre des librairies. Ses adversaires les plus féroces font observer que le coupable a attendu sept mois pour renier son ouvrage, période qui lui a permis de toucher l'essentiel de ses droits d'auteur. Tirée à soixante mille exemplaires, *L'Entremetteuse* est pilonnée à la demande de l'auteur. Ce rebelle entend montrer patte blanche devant l'opinion catholique.

En dépit de cette obéissance à rebours, Léon tient de la tendance libertaire de son père. Il observe les formes catholiques et tient à la tradition religieuse de sa patrie, parce qu'elle est une source d'ordre et de progrès moral pour la personne humaine, mais Léon Daudet n'est pas un chrétien de stricte observance, qui vivrait selon les règles du catéchisme ou dans la contemplation mystique. Il cite Bossuet davantage que saint Mathieu et saint Jean. Avec sa langue forgée à coups d'épée, ses épouvantails politiques et moraux, ses insultes mercenaires, ses enthousiasmes d'arquebusier, et de gros doigts peu faits pour la porcelaine, Léon s'apparente à ces séditieux du XVIe siècle, qui cultivaient les arts en même temps que les armes. Ou bien au cardinal de Retz. Le jardin intérieur de son style ne réserve aucune fadeur ni censure, la pudibonderie n'étant bonne qu'aux raseurs, aux hypocrites, aux buveurs d'eau et à ceux qui, sous couvert d'élévation, n'aiment point la vie. Le gigantisme omniprésent dans les essais, les articles et certains romans de Léon Daudet procède de la part la moins chrétienne et la plus païenne de Saint-Rabelais, encore que l'exagération lui apparaisse comme un principe pour mieux voir et faire voir. Grossi, le verbe pourrait mieux sauver des périls. Léon ne recherche pas dans le magistère de l'Église le programme de son action et de sa parole. Trop libre, trop écrivain. Son catholicisme lui fournit moins une identité qu'une problématique, et c'est peut-être ce qui en fait un chrétien vivant, beaucoup moins figé que le catholicisme bourgeois du siècle où il est né.

Le temps est donc venu d'en finir avec le XIXe siècle et de revenir à des sources plus profondes, à la « substantifique moelle » de la culture, ou encore à la « dive bouteille » dont Rabelais avait fait le symbole d'une quête monarchique et française. Mais on ne touche pas impunément à un soubassement culturel du régime en place, qui constitue aussi une véritable *doxa*. Au mois de mai 1922, les fragments du *Stupide XIXe siècle* publiés dans *La Revue universelle* (revue d'obédience maurrassienne dirigée par Henri Massis et Jacques Bainville) déclenchent encore un beau tollé. Alors que le livre ne paraîtra qu'au mois de juin, la revue *Les Marges* publie en mai un numéro spécial de défense du XIXe siècle, qui réunit une batterie de soixante écrivains pour répliquer à ce perturbateur. « Il me reste à les remercier tous en bloc, et individuellement, de faire à mon bouquin une publicité anticipée fort inattendue », répond Léon Daudet dans *L'Action française* [27]. Discuté ou applaudi, Léon est heureux de provoquer des réactions. Même le jeune Malraux s'offre de recenser l'ouvrage dans la NRF. Mais c'est Albert Thibaudet, l'un des plus grands critiques et essayistes de son temps, qui répond à Léon par une sage réhabilitation du siècle incriminé. Cette défense du XIXe siècle trahit aussi une préoccupation politique : en attaquant le romantisme, pourtant né à droite, Léon Daudet met en cause la Révolution française. *Le Stupide XIXe siècle* constitue ainsi un prolongement polémique de *Romantisme et Révolution* de Maurras. Et il fait mouche. Avec une intelligence souvent remarquable, la presse se demande si le XIXe siècle est un peu, complètement ou pas du tout stupide, ne s'attachant la plupart du temps qu'à discuter le sens du titre, et non pas les idées de l'auteur. Ce n'est pas sans un malin plaisir que Paul Bourget salue l'ouvrage dans la très populaire *Illustration*, en rappelant que Daudet ne conteste pas la valeur littéraire des écrivains dont il parle, et qu'il s'attaque avant tout au point de rencontre entre littérature et politique, aux poncifs que trop d'écrivains ont répandus dans la société.

Selon Daudet, ceux qui conduisent la politique de la France ont été pétris par le prophétisme, les clichés, les jugements historiques aberrants de Victor Hugo, ils ont récité celui qui avait chanté « l'épanouissement du genre humain de siècle en siècle », « l'éclosion lente et suprême de la liberté [28] ». *Le Stupide XIXe siècle* apporte ainsi une vaste confirmation aux *Trois idées politiques* (1898) de Maurras, mais sous la forme d'enquête polémique et de souvenirs mêlés : Daudet et son maître en royalisme savent à quel point, en France, l'imaginaire littéraire a gonflé les rêves de l'opinion publique et les ambitions de politiciens, de diplomates et de membres de la haute administration. Chateaubriand, Hugo, Zola, ont soufflé dans les trompettes d'une nouvelle apocalypse destinée à produire la transfiguration paradisiaque de l'enfer terrestre. Comment les croire, après la chute prodigieuse de 1870 et l'hécatombe sans précédent de la Grande Guerre ?

Daudet fournit un chaînon à la grande récusation du romantisme dont l'école d'Action française a fait l'un de ses atouts les plus originaux, dans toute la durée de son histoire : de Charles Maurras et Jacques Bainville à Thierry Maulnier et Pierre Boutang, en passant par Léon Daudet, ce courant critique cherche à instaurer une forme de réalisme politique qui conteste la confusion pratiquée entre politique et littérature, le sacre de l'écrivain, l'inhibition narcissique qui a conduit certains écrivains romantiques à fausser leur regard sur l'ordre du monde. Par exemple, le principe des nationalités, qui a déchiré l'Europe du XIXe siècle, n'est qu'une traduction de la confusion individualiste inspirée par Jean-Jacques Rousseau et ses émules romantiques. Le culte du sentiment et de la sincérité a conduit à ignorer le mal qui gît dans chaque être humain. Le goût des grands mots, Liberté, Égalité, Démocratie, masque la vérification par l'expérience et la raison. Pour ce courant intellectuellement aussi riche que celui de Port-Royal, il faut rendre la politique à l'intelligence critique, revenir sur une hégémonie qui a commencé au XVIIIe siècle, et qui a manifestement fait dévier ces têtes *bovarysées* que sont les Jaurès, les Briand, voire les Clemenceau, mauvais fabricants de paix et vrais provocateurs de défaites. Léon n'hésite pas à circonscrire la période à laquelle il s'attaque : 1789-1919, c'est l'âge de la plus grande stupidité française – mais celui qui suivra apportera un complément plus lourd encore.

Dans sa préface, Léon Daudet fait la liste de vingt-deux clichés véhiculés depuis le XIXe siècle :

« – Le XIXe siècle est le siècle de la science.

– Le XIXe siècle est le siècle de la démocratie, qui est progrès et progrès continu.

– Les ténèbres du Moyen Âge.

– La religion est fille de la peur.

– Il faut remplacer l'étude du latin et du grec, qui est devenue inutile, par celle des langues vivantes, qui est utile.

– La propriété, c'est le vol. Le capital, c'est la guerre.

– Les hommes naissent naturellement bons. C'est la société qui les pervertit [29][...]. »

Démystificateur, exorciste du XIXe siècle – Philippe Muray avant la lettre –, Léon se place dans le sillage de *L'Exégèse des lieux communs* de Léon Bloy et de *Bouvard et Pécuchet* de Flaubert. Pamphlétaire, moraliste, écrivain avant tout, Léon excelle dans l'éreintement joyeux, la caricature et l'ironie, usant d'un style tour à tour caustique et assassin, proche de la causerie, n'hésitant pas à mettre sur le même plan des anecdotes biographiques et l'histoire de la pensée, le langage critique et la sommation. Quelquefois, il brille dans l'apophtegme : « Vous distinguerez le libéral à la crainte qu'il a d'être traité de réactionnaire. » Mais il séduit surtout par l'illusion qu'il procure, grâce à sa vaste culture, de savoir résumer les époques, les esprits et les articulations historiques, quand bien même il prendrait surtout le parti d'en rire. « Je n'ai pas écrit ce livre véridique, ce livre de bonne foi, affirme-t-il, pour autre chose que pour rendre cœur à la Réaction, c'est-à-dire aux reconstructeurs, dans tous les domaines », pour s'opposer aux « stupidités révolutionnaires et libérales » et à leurs « principes de mort [30] ». Le propos n'est pas absolument nouveau : le polémiste dira sans farder sa dette à son ami Maurras, « le maître incontesté de notre génération [31] », dont les *Trois idées politiques* l'ont aidé à féconder les siennes.

Reconstruire, écrit Léon Daudet. *Réagir*, affirme Maurras. L'un et l'autre oublient parfois que la vie n'est pas que réaction, qu'elle est aussi bien action et création. Léon Daudet n'est pas de bonne foi autant qu'il le dit. Mais telle est la loi du genre. Un pamphlet ne fait pas dans le détail, et *Le Stupide XIXe siècle* comporte une charge extraordinairement stimulante à travers une foule de détails littéraires et historiques. C'est d'ailleurs ainsi que les lecteurs de 1922 savent le recevoir et l'interpréter, sans forcément adhérer à tous les jugements de cet auteur tumultueux. Le poète Max Jacob écrit à Léon pour lui dire son enthousiasme : « Cher monsieur et très admiré maître, j'ai dévoré votre *Stupide*. En ce moment nous le lisons par petites tranches pendant des heures à haute voix », avec des amis et des prêtres. « Quant à moi qui ne connaissais de vous que les romans, je fais le projet de connaître tout ce que vous avez écrit. » Max Jacob trouve enfin chez Léon Daudet « un comique qui *égale* Swift ou Rabelais. Le comique qui vient d'une compréhension philosophique de l'histoire des hommes, des âmes. Quand on a atteint ce comique-là on a écrit ce qui est immortel [32] ». Ce qui n'empêche pas Max Jacob d'exprimer ses réserves à Jean Cocteau, en déplorant surtout les pointes antisémites et de véritables sottises sur l'origine allemande du laïcisme. « C'est un homme de bibliothèque égaré dans les idées et la politique par un tempérament bouillant, confie-t-il à Jean Cocteau. Au fond il m'est très sympathique : je le trouve drôle et plein de talent pour le théâtre !! Ce serait un acteur épatant : Guitry [33]. » Indépendamment des ventes – douze mille exemplaires –, *Le Stupide XIXe siècle* apparaît bientôt comme l'un des essais les plus marquants de Léon Daudet, l'ouvrage le plus symbolique de son talent pamphlétaire.

À un correspondant, Marcel Proust affirme que Daudet lui donne chaque jour « une nouvelle raison de l'idolâtrer [34] ». Jamais Léon n'a manqué une occasion de dire du bien de Proust dans une *Action française* parfois pudibonde jusqu'au comique. Il n'est pas d'ancien dreyfusard plus fidèle à la lecture de ce journal royaliste, ni, sans doute, d'écrivain plus fasciné par Léon Daudet. En préfaçant *Tendres stocks*, de Paul Morand, il évoque ses « maîtres MM. Léon Daudet et Charles Maurras, et leur délicieux émule M. Jacques Bainville [35] ». Si Marcel Proust ne manque pas de réprouver l'antisémitisme de l'Action française, surtout dans sa correspondance, il ne fait pas de doute qu'il trouve dans le courant royaliste un écho à son antimodernité et à ses exigences d'ordre littéraire. En 1921, il a proposé à *L'Action française* et à *La Revue universelle* un éloge tellement dithyrambique qu'on le lui a refusé. Il faudra attendre la publication de son *Contre Sainte-Beuve*, en 1954, pour que l'on puisse connaître le contenu de cette apologie : « Ne pouvant plus lire qu'un seul journal, je lis, au lieu de ceux d'autrefois, *L'Action française.* » Dans « quel autre journal le portique est-il décoré à fresque par Saint-Simon lui-même, j'entends par là Léon Daudet ? Plus loin, verticale, unique en son cristal infrangible, la colonne lumineuse Bainville. Que Maurras, qui semble détenir aujourd'hui le record de la hauteur, donne sur Lamartine une indication générale, c'est pour nous mieux qu'une promenade en avion, une cure d'altitude mentale ». Évoquant ensuite le récent volume de *Souvenirs* de Léon, Proust continue : il considère *L'Hérédo* et *Le Monde des images* comme des « livres admirables ». Et de renchérir : « J'ai déjà dit qu'ils marquaient une date comme le *Discours de la méthode* ; non moins féconds, ils donneront peu à peu naissance à une nouvelle médecine, une nouvelle critique littéraire, une nouvelle éthique, une nouvelle sociologie. » Comparer Léon Daudet à Saint-Simon ne lui semble pas excessif. La ressemblance « la plus profonde me semble l'alternance, et l'égale réussite, des portraits magnifiquement atroces et des portraits doux, vénérants, nobles ; dans les premiers, le tour est elliptique, les mots chargés d'une puissance instable entrent en déflagration d'images irrésistibles, avec une drôlerie immortellement géniale, que la raison ne connaît pas mais dont l'évidence s'impose et s'imposera toujours à quelque chose qui, sans être la raison, est commun à tous les lettrés ».

Au mois d'octobre 1922, Lucien apprend que Marcel est tombé malade. Signe de l'amitié particulière : il se sent lui-même souffrant. Proust n'aura pas le temps de lire *L'Âge de raison*, le deuxième volet de souvenirs que Lucien prépare, après *Les Yeux ouverts*. Formule autobiographique encore peu empruntée, l'écrivain fait parler l'enfant de sept ans qu'il était. Avec art, et grâce à la précision de sa mémoire, il reproduit les mouvements de ce jeune esprit qui s'affronte à l'étrangeté et aux mystères du monde et des adultes. Une recherche du temps perdu où l'on retrouve Edmond de Goncourt, Julia, Alphonse, les jardins de Champrosay et les distractions du petit. Alors que Lucien Daudet termine cet ouvrage, il reçoit un coup de téléphone de Céleste Albaret : « Monsieur fait dire à Monsieur qu'il ne va pas bien et s'informe de ses nouvelles ; il espère que l'anthrax de Monsieur ne le fait pas trop souffrir. » Le 18 novembre, Reynaldo Hahn annonce à Lucien que Marcel est mort. L'auteur du *Chemin mort* s'effondre.

Léon est bouleversé, lui aussi. Deux jours plus tard, il salue dans *L'Action française* cet écrivain, « à la fois traditionnel et neuf », qui était un « moraliste discursif et de libre humeur à la façon de Montaigne [36] ». Il avoue éprouver un énorme chagrin pour cet « ami délicieux et sûr qu'était notre cher Marcel Proust », avec qui il avait passé des heures incomparables à Fontainebleau et dans les cafés parisiens. Avec intuition, il entrevoit l'importance future de l'œuvre de Marcel Proust : « Sa *Recherche du temps perdu* est un moment psychologique, dont les perspectives, délicates et fortes, prendront toute leur ampleur avec le temps. » Le lendemain, dans une lettre adressée au journal *L'Intransigeant*, Léon Daudet revient encore sur les raisons de son admiration. « Marcel Proust était, à mon avis, le premier romancier de sa génération, et sa perte est un deuil pour les Lettres françaises. Observateur puissant et aigu de la nature humaine, il a mis en mouvement une foule de types de haute allure, inoubliables, et pénétré aussi profondément que Sénèque dans les replis de la conscience. Sa verve est éblouissante, sa conception généreuse et drue, et sa délibération sur la vertu, la sottise et le vice, sans rivale. [...] C'est un maître, un grand maître, et dont la voix a bien du génie [37]. »

Paradoxalement, cette même année, Léon Daudet se rend coupable d'un véritable forfait en brûlant près de deux cents lettres du cher Marcel. Lucien, en revanche, va tout conserver : les lettres qu'il publiera en 1935 chez Gallimard, et d'autres, plus intimes et licencieuses, dont il confiera la garde à l'un de ses amis, Julien Green. Documents tantôt capitaux, tantôt anecdotiques, dont seuls les premiers sont connus.

IV

Grandeurs et furies
1921-1942

Chapitre 19

POLICE *PLUTÔT* CRIMINELLE

DEPUIS LA GUERRE, Léon est un des critiques littéraires les plus en vue. Sa démarche de lecteur et de juge ne lui fait certes pas adopter la méthode universitaire, ni celle de critiques institutionnels de la littérature. La plupart du temps, se plonger dans les œuvres des autres écrivains permet à Léon de se féconder lui-même dans l'essai et le roman, mais aussi d'avancer dans l'anatomie de l'esprit et des images qui occupe sa réflexion philosophique. Avant l'orée du siècle, Edmond de Goncourt avait flairé son extraordinaire disposition en l'entendant faire la lecture d'un article que Léon venait de publier sur Victor Hugo : « Ce jeune Daudet, écrit-il dans son *Journal*, est incontestablement le premier critique de l'heure présente [1]. » Mais Goncourt n'eut pas le temps de vérifier ce jugement.

Non seulement Léon Daudet travaille pour lui-même lorsqu'il critique un livre, mais il sert aussi d'éclaireur pour une quantité de plus en plus grande de lecteurs. Dans les années vingt, comme le savent tous ses pairs, être l'objet d'un commentaire élogieux de Léon Daudet, fût-ce dans les colonnes de *L'Action française*, vaut un adoubement dans la République des Lettres, pour ne rien dire des ventes, qui décollent presque automatiquement. Le cas le plus spectaculaire est celui de *Maria Chapdeleine*, le roman de Louis Hémon, passé inaperçu lorsqu'il a été publié pour la première fois dans *Le Temps*, en 1913. Courageusement, Daniel Halévy a choisi ce récit pour lancer une nouvelle collection, « Les Cahiers verts », chez Grasset. Alors que le succès tarde à venir, l'article de Léon Daudet, publié le 8 juin 1921, retentit comme un coup de tonnerre dans le ciel des lettres. Le critique parle d'un « chef-d'œuvre » à propos de ce roman inconnu – quand de nombreux critiques littéraires se contentent de présenter des auteurs confirmés ou déjà promus commercialement. Halévy saute sur l'occasion pour mettre en valeur ce livre, si bien que les tirages se multiplient. *Maria Chapdeleine* atteindra le six cent millième deux ans plus tard [2].

Grâce à sa très vaste culture, à ses vues judicieuses, et à une lucidité extraordinaire, Léon Daudet sait toucher un public qui dépasse le lectorat de *L'Action française*. En 1922, il consacre par exemple un remarquable article à *Ouvert la nuit* de Paul Morand, écrivain encore méconnu – mais déjà ami de Proust et de Lucien Daudet. Léon estime qu'il s'agit d'un « écrivain de race, écrivain rapide, subit même et ramassé, qui joint à la flexibilité féerique d'un Nerval, la promptitude et le faux détachement acide de *Candide*. [...] Il est évident que M. Paul Morand est un littérateur-né, qu'il écrira de très nombreux bouquins, qu'il connaîtra les très grands succès. [...] Rarement de pareils dons ont été ramassés ainsi en une seule imagination [3] ». Et il poursuit cet hymne comme un homme ivre de littérature : « Cette langue d'une tradition si belle, cet art que nous chérissons, cette syntaxe, pour laquelle nous tremblons, cette naïveté armée qui nous enchante, cette malice que les ans renforceront, cette possibilité permanente d'un chef-d'œuvre – nous devons l'exiger, et très vite, de M. Paul Morand – tout cela est une fête printanière, à laquelle collaborent les ondes et les flammes. » Lorsqu'il sera élu à l'Académie française en 1968, Morand n'oubliera pas de faire l'éloge de Léon Daudet, dont l'article publié en 1922 lui avait permis d'être « lancé en fusée ».

Bien sûr, le rôle qu'il joue à l'académie Goncourt donne à Léon un poids d'autant plus considérable dans ses articles. Inversement, il semble que l'éditorial de Léon soit devenu la tribune de cette académie. Ce n'est pas qu'il fasse la loi dans la remise des prix – en 1913, il a échoué à obtenir le prix Goncourt pour *Le Grand Meaulnes* d'Alain-Fournier. Mais Léon Daudet est une vigie de la littérature qui peut se permettre de parler comme il le veut, de qui il veut, quitte à se distinguer de l'Action française et de la droite. On le voit notamment à propos d'André Gide. Avec sa réputation d'auteur de *Corydon*, une odeur de soufre liée à ses racines protestantes et à un individualisme poseur et provocateur,

André Gide est devenu la bête noire des catholiques, ou, selon Claudel et Mauriac, une brebis égarée. Dans *La Revue universelle*, Henri Massis a consacré une longue étude à « L'influence de M. André Gide [4] » : puisqu'il mêle le moralisme et l'anarchie, qu'il suit une rigueur protestante avec des idées nietzschéennes, juge Massis, cet écrivain court après la jeunesse pour en devenir le maître. Il est vrai que Maurras correspond avec Gide, et qu'il a commenté plusieurs de ses œuvres, mais c'est Léon Daudet surtout qui prend la défense de l'écrivain au nom de la littérature. Qu'importent les impostures que l'on décèle chez cet égotiste, les jeux auxquels le narcissisme de Gide le conduit, du moment qu'il écrit avec un tel style. Peu après, quand Gide publie les *Lettres* de son ami Pierre-Dominique Dupouey, mort au front, avec une préface de lui, Léon s'enchante : « J'ai vu une fois dans ma vie avec beaucoup de plaisir M. Gide. Je ne connais de lui que ses ouvrages. On le dit sec. Dernièrement, je lisais de lui une admirable et émouvante préface aux *Reliquiae* d'un officier mort à la guerre. J'en avais les larmes aux yeux [5]. » Léon dément l'accusation de sécheresse portée contre Gide. « En outre, le serait-il que sa sécheresse serait celle d'un homme de grand talent, se justifie-t-il. M. Gide m'aurait dérobé mes bottines en wagon pendant mon sommeil, il aurait versé de l'aconit dans ma soupe, ou proclamé la supériorité de la démocratie sur toute autre forme de gouvernement, que je persisterais à lui trouver un très grand talent. » Et puisqu'il partage avec lui une admiration commune pour un écrivain aux antipodes de l'Action française, Dostoïevski, il ajoute : « Je me dis que si nous nous rencontrons, comme il est probable, M. Gide et moi au Purgatoire, nous y parlerons de Dostoïevski. » Dans un autre article de *L'Action française*, il note que le *Dostoïevski* de Gide « marque une date » et que l'écrivain russe est « un psychologue de génie [6] ».

Mais Léon s'intéresse également aux idées générales. Le philosophe et théologien Jacques Maritain bénéficie de son attention en 1921, dans un article qui le présente comme « un puissant critique des idées [7] ». Trois ans plus tard, Léon Daudet fait connaître à ses lecteurs l'importance – encore ignorée – de René Guénon, métaphysicien et philosophe de l'ésotérisme qu'attirent les sagesses et religions orientales et islamiques. Phénoménale curiosité que celle de Léon Daudet. Dans un article particulièrement enlevé, il salue la « fermeté de pensée », la « solidité de doctrine », la « clarté d'expression » de ce penseur en marge de tout académisme, dont Payot vient de sortir *Orient et Occident*. « C'est une surprise extraordinaire aux temps où nous sommes, que de découvrir, sous le fatras des poncifs psychologiques et des pauvretés psychopathiques, ressassés par les disciples de Freud, de Bergson et de William James, la méditation originale et puissante, d'un esprit hautement cultivé, en dehors de toute psychanalyse, de tout intuitivisme et de tout pragmatisme [8]. » Léon se réjouit d'une convergence avec Guénon, puisque sa conclusion est analogue à celle du *Stupide XIXe siècle*. « Mais mon ignorance de la philosophie orientale – que possède à fond M. Guénon – ne m'avait pas permis de dresser le redoutable parallèle qu'il nous expose. » Léon Daudet pressent en quoi la pensée orientale pourrait offrir un renfort au courant maurrassien. Certains critiques n'ont-ils pas rapproché les idées de Charles Maurras du confucianisme ?

En 1923, Léon Daudet va même jusqu'à lancer – à la suite de quelques autres – l'idée d'un « prix des bons romans inaperçus [9] ». Suivant la tradition paternelle, il critique l'Académie française qui distribue « des prix à tort et à travers, sous la direction d'hommes verts, aussi incompétents en littérature qu'un Doumic, qu'un Henri de Régnier ». Et de dénoncer « la critique commerciale », « la poésie commerciale », « le roman commercial »... Pour avoir vu Jarry en loques, et Charles-Louis Philippe (l'auteur de *Bubu de Montparnasse*) dans la misère, Léon défend l'idée de « donner de l'argent à un auteur méconnu ». Si l'on veut qu'un prix littéraire ait un sens, soutient Léon, trois conditions doivent être réunies : le prix décerné doit être sérieux, « formé par la somme constituant le montant du prix et par la vente consécutive au lancement du prix ». Et le jury décernant le prix doit être indépendant des éditeurs. « Car il est tout naturel qu'un éditeur pousse un volume qu'il a édité, c'est même son devoir. Mais il se peut que le roman méconnu et à relancer ait été publié chez un très petit éditeur. » Enfin, aucun membre du jury ne doit appartenir à l'Académie française. C'est une autre différence entre Léon et son ami Charles Maurras. Pressé par Barrès, ce dernier accepte l'idée de se présenter à l'Académie française, institution vivante que le cardinal de Richelieu a léguée et qui rappelle les feux de la monarchie.

Ce projet littéraire est lancé alors que la France doit prendre de nouvelles décisions politiques en fonction desquelles son destin va se jouer. En 1922, Raymond Poincaré tente de convaincre les députés de la nécessité d'envoyer des troupes occuper la Ruhr pour obliger l'Allemagne à payer ses dettes. Léon soutient ce projet à la tribune de l'Assemblée jusqu'à une heure du matin, remercié publiquement par Poincaré qui obtient 512 voix contre 67. Jadis objet de tous les sarcasmes, quasi-allié pendant la guerre de 1914-1918, à nouveau cible de l'Action française, cet homme politique rentre en grâce auprès des royalistes depuis qu'il a lancé son projet. Le 11 janvier 1923, des troupes françaises s'introduisent dans la Ruhr, encadrant des fonctionnaires français des finances et des travaux publics. Lorsque des incidents surgissent entre des Allemands outrés et des soldats français fiers de pouvoir fouler le sol allemand, les journaux de gauche incriminent l'influence de l'Action française sur Poincaré. Il est vrai qu'à cette époque, Maurras entretient une correspondance régulière avec le président et qu'il est devenu son conseiller officieux. Une telle influence renforce la haine viscérale que ses adversaires éprouvent pour l'Action française et pour ses chefs.

Cette haine prend bientôt forme.

Une femme s'est présentée au domicile de Léon, rue Saint-Guillaume, dans un état de surexcitation tel que Marthe Daudet – plus couramment appelée Pampille – lui a gentiment fermé la porte. Quelques jours plus tard, le 21 janvier 1923, cette femme, Germaine Berton, tente à nouveau de le repérer au cours de la messe commémorative de la mort de Louis XVI, à l'église Saint-Germain-l'Auxerrois. Le lendemain, quand elle demande à rencontrer Léon Daudet aux bureaux de l'Action française, l'écrivain refuse : elle ne rencontrera que Marius Plateau, le chef des Ligueurs – ou « Camelots du roi » –, en présence de Jacques Allard, beau-frère de Léon. Soudain, après un court entretien, la jeune femme tire deux balles sur Marius Plateau, qui expirera à l'hôpital. Avant l'arrivée de la police, Germaine Berton tente de se suicider.

Anarchiste de vingt-deux ans, celle-ci a-t-elle agi de manière isolée ? Léon est convaincu que la jeune femme a été l'objet d'une manipulation allemande visant à châtier l'Action française pour avoir encouragé le gouvernement à entreprendre l'occupation de la Ruhr. La meurtrière n'a-t-elle pas explicitement dénoncé le rôle des royalistes dans cette politique ? Cet attentat ne coïncide-t-il pas avec la grève des mineurs dans la Ruhr ? Malgré son geste, qu'elle revendique au cours de ses interrogatoires, « la Berton » sera acquittée par les jurés de la cour d'assises de la Seine, le 24 décembre 1923, comme l'avaient été Raoul Villain, assassin de Jean Jaurès, et Mme Caillaux, assassin de Joseph Calmette. Germaine Berton a reçu le soutien et les félicitations de poètes surréalistes comme Louis Aragon, par ailleurs chantre de la Guépéou.

L'assassinat de Marius Plateau ne peut être isolé d'une affaire plus troublante, qui est aussi l'une des plus sombres et des plus sales intrigues criminelles de la IIIe République : l'affaire Philippe Daudet.

Par son attitude, le premier fils de Léon et de Marthe Daudet ne ressemble pas aux enfants de son âge et de son milieu. En juin 1921, à douze ans, Philippe avait disparu une première fois. Dévorée d'inquiétude, Marthe avait appris par un de ses camarades que son fils était parti pour Marseille. Là, le jeune adolescent s'était mis à pêcher au soleil quand, soudain, prenant conscience du mal qu'il pouvait causer à ses parents, il s'était précipité chez des amis de sa famille. Son oncle Jacques Allard avait ramené Philippe à Paris, où l'enfant avait retrouvé ses parents fous d'angoisse, et lui pardonnant tout. Comprenant son mal, Léon avait décidé d'organiser l'emploi du temps de son fils, en tâchant de le faire sortir plus souvent, chaque dimanche. Pour les vacances, Marthe avait pris l'habitude de l'emmener en Bretagne, au Pouliguen. À Paris, un surveillant venait le chercher chez lui pour le conduire jusqu'à l'école Bossuet, rue Guynemer, dans le 6e arrondissement, tandis que Marthe ou Charles Daudet (le fils du premier mariage de Léon) allait le chercher à la fin des cours.

Le mardi 20 novembre 1923, Marthe constate le retard prolongé de son fils. Filant rue Guynemer à l'école, elle apprend par le concierge que Philippe ne s'est pas présenté. En rentrant chez elle, Marthe constate que les 1 700 francs que son fils conservait dans une enveloppe ont disparu. Aux amis, la famille explique que Philippe est souffrant. Trois jours après, toujours aucun signe, même du Midi. Le dimanche 25 novembre, *Le Petit Parisien* signale qu'un jeune homme s'est tiré une balle dans la tête, boulevard Magenta, à Paris, et qu'il se trouve dans un état grave à l'hôpital Lariboisière. Derrière cet anonymat, ne s'agit-il pas de Philippe ? Malgré les doutes de Léon sur la possibilité d'un suicide, Marthe Daudet demande au médecin de famille, le docteur Lucien Bernard, d'aller procéder à une vérification. Un détective privé est également démarché par Léon.

Le soir même, le médecin est de retour. D'une pâleur extrême. À peine l'aperçoit-elle, Marthe comprend et pousse un cri. Son mari et le policier tentent aussitôt de la soutenir. Léon reçoit à son tour le choc. Le médecin raconte aux parents accablés que vers 16 h 30, Philippe a pris le taxi d'un certain Bajot, que l'adolescent s'est tiré une balle dans le véhicule, a été conduit immédiatement à l'hôpital, et a été déclaré mort à 18 heures. Convoqué au palais de Justice, Léon est conduit dans le bureau du procureur de la République, où l'attendent un substitut, un représentant de la préfecture de police, en tout douze personnes. Il n'a pas le choix. On lui fait signer une déclaration par laquelle il reconnaît que son enfant s'est suicidé. « Comment aurais-je fait autrement ? s'interrogera plus tard Léon. J'étais avec ma femme, dans le noir, dans les ténèbres absolues, accablé de douleur, anéanti [10]. » Pour éviter un choc à sa femme, Léon renonce à l'autopsie ; et pour éviter toute manipulation politique, il annonce que Philippe est mort d'une méningite foudroyante. Cependant, ni lui ni sa femme ne parviennent à s'expliquer pourquoi leur fils, avant de se donner la mort, a ôté de ses vêtements les marques sur lesquelles figuraient son nom et son adresse.

Le mercredi 28 novembre, les obsèques ont lieu à Saint-Thomas-d'Aquin, auxquelles assistent amis et fidèles, mais aussi Raymond Poincaré, Léon Bérard et Paul Reynaud. Au cimetière du Père-Lachaise se retrouvent des amis de Lucien, Jean Cocteau, Raymond Radiguet et François Mauriac. Paul Morand, Georges Bernanos et Joseph Kessel sont également présents. Tous semblent admettre la thèse officielle du suicide. Or, deux jours après l'enterrement, ayant eu vent de l'enquête menée secrètement par les Camelots du roi, Jacques Allard confie aux parents bouleversés : « Philippe ne s'est pas suicidé, on l'a assassiné. » Au comble de la douleur, Marthe ne peut pas en écouter davantage. Dubitatif, Léon décide en revanche d'en savoir plus et attend des résultats concrets de l'enquête. Il n'en est qu'aux prémices de ce que l'on appellera désormais l'affaire Philippe Daudet.

Le 1er décembre, Marthe reçoit une lettre de Georges Vidal, directeur du journal anarchiste *Le Libertaire* – qui avait mené campagne pour la libération de Germaine Berton. Vidal déclare avoir reçu la visite d'un garçon venu pour l'aider à commettre un attentat, et qu'il a conservé de lui une lettre d'adieu à sa famille. Le même jour, *Le Libertaire* sort un numéro titré : « La mort tragique de Philippe Daudet anarchiste. Léon Daudet, son père, étouffe la vérité ». Dans son journal, Georges Vidal prétend que Philippe lui aurait confié son intention d'abattre Poincaré, Millerand, ou son propre père, Léon. Le message de Philippe aurait été ainsi rédigé : « Ma mère chérie, Pardon pour la peine que je te fais. Depuis longtemps, j'étais anarchiste, sans oser le dire, maintenant la cause m'a appelé et je crois qu'il est de mon devoir de faire ce que je fais. Je t'aime beaucoup. Embrasse bien les gosses de ma part. » En découvrant cet article, Léon et Marthe voient tous leurs soupçons éclairés : « Embrasse bien *les gosses* » n'est pas une expression caractéristique de l'environnement où a grandi leur fils, il ne peut s'agir que d'un faux. L'article paraît à un moment où l'Action française possède suffisamment d'éléments pour que Léon puisse écrire une lettre au procureur. Il lui déclare qu'il ne croit pas à la possibilité du suicide et que son fils a été la victime d'une atroce machination. Le 2 décembre 1923, *L'Action française* titre donc : « Une vengeance atroce. Philippe Daudet a été assassiné. » Réflexions, suppositions, accusations de Maurras, récits de Maurice Pujo… Le lendemain, Léon porte plainte contre X pour détournement de mineur et assassinat. Toute la presse fait retentir ce nouveau rebondissement.

Deux versions vont très vite s'opposer sur le déroulement des faits [11]. La version officielle de la police est la suivante. Parti pour Le Havre le 20 novembre, Philippe aurait cherché à s'embarquer pour le Canada. Il aurait écrit une lettre à ses parents pour leur demander pardon, leur confier son besoin d'aventure et sa tentation du suicide – lettre déchirée, reconstituée par le tenancier de l'hôtel, puis transmise à la police, et publiée plus tard par Léon. De retour à Paris le 22 novembre, Philippe aurait rencontré Georges Vidal, directeur du *Libertaire*, rue Louis-Blanc. Sans révéler son identité, il se serait présenté comme un anarchiste et lui aurait demandé quelle personnalité il aurait pu éliminer le plus utilement : Poincaré ? Millerand ? Léon Daudet ? Doucement reconduit par Vidal, Philippe se serait rendu deux jours plus tard, samedi 24 novembre, boulevard Beaumarchais, à la librairie d'un personnage trouble, appelé Le Flaouter. Membre de la fédération anarchiste tout en étant indicateur de police, celui-ci avait été condamné auparavant pour commerce de livres pornographiques. À cet étrange libraire, Philippe aurait relancé sa proposition d'assassinat et demandé une édition des *Fleurs du mal*... Le Flaouter lui aurait demandé alors de revenir l'après-midi, pour gagner du temps. Une fois libre, le libraire aurait téléphoné à Lannes, haut fonctionnaire de la Sûreté générale, pour lui révéler les intentions du jeune garçon, un déséquilibré hanté par le crime d'État. Le policier aurait décidé de faire intercepter ce dangereux individu. Il aurait envoyé douze commissaires et inspecteurs et se serait rendu lui-même sur les lieux. Une souricière aurait été alors tendue, avec treize hommes en place.

Lorsque Philippe serait revenu vers 15 heures comme prévu, il se serait attardé une heure dans la librairie, aurait aperçu la présence policière et, sans être interpellé, se serait mis à marcher jusqu'à la Bastille. Il aurait alors hélé un taxi – le numéro 7657-E, celui de Charles Bajot. Quelques minutes après, à la hauteur du 126, boulevard Magenta, le chauffeur se serait retourné brusquement après avoir entendu un coup de feu à l'arrière. Son client, mourant, se serait effondré ensanglanté sur la banquette. Conduit agonisant à Lariboisière, Philippe serait mort vers 18 heures, le 24 novembre 1923. Résultat d'un acte désespéré.

Telle est la version officielle des faits.

Comme l'ont souligné tous les commentateurs, les incohérences et les invraisemblances y fourmillent [12]. Les anarchistes du *Libertaire* ont décrit Léon comme un père tyrannique, si violent avec les siens qu'il aurait poussé Philippe à le trahir et à trahir la cause royaliste. Tous les proches de la famille Daudet témoignent au contraire de l'affection dont Philippe a toujours été entouré. Croyant fervent, mais nerveux, le garçon s'est battu au mois de février avec des camarades de son école parce qu'ils avaient insulté son père. Mais le plus grave, ce sont les contradictions et les mensonges de la version officielle. Matériellement, la thèse du suicide ne tient pas : les vitres du taxi sont restées intactes ; personne n'a jamais trouvé ni trace de matière cérébrale, ni d'éraflure, ni aucune odeur de poudre dans l'automobile ; pas davantage de balle, ni d'empreinte digitale sur la crosse de l'arme. La douille ne sera retrouvée que huit jours après, élément suspect que Léon saura exploiter dans ses articles. Qui a remis au garçon le pistolet, l'Atlas 6.35 ? Aussi étrange, le pistolet automatique que Philippe a tenu dans sa main ne contenait pas de balle dans le canon alors qu'il doit se recharger automatiquement. La question du chargeur constitue une affaire dans l'affaire, compliquée par les déclarations successives des policiers, l'un prétendant avoir déchargé le révolver par sécurité, l'autre n'avoir jamais trouvé de balle le samedi 24, ou bien – se corrigeant lui-même – le dimanche 25 : contradictions gênantes, parce qu'elles permettent de supposer que Philippe a été tué par une arme différente de celle qui a été retrouvée.

Bien d'autres doutes surgissent lorsque l'on observe les circonstances tragiques. Comment le libraire du boulevard Beaumarchais, Le Flaouter, a-t-il fait le rapprochement entre le corps du jeune suicidé et Philippe Daudet, et pourquoi s'est-il rendu à l'hôpital Lariboisière pour le vérifier, dès le dimanche 25 ? Comme le remarque Bernard Oudin, « la visite de Le Flaouter n'est sans doute pas la preuve absolue que Philippe Daudet est mort assassiné. Mais elle est plus que suspecte [13] ». En outre, n'est-il pas curieux que Le Flaouter, ancien amant de Germaine Berton (la meurtrière de Marius Plateau), soit resté en relation avec elle pendant qu'elle se trouvait en prison, quelques jours avant que n'éclate l'affaire Daudet ? Pourquoi la police n'aurait-elle pas tenté d'arrêter Philippe à la librairie, et comment avait-elle pu le laisser s'échapper armé jusqu'au boulevard Magenta, alors qu'elle possédait des effectifs anormalement nombreux et spécialisés ? Pourquoi les étiquettes et initiales des vêtements de Philippe ont-elles été enlevées ? On s'est longtemps demandé pourquoi l'existence de la surveillance policière à la librairie et le rôle de Le Flaouter ne furent révélés que le 12 décembre 1924. Enfin, dans une lettre qu'il écrira à Julia Daudet, pourquoi Raymond Poincaré ose-t-il écrire que « la manie de la fugue conduit presque fatalement au suicide [14] », en déformant un propos tenu par le docteur Bernard ?

Si la thèse du suicide ne tient pas matériellement, l'assassinat prémédité ne tient pas politiquement. On ne voit pas ce que le gouvernement aurait gagné à tuer le fils d'un écrivain célèbre, fût-ce l'intempérant, l'insupportable, l'ennemi de la République, Léon Daudet. Philippe semble avoir été pris en main par les anarchistes soit au Havre, soit à son retour à Paris. Ne sortant jamais seul dans Paris, comment pouvait-il connaître l'adresse de la librairie de Le Flaouter ? Sa conversion à l'anarchisme semble improbable. Louis Noguères, l'avocat du chauffeur de taxi Bajot, ne s'appuiera nullement sur cette thèse, destinée à discréditer Léon, à en faire un symbole de l'oppression bourgeoise. Il est très probable qu'assailli par les policiers, Philippe ait cherché à se défendre, et que le commissaire Colombo – sans rapport avec Peter Falk, hélas – ou l'un de ses hommes lui ait tiré dessus à bout portant alors que le garçon tentait de se débattre ou de fuir. Rappelons ici que la police de ce temps était habilitée à tirer sur des personnes armées et que les bavures ou liquidations étaient systématiquement couvertes. L'expression « est armé », notera Léon, « était l'ordre de mort, l'ordre classique de "tirer dessus[15]" ». Du mensonge policier, on arrive bientôt au mensonge d'État : lorsqu'il découvre l'identité du mourant, le commissaire avertit Lannes, le contrôleur général de la Sûreté : ce dernier n'a plus qu'à masquer la bavure policière en suicide. Il lui importe d'autant plus de rendre cette thèse officielle qu'il est lui-même le beau-frère de Raymond Poincaré, président du Conseil en exercice. On comprend que ce dernier ait écrit personnellement à Maurras [16], puis à Julia Daudet, pour leur exprimer sa conviction personnelle qu'il s'agit bien d'un suicide. En 1930, Léon terrassera ce président dans un portrait peu amène : *Le Nain de Lorraine – Raymond Poincaré.*

Reste évidemment à expliquer l'attitude de Philippe et ses étranges itinéraires depuis le jour où sa mère a commencé à le rechercher. L'article de *L'Action française* qui avait dénoncé un crime policier notait la concomitance entre l'entrée des troupes françaises dans la Ruhr et l'assassinat de Marius Plateau. L'amant de Berton, Gohary, sera retrouvé suicidé le 8 février 1923, alors que, réprouvant l'action directe, il se disposait à fournir des pistes à la police concernant ce meurtre. Philippe était présent aux obsèques de Marius, qui était un ami de ses parents et qu'il avait connu depuis son enfance. Sans doute a-t-il appris le suicide mystérieux de Joseph Dumas, directeur des renseignements généraux, une mort survenue au moment où Léon s'apprêtait à révéler les relations de Germaine Berton avec les services de police. C'est dans cette période que Philippe a consigné son inquiétude : « Toutes les haines amassées contre l'A.F. se sont réunies... Mais attention, quelque chose se prépare encore je le crois... Je n'ai pas l'impression que le danger est parti [17]. » À sa tante, Edmée Chauvelot – la sœur de Léon –, le garçon a déclaré vouloir faire du contre-espionnage. Il est vraisemblable que Philippe ait cherché à protéger son père, à en savoir plus sur les circonstances de la mort de Plateau en infiltrant le milieu anarchiste. Cette hypothèse expliquerait pourquoi il s'est rendu au *Libertaire*, puis chez Le Flaouter. Lorsque ce dernier fait sa déposition, dix jours après l'assassinat, les autorités chercheront systématiquement à dissimuler les relations étranges qu'elles entretenaient avec cet indicateur. Elles tairont sa rétribution mensuelle par la Sûreté générale.

Lorsqu'ils se rendent sur les lieux vraisemblables de la mort de Philippe, la librairie de Le Flaouter, Léon et Marthe découvrent des traces de tir et un dispositif permettant de guetter et d'user d'une arme sans être vu. Malgré ces éléments, aucune perquisition n'aura lieu, la police arguant avoir déjà effectué cette opération quatre ans auparavant. Le 26 janvier 1925, alors que le juge d'instruction s'apprête à rendre une ordonnance de non-lieu, pour étouffer l'affaire, Léon dépose une plainte contre le commissaire Colombo, Marlier, son directeur, Lannes, le contrôleur général, et Delange, responsable des services de recherche. Avec son avocat maître Marie de Roux, il rappelle que la cartouche du révolver Atlas n'a pas été retrouvée, il affirme que Bajot a fait une fausse déclaration, et il développe une fois de plus les contradictions qui minent les récits de la surveillance de la librairie. Le 31 juillet, le non-lieu est prononcé pour les quatre fonctionnaires. Quant au pourvoi en cassation, il sera simplement rejeté.

L'affaire Philippe Daudet est judiciairement close.

Pour Léon et pour Marthe, pour leurs amis et certains membres de leur famille, elle ne sera jamais fermée. Frappé à travers son fils, Léon ne désarme pas. Maurras, Maxime Réal del Sarte, toute l'Action française le soutient, pleine d'indignation. Successivement, Marthe Daudet publie chez Fayard *La Vie et la Mort de Philippe Daudet* et le colonel Georges Larpent *L'Affaire Philippe Daudet, le procureur général au secours des assassins*. Dans le journal, Léon se déchaîne. Il hurle comme un lion blessé à mort, multipliant les accusations, les insinuations, les attaques contre la Sûreté générale, les ministres, au risque de lasser ses lecteurs par le caractère répétitif de ses invectives et de ses dénonciations parfois outrancières.

En 1924, il échoue aux élections législatives. Dans le IIIe secteur de la Seine, il arrive en quatrième position. Cet échec s'explique par le manque d'expérience électorale du mouvement royaliste, mais aussi par un manque d'entrain de militants qui ne voient pas ce que des antidémocrates peuvent gagner à pénétrer dans les rouages d'un régime honni, complice d'assassinats. Comment un père meurtri et menacé de mort aurait-il pu mener une campagne législative dans de bonnes conditions ?

Accusateur public, Léon s'en prend à Bajot, sur qui repose la crédibilité de la version officielle. Le 10 janvier, le chauffeur de taxi assigne Léon devant le tribunal correctionnel pour diffamation. Après avoir été l'attaquant, le père devient l'attaqué. En novembre 1925, la cour d'assises de la Seine se réunit une fois de plus, comme si l'affaire Philippe Daudet ne pouvait connaître un terme. L'avocat Louis Noguères ne défend pas seulement son client Bajot : il tente de charger Léon en prétendant démontrer qu'il a poussé son fils au suicide. Pour cela, il développe longuement la biographie de l'accusé, en citant les articles de presse les plus violents signés de Léon. Ne reculant devant aucun procédé, l'avocat va jusqu'à citer *Les Parfums maudits*, des poèmes en prose que Philippe a rédigés avec une ferveur toute baudelairienne, pour en faire un document à charge contre son père. Au cours de ces débats navrants, qui ne durent pas moins de dix-sept jours, Léon prend la parole : « Je n'oublierai jamais, écrit Maurice Martin du Gard, son extraordinaire appel au sentiment, qui fit un instant trembler ceux qui se pressaient dans la salle. Son père, son fils l'habitaient, le commandaient, voix surhumaines, présences soudain visibles [18]. » Se tournant vers les jurés, Léon a déclaré en effet : « Après ces trois semaines d'audiences émouvantes pour vous et pour moi, je me contenterai de quelques mots, très simples : Je me reporte vers le temps de ma jeunesse, vers le temps où j'étais, pour mon père Alphonse Daudet, ce que mon fils Philippe était pour moi. Laissons de côté mon rôle politique, littéraire et philosophique. Tout cela n'est guère à considérer ici. Une seule chose compte dans ma vie, ce sont les sentiments naturels. J'en ai usé et joui autant qu'homme au monde. J'ai aimé mon père passionnément. J'ai été son bâton, non de vieillesse, mais d'âge mûr, car il fut cloué de bonne heure par la maladie. J'ai été son compagnon pendant les dix dernières années de sa vie. J'ai eu sa pensée intime. Il m'a appris le latin et tout ce que je sais. Mettant l'amour filial au-dessus de tout, après la foi et l'amour de la Patrie, j'avais rêvé de faire, à mon tour, de mon fils ce que j'avais été pour mon père. La Providence, ou le destin hostile, ne l'a pas voulu [19]... »

Alors que Bajot n'apporte aucune preuve nouvelle au suicide, et que les avocats ont relevé les contradictions du dossier, Léon Daudet et Joseph Delest (le gérant de *L'Action française*) sont déclarés coupables de diffamation au cours de l'audience de nuit. Léon est condamné à cinq mois de prison ferme et à 1 500 francs d'amende, Delest à deux mois et à 500 francs. Quant au chauffeur Bajot, la cour d'assises lui verse 35 000 francs.

Quelque sentiment que l'on nourrisse à son égard, il faut convenir que l'Action française a été plusieurs fois la cible d'étranges manœuvres ; si elle a toujours refusé de pratiquer l'assassinat politique, elle a compté plusieurs morts dans son histoire. En 1913, Maurras a été inculpé pour coups et blessures, condamné par le tribunal de Versailles à huit mois de prison, avant d'être soudain amnistié : irrégularité de la Justice pour effacer une erreur judiciaire, le témoin s'étant trompé de personne ! En 1917, la police a perquisitionné chez Maurras, chez Léon Daudet et dans les locaux du mouvement royaliste, pour y rechercher des armes – le fameux « complot des panoplies » vis-à-vis duquel le président Painlevé dut présenter ses excuses, en affirmant n'y être pour rien [20]...

En décembre 1923, l'affaire Daudet semble avoir été abordée en Conseil des ministres. André Lefèvre, ministre de la Guerre, aurait penché pour l'assassinat, tandis que Briand aurait conclu au secret d'État. Herriot, président du Conseil, niera que ce sujet ait été abordé ce jour-là. Dans ces années aussi obscures qu'on les dit folles, les deux hommes qui auraient pu faire chanceler le régime par un coup d'État, Marius Plateau et le général Mangin, ont disparu opportunément. Le premier, assassiné. Le second, dans des circonstances douteuses, si l'on en croit l'écrivain Guy Dupré, ami de la famille Mangin. Par empoisonnement, selon Léon : car ce général « valait plusieurs armées [21] », et il était de taille à organiser le coup de force rêvé depuis 1899 par l'Action française. D'Éric Vatré à Bernard Oudin, tous ceux qui se sont penchés sérieusement sur l'affaire Philippe Daudet concluent à la probabilité d'une bavure policière masquée en suicide. Peu suspect de complaisance, le journal *L'Humanité* ne croira jamais dans la version officielle de cette affaire calamiteuse.

Quant à l'assassin de Marius Plateau, Germaine Berton, elle sera progressivement punie par les Euménides en perdant peu à peu la raison, écrivant plusieurs lettres à Pampille afin de lui exprimer son affection pour Philippe, dont elle garde sur elle le portrait en médaillon, ou bien se rendant sur sa tombe au Père-Lachaise...

Est-ce à cause de toutes ces affaires que Léon, dans *Le Drame des Jardies* (1924), insiste sur l'étrangeté de la mort de Léon Gambetta, qu'il s'intéresse aux origines mêmes de la République moderne, pour trouver quelque explication aux manigances politico-policières et aux influences secrètes des puissances étrangères ? Dans cet essai biographique écrit comme un roman, il décrit l'envoi en France d'une créature de Bismarck, Léonie Léon, qui aurait été chargée par son maître de conquérir le cœur du tribun français et de le surveiller, d'en faire indirectement un agent de l'Allemagne – thèse déjà défendue par Henri Rochefort et Juliette Adam, l'égérie et la conseillère de Gambetta.

La République gangrenée par l'espionnage allemand ou minée par les intérêts personnels, c'est un air que Léon joue souvent depuis le début du siècle et qu'il alourdira jusqu'à la défaite de 1940, dans un mélange de furie et d'obsession lancinante. Il publiera plusieurs essais dans cette veine, *La Police politique. Ses moyens. Ses crimes* (1934) et *Magistrats et policiers* (1935), confirmant dans ses articles ses soupçons, ses insinuations, ses rancunes, autant de coups de colère dont le sens, parfois, finit par lui échapper. La théorie du complot politique envahit jusqu'à ses romans. *Le Cœur brûlé* (1929) met en scène plusieurs personnages officiels – le chef de la Sûreté générale, le président du Conseil, un magistrat – qui incarnent en toute lucidité la corruption où se complaît la République française. Chasseur de policiers, le royal-anarchiste Léon Daudet tente de surmonter dans son écriture proliférante le deuil qui assombrira toute sa vie.

Chapitre 20

LES ROYALISTES EN EXIL

L'AFFAIRE PHILIPPE DAUDET a rapproché Léon Daudet et Maurras. Ce dernier a été bouleversé par la mort du garçon et par la douleur de ses parents. De son côté, Léon n'a que reconnaissance et admiration envers un maître d'un an plus jeune que lui, qui lui donne toutes les marques de l'amitié et de la fidélité. Il contribue à construire la légende dorée de Maurras – celle d'un Socrate ou d'un Virgile menant la jeunesse aux portes du temple, comme le dira T. S. Eliot –, et il lui arrive souvent de jeter des traits de lumière sur ses œuvres, qu'il s'agisse de sa prose sur la Provence (*Paysages et cités de Provence*) ou bien de sa poésie. Au mois d'avril 1925, il salue la parution de *La Musique intérieure* [1], qui réunit l'essentiel de la poésie de Maurras, et la prose somptueuse de sa préface.

Quelques mois plus tard, Léon, Pampille, leur fils François, les Bainville et leur fils Hervé effectuent un long périple en train jusqu'à Martigues pour rendre visite à Maurras dans sa bastide du chemin de Paradis, que bordent des marais salants. Ils débarquent à minuit, avec un retard de quatorze heures qu'ils oublieront immédiatement. Ce séjour est l'occasion pour Léon Daudet d'écrire l'une de ses plus belles pages d'amitié gastronomique : « Ce grand politique, écrit Léon à propos de Maurras, s'entend comme personne à régaler ses amis. Son hospitalité fastueuse avait combiné, ce soir-là, un festin de Pantagruel ou de Gamache, lequel commençait par une bouillabaisse classique, exhaussée de la rouille traditionnelle, qui met la soupe de soleil à la puissance 2 ; se continuait par des soles "bonnes femmes" et des loups grillés ;

atteignait au grandiose et au sublime avec un plat d'une douzaine de perdreaux de Provence, demeurés tièdes et dorés, sur des "lèches" de pain, comme on ne les obtient que dans la vallée du Rhône et arrivés à la consistance du baba. Celui qui écrit ceci, comme disait Hugo, mangea deux perdreaux, pécaïre, toute une sole, le tiers de la bouillabaisse, et le reste à l'avenant, suivi de près de Jacques Bainville [...]. Maurras ne cessait de nous encourager et de nous verser à boire, car j'aime autant vous dire tout de suite que sa cave est à la hauteur de sa table et qu'il est des très rares amphitryons de France sachant vider, dans les grands verres, quelques bouteilles de vin du Rhône [2]. »

Brefs instants de paix volés à l'inquiétude, aux crises et aux menaces. Car, outre ses morts, l'Action française est frappée par une discorde interne. Après bien des remous, ses dirigeants ont décidé d'exclure Georges Valois, théoricien, éditeur et militant qui, en héritant du philosophe Georges Sorel, a apporté un nouveau souffle à la pensée sociale du mouvement. Soutenu par le parfumeur Coty, Valois quitte l'Action française en lui arrachant un certain nombre de militants et en détournant des abonnés du journal, pour fonder le journal *Le Faisceau*, d'inspiration fasciste. Les partisans de Valois saccagent l'imprimerie de *L'Action française*, mais lui-même n'attaquera jamais directement Daudet dans ses articles. Il n'a pas oublié le service médical que Léon Daudet lui a rendu en 1916, lorsqu'il était blessé. L'évolution fasciste de Valois rendait cette séparation fatale. Le royalisme maurrassien est fédéraliste et traditionaliste, alors que le fascisme (italien ou français) est jacobin, socialiste et comporte un culte de la force étranger à l'Action française – l'agitation de rue n'est pas une valeur d'État ni un principe de gouvernement. D'un autre côté, l'exclusion de Valois provoque un affaiblissement du mouvement royaliste. Déjà, en 1924, ce dernier représentait 107 sections réparties entre la province, la banlieue et Paris, contre 224 sections en 1911 [3]. L'heure du « coup de force » dont Maurras parlait au début du siècle est peut-être déjà passée. Mais l'Action française possède encore une capacité d'influence et de mobilisation. En 1926, elle ne rassemblera pas moins de 70 000 royalistes au mont des Alouettes, en Vendée, 40 000 à Nîmes et 30 000 à Strasbourg. De jeunes intellectuels, qui feront bientôt parler d'eux, subissent le prestige des écrivains combattants qui conduisent leur arche royaliste sur des eaux incertaines. En 1924, Pampille écrit à Maurras pour lui recommander Jacques Lacan, un jeune étudiant en médecine « conquis à nos idées [4] », qui souhaite rencontrer le Maître et participer au mouvement royaliste. Durant une année entière, Georges Dumézil sera secrétaire de Maurras. De ce dernier, et pour se faire un nom, André Malraux préface *Mademoiselle Monck*. Bientôt, le jeune Maurice Blanchot saluera « le génie de Maurras [5] », la puissance platonicienne de sa dialectique, le « style exemplaire [6] » de Daudet, « d'une aisance ailée, d'une variété et d'un mouvement sans pareil ». Ce rayonnement atteint les pays étrangers. En 1924, le critique et philosophe Walter Benjamin écrit à Gershom Scholem : « Je me suis abonné à *L'Action française*, le journal des royalistes, dirigé par Léon Daudet et surtout Charles Maurras, et remarquablement écrit. Quelle que soit à coup sûr la fragilité sans bornes des fondements de leur politique en maints domaines et sur l'essentiel, leur orientation me semble finalement la seule qui permette, sans s'abêtir, de scruter les détails de la politique allemande [7]. » Dans la France des années vingt et trente, les intellectuels qui ne vont pas à Marx vont à Maurras et au courant qu'il anime.

Mais une autre crise, plus grave encore que la dissidence de Georges Valois, éclate en 1926. Après bien des polémiques, des tensions et des pressions, l'Action française est condamnée par Rome. À l'orée du siècle, le mouvement royaliste s'était imposé comme un fer de lance de la lutte contre l'anticléricalisme, réclamant notamment la réouverture de l'ambassade de France à Rome, et défendant le principe des écoles religieuses. Le pape Pie X voyait d'un bon œil l'influence grandissante de Maurras en France, comme il le témoigna à sa mère. Une grande partie du haut clergé, la quasi-totalité du courant néothomiste, une proportion importante de religieux issus des ordres réguliers nourrissaient de la sympathie pour l'Action française. Il y avait des évêques « maurrassiens » comme Mgr de Cabrières, célèbre évêque de Montpellier. Le père Garrigou-Lagrange, l'un des plus importants théologiens dominicains, maître de Jacques Maritain et professeur, plus tard, du jeune Karol Wojtyla, a tenté de réconcilier Rome avec l'Action française. En revanche, l'Action française a suscité de farouches réactions d'opposition, des critiques d'ordre théologique, des accusations de naturalisme, des condamnations de la violence politique, issues d'autres milieux catholiques.

Rome, comme la France, suivait une politique de rapprochement avec l'Allemagne. En octobre 1925, Paris venait de signer les accords de Locarno, concrétisant l'apaisement avec l'ancien ennemi. Politique dont l'Action française déplore l'optimisme naïf et l'esprit d'abandon, puisqu'elle ne donne à la France aucune garantie, et exige d'elle le renoncement à porter les armes contre son voisin. Daudet n'a pas de mal à ironiser sur le déséquilibre et les risques induits par ce traité [8]. Qu'il s'agisse de la politique étrangère ou de ses rapports avec le catholicisme, l'Action française dérange la politique du Vatican, dont Pie XI cherche à rendre l'ambition exclusive de toute influence extérieure à la doctrine de l'Église.

En 1927, Daudet publie avec Maurras *L'Action française et le Vatican*, mais ses propres démêlés avec la justice et son deuil le tiennent à distance des remous provoqués par la crise et la condamnation de 1926. Catholique lui-même, il n'a publié aucun ouvrage théologique ou spirituel. Mais contrairement à l'agnostique Maurras, il n'a pas à justifier auprès de l'Église l'emprise politique qu'il peut avoir dans l'opinion catholique. « J'ai suivi les phases de cette affaire en spectateur plutôt qu'en acteur », reconnaîtra-t-il [9]. Il dénonce une manipulation de Briand et du ministre Philippe Berthelot, qui aurait fini par gagner le pape Pie XI, « de culture et de préférence allemandes [10] ». Par ailleurs, ses propres ouvrages ont apporté des arguments aux adversaires catholiques de l'Action française : *L'Entremetteuse* a été vilipendée par eux, et son roman *Les Bacchantes* sera mis à l'index en 1932. Sa foi catholique ne fera donc pas plier sa fidélité politique. Comme directeur du journal *L'Action française*, Léon Daudet est désormais, selon l'institution et la doctrine romaines, un rebelle.

Au milieu de ces convulsions politiques et religieuses, en 1927, Léon rend visite à Georges Clemenceau avec l'un de ses enfants, à son domicile de la rue Franklin. C'est au cours de cette rencontre que le vieil homme révèle à Léon la teneur d'un billet qu'Alphonse lui avait confié avant de mourir : « En cas de disparition subite, je vous confie mon fils Léon. » Voilà qui, au-delà de l'émotion, renvoie Léon à l'époque où il était le fils privilégié de la République, celui qu'encourageaient Gambetta et Renan. Depuis 1904, il est l'un des adversaires les plus acharnés de ce régime incarné par son vieil interlocuteur. Mais le Père la Victoire sait estimer la valeur des hommes au-delà de leurs idées, la part que joue le hasard dans les destinées singulières, et, en dépit de sa réputation de « Bleu » et de jacobin obstiné, il a reconnu plusieurs fois la qualité et le courage des royalistes. Les deux hommes échangent des idées sur l'existence de Dieu et sur la querelle entre les philosophes et les théologiens. Ensuite, rapporte Léon, « il me prit la main, par-dessus sa table encombrée, entre les deux siennes, et il me dit, avec une expression inoubliable : En tout cas, nous avons, vous et moi, une foi en commun : c'est la France [11] ».

Léon n'est pas pour autant réconcilié avec la République. Au mois de mai 1927, la nouvelle se répand de l'exécution de la peine qu'il va devoir purger, après avoir été condamné à l'issue de son procès avec Bajot, le chauffeur du taxi où Philippe avait été retrouvé mort. De nombreux amis, mais aussi des esprits indépendants de l'Action française, sont choqués par la sévérité qui affecte ce père écorché. Alors que dans *L'Œuvre*, Gustave Téry se réjouit de cette peine, une « protestation contre l'emprisonnement de Léon Daudet » est publiée dans *Le Figaro*, signée par Anna de Noailles, Paul Valéry, Robert de Flers, Paul Bourget, et Henry Bernstein. Rien n'y fait.

C'est alors que survient un coup de théâtre dans la tradition française des contestations épicées et des défis à l'ordre des ronds-de-cuir. Le soir du 9 juin 1927, Léon Daudet et Joseph Delest s'enferment et se barricadent dans les locaux de l'Action française. Très vite, en installant des planches, des madriers et autres chevaux de frise, les Camelots du roi improvisent un nouveau fort Chabrol. Le dîner de ces Chouans est arrosé au vin de Vendée. Le 10, Léon et Delest entrent dans l'illégalité en ne se présentant pas à la prison de la Santé. Très vite, la rumeur se répand dans Paris et dans la France entière.

Dans un premier temps, les Camelots sont cinq cents à se presser autour du bâtiment pour empêcher la police d'y pénétrer. Bientôt, ils sont douze cents, nerveux ou joyeux, organisant des estafettes à bicyclette pour les repas, et scandant des « Vive Daudet ! » à tue-tête. La presse est présente ; Daudet, Maurras et Pujo sont interviewés chacun son tour, et ils organisent une conférence de presse dans une salle prise d'assaut par leurs confrères. Léon Daudet voit sa popularité amplifiée dans une capitale choquée par l'acharnement de la Justice et souvent compatissante vis-à-vis des fugitifs. Dans les bistrots, on parie sur la durée de l'affaire : deux heures ? six heures ? la journée ? plusieurs jours ? L'atmosphère est électrique. Dans la rue, des badauds se mêlent aux Camelots pour apercevoir ces improbables corsaires des temps modernes. Les policiers observent ce spectacle de rue avec indulgence. Déjà des touristes étrangers cherchent à apercevoir l'immeuble de l'Action française, près duquel la circulation est bloquée. Lorsque Léon Daudet et Maurras paraissent à la fenêtre, la foule des Camelots est en délire ; ils sont accueillis par un torrent d'acclamation.

Le ministre de l'Intérieur Albert Sarraut, le ministre de la Justice Louis Barthou et le gouvernement sont dans un embarras extrême. Quant à la préfecture de police, elle redoute le tour que pourrait prendre ce défi à l'autorité publique. Comment le président de la République pourrait-il exiger la répression de ceux auprès de qui il a pris conseil plusieurs fois dans son propre palais de l'Élysée au cours de la guerre ? Le 11 juin, une première charge de police est brillamment repoussée par les Camelots. Le 12, les forces de l'ordre paniquent, des agents sortent leurs armes, d'autres blessent le sous-directeur de la police municipale. Bientôt le bruit se répand qu'un assaut va être mené contre les mutins, qui possèdent des armes hétéroclites.

Tout se joue le 13 juin. Dès six heures du matin, trois mille policiers en uniforme attendent les ordres du préfet Jean Chiappe. Ils se sont armés de lances à incendie et de grandes échelles, et sont accompagnés de la brigade des gaz – qui utilise un éther irritant pour déloger les malfaiteurs. En face : mille deux cents Camelots prêts à en découdre pour protéger leur Daudet préféré. Vers sept heures, Chiappe s'approche de l'immeuble pour proposer de négocier avec Léon. Alors que Pujo et Réal del Sarte rejettent le principe de cette rencontre, Léon Daudet provoque la surprise en l'acceptant. Au nom de son fils, il refuse de nouvelles violences. Il apparaît à la fenêtre de l'entresol et dans un silence total, il répond ainsi à la sommation de Chiappe : « Monsieur le préfet, je ne veux pas, pour une cause non politique où le salut national n'est pas directement intéressé, faire couler un sang précieux et laisser se déchaîner une guerre civile qui, vous le savez, pourrait s'étendre à tout le pays. Non. Je me rends ! Je me rends pour la France et pour la mémoire de mon enfant chéri. J'ai derrière moi la force et le dévouement de mes amis. [...] Monsieur le préfet, je me rends au cri de : Vive la France [12] ! » Aussitôt, les Camelots lancent un énergique : « Vive Daudet ! »

Daudet paraît enfin, accompagné de Joseph Delest et des membres du comité directeur de l'Action française. Pâle, Maurras embrasse longuement Léon, puis le laisse partir dans la limousine où l'attend Chiappe. Avant d'être conduit à la Santé, Léon a la permission de passer rue Saint-Guillaume pour embrasser sa femme et ses enfants, François et Claire. Arrivés à la prison, Daudet et Delest apprennent du directeur qu'ils sont dispensés de la fouille et des relevés anthropométriques, mais que le régime politique leur est refusé. On les mène dans des cellules du rez-de-chaussée, qui donnent sur une cour. Bien qu'ils soient traités avec égards, ils découvrent les inconvénients de leur prison : odeurs fadasses, insultes entre prisonniers le soir, atmosphère sinistre. « Mon frère Lucien, racontera Daudet, qui est un grand artiste, un esprit merveilleux, une âme infiniment délicate et la fleur "aristo" de la tige des Daudet, des Raynaud et des Allard, en était positivement malade, à chacune de ses visites [13]. » À plusieurs reprises, l'ami de Coco Chanel apporte à Léon de petits flacons remplis de parfum. Daudet a droit à quelques faveurs : on coupe son électricité plus tard, il dispose d'un bureau supplémentaire pour travailler, et il reçoit chaque matin la visite du directeur de la prison. Malgré ces marques d'attention, Marthe est minée par l'inquiétude. De même que Maurras, hanté par l'assassinat de Syveton, et conscient des haines qui se sont accumulées contre son collaborateur. Léon ne risque-t-il pas d'être empoisonné – on a changé subrepticement le cuisinier –, ou de désespérer après tant de coups reçus ? Julia Daudet écrit alors au président Poincaré : « Ainsi, ajoutant une nouvelle iniquité aux iniquités précédentes, vous avez fait arrêter mon admirable fils ! Il n'y a pas longtemps, je relisais la lettre émue et pleine d'affection pour moi et les miens que vous m'adressiez après la mort de mon mari et, me reportant à cette époque où, jeune ministre, vous étiez l'ami de notre maison, je ne peux pas croire possible que ce soit vous, le même, qui ayez fait cela [14]. » Celui que Léon nomme « le nain de Lorraine » demeure de glace.

Cependant Léon commence à écrire son prochain roman, *Le Napus, fléau de l'an 2227*, et sous pseudonyme, continue de publier dans *L'Action française*. Il reçoit des livres et se fait porter des repas de l'extérieur. Le duc de Guise lui a adressé un message de félicitations parce qu'il estime que, en se rendant, Léon Daudet a évité que du sang français ne soit versé. Dans un raccourci saisissant, Léon répond qu'il est « heureux de souffrir pour la mémoire de [son] enfant assassiné en haine de la monarchie ».

Le journal *Le Temps* – *Le Monde* de cette période – s'étonne de la dureté des autorités envers Léon, et de leur mollesse à arrêter des communistes comme Jacques Doriot qui ont attaqué l'ordre républicain plus violemment que lui. L'Action française mène campagne contre l'emprisonnement de son héros en organisant des affichages dans Paris et des réunions publiques, pour protester. Tandis que Georges Bernanos, Maurice Maeterlinck et Marius André adressent des messages de soutien à Léon Daudet, à sa famille ou au mouvement, des listes de protestation émanant du corps médical sont publiées dans le journal royaliste : professeurs, chirurgiens, membres de l'Académie de médecine ou de l'Académie des sciences, tous sont attachés à l'ancien interne, à l'écrivain politique qui cherche à soigner la France de ses maux. Cela suffira-t-il à garantir la vie de Léon Daudet, que sa famille et ses amis sentent menacée ?

Le 25 juin, le directeur de la prison reçoit un coup de téléphone qui interrompt son déjeuner. Une standardiste le met en relation avec le cabinet du ministre de l'Intérieur. Après s'être présenté, le ministre Albert Sarraut développe l'objet de cette communication. Le Conseil des ministres vient de s'achever. Une mesure de clémence a été décidée en faveur de Léon Daudet, Joseph Delest et Pierre Sémart, le secrétaire du Parti communiste. Pour éviter tout prétexte à des manifestations dans la rue, il convient de relâcher les prisonniers avant que le bruit ne s'en répande, c'est-à-dire sans délai. Catry, le directeur de la Santé, assure le ministre que la levée d'écrou ne prendra pas plus d'une demi-heure [15].

Instinctivement, Catry rappelle aussitôt le ministère de l'Intérieur pour vérifier l'authenticité de cet ordre étonnant : le « secrétariat particulier » confirme l'ordre qui vient d'être donné : « Vous pouvez agir en toute sécurité. »

Léon et Joseph Delest sont eux aussi en train de déjeuner. Le képi à feuilles d'argent sur la tête, le directeur Catry entre soudain dans la cellule : « Je suis heureux de vous apporter une bonne nouvelle : le ministre m'ordonne de vous mettre en liberté. La mesure doit être exécutée tout de suite, préparez-vous donc immédiatement. » Fous de joie, les deux prisonniers remercient Catry de son hospitalité. Après avoir rangé rapidement leurs affaires, ils sont conduits au greffe et signent le registre d'écrou, comme si tout était parfaitement régulier. Leurs gardiens, semble-t-il, ont été conquis par leur amabilité : en partant, Léon fait l'accolade à l'un d'eux. Les deux détenus prennent le taxi que l'on a hélé pour eux, et qui les attend dans la cour de la prison. Les voici en liberté dans Paris. Très vite, deux de leurs amis les rejoignent et leur annoncent que tout était une comédie, digne du plus grand art potache des étudiants d'Action française, exécutée par le casting suivant : Pierre Lecœur, Camelot du roi dans le rôle du ministre Sarraut, Charlotte Montard dans celui de la standardiste, Maxime Réal del Sarte, dans le rôle du secrétaire du ministre. Parmi les figurants, douze Camelots ont bloqué et détourné les lignes du ministère.

Léon prend le maquis tandis que la police se lance à sa poursuite à grand renfort de moyens. Un conseil de cabinet est réuni en urgence pour traiter une affaire qui, selon *Le Figaro*, occupe tout Paris. Affolement général au parquet et à la police judiciaire, en butte à la colère d'un gouvernement à la fois gêné et défié par une bande de potaches âgés. L'enfant de la République, le fils d'Alphonse Daudet, le premier mari de Jeanne Hugo, traqué par la police ! Folle de joie et ravie, l'Action française laisse entendre à demi-mot aux policiers que Léon assistera au prochain meeting de Perpignan. Des brigades de gendarmerie y sont aussitôt mobilisées. En Bretagne, d'autres Camelots du roi font courir le bruit que Léon participera à un concours de pêche à la ligne. C'est plus qu'il n'en faut pour une police excédée, qui décide finalement d'arrêter – à Paris cette fois – Maurice Pujo pour complicité d'usurpation de fonctions, tandis que le directeur Catry est suspendu. Léon est-il chez le duc de Guise ? au Vatican ? chez lui, rue Saint-Guillaume ? Ce fou littéraire a-t-il regagné le château d'Elseneur, qu'il a visité au temps de sa jeunesse ? Le temps de laisser passer le premier déferlement policier, Léon s'enterre plusieurs semaines dans un château de Seine-et-Oise. Ses amis le conduisent ensuite en Belgique, où il arrive le 1er août 1927.

L'exil va durer trois ans dans ce territoire de songes et de peintures, marqué par l'intense activité artistique de la fin du siècle, avec ses écrivains et ses poètes symbolistes, ses expositions et ses concerts. Mais le royaume de Belgique est aussi une terre de paix pour les réfugiés politiques, qu'ils s'appellent Victor Hugo, Boulanger ou bien le duc d'Orléans. « Bruxelles elle-même est liée dans mon esprit à la personne du duc d'Orléans, prince extraordinaire, prince de Shakespeare, en qui il y avait du François Ier, de l'Hamlet, l'étoffe d'un grand roi », écrira Daudet dans *Écrivains et artistes* [16]. Léon rapproche sa situation de celle du comte de Lavalette, ministre des Postes de Napoléon Ier, qui s'était évadé de la prison de la Conciergerie en 1815, pour gagner ensuite Mons, en Belgique. *La Nation belge* se charge d'appeler Léon Daudet « La Valette n° 2 ».

En Belgique, où Marthe et ses enfants le rejoignent, l'écrivain a de nombreux amis politiques, écrivains et journalistes. Au temps de son mariage avec Jeanne Hugo, il a collaboré à *L'Indépendance belge*. Installé dans l'hôtel particulier de la marquise de Radigues, à l'angle des avenues de l'Yser et de Tervueren, à l'est de Bruxelles, il circule à son aise dans la capitale. Il découvre l'hostilité des Belges à l'égard des Allemands, ce qui ne manque pas de le rapprocher de ce peuple ravagé par l'armée « boche » entre 1914 et 1918. Il effectue un pèlerinage à Dinant-sur-Meuse, ville martyre où quatre-vingt-trois civils, dont des écoliers et des enfants de moins de deux ans, ont été fusillés par l'armée allemande.

Pendant les vingt-neuf mois de son exil, ses contributions à *L'Action française* vont s'espacer. Néanmoins installé aux frais du journal, il peut se détendre, tenter d'apaiser le deuil de son fils, l'émotion de sa fuite, et se livrer à des travaux littéraires. Il n'écrira pas moins de vingt nouveaux livres.

Parmi ses lectures, il découvre *La Révolution française* de Pierre Gaxotte, qu'il appelle un « livre-bombe ». Il reçoit également les envois de Pierre Benoît, Georges Bernanos, Henri Massis, Jules Romains, Roland Dorgelès, Marius André, André Chamson, Jean Giono (*Un de Baumugnes*)... L'écrivain donne des conférences à Rotterdam, Utrecht, La Haye, Amsterdam, à ses yeux une cité des mille et une nuits où l'on aurait installé une batellerie du grand siècle. Au cours d'une soirée organisée sous les auspices de *La Nation belge* au palais des Beaux-Arts, il évoque les *Paradis artificiels* de Baudelaire devant trois mille personnes – si l'on en croit le compte rendu de l'Action française. Marthe et Léon visitent Anvers, se rendent à Waterloo, découvrent les beautés de la Flandre. Lui qui, dans son enfance, a été éveillé aux grands maîtres de la peinture par le critique Gustave Geffroy, qui a connu Whistler, Degas, Forain et Manet, il visite plusieurs fois le musée d'Amsterdam, où les Rembrandt l'enchantent. Et par l'un de ces « crépuscules dorés à la flamande, où les intelligences s'épanouissent comme des fleurs [17] », il passe une soirée entière à parler de ce maître avec deux immenses critiques d'art qui sont aussi ses amis, Eugenio d'Ors et Charles Bernard. Un autre jour, il reçoit Jacques Copeau, le grand metteur en scène du Vieux-Colombier et rénovateur de l'art théâtral, qui témoigne dans son journal : « Ce matin, extraordinaire déjeuner chez Léon Daudet. Maurras et Lucien Moreau débarquaient de Paris pour voir leur ami. Cela, déjà, était des plus émouvants [...]. Mme Léon Daudet présidait le déjeuner. Elle m'a paru une femme extraordinaire [18]. » Avec Marthe, Léon se rend à Londres pour revoir des musées. Il découvre Picasso dont il a compris que c'est « un des peintres les plus expressifs et les plus savants qui soient ». Au Théâtre de la Monnaie de Bruxelles, il revoit avec émotion l'adaptation théâtrale de *Sapho*, de son père Alphonse, avec Cécile Sorel dans le rôle principal.

Pour lutter contre l'exil, « un malaise, écrit-il dans *Vingt-neuf mois d'exil*, et donc une intoxication morale [19] », Léon écrit passionnément. Coup sur coup, il rédige quatre gros volumes d'essais, intitulés *Courriers des Pays-Bas*, édités par les Éditions du Capitole. Dans le troisième volume, *Melancholia*, il poursuit ses investigations sur la psychologie et la sensibilité humaine, dans le sillage de *L'Hérédo*. Il développe par exemple la relation que les sens entretiennent avec la mélancolie. C'est dans ce livre qu'il développe la notion d'« ambiance » et d'« aura », à propos des sensations : le toucher, l'odorat, la vue. « De même que nos pensées viennent de beaucoup plus loin que nous ne le supposons, et quelquefois d'ascendants extrêmement éloignés – la tension héréditaire étant généralement moyenne, même chez les philosophes d'un bon rang – nos sens vont beaucoup plus loin que nous ne l'imaginons. Ils se prolongent en ondes mystérieuses, chargées de notre ambiance qu'ils traversent, et c'est sans doute là l'origine de phénomènes dits de télépathie [20]. » Daudet analyse l'expression de ces ondes chez les écrivains, de Baudelaire à Dickens, Edgar Poe et Émile Zola. L'un de ses plus attentifs lecteurs, Walter Benjamin, reprendra à son compte les termes d'« aura » et d'« ambiance » que l'écrivain français emploie dans son essai. Plus admiratif encore, Maurras soulignera l'importance des *Courriers des Pays-Bas* dans l'œuvre de Léon Daudet : « Jamais peut-être ce qu'il avait de sublime au plus mystérieux de son être ne s'est dégagé avec plus de force que dans ces quatre volumes, si différents dans l'apparence, et qui chantent sur l'ordre humain la même divine unité [21]. »

Puisque Paris lui manque, Léon le fait renaître d'une manière pittoresque, tour à tour élégante et populaire, dans *Paris vécu. Rive droite* et *Paris vécu. Rive gauche.* Dans ces deux ouvrages d'un genre presque inédit, où Apollinaire et Léon-Paul Fargue le précèdent, Léon invite ses lecteurs à découvrir le Paris qu'il a vécu, quartier par quartier, grâce à des souvenirs et à des observations qui tiennent à son expérience, mais aussi d'une culture populaire qui risque de se perdre. Il y a dans cette physiologie parisienne une manière d'autobiographie, la vie même de Léon paraissant se confondre avec l'histoire de la capitale, de 1867 à 1929. Dans les détails qui y fourmillent, plus d'un peut surprendre le Parisien actuel, qui ne se reconnaîtrait pas dans la ville d'autrefois. Contrairement à un préjugé bien ancré, Léon témoigne que la grande ville qu'il a connue au début du siècle n'était pas toujours sûre. Les quartiers de Montmartre, Blanche et Pigalle connaissaient des rixes et des meurtres dont les policiers étaient parfois blasés, et qui faisaient penser aux « Américains des cars » que tout cela « était truqué » et relevait de « la tournée de nuit [22] ». Le vin des Halles et des mastroquets était souvent frelaté, et « Montparno » était une cité de débauche crapuleuse à l'usage des étrangers. Çà et là, c'est le poète qui parle et s'attendrit : « Paris peut donner cela : tout à coup une explosion du beau, dans un corps, un regard, une voix de femme. Ou une explosion de l'esprit, autour d'une table. Ou une explosion de lumière et de couleur, dans une exposition de tableaux. Ou une explosion de commisération, de pitié, d'honneur devant un grand drame. C'est la ville aux commotions subites, aux surprises soudaines. Elle est femme, et la femme – et c'est bien heureux – y a ses tréteaux, sa parure et son étoile [23]. » Ici, Léon raconte la façon dont il a évité un duel à Marcel Proust ; là, il livre un souvenir sur la Salpêtrière, les quais ou tel salon littéraire du quartier de Saint-Germain.

Cependant, l'obsession de la guerre passée et la perspective de la guerre prochaine – dont l'Action française guette les signes dans une France incrédule et fatiguée – hantent Léon jusqu'à Bruxelles. C'est là qu'il termine un roman qui participe à la fois de l'anticipation, de la science-fiction et de la contre-utopie, *Le Napus, fléau de l'an 2227*. L'écrivain imagine la monarchie rétablie, appuyée par une *Action française* devenue journal officiel, vivant à l'ère des avions électriques, des messages « ondiques » et autres inventions phénoménales. Le titre, expliqué dès le prologue, vient de la réflexion d'une petite fille stupéfaite devant la disparition soudaine, sous ses yeux, de son propre grand-père à la barbe blanche : « N'a pus ! » L'étrange mal rapetisse les éléphants, élève des champignons de plusieurs mètres en une nuit, fait disparaître régulièrement un personnage du roman. Cette histoire insolite, un peu confusément fagotée, est racontée par un « polyplaste », individu aux origines composites, portant le n° 17 777. Professeur d'énergie cellulaire à la fondation Aristote, il est le témoin de ce fléau qui s'abat indifféremment sur les Français et les Allemands, qu'ils soient en paix ou en guerre. On traque les éléments « napusogènes », et l'on est naturellement « napusophobe » – néologismes qui rappellent ceux d'Orwell dans *1984*. Qu'il se souvienne du terrible tremblement de terre de Tokyo en 1923, qu'une prescience lui fasse apercevoir une catastrophe nucléaire future, Léon Daudet évoque les Japonais dans son roman. Il écrit que « la valeur prolifique de ce peuple intrépide offre aux coups du sort la plus belle résistance de la planète [24] », et qu'elle ne « semblait nullement affectée » par les calamités naturelles. Mais le plus confondant est là : le mystérieux Napus apparaît dans ce roman comme un équivalent de l'atomisation nucléaire, qui fait disparaître les hommes en un instant. Dans un article qu'il publie parallèlement dans *L'Action française*, Léon explique qu'il a « voulu inventer une nouvelle forme de mort, [...] par modification cellulaire [25] ». Bien que le comique s'en mêle parfois, *Le Napus* annonce à la fois *Le Meilleur des mondes* de Huxley, *1984* d'Orwell et *Ravage* de Barjavel.

La méfiance envers le technicisme n'est pas nouvelle dans la famille Daudet. Chez Léon, l'intuition est beaucoup plus profonde. Elle a été aiguisée par la guerre de 1914-1918, ses orages d'acier et ses armes nouvelles. Dans « Théories du fascisme allemand », publié dans la revue *Gesellschaft* en 1930, Walter Benjamin ouvre sa réflexion en résumant un article où Léon Daudet commente le récent Salon de l'automobile. Cherchant à résumer la pensée de « cet éminent écrivain, par ailleurs chef du parti royaliste français [26] », Benjamin affirme : « L'automobile, c'est la guerre. » Cette quasi-citation sert à introduire la réflexion du philosophe sur la place de la technique dans l'élaboration du fascisme. Elle inaugure sa dénonciation de la fascination éprouvée par l'écrivain Ernst Jünger pour la guerre moderne. La référence de Walter Benjamin à Léon Daudet a son importance. Elle montre à quel point l'écrivain français se trouve du côté des anciens, des humanistes, de tous ceux qui rappellent les mesures de la civilisation et de l'humanité face à des sensibilités et des idéologies tournées vers la force, des penseurs et des écrivains qui voient dans la guerre la plus haute expression d'une nation. La guerre, Léon n'en parle jamais qu'avec effarement et inquiétude, quand du moins le comique ne prend pas le pas, et qu'il la présente sous les couleurs de la guerre picrocholine (comme chez Rabelais) ou de « la boucherie héroïque » dont se moque Voltaire dans *Candide*.

Absent de Paris, Léon Daudet suscite une curiosité continuelle. Maurice Martin du Gard, le cousin de Roger Martin du Gard et l'influent directeur des *Nouvelles littéraires*, lui consacre une étude aussi minutieuse que critique, voire polémique. L'essayiste déplore les violences de Léon, qui dissimulent sa tendresse et son pouvoir de séduction. On ne saurait affirmer que Daudet ait toujours cherché à maîtriser, à féconder avec intelligence son talent « car, jusqu'ici, il n'a pas toujours eu le temps d'en avoir, mais il est incontestable qu'il eut des moments de génie [27] ». En 1928, explique Martin du Gard, Daudet est déjà « un personnage légendaire », « le plus étonnant des clowns de la création », dont la haine de la République fait oublier qu'il est aussi « un de nos très grands écrivains ». *Alphonse Daudet*, le livre de souvenirs qu'il a écrit sur son père en 1898, est « le livre le plus émouvant qu'on puisse lire ».

À Bruxelles, Léon multiplie les conférences. Il en tire plusieurs ouvrages. Celles qu'il prononce sur Maurras, réunies en 1930 sous le titre *Charles Maurras et son temps*, montrent à la fois la force de l'amitié et la fidélité politique de Léon. Effort de vulgarisation, hymne apologétique, remerciement ou hommage, l'écrivain ne brille guère par la hauteur de la pensée politique. Il ne retrouve pas la vitalité de *Vers le roi* (1921), où l'histoire de l'Action française prend l'allure d'une épopée riche de médaillons héroïques. Dans ce rythme de production impressionnant, Léon ne néglige pas la forme romanesque. *Le Cœur brûlé* évoque un très grand médecin, Martial Hauffroy, honorable père de famille qui succombe au charme d'une petite danseuse qui finit par tomber malade et par mourir. Un autoportrait fictif et une projection de soi se dessinent à travers le personnage d'Hauffroy, dont l'idéal médical rayonne dans tout le texte. « Ce qui meut le véritable médecin, écrit le romancier, c'est l'amour latent du prochain et le désir de soulager ses maux, c'est le besoin passionné de venir en aide, de refaire, chez autrui, ce bien incomparable et si vite perdu : la santé [28]. » La vérité de Léon Daudet est peut-être là : dans cette compassion que l'écrivain-médecin éprouve devant la souffrance, la curiosité toujours renouvelée pour l'activité et les lois du corps humain. Avec cette histoire d'adultère entre un grand médecin et une danseuse malade, Léon s'essaie au roman populaire. Il en exploite les ficelles tout en exprimant ses préoccupations originales sur la médecine et sur le rapport que le thérapeute entretient avec le sentiment amoureux : de ce point de vue, *Le Cœur brûlé* est aussi un roman d'initiation. Il paraît d'abord chez Flammarion en format classique, puis il sera réédité (tout comme *Suzanne*, *La Lutte* et *La Mésentente*) dans la collection créée par Ernest Flammarion, « Select Collection » : format in-8° sur deux colonnes, à 2 francs. L'écrivain dédie ce « roman contemporain » « à ma mère bien-aimée, dont me tient séparé, depuis deux ans, un injuste exil ».

Le travail immense de Léon l'oblige à organiser ses journées de façon précise. Il lui faut veiller sur l'éducation de ses enfants : en 1930, François a quinze ans, et sa petite sœur Claire, douze ans. Parmi leurs invités réguliers, Léon et Marthe reçoivent Paul

Dresse, poète et écrivain belge maurrassien comme son cousin Adrien de Meeûs, le fondateur des Amis belges de l'Action française. Plus tard, en 1948, Paul Dresse publiera un imposant *Léon Daudet vivant*, première biographie de l'écrivain et polémiste français. Au cours de cet exil dans le royaume belge, le couple reçoit près de mille deux cents invités, français, étrangers, politiques, écrivains qui cherchent tous à le soutenir dans l'épreuve qu'il traverse. En France, des pétitions sont organisées pour le retour de Léon et de sa famille, comme celle que lancent l'historien Daniel Halévy et le critique Fernand Vandérem. Alors que tous ses membres sont loin de partager les convictions politiques de Daudet, la Société des gens de lettres réitère une demande d'amnistie à laquelle Raymond Poincaré n'a pas même répondu la première fois. Divers écrivains, des journaux étrangers et français, jusqu'au *Populaire* de Léon Blum désapprouvent la sévérité du gouvernement. Seuls des journaux démocrates-chrétiens et, à la Chambre, quelques députés comme Marius Moutet, lui aussi démocrate-chrétien, tentent de s'opposer à une mesure que la plupart considèrent comme un acte de justice. Tout au long du mois de décembre 1929, les tractations gouvernementales succèdent aux pressions antagonistes des parlementaires. Lorsque Georges Mandel, Édouard Herriot et Édouard Daladier interviennent auprès du président du Conseil André Tardieu, ce dernier – qui apprécie personnellement Léon Daudet – peut annoncer à Georges Lecomte, de l'Académie française, qu'une amnistie sera bientôt accordée à plusieurs agitateurs politiques exilés, parmi lesquels son confrère et ami.

Le 31 décembre, *L'Action française* peut enfin annoncer que Léon et Marthe Daudet, accompagnés de leurs enfants, pourront regagner la France.

Chapitre 21

Vigie des Lettres

Après avoir exprimé sa gratitude à la nation belge dans plusieurs journaux, Léon écrit au bourgmestre de Bruxelles pour lui demander de verser aux nécessiteux de la ville 5 000 francs qu'il lui adresse dans le même courrier [1]. Il écrit également à Georges Lecomte et à Georges Mandel pour les remercier de leurs interventions respectives en sa faveur. Du second, il brosse un portrait élogieux dans *Vingt-neuf mois d'exil.* Si le séjour de Léon en Belgique ne paraît pas avoir eu un grand impact sur ce pays, des intellectuels belges salueront Léon Daudet comme l'un des écrivains français qui auront le mieux compris le royaume belge. « Léon Daudet rentra en France le 1er janvier 1930, écrit Paul Dresse. Il manqua ainsi la célébration des fêtes de l'Indépendance nationale, et les Belges perdirent le plus généreux, le plus bienveillant des témoins, celui qui, en décrivant ces fastes, eût trouvé les mots cordiaux, les images frémissantes qui eussent fixé pour toujours les traits de ce roi Albert qu'il aimait tant [2]. »

Le retour de Marthe et de Léon est attendu par plusieurs milliers de personnes attroupées gare du Nord. À leur arrivée, ils sont fêtés chaleureusement. Ils sont accueillis non seulement par le comité directeur de l'Action française, dont Maurras, souffrant, mais aussi par les Camelots du roi, des membres de l'académie Goncourt et de l'Académie française, des confrères écrivains et journalistes, et une foule d'amis, d'abonnés ou de sympathisants. Congratulations, embrassades, gerbes de fleurs, chants et vivats. Le couple éprouve une intense émotion à retrouver Paris à peine changé depuis sa fuite rocambolesque. Dès son arrivée, Léon se rend au cimetière du Père-Lachaise pour prier sur la tombe de son fils Philippe, couverte de fleurs.

L'Action française lui fait fête. Le journal consacre toute sa première page au retour du « héros », titrant en gros caractères : « L'accueil de Paris : Vive Daudet ! » L'ancien exilé et toujours directeur du quotidien publie alors cette déclaration solennelle : « Je n'ai pas à remercier le gouvernement de la République pour la cessation d'une scandaleuse iniquité et la rupture d'un exil de vingt-neuf mois. Ma décision de poursuivre le châtiment des policiers assassins de mon fils et de flétrir les magistrats, serviles et félons, reste entière. Ma volonté de détruire le régime qui avilit, ruine et tue la France, demeure absolue. Je remercie Fernand Vandérem, Georges Lecomte, Roland Dorgelès, Daniel Halévy, Pierre Benoît, tous ceux qui sont intervenus auprès des pouvoirs publics pour qu'un terme fût mis à une ignominie d'une telle durée. Je remercie MM. Mandel, Marin, Herriot et Daladier pour leur démarche en faveur de leur ancien collègue, auprès de M. André Tardieu. Je remercie Paris, où je suis né, de son accueil inoubliable. Quant à Barthou et à Poincaré, nous nous retrouverons [3]. » Très vite pourtant, la famille Daudet quitte la capitale pour séjourner en Provence. Les deux enfants, Claire et François, accompagnent leurs parents. À leur retour Léon reçoit chez lui, rue Saint-Guillaume, l'académicien Georges Lecomte. Ce confrère a beaucoup travaillé à son retour en France, en publiant notamment un article retentissant dans *La Dépêche de Toulouse.* Une tendre amie de Maurras note dans son journal que « Léon Daudet est si content d'être revenu à Paris qu'il embrasse ses collaborateurs, lorsqu'il va au journal [4] ».

Rebelle ou insurgé, Léon n'a pas contre lui tout un régime, toute une société. Dans l'une et l'autre sphère, il trouve au contraire des soutiens discrets ou publics, sans lesquels sa carrière de journaliste pamphlétaire et de directeur de journal serait plus difficile. De lui-même, il entretient néanmoins l'image d'un adversaire résolu et univoque, d'un partisan en face de qui il n'existerait que des blocs plus ou moins complices, ou encore, d'une espèce de géant swiftien en bas duquel s'agiterait une foule de lilliputiens : politiciens carriéristes et traîtres, journalistes vendus, espions de l'étranger et policiers sournois, mauvais français fédérés par les loges... Dans son *Panorama de la IIIe République*, Léon affirme avoir connu quatorze duels et six cents procès. Mais après tant de combats, le deuil d'un fils et un exil de trois années, le lion se sent-il essoufflé, vieilli ou brisé ? En profondeur peut-être. Mais en surface, il ne le montre pas. Au contraire, depuis la mort de Philippe, et au fil des années trente, il écrit de manière boulimique et intempérante des pages tour à tour belles et stimulantes, ou bien anecdotiques et même sottes.

Léon Daudet trouve un réconfort en écrivant un essai qu'il porte depuis longtemps en lui-même : *La Femme et l'Amour*. Livre sans doute inégal, mais où il s'en prend à certaines injustices de la condition féminine, dénonçant par exemple le sort des épouses des ouvriers, souvent réduites à l'alcool et aux brutalités du mari. Le poète chante la femme, toutes les femmes, les femmes « extrêmement féminines » et les femmes masculines, les actrices, les inspiratrices et les consolatrices, les ménagères et les filles trompées, les souveraines comme l'impératrice Eugénie, ou les héroïnes cachées comme Louise Read, l'extraordinaire compagne de Barbey d'Aurevilly. Alors que Léon développe parfois des conceptions machistes et des préjugés bourgeois, il ose écrire contre les siens : « La nature masculine, brutale et sommaire, m'a toujours rebuté et ennuyé, et les conversations des hommes, au fumoir, au club, dans les assemblées ou dans un bureau de journal, ou dans un repas de corps, m'ont fait fuir comme stéréotypées et vaines [5]. » Sur le plan juridique, l'écrivain déplore l'incapacité civique des femmes, qui se trouvent « en état d'infériorité morale et légale devant les tribunaux et les magistrats [6] ». À cette époque, ce sont surtout les radicaux socialistes qui relèguent la femme dans un statut d'irresponsabilité politique et l'empêchent de voter. Parce qu'elles seraient plus proches de la nature et davantage versées que les hommes dans la sensibilité mystique, ces créatures voteraient trop à droite. Pour les mêmes raisons, Léon Daudet conclut qu'il convient d'ouvrir le vote aux femmes.

Le 8 septembre 1930, il accompagne Maurras aux fêtes mistraliennes organisées dans le Midi pour le centenaire de la naissance du grand poète. À Avignon, Léon Daudet se félicite devant l'union de la latinité qui se dessine à travers les invités et les visiteurs : aux félibres se sont joints des Italiens, des Roumains et des Catalans. Puis il se rend à Maillane, où, face au mausolée de Mistral,

Maurras récite l'invocation de *Calendal*, que les félibres considèrent comme le credo de leur mistralisme. « Inoubliable minute ! » commente Léon. Dans la maison de Mistral, le fils d'Alphonse Daudet est assailli par les images du passé. « Que de souvenirs doux et cruels j'ai ici, mon Dieu ! s'exclame-t-il dans *Notre Provence*. Celui de ma petite enfance dans la maison d'en face, celle de la maman Mistral, où Mistral fit à mon père la lecture de *Calendal*, racontée dans les *Contes du lundi*. Ceux de ma jeunesse, puis de mon mariage, la table hospitalière, les chants au dessert, les récitations de poèmes, la joie, l'enthousiasme et l'amitié ! Chaque fois que je venais à Maillane, Mistral évoquait le souvenir de son "bel Alphonse", de leurs félibrées, de leurs rires et, quand Mme Mistral était sortie, de leurs équipées "du temps des moulins [7]". »

Enfin, le 11 septembre, Léon participe à la fête mistralienne du château de Lourmarin organisée par l'académie d'Aix-en-Provence. Occasion de rasades et de chants, en même temps que de retrouvailles et de nouvelles rencontres. À l'un de ces moments de ferveur provençale, « commença notre duo, si je puis dire, Maurras récitant, moi chantant, soutenus par Bosco et quelques autres qui savent, comme nous, leur Mistral par cœur ». Il salue Henri Bosco, « écrivain et poète qui possède la plus belle voix du monde et un inépuisable répertoire de chants du terroir [8] ». Depuis quelques années – notamment sous l'influence de Maurras – Léon Daudet s'est rapproché de la cause mistralienne, qui est devenue un élément de ce que personne n'appelle encore culture maurrassienne. *Notre Provence*, que Léon Daudet préface, écrit et signe avec Maurras, est un long hommage à l'œuvre mistralien. Non seulement au poète qui a su relever une langue littéraire, à l'érudit dont le *Trésor du Félibrige* a été récompensé en 1904 par un prix Nobel, mais aussi aux langues et idiomes locaux : « Il n'y a aucune espèce de raison ni de justice à ce que disparaissent le breton et le provençal, écrit Léon ; à ce que tarissent les sèves linguistiques provinciales, au détriment de la richesse nationale ; à ce que soit diminuée ainsi la puissance ou la possibilité littéraire et poétique d'un pays ; à ce que ce malaise, par privation de l'idiome autochtone, soit imposé, administrativement, à des populations d'ailleurs ardemment patriotes [9]. »

Léon se dissocie des clichés satiriques auxquels son père s'est parfois complu. Pour lui, comme pour Maurras, il serait dérisoire et dangereux de laisser le monde imaginer que Tartarin, au lieu de Frédéric Mistral, incarnerait le pays du roi René, des Arlésiennes, des fées et des troubadours. Patriote français, Léon reconnaît d'ailleurs à Mistral un mérite politique méconnu : en incarnant la volonté des « nations opprimées, désireuses de ne pas périr [10] », le poète provençal a joué un rôle bénéfique dans le maintien de la fidélité de l'Alsace et de la Lorraine à la France.

Parallèlement au Léon Daudet ami des Anciens, s'affirme aussi un Léon Daudet ami des Modernes : un investigateur un peu fou, qui ne donne aucune limite aux mouvements de son imagination. Le roman d'anticipation *Les Bacchantes* renvoie *Le Napus* et *1984* aux limbes de l'académisme. Appartenant à une série intitulée « la clinique de la vie », ce roman a tout pour effaroucher le bourgeois et les dames catholiques des quartiers bon teint de Paris, avec scientifique fou, gros seins, ambiance pasolinienne et vertige plotinien. Le personnage principal, Romain Ségétan, est un Edison français. Il a découvert les « ondes du temps », grâce auxquelles il devient possible de revivre les féeries, les guerres, les invasions, les mouvements révolutionnaires du passé. L'inventeur meurt après avoir ressuscité les bacchanales antiques les plus échevelées et recréé Pompéi. Publié par Flammarion en 1931, ce roman licencieux rencontre un succès de scandale dont l'Action française n'a évidemment pas besoin, mais qu'elle accepte. La littérature a sa vérité qu'un parti même royaliste n'ignore pas. Léon a d'ailleurs prévenu dans son journal : ce roman « n'est pas pour les demoiselles [11] » – sans doute à cause de leur imagination féconde. Dès le 30 novembre 1931, *L'Action française* annonce glorieusement que vingt mille exemplaires ont été vendus en quinze jours. C'est compter sans l'appui puissant, utile et lucide du Vatican qui, en mettant les *Bacchantes* à l'Index le 20 février 1932, fait encore augmenter les ventes : de vingt mille exemplaires, elles s'élèvent bientôt à cinquante mille. Cette fois, nulle amende honorable de la part du romancier.

Secondaires ou non, les romans de Léon Daudet ne sont pas séparables de ses essais. Non que l'écrivain applique un système qu'il illustrerait ensuite dans des fictions. Mais le statut qu'il donne aux images littéraires et à la poésie permet de comprendre le lien que l'écrivain établit entre des genres différents. Méditation sur la synthèse (*Goethe et la synthèse*, 1932), prospection sur le Beau (*La Recherche du beau*, 1932), Léon mêle en lui le critique littéraire et le théologien sauvage, le philosophe intermittent et l'explorateur insatiable, attiré à la fois par les visions de la mystique Catherine Emmerich et tenté par le modèle de Charcot, dont il fait la matrice de ses romans. En décrivant Rabelais, c'est de lui-même que Léon Daudet dresse le portrait. Il écrit que l'œuvre de cet humaniste « est, elle aussi, une intrication d'essais de tendance satirique, médicale et philosophique, d'épisodes romanesques et d'épisodes nettement dramatiques, tantôt comiques, tantôt tragiques [12] ».

Le 8 avril 1931 doit avoir lieu le mariage du comte de Paris avec la princesse Isabelle d'Orléans-Bragance à Palerme - date mémorable dans l'histoire des royalistes français. Dans les nouveaux bureaux du journal, rue du Boccador – à côté du Théâtre des Champs-Élysées –, les royalistes se préparent pour faire honneur au prince, pour participer à cette grande fête et faire de ces noces un événement politique français, alors qu'il aura lieu à l'étranger. Auprès de milliers d'abonnés, de lecteurs, d'adhérents au mouvement et de sympathisants, les directeurs de l'Action française recueillent une forte somme d'argent afin d'offrir un diadème à la future comtesse de Paris. Avec Daudet et Maurras, ils sont quatre cents à effectuer le périple jusqu'en Sicile, où la famille d'Orléans possède plusieurs propriétés. Deux bateaux sont spécialement affrétés au départ l'un de Marseille, l'autre de Naples, sur lesquels *La Royale* – hymne de l'Action française – est chantée à tue-tête. Sur le *Compiègne*, c'est Léon qui tient le cadeau offert par la souscription.

Les invités arrivent à Palerme. Au palais d'Orléans, Léon Daudet et les principaux représentants de l'Action française sont accueillis par la famille princière d'autant plus volontiers que la reine Amélie du Portugal et la duchesse de Guise éprouvent beaucoup d'admiration pour Maurras. Ce dernier est depuis les années vingt le serviteur ou le mentor un peu trop empressé du comte de Paris, dont l'éducation politique a été faite par des maurrassiens, comme le juriste Charles Benoist. Au milieu de ses princes, Léon cache mal son émotion. Il est, comme tout vrai royaliste face au prétendant, un enfant. Le jardin présente un aspect féerique grâce aux illuminations électriques installées dans les massifs, et le dîner réunit un nombre impressionnant d'ambassadeurs venus représenter les rois de Grande-Bretagne, d'Espagne, de Belgique, les princes italiens, espagnols, grecs, polonais, danois. Onze cents invités montent ensuite au premier étage, dans un vaste salon où les attendent le duc et la duchesse de Guise, le comte de Paris et la princesse Isabelle. Madame prend le bras de Léon pour monter le grand escalier, le mettant au comble de la joie. Avec ses amis, il assiste à un bal où les robes du soir, les uniformes, les diadèmes, les lumières font resplendir les danses accompagnées par un orchestre jusqu'à minuit. Le lendemain 8 avril, le mariage est célébré dans la cathédrale de Palerme ornée de tentures rouges crépinées d'or. Cinquante-quatre prie-Dieu sont rangés au centre du chœur pour les princes et les princesses, tandis que le cardinal Lavitrano occupe le trône pontifical. Pendant ce temps, à Paris, le prétendant fait déposer sous l'Arc de triomphe une palme de bronze portant l'inscription : « Au soldat inconnu. Un exilé. Henri comte de Paris. » À la messe de deux heures succède une sortie au moins aussi longue sous un torrent d'acclamations, au rythme de la marche nuptiale de *Lohengrin*. Le comte de Paris donne l'accolade à Maurras et à Daudet. Le cortège royal qui suit dans Palerme, avec les volées de cloches, les cris d'amitié, les vœux, les salutations de milliers de pèlerins français joints aux Italiens, donne à chacun l'illusion que le comte et la comtesse de Paris sont déjà un peu roi et reine, et que l'avenir sera beau.

À nouveau, les invités sont accueillis au palais d'Orléans, en grande tenue, sous un soleil brûlant. Léon ne saurait oublier que ses princes sont toujours exilés de France – la loi ne sera abrogée qu'en 1950 – comme lui l'a été, et qu'une amertume vit en creux des noces. Mais les cris « À Paris ! » ne cessent de retentir tout au long de la journée. Interrogé au micro par des journalistes italiens, Léon est photographié au milieu de la foule : son visage rayonnant, impérieux, monarchique, est celui d'un gros matou satisfait qui aurait dégusté le mets le plus savoureux de toute l'histoire des félins. Plus tard, il fait un discours, puis entonne un chant du Midi, « La fontaine de Nîmes ».

De retour par Marseille, Maurras et Daudet rapportent leur souvenir à la Fédération provençale des sections d'Action française. Le discours du premier ne cède pourtant rien à l'enchantement :

« En ce moment, il y a dans l'histoire contemporaine un point brillant : le mariage de Palerme. Indépendamment de lui, tout est extrêmement sombre : les fautes du régime, des institutions et des hommes, sont capitalisées dans les événements des dernières semaines. Après avoir laissé faire l'Anschluss, la République ne saura pas empêcher la guerre. Le ralliement doit se faire autour de l'A.F. et notre mouvement, qui est un phénomène de politique nationale pur, doit vaincre [13]. » Quelques mois plus tard, le prophète politique sera encore plus clair : « L'État hitlérien est prêt [14]. »

La politique d'apaisement du gouvernement français, le traité de Locarno, l'évacuation de Mayence par les troupes françaises ont abouti à un fiasco. En vain, le maréchal Foch, Bainville et Maurras ont multiplié leurs protestations et leurs avertissements. Le résultat était prévisible : au lieu de satisfaire l'opinion allemande, et de permettre au Zentrum – le parti centriste allemand, d'orientation catholique – de s'affirmer aux élections, la politique française donne une impression de faiblesse, et, comme l'écrit Léon Daudet, « cent sept députés hitlériens – en chemise brune – entrent en trombe au Reichstag [15] ». De fait, « la domination de la croix gammée commençait, ainsi que la reformation renforcée de la puissance, politique et militaire, allemande ». Mais de nombreux français, pacifistes, socialistes, radicaux, suivent toujours la ligne idéaliste de Briand, et continuent de croire et d'espérer dans une épiphanie du Zentrum. Tandis que les représentants de soixante-deux pays plus ou moins hypocrites participent à la Conférence mondiale pour le désarmement à partir de février 1932, la SFIO prône la diminution du budget militaire pour montrer l'exemple, en rêvant un désarmement mondial et simultané. Alors que les sociaux-démocrates allemands viennent d'essuyer un revers aux élections législatives, et que le NSDAP obtient 33 % des voix, à la veille de l'arrivée de Hitler au pouvoir, Léon Blum écrit dans *Le Populaire* : « Hitler est désormais exclu du pouvoir ; il est même exclu, si je puis dire, de l'espérance du pouvoir [16]. » Quant au parti communiste, qui glorifie constamment l'Armée rouge, il fait de l'antimilitarisme l'un de ses principaux thèmes de propagande, à tel point que certains soldats français considèrent la Russie des soviets comme leur véritable patrie.

Au cours des années trente, l'esprit de Léon vire entre l'indépendance et l'obstruction partisane. Alors que les critiques et théoriciens proches de l'Action française attaquent depuis vingt ans les « impostures » d'André Gide – de Jacques Maritain à Henri Massis –, et que Gide lui-même prend des positions pour un temps favorables à l'URSS et au communisme, Léon Daudet dit ce qu'il pense, malgré ses amis et les solidarités auxquelles le soumet son engagement. Dans *Candide*, il prend la défense de l'écrivain en repoussant l'accusation majeure que la droite littéraire porte contre Gide : il « porte en lui son contrepoison, explique-t-il, qui est la destruction des images funestes, des illusions faciles. Enfin, est-il pire poison que le déroulement de la vie terrestre, que le spectacle de la vertu punie, du crime atroce récompensé, de la générosité méconnue, de la stupidité triomphante [17] ? » Henri Massis s'insurge, Maurras s'exclame : « En approuvant Gide, c'est toute l'œuvre de Barrès que vous rayez d'un trait [18]. » Malgré ces réprobations, Léon se défend : « Notre mouvement d'Action française n'a subsisté que par l'extrême liberté de chacun de nous – sauf sur le terrain politique – dans les domaines de littérature, de philosophie, de sciences et d'art. [...] La question morale, en littérature et en art, m'importe peu, alors qu'en pédagogie, je la crois essentielle [19]. » Il est vrai qu'en défendant Gide, Léon Daudet cherche en même temps à se défendre, lui dont plusieurs romans ont été mis à l'Index. Extensible ou moderne, le catholicisme de Léon ne plaît pas à tous les catholiques.

Inversement, l'écrivain se place au centre de la polémique qui éclate entre Georges Bernanos et l'Action française. Camelot du roi de 1908 à 1919, ce protégé de Léon Daudet a vécu l'Action française comme une chevalerie nouvelle, dans un rêve de royauté médiévale qui devait aux chants poétiques de Charles Péguy. Parmi les chefs du mouvement royaliste, c'est vers Léon Daudet que s'adressent toujours les plus grands enthousiasmes de Georges Bernanos. Cet aîné attentif l'introduit dans le journalisme en le faisant entrer à *L'Avant-garde de Normandie*, journal royaliste de Rouen où Bernanos fait ses griffes de polémiste contre les notables locaux et nationaux, les démocrates-chrétiens et ceux qu'il considère comme des baudruches littéraires. « Le père Dom Besse, religieux admirable, avait [...] accrédité Bernanos auprès de moi [20] », se souvient Léon ; et Bernanos le poursuit « de lettres extasiées ».

Cette admiration culmine en 1917, lorsque le futur romancier demande à Léon d'être le témoin de son mariage avec Jeanne Talbert d'Arc, une descendante de Jeanne d'Arc. Ensuite, Bernanos salue à plusieurs reprises les romans de Léon. Aucune ombre ne semble miner la reconnaissance qu'il éprouve pour son aîné, même lorsqu'il cesse d'adhérer à l'Action française en 1919.

De son côté, Daudet révèle Bernanos à la France dans un de ces articles où retentissent les trompettes de la vérité littéraire, intitulé : « Révélation d'un grand romancier ». « Demain, le premier livre, le premier roman d'un jeune écrivain, sera dans toutes les mains et M. Georges Bernanos, auteur de *Sous le soleil de Satan*, sera célèbre, annonce-t-il. Je dirai de lui comme je le disais naguère de Marcel Proust – hélas ! – qu'une grande force intellectuelle et imaginative apparaît au firmament des lettres françaises. Mais, cette fois, synthétique et non plus analytique, et dans un genre, à ma connaissance, encore inexploré et qui est le domaine de la vie spirituelle, des choses et des corps commandés par les âmes [21]. » Léon Daudet situe Bernanos sur le plan de Balzac et de Barbey d'Aurevilly, parmi les grands explorateurs du cœur humain. Après avoir lu cet article au cours d'une séance à la Chambre, le ministre de l'Instruction publique, Léon Bérard, se procurera le livre et le dévorera dans la soirée. « C'est mon plaisir d'aîné de faciliter, dans la mesure de mes moyens, l'accession de mes jeunes confrères de talent et aussi mes vieux confrères méconnus du grand public, quelles que soient d'ailleurs leurs opinions politiques [22]. »

Ses relations avec Léon Daudet, son indignation face à la mort de Philippe Daudet et aux assassinats de Marius Plateau et d'Ernest Berger, expliquent pourquoi Bernanos prend la défense de l'Action française – et surtout, de Maurras – lorsqu'elle est condamnée par l'Église, dans un article magnifique publié par *La Revue fédéraliste*. En 1927 encore, il participe au cortège de Jeanne d'Arc au cours duquel il porte lui-même le drapeau de l'Action française. Peu après, Léon consacre un nouvel article à l'ouvrage que Bernanos vient de sortir, *La Grande Peur des bien-pensants* – le premier de ses essais. Léon Daudet y est appelé un être « de très grande race ». Il ne peut que saluer cette prose neuve, d'un feu contre-révolutionnaire et révolutionnaire à la fois, un essai dont la forme lui semble inédite, dans lequel Bernanos évoque avec des accents épiques et tragiques la figure d'Édouard Drumont, mais un Drumont tout symbolique et réinventé, qui permet à l'écrivain de dénoncer les travers et la bêtise de son époque. Léon sent dans ce livre une flamme, une énergie comparable à la sienne : « Le livre fulgurant de Bernanos [...] consacré à Édouard Drumont, écrivain, historien et polémiste et à son labeur replacé dans sa vie, est un chef-d'œuvre de style et de mouvement égal à *Sous le soleil de Satan* et qui aura au moins le même succès [23]. » Le lancement du livre est appuyé par les publicités insérées dans le journal royaliste.

Les guerres civiles l'illustrent : ce sont souvent les plus proches qui se déchirent le plus amèrement. En dépit des relations, sinon étroites, du moins solides, qui se sont tissées entre Léon Daudet et Georges Bernanos, leur amitié va bientôt voler en éclats. Aux yeux de l'Action française, Bernanos est coupable d'écrire dans *Le Figaro*, dont le bailleur de fonds, le parfumeur Sportuno Coty, défend à Paris un candidat opposé à celui que soutient le mouvement royaliste pour le second tour des élections municipales. La polémique fait rage au lendemain de cette élection qui voit triompher le candidat républicain. Bernanos ouvre le feu lui-même dans une lettre ouverte qui paraît dans trois journaux différents, dans laquelle il apporte son soutien à Coty. L'écrivain rend hommage à sa « valeur humaine » et à sa « solitude indicible parmi ces loups et ces hyènes [24] » qui l'entourent. Le parfumeur le remercie aussitôt de cet encens. Scandalisé par l'indiscipline politique de Bernanos, Maurras répond par un retentissant et solennel « Adieu » qu'il justifie ainsi : « Voici le pire de l'inconscience lucide : ayant affaire à des amis comme Pujo, comme Daudet, comme moi, vous qui nous assuriez naguère d'une complète communauté de cœur et d'esprit, vous vous êtes abstenu de nous faire part de la naissance d'un désaccord [25]. » Plutôt que des divergences de fond, ce sont surtout des maladresses et les lourdeurs d'une campagne électorale qui apparaissent, bientôt suivies par l'esprit de parti et le bal des intransigeances. Des oppositions plus profondes et sourdes, antérieures aux élections de 1932, ne se révéleront que progressivement.

Selon Pierre Boutang, philosophe et très libre disciple de Charles Maurras, auquel il a consacré un essai magistral [26], l'Action française n'avait pas pris conscience des besoins pécuniaires de Bernanos, qui avait à nourrir une famille nombreuse. Dans les échanges épistolaires, puis les articles, le ton monte très vite avant d'atteindre le carnage verbal. Léon Daudet entre dans la danse. Reniant ses articles précédents si enthousiastes, il affirme que Bernanos est « passé de l'état d'écrivain à celui de porte-flacon de Sportuno Coty ». Bernanos, Pujo, Daudet s'évertuent à déterminer le nombre de fois où le premier a rencontré Léon. Cinq fois ? Six fois ? Bernanos se perd. Ce n'est plus un talent de l'Action française, ce n'est plus qu'un rebelle passé dans le camp ennemi, un « suce-pieds grandiloquent ». Léon se venge et enrage : « Bernanos, sous le soleil de Bitru, a découvert Nietzsche, et il copie ses redondances sans mesure [27]. » L'histoire du royalisme et celle de la littérature ne sortent pas grandies de ces empoignades.

Redoutable et redouté, Léon enfonce les uns, élève les autres, sans égard pour sa réputation personnelle. Il n'hésite pas à pourfendre Paul Valéry – contrairement à Maurras, qui apprécie en lui le poète méditerranéen et classique –, qu'il dépeint en courtisan du régime, encensé par Léon Blum et néopacifiste bon teint, véritable substitut d'Edmond Rostand dans le rôle de « poète officiel [28] ». En revanche, il célèbre *La Fin des notables* de Daniel Halévy, ancien condisciple de Proust, ami de Péguy en rupture avec le dreyfusisme, et de plus en plus proche de la pensée de Maurras. En un coup d'œil, il saisit l'importance de ce récit des années 1871-1872, écrit avec « une érudite subtilité [29] », un livre « d'histoire contemporaine, clair, vigoureux et neuf, de premier ordre ». Aucun historien de la période « ne saurait s'en passer ». Léon Daudet ne se borne pas aux écrivains et aux historiens français. Féru de romans anglais, le critique donne à George Meredith, à Thomas Hardy, à G. K. Chesterton, à la littérature anglaise en général, une place qui suffit à démentir l'image d'une *Action française* foncièrement anglophobe. À propos des *Hauts de Hurlevent*, il note que « si l'on excepte *Crime et châtiment*, de Dostoïevsky, nul n'a exploré, comme la tendre Emily [Brontë], les noirs abîmes du cœur humain [30] ». Quant à Shakespeare et au théâtre élisabéthain, Léon ne cesse d'y revenir, de les citer et d'en faire partager la passion à ses lecteurs. Le grand Will est toujours pour Léon « le plus grand des dramaturges », alors que Maurras (qui aime aussi Shakespeare) lui préfère Racine. Il lui arrive de s'intéresser à des auteurs anglais plus anciens et très méconnus des lecteurs français, comme Roger Bacon, le savant et alchimiste du

XIIIe siècle, qu'il considère comme « le plus grand essayiste anglais [31] ». Son amour de la littérature de langue anglaise est tel qu'il consacre tout un article à un recueil de poèmes contemporains, écrits par des ouvriers américains.

Léon est aussi un mémorialiste à voix haute, un batteur de tribune et un rhétoricien qui sait émouvoir et manier une salle comme un grand avocat. Depuis 1908, son emploi du temps comporte de régulières prises de parole, qu'il s'agisse de réunions politiques, de congrès, voire de manifestations de rue, où il lui faut parfois parler devant des milliers de personnes. Pourtant, à ses débuts, Léon lisait ses feuilles. Mais il les lisait « comme personne ne lisait ni ne lira plus [32] », regrette Maurras. Ébloui par la « révélation » dont il fut tôt le témoin, Maurras admire les progrès de son ami Léon Daudet qui sait se contenter d'un plan, de quelques notes, et improviser. « L'effet inouï de transmutation augmenta vite quand, suffisamment aguerri, l'orateur se moqua de toute espèce de papier, prit conscience de son pouvoir, sentit qu'à volonté, il faisait rire, pleurer, crier, hurler n'importe quel auditoire, et parla d'abondance, correct comme un académicien, pittoresque, flamboyant et sage comme le porte-voix d'un très grand peuple dans ses plus beaux jours », témoignera Maurras. Ses interventions les plus fréquentes sont consacrées à la littérature et à l'histoire. Elles sont agrémentées d'anecdotes, de formules frappantes et de propos truculents, qui mettent l'auditoire en présence de personnalités disparues que Léon a croisées lorsqu'il était enfant, adolescent ou jeune adulte.

Alors que l'on est entré dans l'ère de la radio et du cinéma, Léon Daudet fait resurgir tout un passé de la France qui s'éloigne de plus en plus. À travers les souvenirs d'Alphonse et de Julia, il peut recréer des événements et des détails du Second Empire, faire revivre Victor Hugo et Gambetta, revenir sur la naissance presque hasardeuse de la IIIe République, ou encore évoquer des moments importants de sa mandature de député. « Léon Daudet éblouissait ses auditeurs », se souviendra François Mitterrand dans son livre de souvenirs, *La Paille et le Grain* [33]. Ce talent oratoire, Léon le tient de lui-même et de nul autre. Ni Alphonse, ni Ernest n'ont pu lui donner l'exemple, pas même Maurras, dont la voix haut perchée de sourd fait parfois sourire son public. L'organe sonore de Léon varie comme un instrument à vent, tantôt doux et chantant, tantôt tonitruant comme un haut-parleur. Les vociférations de Léon Daudet pouvaient couvrir une Assemblée nationale révoltée contre leur furieux auteur.

On ne l'a peut-être pas assez souligné : Léon Daudet est l'un des plus grands orateurs de son temps, parce qu'il fait de la parole un théâtre, et un théâtre souvent régalant, qui donne soif de bonnes lectures et d'intelligence critique. C'est ainsi que salle Bullier, en 1930, il fait rire toute la salle à propos d'Aristide Briand, ridiculisé une fois de plus. Quelques jours après, le voici qui donne une « conférence littéraire [34] » sur la vie douloureuse de Victor Hugo. La même année, début février, il apparaît salle Pleyel pour une causerie sur Georges Clemenceau : l'affluence est telle qu'il est obligé de la reprogrammer le mois suivant. Le 25 octobre 1930, il émeut le public, toujours salle Pleyel, en brossant le portrait de son père Alphonse Daudet dans les dernières années de sa vie. Début mai, il prononce deux conférences différentes à Marseille, l'une sur Mistral et la renaissance félibréenne, l'autre sur l'actualité politique. Car Léon Daudet se déplace partout en France : de Lyon à Arras, de Bordeaux à Brest, s'adressant à la fois au public de l'Action française et à de simples curieux. Nous ne possédons malheureusement pas d'enregistrement de ses conférences – seul un discours sur le vin, et un autre, de 1927, qui est un appel au roi contre la république qui, selon Léon, va conduire la France à la défaite. Mais les commentaires de presse et les témoignages permettent de se faire une idée du professionnalisme et de l'éloquence d'un écrivain qui connaît les usages, les tours et les ruses du discours public.

L'attention de Léon ne l'enferme nullement dans le passé. Un soir de novembre 1932, il arrive à son bureau de *L'Action française* accompagné de Maurras et de Bainville. Il parle à ses amis du roman qu'il vient de lire, *Voyage au bout de la nuit*, en promettant à ce livre un succès et un scandale comparables à *Germinal*. Avec Louis-Ferdinand Céline, n'a-t-il pas en commun d'avoir suivi des études de médecine et d'avoir fourni de nouvelles armes à l'écriture pamphlétaire ? Pourtant, les idées politiques du romancier, son nihilisme noir, son regard misanthrope sur le monde ne sont pas les siens. Si Léon a entretenu des liens intellectuels et amicaux avec Proust, s'il était proche du catholique et royaliste Bernanos lorsqu'il l'a révélé, rien ne le prédispose à apprécier Céline, hormis la seule lucidité de son jugement littéraire. Tout autre est en effet la réaction de Charles Maurras. Dans un essai marquant, Dominique de Roux assure que Maurras aurait rechigné à la perspective d'un article aussi élogieux (« on ne me fera pas deux fois le coup de Jehan Rictus [35] », aurait-il déclaré, en faisant allusion au poète des *Soliloques du pauvre*) mais qu'il ne s'y serait finalement pas opposé. Si cette anecdote est invérifiable – elle a été plutôt contestée – il apparaît en tout cas que Maurras n'a pas commenté Céline, qu'il ne l'aura pas lu autrement que comme une espèce de monstre collaborationniste et raciste au cours de l'Occupation.

De fait, le *Voyage* une fois signalé par Léon, toute la presse se met à parler de Céline et de son premier livre. Alors que ni Maurras ni Brasillach ne sont sensibles à ce romancier novateur, la presse communiste se montre très enthousiaste pour *Voyage au bout de la nuit* : elle tire de ce roman un argumentaire anticapitaliste. Léon Daudet n'est guidé, quant à lui, que par son jugement littéraire. À l'académie Goncourt, il n'hésite pas à soutenir Céline avec deux hommes notoirement de gauche, Lucien Descaves et Jean Ajalbert. Léon Daudet se bat-il donc contre son propre camp ? Neuf auteurs sont en lice, dont Marcel Jouhandeau, Robert Brasillach, Ramon Fernandez et, donc, Louis-Ferdinand Céline. Lorsque l'un des membres du jury récrimine contre *Voyage au bout de la nuit* qui contient des attaques contre la patrie, le formidable national-royaliste et chasseur de traîtres lui répond hautement : « La patrie, je lui dis merde lorsqu'il s'agit de littérature [36] ! » – mot frappant, une fois de plus, dont on ne retrouve guère d'équivalent chez Aragon à propos du Parti. Léon est convaincu que Céline sera choisi pour recevoir le prix Goncourt. Il participe, insouciant, au congrès d'Action française, donne une nouvelle conférence salle Pleyel, à l'intitulé gourmand : « Mon évasion de la Santé. » Sa confiance est si grande que dans *L'Action française*, il note déjà que le prix sera vraisemblablement décerné à « un ouvrage truculent, extraordinaire, que beaucoup trouveront révoltant parce qu'il est écrit en style cru, parfois populacier, mais de "haulte graisse [37]" », qui va renouveler le scandale de *L'Assommoir* cinquante ans auparavant. Alors que tout semble acquis pour *Voyage au bout de la nuit*, le déjeuner de l'académie Goncourt a lieu chez Drouant, le 7 décembre 1932, suivi du vote – avec un scrutin à un tour. Et là, coup de théâtre ! Les frères Rosny ayant décidé de voter pour *Les Loups* de Guy Mazeline au dernier moment, alors qu'ils avaient annoncé qu'ils voteraient Céline, ce moindre romancier l'emporte avec six voix contre trois pour le géant. La consternation et la colère s'emparent de Lucien Descaves et de Léon Daudet.

Finalement, le *Voyage* recevra le prix Renaudot, mais ses partisans à l'académie Goncourt ne sont pas en reste : Lucien Descaves s'en prend vertement aux frères Rosny dans *Le Crapouillot* et Léon continue de défendre Céline dans la presse pour corriger le tir. C'est ainsi qu'il va publier son principal article sur le *Voyage* – non pas dans *L'Action française*, où il en a déjà parlé, mais dans *Candide*, journal d'inspiration maurrassienne que dirige l'historien Pierre Gaxotte. « Voici un livre étonnant, affirme-t-il, appartenant beaucoup plus, par sa facture, sa liberté, sa hardiesse truculente, au XVIe siècle qu'au XXe, que d'aucuns trouveront révoltant, insoutenable, atroce [...] et qui, sous le débraillé apparent du style, cache une connaissance approfondie de la langue française, dans sa branche mâle et débridée. [...] Encore une fois, comme je l'ai dit ici à propos de Gide, et comme je ne cesserai de le répéter, les Lettres ne sont point un divertissement de jeunes filles ni de frères lais, et la vraie bibliothèque n'est pas rose [38]. » Le roman de Céline ne marque-t-il pas la fin d'un monde que Léon Daudet abomine ? Ce dernier s'efforce de montrer que *Voyage au bout de la nuit* peut servir les thèses contre-révolutionnaires et le discours antimoderne, affirmant – en opposition totale sur ce point avec Maurras – que de la destruction pourra surgir la renaissance : « Nous vivons, comme au XVIe siècle et plus peut-être que sous la Révolution, un temps de trouble général, où tout est remis en question. Mais, pour que les choses reviennent en ordre, il faut qu'elles soient allées au bout du désordre - plus exactement "de la nuit" - afin que le jour et la hiérarchie les récupèrent, frémissant encore de leur émancipation. Ce qui est fade et moyen, ou médiocre, est stagnant. Ce qui est fort, même s'il est purulent, tend vers l'émancipation et l'air libre. Je ne crains que les zones intermédiaires. »

Céline montrera toujours de la reconnaissance envers Léon Daudet pour les efforts qu'il a déployés en sa faveur. Dans les lettres qu'il lui adressera, il donne du « maître » à celui qui a écrit sur son roman un article décisif. En 1936, il se plaindra à lui de l'accueil glacial réservé à *Mort à crédit* : « Ah ! comme je serais heureux que vous me réserviez un article, non pour me louer (cette demande ne serait digne ni de vous ni de moi), mais pour définir clairement comme vous seul pourriez le faire, avec votre immense autorité, ce qui existe et ce qui n'existe pas dans mon livre [39]. » Soit qu'il n'apprécie pas *Mort à crédit*, soit que le temps lui manque pour le commenter, Léon ne répondra pas à cette demande à propos du roman que l'on considère en général comme le chef-d'œuvre de Céline.

Si Léon ne fait pas la pluie et le beau temps dans l'édition, il est en revanche convoité, attendu, et son influence s'étend bien au-delà des réseaux politiques et culturels qu'il nourrit de ses articles et d'un nombre excessif de livres. Bien qu'il soit l'un des écrivains les plus extraordinairement partisans qui aient existé, et l'un des plus violents, on recherche l'acclamation, la reconnaissance ou l'estime du critique littéraire, aux idées larges et au ton libre. Il n'est pas, comme l'essayiste Julien Benda, un « contrôleur des Lettres », mais un libre gourmet de la littérature, qui n'exige pas des livres qu'il lit d'obéir à ses propres idées. Depuis des années, il reçoit quotidiennement un nombre impressionnant d'envois : de Jean Giono et André Malraux à Jean Guéhenno, les principaux écrivains de l'heure, et d'autres, plus obscurs, lui adressent leurs ouvrages dûment dédicacés. En lisant *La Condition humaine* de Malraux, qui célèbre la mystique révolutionnaire à travers une tentative de coup d'État communiste en Chine, Léon se dit « subjugué par la beauté de l'ouvrage [40] ». Inversement, Brasillach restera sourd en lisant *L'Espoir*. Le romancier Pierre Benoît témoignera du rôle de Léon en tant que critique littéraire : « On ne peut imaginer l'importance que pouvait avoir, dans la vie littéraire, un pareil coup de clairon. Un article de Léon Daudet, c'était la lumière faisant fondre subitement les nuées les plus opiniâtres [41]. » De tels actes critiques ne sont le fait que d'esprits à la fois vivants et créateurs. Mémorialiste renommé, le fils d'Alphonse Daudet ne s'enferre pas dans le passé. Grâce à sa critique littéraire, son époque apprend à reconnaître et à aimer les écrivains de valeur.

Chapitre 22

De Charybde en Scylla

Au fil des années vingt et trente, Maurras, Bainville et Daudet n'ont cessé d'avertir la France des dangers qui la menaçaient, elle et l'Europe. À la fin de son *Histoire de deux peuples*, publiée en 1933, Jacques Bainville annonce « le réveil de la Walkyrie ». Dès 1923 et surtout à partir de 1933, Maurras analyse le développement du nazisme, en dénonce la nature brutale, sa pseudo-métaphysique ; il désigne Hitler comme un danger universel et une foire aux illusions pour les conservateurs que terrifie la menace bolchevique. Maurras, Daudet et Bainville voient dans l'Allemagne nazie « l'ennemi n° 1 » et dans Moscou l'ennemi n° 2 sans jamais confondre cet ordre. Ils demandent que le voisin d'outre-Rhin revienne à ses anciennes frontières et aux petits États qui le constituaient avant 1870. Ni l'Angleterre, ni les États-Unis, ni les gouvernements français successifs n'acceptent cette idée. L'Ouest européen est donc abandonné à lui-même, sans ce tampon protecteur que représentait naguère l'Empire austro-hongrois. Contrairement à tant de commentateurs et d'hommes politiques de l'époque, les trois écrivains politiques n'éprouvent aucune confiance dans le langage rassurant de la république de Weimar, ils estiment que le Centre allemand n'est qu'un ventre mou et qu'en face, dans les milieux militaires et ceux du nazisme, le désir de revanche prépare le pire pour l'Allemagne et pour le monde entier.

L'histoire leur donnera raison.

De correspondants amis, Maurras a reçu dès 1923 des informations sur l'agité de Bavière et néanmoins autrichien, Hitler, et, avec une vigilance quasi maniaque, a suivi la progression du parti nazi. Fustigeant la politique de rapprochement de Briand et du pape, il rappelle quelle a été la « poussée de l'esprit hitlérien qui tendait à déchirer les traités, à rendre à l'Allemagne tout ce qui avait été allemand, à dériver et à vomir au-delà des frontières les ardeurs, les fureurs, les appétits qui gonflaient la politique intérieure des Allemagnes [1] ». Ce faisant, alors que Maurras continue de promouvoir « l'antisémitisme d'État », il s'en prend à l'antisémitisme nazi, et rejette les thèses sulfureuses d'Édouard Drumont, qu'il avait naguère qualifié de « maître ». Est-ce à dire que les dirigeants de l'Action française mettent un frein à leur mauvaise passion à l'heure où l'Allemagne nazie fait du racisme et de l'antisémitisme l'une des composantes essentielles de son idéologie et de son action future ?

En 1929, dans *Paris vécu. Rive droite*, Léon prétend renoncer à l'antisémitisme de sa jeunesse, celui qu'il a trouvé à l'ombre de Drumont et de l'affaire Dreyfus. « En ce qui concerne l'antisémitisme, il y a belle lurette que je m'en suis détaché de toute manière [...] et que le développement de mon être intérieur m'a plutôt porté à comprendre Israël, et la raison de ses coutumes et de leur persistance, qu'à le maudire. Je ris quand j'apprends que des personnes me croient encore dans le même état moral vis-à-vis des fils de Sem qu'il y a vingt ou vingt-cinq ans [2]. » Il se dit « l'adversaire résolu des pogroms et des chemises soufrées [3] ». Faut-il croire à une pareille évolution, comme y ont cru des biographes encore récents ? Cela ne fait pas « belle lurette » que Léon Daudet a abandonné l'antisémitisme.

Huit ans avant d'écrire ces lignes dans *Paris vécu*, Léon remerciait Urbain Gohier d'avoir traduit et publié *Les Protocoles des sages de Sion*, « procès-verbaux de réunions secrètes de sages d'Israël », « fixant, établissant, codifiant une formule de conquête et de domination de l'univers, où se trouve résumé, neuf ans à l'avance, le plan complet du bolchevisme. [...] Il faut féliciter grandement Gohier d'avoir osé, au moment où nous sommes, cette publication salutaire, dont les conséquences peuvent être infinies [4] ». Moins naïf que lui, le tsar Nicolas II avait refusé de soutenir une publication qu'il savait être un faux bâti de toutes pièces par sa propre police, l'Okhrana. Les félicitations dont Daudet gratifie Urbain Gohier sont d'autant plus étonnantes que ce journaliste et écrivain n'a cessé, par ailleurs, de vitupérer l'Action française, s'attaquant au caractère « superficiel » de l'antisémitisme de ces royalistes, et traitant Maurras de « métèque ».

Parfois, Léon tente de résister à sa *pente*. En 1938, il se réconciliera avec son ancien souffre-douleur Henry Bernstein, le dramaturge contre lequel, avant la guerre, il avait lancé son journal dans une campagne de dénigrement. Deux textes témoignent en faveur d'un changement. En 1909 (l'une des pointes dans le baromètre de l'antisémitisme de *L'Action française*), Daudet consacre un article au satiriste anglais et juif Israel Zangwill, pour le signaler à l'attention des lecteurs. Révélé quelques années plus tôt par Péguy dans les *Cahiers de la quinzaine*, Zangwill est le théoricien du « *melting pot* » et le promoteur de la création d'un État juif hors de la Palestine. Ses écrits aideront des écrivains français comme André Spire et Edmond Fleg à se réconcilier avec le judaïsme ou la judéité. Mais l'article de Daudet comporte aussi ce portrait du « Juif » soi-disant générique et repérable : « Sans doute, il y a plusieurs types, le crochu, le régulier (plus hideux peut-être), le brun trapu et puant comme un bouc, le blond allongé à odeur de civette. Mais, parfumé au musc ou au vieux chiffon, habillé de haillons ou chez le premier tailleur, revendeur d'idées, de lorgnettes ou d'images obscènes, tatoué de science ou simple usurier, c'est toujours le même animal poltron, tracassier et cruel [5]. » Quinze ans plus tard, en 1928, Léon Daudet revient sur Israel Zangwill. Cette fois, il est capable de saluer « *Chad Gadya*, le poème byronien-hébreu, si poignant, d'Israel Zangwill [6] », sans y montrer d'animosité antisémite, mais avec la volonté de défendre la valeur d'une œuvre encore peu connue, qu'il semble avoir goûtée profondément. Dans *Au temps de Judas*, il est plus précis encore, lorsqu'il évoque « le pessimisme déchirant d'Israël – voir le *Chad Gadya* de Zangwill, ce chef-d'œuvre [7] ».

Bien sûr, on peut interpréter cette évolution comme une conséquence de l'influence de l'amitié que Léon a entretenue avec Marcel Schwob et Marcel Proust. Mais Daudet n'a pas le recul nécessaire pour voir à quel point l'antisémitisme – celui qu'il a illustré lui-même – a créé une figure d'adversaire intérieur, un épouvantail verbal, un mythe populaire et bourgeois, quand les juifs français sont non seulement assimilés, mais enracinés dans ce qui ne s'appelait pas encore la Gaule, depuis le IIIe siècle avant notre ère. Les Français juifs sont d'un patriotisme exemplaire, comme l'a montré par exemple la communauté juive d'Alsace, et des personnalités comme l'écrivain Edmond Fleg, engagé volontaire dans la Légion étrangère en 1914 [8]. S'il paraît se corriger, et qu'il se montre dans ses articles moins agressif qu'il ne l'a été naguère, Léon ne parvient pas pour autant à extirper son venin (pas plus que Maurras, Bernanos, Paul Morand et tant d'autres), à une heure où l'antisémitisme est toujours aussi populaire et se renouvelle avec les ligues fascistes et extrémistes qui foisonnent dans les années trente. À « l'antisémitisme d'État », prétendu politique, de Maurras et de l'Action française, succède un « antisémitisme de peau » à prétention raciste et scientifique, qui rend caduque celui des royalistes. Mais l'antisémitisme était-il si logique chez les défenseurs du roi ? Alors que le début de l'émancipation des juifs remontait au règne de Louis XVI, que la culture provençale et mistralienne présentait des composantes juives – que rappelle en 1934 le félibre juif Armand Lunel [9] dans un article où il interroge la cohérence de Maurras – et que l'on voit les juifs d'Alsace prier jusqu'en 1940 pour Louis XIV en raison des droits qu'il leur avait octroyés, l'Action française persistera dans ce rejet.

Tout en condamnant l'antisémitisme allemand, tout en faisant l'éloge de Zangwill, Léon se livre à des définitions politico-cliniques du « Juif ». Il affirme par exemple que « la démocratie est le milieu qui rend pathogène et toxique le microbe juif, qui sans elle serait resté inoffensif [10] ». Le « ferment israélite » est « saprophylitique, c'est-à-dire qu'il erre dans les organismes des nations sans trop s'y fixer, mais peut suivant les circonstances politiques devenir virulent et pernicieux. Seul le retour du roi est capable de désenvenimer la juiverie et de l'utiliser à des fins nationales ».

Même réflexe dans le roman *La Lutte* (1935), où l'un des personnages principaux est une juive fatale, Minna Sem. Le portrait défiant que le personnage narrateur consacre à cette tentatrice sans foi ni loi en fait une incarnation du « vice » à égalité avec la morphine. En vérité, Léon a toujours été plus proche de Drumont que Maurras. L'abandon de l'antisémitisme par Léon Daudet après l'ascension de Hitler est un mythe qu'il a lui-même instauré grâce au passage de *Paris vécu* que nous avons cité. Sans doute ce polémiste n'illustre-t-il pas l'antisémitisme à chacun de ses articles, sans doute cède-t-il à une humeur davantage qu'à un système ; pas plus que Maurras, Léon Daudet ne consacrera de livre spécifique au « problème juif ». Mais on ne saurait parler chez lui de renoncement ou de prise de conscience, sauf à déformer ses écrits et à tomber dans l'illusion rétrospective.

Malgré la persistance de ce préjugé et de cette forme de verbalisme, des éclairs de lucidité et des intuitions surgissent sous la plume contradictoire de Léon Daudet. En 1933, année de l'accession au pouvoir de Hitler, il affirme que l'Allemagne entrera en guerre avec la France dès qu'elle en aura les moyens matériels. Prédisant une « guerre d'extermination [11] », il s'adresse aux députés et aux sénateurs pour les placer devant le fait du développement des blindés de Germanie. Il déplore le retard de la France, réduite à expérimenter des prototypes de chars, perdant du temps et négligeant les décisions indispensables pour préparer une guerre qui ne ressemblera pas à celle de 1914 : « Le perfectionnement des tanks, explique-t-il, joint à celui des avions de bombardement, rend impraticable la guerre des tranchées [12]. » Il prédit que les Allemands vont jeter sur nous « deux ou trois vagues d'appareils motorisés, sortes de cuirassés de terre, que précéderont et préserveront des escadrilles d'avions de bombardement ». Position quasi avant-gardiste, quand on songe qu'en 1937, le Front populaire rechignera à voter des budgets qui permettraient de former des corps blindés. Dans son roman *Ciel de feu* (1935), il évoque la perspective de la guerre motorisée. Léon Daudet y voit clair plus que d'autres, y compris dans son propre camp. Après avoir cru dans la pérennité de la cavalerie, les experts militaires de l'Action française ont changé complètement d'argumentation, et se sont mis à défendre les thèses des militaires d'avant-garde, suivant en cela la lucidité de Léon Daudet. On comprend dans ces conditions comment le colonel de Gaulle, auteur de *Vers l'armée de métier* (1934), obtiendra un écho favorable dans les milieux royalistes, et nourrira une certaine admiration pour Maurras.

Dans les années 1933-1934, l'antisémitisme se déchaîne en Allemagne, obligeant Léon Daudet à revenir sur une « question » qui hante le discours de combat de l'Action française depuis sa naissance. Les démonstrations antisémites allemandes inquiètent Léon. « On m'a posé vingt fois cette question depuis trois jours : un pogrom généralisé est-il à craindre en Allemagne ? J'ai répondu :

certainement. Le *furor teutonicus* n'est pas un vain mot. Je ne pense pas une minute que, dans l'éréthisme où est l'Allemagne, elle hésiterait une minute à égorger cent mille Juifs, si Hitler lui en donnait l'ordre, ou si Hitler était l'objet d'un attentat quelconque [13]. » Il répète qu'il a rompu avec l'antisémitisme. Pourtant, son humanitarisme a des limites. Tributaire de l'information au jour le jour de 1933, il imagine que les juifs allemands pourront s'adapter et composer finalement avec le pouvoir. S'il reproche à la Suisse de rejeter des réfugiés, de leur donner une « permission de mourir de faim en contemplant la SDN [14] », il n'est pas question, pour lui, « de prendre la défense des Juifs d'Allemagne jusqu'au point de sacrifier à leur cause et à leurs intérêts, deux autres générations de Français ». Il craint en France la montée de l'antisémitisme que causerait l'émigration des persécutés allemands. À travers ces articles, on mesure les difficultés de ce journaliste d'opinion qui est aussi un écrivain d'une culture universelle : dans sa position d'éditorialiste et de directeur de l'Action française, il cherche probablement à ménager l'antisémitisme traditionnel de son lectorat tout en faisant état, à l'intérieur de l'antisémitisme européen, d'une nouveauté incompatible avec les sentiments d'humanité et l'idée même de civilisation.

Pas un instant ces royalistes nationalistes ne voient dans l'Allemagne un rempart contre le bolchevisme. Ils conspuent les conservateurs qui tombent dans cette erreur. Léon s'indigne lorsqu'il constate que Goering est reçu en grande pompe au Vatican. Bien entendu, il ironise également sur les pacifistes français, comme Paul Valéry, et fustige sans cesse un pouvoir qui a fait perdre à la France une part de sa puissance militaire (le budget militaire de 1933 est amputé de 2 milliards) et qui a sacrifié les positions qu'elle avait acquises dans la Ruhr en 1923.

Le climat intérieur se détériore lui aussi. Dans les années trente, non seulement la France reçoit le choc de la crise économique, mais ses positions coloniales sont remises en question. Tandis que les socialistes demandent d'effacer la dette allemande, le personnel gouvernemental et parlementaire est mêlé à quantité d'affaires sordides. Affaire Oustric en 1930, affaire Stavisky en 1934, avocats et politiciens corrompus, les convulsions et les crises intérieures s'accumulent dans un climat de guerre civile larvée.

Le 6 février 1934 éclate la colère des ligues et des anciens combattants contre le régime « pourri », au milieu d'une opinion inquiète. Ce jour-là, après au moins un mois d'effervescence insurrectionnelle et de remous au sein du Parlement, les ligues et associations se réunissent par milliers place de la Concorde : Union nationale des combattants, Croix-de-Feu du colonel de La Rocque, Jeunesses patriotes de Pierre Taittinger, Solidarité française et, bien sûr, l'Action française. Malgré leur volonté commune de faire tomber le gouvernement, ces organisations ne se sont pas concertées. Aucun plan n'apparaît, ni aucun objectif construit. L'idée de renverser la République ne donne lieu à aucun projet sérieux de coup de force ; elle ne traverse pas l'esprit du très légaliste colonel de La Rocque, à la tête de la ligue des Croix-de-Feu, qui réunit des anciens combattants. La correspondance de Maurras témoigne de sa part d'une certaine prudence, ou d'une indécision, qui prouvent sa répugnance à provoquer, ne serait-ce qu'indirectement, des actions violentes où le sang français serait versé – il a été choqué par les assassinats des années vingt. Parfois rude, la Ligue de l'Action française n'est pas un corps franc, ni une *squadra* à l'italienne [15]. Elle n'a pas vocation à devenir une organisation paramilitaire, contrairement à ce que rechercheront les nouveaux partis fascistes ou fascisants.

Le 6 février, de nombreux Camelots s'énervent néanmoins et bataillent contre les forces de l'ordre, certains rêvant de prendre d'assaut l'Assemblée nationale, sans avoir reçu de consigne. Charles Maurras et Léon Daudet ne sont pas parmi eux. Alors que les Camelots se rassemblent place de la Concorde, Léon est… à Bruxelles, où le duc de Guise l'attend à déjeuner. Après s'être tenu au courant des événements par téléphone, il regagne la capitale à sept heures et demie. Des quartiers entiers de Paris sont en ébullition : la gare du Nord, les Halles, la rue Saint-Guillaume, où il habite, non loin de l'Assemblée nationale. Attroupements, passages des forces de l'ordre dans tous les sens, puis salves de coups de feu, place de la Concorde, où les gardes mobiles et des policiers à cheval conduisent des charges furieuses contre les manifestants outrés. Rentré chez lui, Léon apprend une nouvelle qui le bouleverse : héros de la Grande Guerre, Maxime Réal del Sarte a été tué par la police. Fou furieux, Léon imagine des ordres expéditifs pour venger le héros. Il rejoint Maurras à l'imprimerie de

L'Action française, rue du Croissant, où se trouvent de nombreux blessés. Heureusement, la nouvelle était fausse, Maxime n'est que blessé.

Maurras, lui non plus, n'a rien dirigé. Il a d'abord parcouru les Champs-Élysées avec son secrétaire Lucien Rebatet, avant de rejoindre l'imprimerie. Dans des pages haineuses et revanchardes des *Décombres*, Rebatet a raconté comment, alors que la police cherchait à l'arrêter, Maurras est rentré chez lui la nuit du 6 au 7 février, et qu'il y a écrit un poème en provençal dédié à Pampille. Celle-ci avait acquis dans le mouvement royaliste une réputation de petite Jeanne d'Arc et de « dame française » exemplaire, reine de la gastronomie et protectrice des militants courageux. Étaient-ce là les maîtres de la renaissance française tellement vantée ou espérée par tous ceux qui voyaient le pays si mal dirigé ?

Le 6 février va laisser un goût amer – aux Français en général et pas seulement chez les défenseurs d'une République vacillante. Pour rompre le mouvement de contestation, le président du Conseil Édouard Daladier décide de donner sa démission. La France voit un trente-troisième cabinet de gouvernement se constituer dès le lendemain, sans que soit remise en cause l'organisation d'institutions qui ont montré leur défaillance. Quelques jours plus tard, des grévistes et des militants communistes et socialistes descendent dans la rue en scandant : « le fascisme ne passera pas », mêlant ainsi ligues d'extrême droite, anciens combattants et royalistes dans une unique réprobation. Près de quatre millions de personnes en tout. Avec cette réplique massive des forces de gauche, il est permis de penser que l'« Inaction française » tant moquée par Rebatet a peut-être évité d'ouvrir une guerre civile, tout en participant à une manifestation d'intimidation musclée contre un régime déliquescent.

Au demeurant, cette participation s'est révélée tragique pour le mouvement royaliste. Tout d'abord, la majorité des morts et des blessés émanent de ses rangs. Exaspérés ou déçus, des Camelots du roi et des adhérents décident de quitter l'Action française pour fonder ce que Maurice Pujo nommera bientôt la Cagoule, un groupuscule d'activistes aux menées terroristes. Parmi eux, l'on remarque Michel de Camaret et Pierre Guillain de Bénouville – tous deux futurs résistants, le second sera Compagnon de la Libération –, indignés par ce qu'ils appellent « l'échec » du 6 février

1934, et, ami de plusieurs « Cagoulards », le jeune François Mitterrand. Aux yeux des activistes, l'Action française a laissé passer sa dernière chance de « coup de force ». Ce point de vue est également partagé par le jeune comte de Paris : à compter des événements de février, il décide de prendre de la distance avec un mouvement politique qui le déçoit.

Au milieu d'une presse exaspérée, Léon continue d'invectiver contre le gouvernement des « pourris ». Dès le 8 février, il adresse une lettre au procureur général. Il a été l'objet d'« une tentative d'arrestation illégale – sans mandat d'amener – à son domicile », par deux commissaires et huit inspecteurs des renseignements généraux. Dans le journal, il demande des sanctions contre les « assassins » et la dissolution des gardes mobiles qui ont tué des manifestants. Il prétend qu'un conseil de cabinet a songé à le faire fusiller, lui et Charles Maurras, que le sanglant 6 février aurait été provoqué par Daladier pour étouffer l'affaire Stavisky [16], et que *Le Populaire* est l'organe de ce complot, tandis que *L'Action française* a été interdite de vente dans les kiosques. Pour se venger de François de La Rocque, qui a ordonné à ses Croix-de-Feu de se disperser au lieu de les faire marcher sur le Palais-Bourbon, Léon le nomme désormais « Gardavou » ou bien « Casimir », allusion à l'âne de la comtesse de Ségur, au point que des historiens appelleront longtemps ce colonel *Casimir* de La Rocque, au lieu de François… Pour tout un chacun à l'Action française, l'échec du 6 février est imputable à cet âne, ce faux ami, ce traître vendu à la République… Dans les analyses de Léon, tout n'est qu'affaire de complots et d'alliances secrètes avec la police. Le 17 février, c'est encore la thèse qu'il soutient devant une salle comble, au cours d'une conférence politique au Théâtre des Ambassadeurs.

Maurras et Daudet donnent régulièrement des causeries, tantôt ensemble, tantôt séparément. Figures littéraires autant que politiques, ces aînés – Daudet a soixante-sept ans en 1934, Maurras soixante-six – attirent des centaines, des milliers d'auditeurs français ou étrangers. Des Argentins, des Brésiliens en séjour en France viennent les écouter, attirés par la vie intellectuelle intense qu'ils envient à ce pays. Eduardo Frei Montalva, futur président démocrate-chrétien brésilien, rentrera chez lui impressionné par le charisme de Léon. Il se souviendra de ces « deux figures curieuses, attrayantes, dont la vie est une grande flamme romantique jamais éteinte ; ils ont su tenir plus de trente ans sans défaillir [17] ».

Romantiques, ces écrivains transformés en chefs et théoriciens du réalisme politique ? On peut en douter lorsque l'on connaît le contenu de leur pensée littéraire et esthétique et que l'on s'intéresse de près à leurs analyses politiques. Comme une grande partie de la droite catholique, Daudet a salué l'arrivée au pouvoir de Mussolini en Italie, et commence par évoquer le fascisme italien comme une force de renaissance nationale. Néanmoins, il va suivre la même courbe que Maurras : d'abord enthousiaste, ensuite modéré, critique et calculateur. Tandis que Maurras se méfie de l'étatisme et du modernisme fascistes (plaisantant à propos de « M. Benoît Mussolin »), Léon se montre réticent vis-à-vis de cette nouvelle idéologie : « Nous ne croyons pas une minute, à l'Action française, que le fascisme conviendrait tel qu'il est à notre pays. Le maurrassisme, qui date de vingt-cinq ans, est essentiellement distinct du fascisme, approprié au tempérament italien, comme le maurrassisme l'est au tempérament français [18]. »

Le danger principal se trouvant à Berlin et non à Rome, Maurras et Daudet suggèrent que la carte de la « latinité » soit jouée contre la Germanie. « L'Italie, à la fin de la guerre, était très bas. Il y avait de longues années, depuis Cavour, qu'elle dégringolait, rongée par ce mal hideux : la démocratie. Un esprit naturellement génial, ou devenu brusquement tel – cela arrive –, Mussolini, l'a tirée du marécage où elle s'enlisait, avec son passé accablant de gloire [19]. » Après l'échec d'un coup d'État en Autriche, alors que Hitler est prêt à annexer ce pays, Mussolini a mobilisé deux divisions sur le col du Brenner pour défendre l'indépendance autrichienne. Au cours de son discours d'Ostie (août 1934), le Duce a même traité Hitler d'affreux dégénéré sexuel et de fou dangereux, et qualifié le nazisme de barbarie sauvage. Pour Maurras, Bainville et Daudet, cette mobilisation militaire et l'éloquence du chef italien fournissent les preuves que la logique latine peut prévaloir sur les différences politiques entre la France et l'Italie. Les deux pays n'ont-ils pas été alliés au cours de la guerre de 1914-1918 ?

Au nom de la morale et de l'antifascisme propagé par les communistes, la gauche française fait pression pour voter des sanctions contre l'Italie lorsque celle-ci colonise l'Éthiopie. Rappelant les grandes heures du dreyfusisme dans *L'Humanité*, Julien Benda s'en prend à un calcul qui fait bon marché du droit des nations [20]. À l'opposé, l'Action française lance une campagne d'une extrême violence contre les irresponsables qui, ignorant tout des lois de la politique internationale, précipitent Mussolini dans les bras de Hitler. Vouloir sauver à tout prix les Éthiopiens, sanctionner l'Italie paraît d'autant plus irréaliste que la France de 1936 compte un immense empire colonial. Elle est mal placée pour donner des leçons au voisin italien. Pour avoir menacé de mort les députés de gauche dans ses articles, Maurras sera condamné à huit mois de prison. Daudet et lui assistent, impuissants, au spectacle d'une SFIO et d'un parti communiste communiant dans l'antimilitarisme et dans une lutte acharnée contre le projet d'allongement du service militaire, alors que l'armée allemande ne cesse de se consolider et de grandir.

Tandis que cette menace ne cesse de croître, Léon Daudet poursuit son travail d'écrivain. Il cherche à approfondir des intuitions qui ont surgi beaucoup plus tôt dans son esprit. En 1935, il publie chez Grasset *Les Universaux*, un essai dans lequel il développe sa théorie des ondes ou influences, qu'il avait déjà esquissée sous forme romanesque dans *Les Bacchantes*. Il l'applique à plusieurs cas de figure : la Renaissance, l'esprit lyrique, l'esprit épique, la science, la Réforme. Alors que Maurras voit dans la rationalité une demeure de la nature humaine, qu'il célèbre dans *Anthinéa* et l'*Invocation à Minerve*, son ami Léon Daudet s'intéresse aux frontières incertaines de la psychologie, du spiritualisme et d'un mode de connaissance qu'il s'efforce d'illustrer en recourant à un vocabulaire qu'il met lui-même au point.

Écrivain médecin, il consacre assez régulièrement un article à l'actualité médicale : *L'Action française* compte parmi ses lecteurs de très nombreux médecins. Alors que l'État mène des campagnes d'information à l'école contre la tuberculose, l'écrivain publie chez Flammarion *La Lutte, roman d'une guérison*. Léon Daudet n'a pas oublié les souffrances endurées par son père ni son témoignage posthume, *La Doulou*. *La Lutte* évoque la longue maladie de Pierre Guisanne, médecin et chimiste de trente-cinq ans qui travaille dans un laboratoire du Jardin des Plantes. Sous la forme d'un roman à la première personne, le romancier décrit les progrès de ce mal, la solitude, l'égoïsme, les inquiétudes parfois angoissées qui envahissent le malade, puis sa morphinomanie, sa cure en Allemagne, et sa guérison par l'amour. Roman médical et roman du médecin, *La Lutte* s'intéresse au cas où le malade est lui-même un médecin : « Le médecin atteint l'est deux fois, par le mal et par la connaissance qu'il en a [21]. » Admettant peu à peu la réalité de sa maladie, fiévreux et prisonnier de la morphine, Pierre Guisanne décrit les effets de cette dépendance : pages où l'écrivain excelle à reproduire des images tirées du champ irrationnel de la conscience, et plus particulièrement celles qui sont liées au désir. Guidé tour à tour par son maître le docteur Coutrat et par le père Ruitor, un moine sécularisé, Pierre va reprendre confiance en lui, au point de faire « prédominer le moral sur le physique [22] ». Son « habitude de triompher de la douleur » s'étend « jusqu'aux peines sacrées de l'arrachement filial ». Finalement guéri, il épousera Blanche, nièce du docteur Coutrat. Critique du déterminisme et du fatalisme, apologie des forces de l'esprit et de la volonté, cette *Lutte* défend une idée aujourd'hui courante, notamment dans le traitement du cancer : pour combattre la maladie, le « moral » exerce un rôle décisif, même si cette notion désigne un domaine très largement mystérieux.

Au mois d'avril 1936, le Front populaire gagne les élections législatives, permettant à Léon Blum de devenir président du Conseil le 4 juin. Cette élection provoque un renouveau antisémite chez les nationalistes, tel le député catholique Xavier Vallat. Chez Léon Daudet, la réaction est identique. Mais l'aversion de Léon Daudet pour Léon Blum ne se limite pas à l'antisémitisme, elle remonte aux débuts parlementaires de ce dernier. Le nouveau président du Conseil apparaît sous sa plume comme le démolisseur de la France, « l'hébreu radiophonique », incompétent en matière financière, et rêveur en politique étrangère. Léon Daudet s'en prend notamment aux accords Blum-Viollette, qui prévoient de donner aux « indigènes » d'Algérie la citoyenneté : ils risquent, écrit-il, « de nous faire perdre, avec l'Algérie, toutes nos possessions d'Afrique du Nord [23] ». Comme en témoignera Albert Camus, c'est exactement le contraire qui se produira : le refus de cette égalité entre citoyens attisera le mécontentement et nourrira le nationalisme algérien. Léon Daudet perçoit pourtant un malaise en Algérie, où « tout ne va pas pour le mieux depuis la fin de la guerre ». Mais il ne l'explique que par un réveil de l'islam exploité par les communistes, et par des causes plus floues qu'il n'interroge pas.

Dans ce climat politique délétère, Lucien Daudet se sent toujours plus en décalage. Il ne peut que subir le contrecoup des polémiques furieuses lancées par son frère, sans avoir engagé le fer lui-même. Dans *Vendredi*, il est insulté par l'écrivain Louis-Martin Chauffier : « La tribu des Daudet était nombreuse mais aucun Daudet n'a jamais paru sur le front, ni le père, ni le fils, ni l'oncle, ou le cousin, ou la tante Lucien, ni aucun des germains [24]. » Après avoir abandonné la peinture et la littérature – il n'écrit plus de romans –, l'ancien amant de Proust a publié en 1929 une partie de leur correspondance, *Autour de soixante lettres de Marcel Proust*, dans la collection des « Cahiers Marcel Proust », chez Gallimard. Lucien a maintenant soixante ans. Témoin d'une époque engloutie, il conserve en revanche des relations avec nombre d'artistes et d'écrivains, félicitant notamment Julien Green pour son roman *Minuit*, « ce château de Pandore qui est aussi une sorte de Paradis retrouvé et qui contient tout [25] ». Lucien ne pouvait manquer de connaître cet écrivain franco-américain, aussi tourmenté par la chair que Mauriac, et pudique évocateur de la sensibilité homosexuelle dans *L'Autre Sommeil*. Invité chez Lucien, chez Léon ou chez Julia, Julien Green devient un ami de la famille Daudet, qu'il évoque à plusieurs reprises dans son *Journal*. Avec d'autres témoins, Lucien Daudet est l'un de ses intercesseurs vis-à-vis de la grande ombre de Marcel Proust. Julien Green considère Lucien comme « le plus proustien des proustiens ».

Attiré par la nouveauté artistique, Lucien entend aussi léguer un témoignage sur le temps passé, cette Belle Époque dont il ne veut retenir que les charmes. En 1935, *Dans l'ombre de l'impératrice Eugénie* rassemble ses souvenirs émus sur la figure impériale dont il a été le confident et l'ami. Son frère Léon y verra « un portrait admirable et humain [26] » et un « livre profond et qui restera [27] ». Avec la figure de cette veuve d'un autre temps, ce fantôme attardé dans l'ère républicaine, les Daudet ne sont-ils pas liés à la seconde période bonapartiste de la France, celle dont Alphonse avait été une figure bohème et insouciante ? Alors qu'il s'acharne contre Napoléon Ier, qu'il démolit dans son pamphlet *Deux idoles sanguinaires*, Léon parle avec respect du prince Louis Bonaparte, fils de Napoléon III et d'Eugénie ; il n'admet pas la bassesse avec laquelle certains journaux ont traité en son temps la mort du Prince impérial, victime des Zoulous. Quant à Lucien, son hostilité à l'Action française ne traduit chez lui aucune fidélité bonapartiste : il se veut seulement le mémorialiste des princes malheureux et des souverains exilés, suivant en cela l'exemple de son père Alphonse, avec ses *Rois en exil.* En 1912, il avait consacré au Prince impérial un fort bel article dans *Le Figaro*, dont Marcel Proust l'avait félicité. Ici, la biographie de l'impératrice vaut surtout par sa construction en flash-back. Lucien Daudet renouvelle l'image de l'ancienne souveraine en brossant un portrait d'elle en avant-gardiste soucieuse de défendre le travail des femmes.

Non moins nostalgique, Léon porte en lui les souvenirs de ses séjours à Hauteville House, à Guernesey, les conversations avec Georges Hugo, Alphonse Daudet, et de multiples témoins qui ont connu l'auteur des *Misérables.* En 1937, il rouvre le dossier Hugo, qu'il avait déjà ouvert quarante ans plus tôt, dans *L'Astre noir.* Léon se replonge dans l'œuvre et la vie du poète, mais aussi dans des études qui lui ont été consacrées, et achève une biographie romancée, *La Tragique Existence de Victor Hugo.* À la différence de Maurras, qui pourfend l'hugolâtrie politique de la France sans avoir fréquenté le poète ni son entourage, Daudet a connu Hugo lorsqu'il était jeune – il avait dix-huit ans à sa mort –, Julie Cheney, Édouard Lockroy et sa femme. Dans son livre, il se souvient d'une soirée chez Paul Ménard, où le vieillard lui a confié : « La terre m'appelle [28] » – pressentiment de la mort prochaine. Dans *La Tragique Existence de Victor Hugo*, il retrace les épreuves douloureuses que le poète traversa entre la naissance de sa fille Adèle et sa propre mort. Il brosse un effroyable portrait de Sainte-Beuve, « peloteur secret de l'épouse », campe un Alexandre Dumas fort en gueule tout en demeurant amical, mais surtout, il analyse la psychologie et la pensée de Hugo, sur lesquelles il lance des traits de lumière. Il moque ce « Robinson du large », qui rêve en 1870 d'être appelé en France pour devenir ministre ou président, ce prophète qui confond la suprématie littéraire et la suprématie politique. Il ternit *Les Misérables* et *Les Travailleurs de la mer.* Mais il sait également saluer le « foudroyant génie verbal » du poète. Cette biographie, remarquablement ficelée et écrite, possède toutes les couleurs de la vérité psychologique et littéraire. Tour à tour sévère et respectueux, Léon a des raisons personnelles de ne pas détester un écrivain qu'il pourfend parfois, et qu'il démystifie avec une rigueur médicale. Lorsqu'il évoque la mort de Léopoldine, comment ne penserait-il pas à la mort de Philippe ? Ce père déchiré par le malheur, n'est-ce pas au fond une image de lui-même ? Et cet exilé de Guernesey ne lui évoque-t-il pas son propre exil à Bruxelles ? Dédiée « à mon fils Charles Daudet, arrière-petit-fils de Victor Hugo, petit-fils d'Alphonse Daudet et de Charles Hugo », *La Tragique Existence de Victor Hugo* (1937) montre à quel point le poète tour à tour aimé et conspué appartient à la mémoire, à l'histoire intellectuelle et sensible de Léon Daudet et de sa famille.

Ceux-ci connaissent un nouveau deuil. Le 29 août 1937, Edmée Daudet, la sœur de Léon et de Lucien, meurt au château de La Roche. Elle avait cinquante et un ans. Cette filleule d'Edmond de Goncourt avait été peinte petite fille par Eugène Carrière, assise près de son père Alphonse, mais elle n'avait connu aucune destinée littéraire. Alors qu'elle a toujours goûté au suc de la vie, Julia reçoit un violent coup avec cette disparition. Âgée de quatre-vingt-treize ans, elle met fin à ses mardis et ne sort plus que pour des promenades au bras de Lucien, avec qui elle habite depuis si longtemps, à Paris ou à La Roche, près de Chargé. Depuis ce jour, raconte son fils, « elle n'eut plus l'impression de vivre. Son existence lui apparaissait comme un état antérieur [29] ». Tout, dans son attitude et ses propos, montre que la veuve d'Alphonse attend la mort. Elle confie à son fils Lucien les lettres écrites par Alphonse et par elle-même à des amis, avant tout celles du grand ami de la famille, Timoléon Ambroy, mais aussi son *Journal*, et les lettres qu'Alphonse écrivait lorsqu'il prenait les eaux à Lamalou. « Une superstition m'empêcha alors d'ouvrir ses enveloppes », rapporte Lucien, comme si tous ces documents contenaient une vie suffisante pour consoler de la mort inévitable et prochaine de Julia.

Chapitre 23

La défaite qui tue

À la fin des années trente, les prémonitions et les inquiétudes de Léon Daudet sont confirmées. Le 14 décembre 1937, il écrit que les événements de Chine (le massacre de militaires, de partisans et de civils chinois par l'armée japonaise à Nankin) sont le signe d'une nouvelle forme d'avant-guerre, « qui n'a plus de rapport avec celle que je décrivais en 1913 ». Et la guerre elle-même, comme le constatent de nombreux commentateurs dans la presse, prend des formes inédites. L'ennemi d'hier et de demain, l'Allemagne, semble se confesser lui-même à propos du vertige qui le tente ; en 1935, Ludendorff a sorti un essai au titre effroyable : *La Guerre totale.* Léon, qui avait lancé *Les Guerres d'enfer* d'Alphonse Séché avant 1914, préface ce livre pour une réédition chez Denoël, en 1937. Le thème de la guerre « totale » – celle où l'on massacre les civils autant que les militaires – revient souvent sous sa plume. Léon en est-il plus lucide pour autant ? Le journaliste politique qui prétendait avoir jeté aux oubliettes son antisémitisme l'a vu renaître souvent sous sa plume acérée. Lorsque, la même année, il commente *Bagatelles pour un massacre* dans *L'Action française*, il crie d'abord au génie littéraire. « Je veux parler de l'extraordinaire ouvrage de Céline dont tout le monde parle en ce moment. Il s'agit, avec *Bagatelles pour un massacre*, d'un pamphlet contre les Juifs, leur puissance et leur malfaisance, écrit avec une verdeur rabelaisienne, dans une langue à mon avis superbe, farcie d'argot, relevée d'ironie, verte et au-delà, acide, juteuse, ici ordurière, là baroque, toujours assenée, toujours gouailleuse, d'un coloris inégalé. À côté de ce bouquin, fébrile et débridé, *La France juive* de Drumont est un verre d'eau de fleur d'oranger. [...] Je vais plus loin : il n'existe pas dans notre littérature, depuis la *Ménippée* et les poèmes d'Agrippa d'Aubigné, de pareil hurlement de colère, répercuté par les échos d'une syntaxe parlée, musclée, gaillarde et nue comme une fille du grand Courbet. Cela, c'est le don effréné, qui ne s'enseigne nulle part, qui n'obéit à aucune règle, qui révolte toutes les natures modérées [1]. » Mais Daudet accorde beaucoup aux assertions de Céline : les « Juifs » seraient coupables des désordres européens et de l'affaiblissement de la France qu'ils précipitent dans la guerre, et ils seront tôt ou tard punis. « Mais qu'on ne s'y trompe pas, ce livre est un ACTE et qui aura, peut-être, un jour, de redoutables conséquences. [...] Je ne crois qu'à ceux qui, dans les pires circonstances, gardent leur sang-froid. » Réaction en définitive ambiguë : Léon appelle à la modération tout en donnant du crédit aux thèses maladives de Céline.

En 1938, le « chien enragé de l'Europe » commence à mordre et à dévorer. Ne faisant en cela que suivre les hypothèses lancées par Bainville dans *Les Conséquences politiques de la paix* (1920), Léon Daudet observe : « Après la question autrichienne viendra la question tchécoslovaque. Puis ce sera le tour de la question coloniale. Finalement, un beau matin, avec tambours et trompettes, les troupes allemandes entreront à Strasbourg [2]. » La première proie tombe d'autant plus facilement que les nazis autrichiens ont préparé le terrain à leur compatriote Hitler. Le monde libre s'affole en vain. Dans son journal, Léon Daudet prédit que le chien enragé finira par s'emparer de tous les territoires qu'il voudra, puisque le gouvernement français a jeté *Benoît Mussolin* dans les bras de Hitler pour former désormais une alliance que Daudet estime contre-naturelle.

Comme Maurras, il sait très bien – grâce aux experts militaires de l'Action française, très bien renseignés – que la puissance de l'armée française est inférieure à celle de l'armée allemande, que vingt ans de discours moralisateur en rose bonbon ont laissé se déployer. Vingt ans de croyances naïves et de paris perdus. Raymond Aron, dans ses *Mémoires*, n'aura pas non plus de mot assez dur pour ternir l'incurie d'une décennie, s'en prenant nommément à l'aveuglement de Léon Blum, quoique ce dernier ne fût pas le seul en cause. Les crédits militaires votés en 1938 par le Front populaire – retournement tardif, après des années de pacifisme et d'hypothèses erronées – sont mal employés et la stratégie demeure incertaine. L'influence considérable de l'Action française dans l'armée – on y lit couramment le journal royaliste, alors que *L'Œuvre*, *Le Populaire* et *L'Humanité* y sont interdits – n'empêche pas celle-ci d'obéir strictement au pouvoir civil, même incompétent. Dans ses notes secrètes au gouvernement, le vice-président du Conseil supérieur de la guerre, le général Weygand, n'a cessé de marteler pendant des années le scandale de cette infériorité militaire, alors que ses déclarations publiques affichent un optimisme de façade. Mais ce général, soupçonné de royalisme et de militarisme étroit, n'est pas écouté par les républicains vertueux.

En 1938, l'Action française soutient les accords de Munich sans en avoir l'esprit. Face aux revendications allemandes, le Royaume-Uni, la France, la Tchécoslovaquie ont certes commencé à mobiliser leurs troupes, et en septembre 1938, elles sont près de la guerre. Mais la France a perdu le pouvoir d'intimidation qu'elle détenait lorsqu'elle occupait la Ruhr et Mayence. Sa puissance militaire était alors supérieure à celle de l'Allemagne. Ce rapport s'est inversé en 1937-1938. Maurras observe qu'entreprendre une guerre d'offensive pour défendre la Tchécoslovaquie envahie conduirait l'armée française à soutenir trois fronts à la fois.

De retour de Munich, Chamberlain est ovationné par la foule qui l'accueille à l'aéroport de Londres. En France, la Chambre approuve les accords par 535 voix contre 75. Les pacifistes font fête, et pour une fois, Léon Blum et Léon Daudet semblent se réjouir de concert. En réalité, *L'Action française* ne tient pas le même langage que *Le Populaire*. Léon Blum écrit que les accords de Munich permettent d'envisager « la paix solide, la paix équitable, la paix indivisible, la paix désarmée [3] ». Au contraire, Léon Daudet affirme que « le danger subsiste » et que « l'alerte n'est pas finie et elle se reproduira forcément. [...] Pour le moment, le maître de l'Allemagne s'en tient au Rhin, laisse de côté l'Alsace-Lorraine [4] ». Par conséquent, ajoute-t-il aussitôt, « il ne faut pas toujours compter sur le miracle de la Marne, ni sur l'impéritie des grands chefs allemands ». Dès le lendemain, le journal *L'Action française* qui a soutenu stratégiquement les accords de Munich titre logiquement : « NOUS UNIR ET NOUS ARMER ! » Il faudrait pour cela que la France soit capable de rattraper son énorme retard et refaire ses alliances. « Nous avons fait tout ce qu'il fallait pour éviter le pire, souligne Maurras. Mais la situation n'en est pas simplifiée, ni allégée, ni embellie pour cela [5]. » À ses yeux, il ne s'agit que d'une « paix forcée » qui « permet à Hitler des gains extraordinaires ». Seul un « sursaut rédempteur » permettrait à la France de s'en sortir. Pour Léon également, la guerre n'est que retardée. « Avant toute chose doivent passer les besoins de la défense nationale, explique-t-il, car on peut le dire hardiment aujourd'hui : nous n'étions pas prêts. Notre aviation notamment était, pour ainsi dire, inexistante, comme l'était, en 1914, notre artillerie lourde [6]. »

Léon Daudet a beau lancer des appels à une improbable contre-révolution monarchiste en France, le monde se défait inextricablement. Tandis que l'aviation japonaise bombarde Hong-Kong, que l'Angleterre renforce son armée et que l'Italie envahit l'Albanie, l'URSS et l'Allemagne finissent par signer un pacte de non-agression au mois d'août 1939. « Le dictateur Staline a fait massacrer tous les grands chefs de l'armée russe sous l'inculpation de trahison au profit de l'Allemagne ; et le voilà maintenant qui met sa main dans celle du chef de cette même Allemagne ! » s'exclame Léon Daudet le 29 août 1939 [7].

En France, la levée des sanctions du Vatican contre l'Action française et l'élection de Maurras à l'Académie française donnent l'impression d'un renforcement du navire royaliste. La rupture du prétendant avec Maurras et son mouvement politique, depuis 1937, ne compromet pas cet essor. Mais les royalistes peinent à retrouver le rôle qu'ils avaient tenu entre 1914 et 1918. Les cadres du mouvement ont vieilli, et d'autres forces politiques entraînent la jeunesse. Alors que le journal *L'Action française* tirait 156 000 exemplaires en 1917, il n'en sort plus que 45 000 en 1939 [8] et 60 000 en 1941 [9].

Année terrible, 1940 sera celle de la défaite la plus grave de l'histoire de France. Les forces militaires françaises sont vaincues en trois semaines, entraînant une occupation humiliante et d'inexpiables divisions. Depuis le début de l'année, les articles de Léon sont à la fois plus rares et plus brefs. Ils se limitent la plupart du temps à une demi-colonne sur une première page qui n'a plus l'éclat d'autrefois. Sous le choc de l'avancée allemande, les rédacteurs font ce qu'ils peuvent pour tenter de maintenir l'espérance de leurs lecteurs, en veillant surtout à maintenir le journal à flot. Le 9 juin 1940, Léon écrit que « la personnalité militaire du général de Gaulle – sur lequel Maurras a écrit longuement quelques jours auparavant – est une des heureuses innovations du récent cabinet [10] ». De Gaulle vient en effet d'être nommé sous-secrétaire d'État au ministère de la Guerre. Léon salue en lui le novateur, celui qui « sait reléguer aux vieilles lunes les fausses théories comme celle de la défensive toujours et partout » – celles que Foch et Joffre ont fait adopter à la France dans les années vingt. Ni le sacrifice de cent mille soldats français tombés en quarante-cinq jours, ni les lourdes pertes infligées à l'ennemi, ne suffisent à juguler la progression allemande.

Comme en 1914, et indépendamment de la guerre, plusieurs deuils viennent affecter Léon. L'écrivain déplore tout d'abord la disparition de Jean Binet-Valmer, l'écrivain suisse qui s'était investi dans la cause royaliste, fondant encore, en 1935, les Compagnons de Jeanne d'Arc avec son ami Maxime Réal del Sarte. Dans la nécrologie qu'il lui consacre [11], Léon oublie de rappeler que Binet-Valmer a été l'un des premiers écrivains de l'homosexualité du siècle – et qu'il a eu pour secrétaire Georges Simenon.

Peu après, une disparition autrement plus proche vient frapper Léon Daudet et toute sa famille : celle de sa mère, Julia Daudet, qui s'éteint dans son château de Chargé à l'âge de quatre-vingt-seize ans, le 23 avril 1940. Lucien, qui l'a veillée jusqu'au bout, relate les derniers moments de sa mère dans une lettre qu'il envoie alors à Julien Green : « Une tête qui s'appuie contre la vôtre, un front dont la sueur se mêle à vos larmes, une main qui presse... la vôtre, des yeux qui vous regardent encore pour vous dire adieu [12]... » Née en 1844, Mme Daudet - comme on l'appelait encore - aura été témoin d'une période historique qui s'ouvre avec Napoléon III et s'achève avec le président Lebrun. Née avec le développement du rail et du télégraphe, elle disparaît à l'ère de la pénicilline et de l'invention de l'atome. Gloire d'une autre époque, elle a connu Victor Hugo et reçu des dizaines d'écrivains et de musiciens, jusqu'à Paul Morand et Darius Milhaud. Largement oubliée, elle a travaillé en silence pour son mari et en protégeant son fils Lucien. Jules Lemaître ni Flaubert ne sont plus là pour rappeler que cette femme d'écrivain a été elle-même un écrivain, mais les portraits peints par Renoir et James Tissot rappellent l'éclat de sa beauté, et le nom de Julia revient souvent dans les éditions du *Journal* des Goncourt et la correspondance de nombreux écrivains. Les obsèques de Julia Daudet à Chargé réunissent la famille : Lucien, Léon, Pampille et Claire Daudet, Charles Daudet. Alors qu'Édouard Herriot est représenté, on y voit aussi Lucien Descaves, Reynaldo Hahn et, bien sûr, Charles Maurras et Maurice Pujo. La reine Amélie a adressé un télégramme de condoléances à Léon et à sa famille.

Solitaire, Lucien Daudet est sans aucun doute celui qui est le plus touché par la mort de sa mère, auprès de laquelle il a vécu toute sa vie. « Nous étions si étroitement unis, dira-t-il dans sa *Vie d'Alphonse Daudet*, nous vivions ensemble depuis tant d'années, nous savions si bien tous deux à quoi nous pensions l'un et l'autre [13]. » Peu après, il envoie à une amie un exemplaire des *Archipels lumineux* que Julia a publiés chez Lemerre en 1913, avec la dédicace suivante : « Voici un des volumes de vers de ma mère bien-aimée. Elle avait un très grand talent et ce n'est pas un des moindres aspects de mon désespoir que l'impossibilité de rééditer tout cela en ce moment [14]. » S'apprêtant à raconter la vie de son père et à publier les *Lettres familiales*, début 1944, Lucien cherche à préserver certains biens parmi les plus symboliques. Au musée Carnavalet, il fait don de la table, du fauteuil, de l'encrier et du porte-plume de son père. Quittant l'appartement de la rue de Bellechasse où il vivait avec sa mère, il s'installe dans un entresol, non loin, rue de Grenelle. Ce sera sa dernière demeure parisienne.

L'année 1940 est lourde à porter pour la famille Daudet, mais plus encore pour toute la France. Comme presque tous les écrivains et intellectuels de son temps, Léon salue l'arrivée au pouvoir du maréchal Pétain, le 16 juin 1940. Celui-ci est l'un des personnages les plus populaires de l'entre-deux-guerres. Le « vainqueur de Verdun » a su s'attirer le respect des anciens combattants pour l'humanité dont il a fait preuve au cours de la Grande Guerre. Déjà en avril 1935, Léon Daudet écrivait dans *L'Action française* : « Le véritable président de Conseil, à l'heure actuelle, devrait être le maréchal Pétain, avec les pleins pouvoirs. » Pourtant, Pétain n'a jamais été royaliste. Il passe au contraire pour l'un des chefs militaires les plus légalistes et républicains, alors que les gouvernements se méfient de Weygand, jugé trop monarchiste. En 1925, le Cartel des gauches avait renvoyé du Maroc le royaliste maréchal Lyautey de façon humiliante pour le remplacer par Pétain, et lorsque ce dernier avait été nommé ambassadeur à Madrid, Léon Blum avait estimé que c'était faire trop d'honneur à Franco [15]. La Chambre qui vote les pleins pouvoirs au vieux maréchal est celle qui a été élue sous le Front populaire.

Une union sacrée se forme autour de ce soldat aux yeux bleus et à la voix paternelle. Catastrophé par la débâcle et l'exode auquel il a assisté sur les routes, « le Maréchal » décide la signature d'un armistice et tient aux Français un langage de contrition, de discipline et de sacrifice, qui rappelle l'atmosphère de l'après-1870 et la *Réforme intellectuelle et morale de la France* de Renan : un patriotisme autoritaire, paternaliste et mystique, fondé sur des symboles et une propagande organisée pour contrer l'influence germanique. Le clergé français et le pape lui-même ne trouvent pas de mots assez enthousiastes pour soutenir le nouveau chef de l'État français, qui accordera bientôt à l'Église des droits que la République de 1905 lui a enlevés, et qui met au pas l'influence laïciste et maçonnique. Oubliant sa propre réticence à l'égard du général Boulanger, Léon Daudet écrit que le rassemblement du boulangisme n'était rien à côté de celui de Pétain, en qui il voit un « Thiers plus compatissant », dont les vues rappelleraient « les propos mémorables de Henri IV [16] » . En 1941, dans *Le Petit Marseillais*, Maurras parlera de « divine surprise » à propos des enchaînements historiques qui ont amené au pouvoir « le Maréchal » – formule que ses accusateurs déformeront lors de l'Épuration, en l'appliquant à la défaite. En réalité, Maurras parlait d'une loi historique générale plutôt que de Pétain, et il avait déjà employé l'expression incriminée, « divine surprise », dans la préface qu'il avait donnée en 1937 aux *Lectures* de Jacques Bainville. Le maréchal propose aux autorités allemandes la signature d'un armistice – que les généraux allemands sont furieux de voir Hitler accepter, mais que de Gaulle et des Français encore très isolés considèrent comme une capitulation. Le 22 juin, une ligne de démarcation est prévue entre la zone nord, occupée, et la « zone libre ». Les conditions de l'armistice laissent au gouvernement du maréchal Pétain la moitié sud de la France, la flotte et les colonies.

Malgré la présence du vieux maréchal, Léon Daudet n'est nullement soulagé : l'ennemi occupe la capitale, défile sur les Champs-Élysées ; le pays est coupé en deux ; et plus d'un million de soldats français sont faits prisonniers, faisant de « l'État français » un otage. Le 19 juin 1919, au cours d'une conférence salle Wagram, Léon avait entrevu cette situation peu glorieuse : « Si les Allemands l'avaient emporté, savez-vous ce qui se serait passé ? La France aurait été divisée en deux parties, et je ne veux pas savoir laquelle aurait été la plus grande. D'une part nous aurions eu la résistance : ceux qui sous la botte allemande auraient continué de protester, ceux qui auraient offert leur vie, croyez-moi bien, comme rançon de l'honneur perdu ! L'autre moitié de l'infortunée nation française aurait été constituée par les lâches, les temporisateurs, les poltrons de toutes sortes, qui auraient accepté le joug germanique [17]. » En 1919, Léon Daudet décrit déjà 1940, mais en 1940, la situation est tellement confuse que la lucidité de Léon en pâtit durement. Ses articles ne montrent que sa confiance dans l'état d'esprit patriotique et la loyauté militaire de l'homme qui gouverne désormais la France.

Depuis l'avancée allemande sur Paris, l'équipe rédactionnelle de *L'Action française* court de ville en ville, de plus en plus au sud : elle a gagné Poitiers, puis Confolens, et songe déjà à s'installer à Limoges. Au cours de ce même mois de juin, les Daudet se retirent à Saint-Rémy-de-Provence, dans la villa des Mauronnettes qu'ils ont acquise quelques années avant la guerre, là où ils ont coutume d'aller en vacances. Mais à soixante-treize ans, Léon se sent affaibli, sa santé se dégrade. Ses éditoriaux, ses articles intermittents se raréfient – depuis 1908, ce graphomane en a publié près de dix mille. Sa fameuse chronique est remplacée par celle de Jacques Delebecque, pour redevenir un peu plus régulière à l'automne. Mais les articles de Léon Daudet sont aussi plus courts, parfois répétitifs. Aux lecteurs de 1940, le journaliste vieillissant ne cesse d'évoquer ses souvenirs politiques, des personnalités qui ont vécu au temps de la Belle Époque : à nouveau Caillaux, Clemenceau, l'affaire Philippe Daudet...

Malgré son affaiblissement, Léon tente de comprendre l'évolution internationale. Il s'inquiète du pouvoir de résistance de l'Angleterre face à la déferlante allemande. Il désapprouve l'attitude du général de Gaulle, qui refuse de reconnaître le bien-fondé de l'armistice – mais combien de personnes croient alors dans l'appel du 18 juin, et combien l'ont entendu ? Léon était pourtant bien placé pour comprendre la tentative du général, qui prendra peu à peu conscience de sa propre mission : incarner la permanence de la France au combat. Lors de la guerre précédente, Daudet s'était indigné du respect de Castelnau et de Foch envers le pouvoir civil, et se félicitait de voir le général Mangin « botter et rebotter les petites joues d'arrière de Painlevé [18] ». Ultra-patriote, Léon a su se montrer un professeur de désobéissance. N'a-t-il pas aussi affirmé un jour que la France était un ordre de chevalerie, comme le penseront aussi tous les membres de la France Libre ? Paradoxalement, les disciples se montrent plus fidèles que leurs maîtres aux enseignements qu'ils ont reçus d'eux.

Après Dakar – où les Français libres attaquent l'armée fidèle au maréchal Pétain – et Mers el-Kébir – où la marine anglaise détruit l'essentiel de la flotte française en tuant environ mille hommes –, Léon Daudet ne croit pas dans la tentative d'un général qu'il compare à Coriolan, l'orgueilleux général qui a trahi Rome. Churchill peut se féliciter d'avoir annexé « un chef français d'une réelle valeur militaire [19] » mais qui, détourné par Georges Mandel et le président du Conseil Paul Reynaud, est ensuite tombé dans la trahison. En juin 1940, la France est battue, écrasée, envahie. « Il nous reste à nous, Français, la vigueur de l'esprit, susceptible, à un moment donné, de déconcerter tous les calculs, tel un ferment d'une espèce particulière [20]. »

Pour tous ceux, encore nombreux, qui sont nés sous le Second Empire – dont Léon Daudet et Charles Maurras –, il est évident que la France vit une épouvantable répétition de 1870. Le discours tenu par les premiers gouvernements de Vichy et par nombre d'intellectuels de l'époque fait resurgir des thèmes développés par le Zola de *La Débâcle*, comme celui de la régénération nationale. Si Léon Daudet se félicite de la dissolution de la franc-maçonnerie, et qu'il appelle à un châtiment impitoyable pour les hommes politiques qui comparaîtront au procès de Riom (coupables, selon le gouvernement de Vichy, d'avoir causé le déclin de la puissance française, notamment militaire), il ne commente pas le statut des juifs du 3 octobre 1940. De juin à octobre, ses articles laissent peu de place à l'antisémitisme [21] : est-ce à dire qu'il est hostile à ce statut, qui ostracise les juifs des emplois publics, journalistiques et artistiques, contrariant la carrière d'universitaires qui deviendront des personnalités intellectuelles de tout premier ordre, comme Jacqueline David (future Jacqueline de Romilly), Vladimir Jankélévitch et Paul Bénichou ? Hostile ou favorable, Léon dédie l'un de ses articles à Xavier Vallat [22], commissaire aux Affaires juives, et auteur du détestable fichier des juifs dont ses successeurs, plus collaborationnistes que lui, se serviront pour la déportation. Mais il écrit aussi à Vallat pour lui demander une mesure d'indulgence en faveur de Géo London, le grand reporter juif qui a suivi son procès contre Charles Bajot.

Pour les Français de 1940 et 1941, la « question juive » est noyée dans la masse des malheurs publics et une politique de relèvement pratiquée dans un pays à moitié occupé et défait, où l'alimentation est un problème quotidien. Aveugle lui aussi, Jean-Paul Sartre accepte, en 1941, d'occuper le poste d'un professeur juif renvoyé par les lois iniques. Le triste flambeau de l'antisémitisme idéologique s'est assombri au cours des années trente, surtout depuis qu'il est passé entre les mains de doctrinaires obsessionnels et fanatiques comme Darquier de Pellepoix et Urbain Gohier, qui, en 1939, traite Daudet et Maurras de « Juifs [23] ». Il serait excessif de parler d'une influence directe de Léon Daudet sur le premier Vichy (ses outrances ne l'ont pas empêché de condamner explicitement les pogroms). En revanche, des ouvrages récents, comme les *Deux idoles sanguinaires* (1939) – dénonçant le mythe de la Révolution, les idées révolutionnaires et critiquant les droits de l'homme –, participent à un climat intellectuel plus général au sein de la société française, qui justifie l'inspiration autoritaire des tout premiers gouvernements de Pétain. En même temps, de nombreux essais et romans, un grand nombre d'articles publiés dans *L'Action française* par Léon Daudet ont pu irriguer l'antigermanisme, l'antinazisme et le patriotisme des lecteurs, justifiant chez eux le rejet ou la haine de l'occupant. Loin de travailler au rapprochement franco-allemand, Léon Daudet et Charles Maurras vilipendent tous ceux qui y voient une solution. Ils sont traînés dans la boue par la presse collaborationniste comme des écrivains archaïques, enfermés dans le refus de construire la nouvelle Europe dont rêvent dès 1940 un politicien et idéologue comme Marcel Déat et un écrivain comme Drieu La Rochelle. *Les Décombres*, pamphlet de Lucien Rebatet qui sera l'un des plus grands succès de librairie en 1942, sont un monument de haine dressé contre l'antigermanisme de l'Action française.

Retranché à Limoges depuis septembre 1940, le journal royaliste s'installe à Lyon au mois d'octobre. Le mouvement et sa presse sont interdits en zone occupée. Les deux appartements de Charles Maurras sont pillés par les Allemands, certains de ses ouvrages seront inscrits sur la liste dite « Otto ». Daudet et Maurras refuseront systématiquement l'aide financière que l'État offre aux journaux autorisés par la censure, vouant *L'Action française* à devenir, à partir de 1943, une feuille de chou, à la pagination et au format réduits. En évoquant la capitale des Gaules, Léon s'exclame ainsi en octobre 1940 : « Puisse cette ville sacrée nous porter bonheur, ainsi qu'à la France ! Car elle scelle l'unité nationale [24]. »

Comme naguère Alphonse, son fils Léon écrit en dépit de la détérioration de sa santé. Déprimé par la défaite, puis malade, Léon Daudet doit se retirer définitivement à Saint-Rémy-de-Provence, dans la villa Glanum qu'il a acquise. Maintenant que les jeux sont faits et que le pire est arrivé, la France commence à payer le prix de ses incuries politiques et militaires. En ce temps d'apocalypse et de confusion, l'Action française subit des divisions qui préparent sa chute. Alors que Maurras et ses amis tentent de s'en tenir à une hypothétique « ligne de crête », s'évertuant à montrer que Pétain incarne l'unité, au risque de passer pour des attentistes, certains maurrassiens, en rupture avec Maurras depuis longtemps, se perdent dans la collaboration intellectuelle : de Robert Brasillach à Lucien Rebatet en passant par Dominique Sordet, tous sont reniés par celui qu'ils traitent comme un ancêtre pittoresque. À l'inverse, des royalistes entrent parfois très tôt dans la Résistance. Parmi eux, le colonel Rémy devient l'agent secret numéro un de la France Libre et un fidèle du général de Gaulle. Il est de ceux qui pourront se dire plus maurrassiens que Maurras lui-même par le caractère intransigeant de leur patriotisme. Parmi les nombreux résistants formés par l'Action française, passionnés par la lecture de Maurras et celle de Léon Daudet, Daniel Cordier [25] deviendra le secrétaire de Jean Moulin, Paul Dungler organisera les réseaux de résistance alsaciens... Charles Maurras lui-même est contacté par des résistants de la première heure, tel le colonel Du Jonchay, royaliste, qui l'adjure de revenir sur son maréchalisme et de croire dans la France Libre [26]. Mais Maurras a rencontré Pétain, dont l'allure solennelle, le discours, et on ne sait quoi de mystique, le décident à lui vouer une fidélité personnelle qui ne se démentira pas.

Accablé par la situation, Léon rassemble ses efforts pour préparer ses derniers travaux littéraires. Bien sûr, il est coupé de la vie intellectuelle et littéraire parisienne, dont l'occupant maintient une apparence rassurante pour tromper les Français. Mais à Lyon, il est en contact avec des hommes de lettres locaux, comme le critique littéraire Henri Rambaud, secrètement affilié à la Résistance. Par ailleurs, il encourage le jeune Guy des Cars, répond à un entretien avec le poète Francis Carco... Tandis qu'il écrit *Quand vivait mon père* (1940), composé à partir de textes plus anciens, son frère Lucien travaille lui aussi à la mémoire littéraire de son père. Lucien publie d'abord une importante *Vie d'Alphonse Daudet* en 1941, puis des *Pages inédites de critique dramatique (1874-1880)*, et, à partir des lettres que sa mère lui a confiées au moment de la mort d'Edmée, les *Lettres familiales d'Alphonse Daudet* (1944). Cette série d'évocations d'Alphonse est l'indice que la grande époque des Daudet est désormais révolue. Elle coïncide avec la rentrée de la famille Daudet dans l'obscurité dont elle était sortie avec les premiers succès d'Alphonse, sous le règne de Napoléon III. Après Léon Daudet, plus aucun membre de la famille n'atteindra à une notoriété comparable.

Jusqu'au 18 décembre 1941, Léon Daudet parvient à publier des articles. À côté de la littérature (Tolstoï, *Les Rois en exil* d'Alphonse Daudet, Léon Bloy), il consacre plusieurs colonnes à la gastronomie (la pêche aux oursins, par exemple). Tandis que le monde s'abîme autour de lui, et que le journal annonce l'entrée en guerre des États-Unis contre les forces de l'Axe, la politique s'absente de l'éditorial de Daudet. Le 18 décembre 1941, il consacre un article aux frères Berthelot, dont l'un, Philippe, avait été un ami très proche, avant qu'il n'embrasse une carrière exceptionnelle au ministère des Affaires étrangères. Il achève sa réflexion en évoquant la correspondance entre Marcellin Berthelot et Ernest Renan : elle « projette sur de hautes questions un faisceau de vives et troubles lumières. Je dis troubles, car l'avenir de la science n'est pas éclairé dans ses profondeurs... Vive l'avenir de l'intelligence [27] ! » Le dernier article de Léon Daudet s'achève par un hommage à Charles Maurras – auteur, en 1905, d'un essai marquant, *L'Avenir de l'intelligence*. Un biographe de Léon Daudet, Pierre Dominique, verra dans cet article le « dernier cri d'un humaniste foudroyé [28] ». Après le 18 décembre, sa signature disparaît.

Sa santé se dégrade. Le 27 mai 1942, Léon fait une chute et se trouve paralysé. Aussitôt prévenu, Maurras rend visite à son vieil ami. Il se rappellera quelques semaines plus tard : « Un petit accident, qui avait paru grave et que l'on avait conjuré, le retenait au lit, mais il ne lui manquait que le mouvement : la lucidité était parfaite, l'intelligence cristalline, la mémoire intacte [29]. » Étonnante solidarité que celle de ces deux hommes si différents, mais également capables de terribles colères, d'enthousiasmes flamboyants, qu'unissent la foi indéfectible en leur patrie et l'espérance monarchique. Pendant presque quarante ans, ils se sont voulus des chevaliers de « l'Ordre » passionnés de politique au point de se faire rebelles, des amants fous de littérature, très sensibles aux femmes, héritiers d'un humanisme classique qui semble de plus en plus impossible à incarner dans le monde moderne. Par leurs lectures, leurs récitations intérieures, leurs préoccupations les plus profondes, Daudet et Maurras se sentent souvent plus proches de Virgile et de Thucydide que de leurs contemporains, dans un dialogue secret et permanent, parallèle à leur activité journalistique et politique. Quelles prières secrètes, quelles pensées animent ce Daudet alité, qui, contrairement à son père, foudroyé, a le temps de voir venir sa dernière heure ? Ses écrivains les plus chers, Rabelais, Shakespeare, lui rendent-ils l'amitié qu'il leur a toujours portée avec son invraisemblable gourmandise de lettré ?

Le 30 juin 1942, une attaque cérébrale survient, suivie d'une hémorragie. L'abbé Fabre, curé de Saint-Rémy, lui administre les derniers sacrements. Léon Daudet meurt dans l'après-midi du lendemain, quelques semaines avant Germaine Berton, qui avait tenté de l'assassiner vingt ans plus tôt. Malgré les circonstances de la guerre, une foule nombreuse est présente aux obsèques à Saint-Rémy-de-Provence, le 4 juillet : amis, Camelots du roi, « filles royalistes d'Arles », membres des « Blancs du Midi », sans oublier un représentant du gouvernement issu du ministère de l'Information. Alors que l'on voit Charles Daudet, le fils de son premier mariage, Lucien Daudet est retenu en zone occupée, à Paris. Le vieux compagnon de combat de Léon, Charles Maurras, est à nouveau descendu à Saint-Rémy. Pour la première fois de sa vie, dans l'éloge funèbre qu'il prononce de sa voix de sourd, il tutoie son ami Léon.

D'innombrables télégrammes de condoléances parviennent à Marthe Daudet, comme celui du comte et de la comtesse de Paris. Au début du mois de juillet 1942, fortement secoué par cette disparition, Maurras revient sur la longue amitié qu'il a entretenue avec celui qu'il comparait à un lion : « La haute chanson de ce grand rire est éteinte. Cette joie de vivre et d'agir ! Cette puissance de l'image et de la pensée, analytique dans les accumulations du savoir, synthétique par la poésie du génie ! Cette générosité, ce don total de soi à la grande cause, cette intrépidité et cette vaillance de l'âme, de la parole écrite et dite, de l'action physique osée, portée, propagée en tout et partout [30] ! » Le penseur de l'Action française ne néglige pas les contrastes et les contradictions de ce personnage hors du commun. « Ce cœur d'or fut le centre durable et continu de l'amitié d'Action française par qui notre petite république a vécu. On ne pouvait entrer dans l'atmosphère de ce lutteur, de ce polémiste, de ce pamphlétaire si cruel et qui fut parfois si joyeux dans ses cruautés, sans se sentir enveloppé d'un souffle de bienveillance, de cordialité, bientôt d'affection. [...] Que l'un de nous eût un bobo, il fallait le voir aux cent coups. » Dans *L'Action française*, Thierry Maulnier rend hommage à l'écrivain. La presse française et internationale évoque la mort de Léon Daudet. Les uns, comme Guillain de Bénouville, saluent la prodigieuse vitalité du polémiste [31]. Les autres, comme Edmond Jaloux, font ressortir le talent d'un critique à la curiosité universelle : « Personne n'a mieux parlé que lui de Shakespeare, de Goethe, de Jean-Paul Richter, de Rembrandt, de Goya. [...] Quand on fera une révision complète de l'œuvre de Léon Daudet, on sera stupéfait des merveilles qu'elle contient [32]. » Bien peu, en revanche, osent dire que Léon Daudet a été tué par les malheurs de la France, lui qui s'était engagé si furieusement pour les lui éviter.

Chapitre 24

LES DAUDET SANS ÂGE

MORT EN 1942, après un an de maladie et de retraite, Léon ne connaîtra pas le bonheur de la Libération. Maréchaliste, il n'est pas certain qu'il eût accompagné Maurras dans sa « ligne de crête » de plus en plus périlleuse et impossible : à la fois maréchaliste et opposé au collaborationnisme, antiallemand et toujours antisémite, le vieux « martégal » – ses partisans l'ont surnommé ainsi pour rappeler la fidélité de Maurras à Martigues, ville lacustre où il est né – se réjouira de la libération militaire avant de subir un procès d'épuration qui le condamnera à mort, puis à l'emprisonnement à vie, avec la perte de ses droits civiques.

Pour les partisans de l'Action française, Léon a participé à une aventure chevaleresque et royale. Mais cette épopée, exaltée naguère par Bernanos, contraste avec les années de l'Occupation, où l'Action française se disloque et s'enfonce sur le terrain des perdants : coupable d'avoir soutenu le maréchal Pétain jusqu'au bout, le mouvement qui avait milité pour l'intégrité patriotique pendant quarante-cinq ans va se trouver rejeté dans un rebut inespéré pour les factions qui vont gouverner. Dénoncer les dévoiements du journal pendant la guerre, quelle aubaine pour faire taire ceux qui ont dénoncé les tares du régime qui a laissé l'Allemagne grandir et Hitler gagner. Un procès plus large et impersonnel aura lieu à partir de 1945, puis dans les années soixante, à mesure que les historiens mettront en évidence les responsabilités de la société et de l'État français dans les persécutions contre les juifs. Certes, Maurras avait condamné explicitement l'antisémitisme nazi et applaudi à la condamnation du nazisme par le pape en 1937, Léon Daudet avait dénoncé le principe même du pogrom, et tenté de soigner sa propre fièvre antisémite. Pourtant, leur mouvement, né à la fin du XIXe siècle, a évolué en conservant les mêmes cadres mentaux, les mêmes habitudes journalistiques que celles qui s'étaient affirmées à l'époque de la condamnation d'Alfred Dreyfus.

Les clichés de *L'Action française* en 1940 sont les mêmes que ceux qui circulaient en 1900. Quoiqu'il ne fût pas un doctrinaire de l'antisémitisme, et que son œuvre ne puisse s'y réduire, Léon a coloré de respectabilité et propagé ce sentiment, apportant au trop long catalogue de la littérature antisémite un chapitre plus lourd encore que celui de Maurras, en héritier de Drumont et voisin de Céline. Cet antisémitisme de plume convenait à une époque friande de moqueries racistes et de caricatures personnelles. Mais en 1940, l'antisémitisme des fascistes et, surtout, celui des nazis, télescopent et démodent brusquement l'antisémitisme que la IIIe République avait longtemps supporté et que la bourgeoisie avait assimilé, au siècle des colonies, du bon nègre, du péril jaune et des sauvages.

Son caractère bouillonnant et impulsif, sa vie pleine de rebondissements, sa pensée à hue et à dia, riche de tensions et de contradictions, ont ouvert à Léon Daudet une place de monstre géant au sein des lettres françaises. Écrivain mousquetaire, lansquenet et parfois chevalier, mémorialiste haut de gamme et indispensable, critique génial, pamphlétaire tantôt allègre, tantôt odieux, c'est un émule de Rabelais qui cavale sur un cheval volé au cardinal de Retz. La littérature lui doit d'avoir discerné et soutenu le génie de Proust, Céline, Bernanos, mais aussi celui de Valery Larbaud. Ce seul titre suffirait à sa renommée. Alors qu'il a consacré au métier de journaliste un essai parmi les plus stimulants, *Le Bréviaire du journalisme*, Léon Daudet a parfois dévoyé sa plume d'éditorialiste par des attaques obsessionnelles, des insinuations, des calomnies et des simplifications scandaleuses. Conscient des irrégularités prodigieuses qui altéraient parfois la qualité du journal *L'Action française*, Maurras s'excusait ainsi : « J'ai un lion dans ma ménagerie [1] ! »

De tous ses romans, seuls *Le Voyage de Shakespeare* et *Les Morticoles* ont été réédités avec régularité. Les autres ont fait l'objet de jugements sévères qui expliquent l'oubli dans lequel ils sont tombés. Le romancier n'a pas trouvé de juge plus sévère – et plus injuste ? – que son propre frère, lorsque celui-ci écrit à Marcel Proust : « C'est curieux, ce qui ressemble le plus aux romans de Zola, ce sont les romans de Léon ; même style négligé, même manque de goût, mêmes personnages impossibles et conventionnels, et cependant, même force, due à la répétition, à la saturation des atmosphères, etc. [2]. »

Une impression d'inaccompli gâte en effet la trentaine de romans laissés par Léon Daudet, y compris cet étonnant *Napus*, qui regorge d'idées et de lumières prophétiques. Léon Daudet est un écrivain traversé d'intuitions intéressantes, parfois géniales, mais auquel il manqua de leur donner la forme artistique et le style littéraire qu'elles auraient mérité. Avec davantage d'ordre, de rigueur et de génie, Léon Daudet aurait pu faire un Thomas Mann français. La veine satirique est finalement moins abondante. Romancier du malade et du médecin, Daudet se veut un explorateur et un chercheur qui formule des hypothèses, et qui emploie le roman pour rendre compte de ses intuitions théoriques ou scientifiques. Romancier du désir amoureux et de l'imaginaire scientifique, il cherche à pénétrer des régions inconnues de l'esprit humain, avec des moyens qui n'appartiendraient qu'à lui. Partisan jusqu'à en avoir le souffle coupé lorsqu'il parle de politique, l'écrivain retrouve dans ses romans la complexité et le mystère de l'âme et du corps humains et, au-delà, le sens de la communion humaine. *La Lutte*, *Le Cœur brûlé*, *Les Bacchantes* valent bien des romans que les éditeurs d'aujourd'hui osent publier, et l'on peut affirmer avec une certaine confiance qu'une grande étude critique consacrée à ses romans corrigerait leur oubli définitif.

Abondants, voire démesurés, les souvenirs littéraires et politiques de Léon Daudet fourmillent d'idées et de vues originales, mais ils renferment aussi des hypothèses plates, de fausses déductions, des clichés parfois agaçants et ils souffrent d'un manque de rigueur intellectuelle. À côté de cela, combien de portraits bouffons, de formules pétulantes, de traits d'esprit et d'anecdotes croustillantes, combien d'amitiés, de dégoûts et de réconciliations dans un genre par nature subjectif. Grandgousier des lettres, Léon

Daudet sait transformer ses lecteurs en gourmands de littérature qui, dans ses livres, voient défiler tous les grands noms de la littérature prise entre le XVIe et le début du XXe siècle. Mais ces souvenirs ne remplissent que partiellement le rôle de la critique littéraire, en s'attachant à la personnalité et à la biographie des écrivains plutôt qu'à leurs œuvres ou à leur esthétique.

Une pantagruélique alchimie a permis à Léon Daudet de se transmuer pour influencer des écrivains jusqu'à nos jours.

Qu'ils vénèrent ou conspuent l'Action française, les essais et écrits de combats de Bernanos se placent dans le sillage de Léon Daudet. Dans *La Grande Peur des bien-pensants*, *Scandale de la vérité* ou *Français si vous saviez*, on retrouve des élans de colère, de l'indignation, l'exigence d'une sincérité absolue et indépendante, qui ne sont pas sans rappeler les réactions épidermiques et les pamphlets de Léon. D'un style littéraire supérieur, les œuvres de Bernanos sont aussi plus chrétiennes, plus sombres et modernes. Le véritable disciple, comme le pensait Nietzsche, n'est-il pas celui qui sait devenir maître à son tour ? Dans *Les Grands Cimetières sous la lune*, publié en 1932, Bernanos rend hommage à son aîné : « L'auteur du *Voyage de Shakespeare* est né sous le signe du plus grand des tragiques, seul héritier légitime d'Eschyle et de Sophocle [3]. »

Plus tard, Léon Daudet sera admiré par la génération des Hussards, qui sont ses héritiers les plus proches et les plus inquiets. Tout jeune, Roger Nimier est tombé dans Daudet comme Obélix dans la potion magique. Alors qu'il est plus nuancé sur Maurras, l'auteur du *Grand d'Espagne* conservera toujours « une affinité profonde [4] » avec Léon, en qui il voit justement un précurseur de Bernanos. Dans la revue *Idées*, en 1943, le jeune Jacques Laurent témoigne de l'encouragement prodigieux que la critique littéraire de Léon Daudet lui a fourni. Admirant « la belle rigueur de la prose classique [5] » de Daudet, sa vigueur polémique, il compare son esprit à celui de Léonard de Vinci et à celui de Goethe, auquel l'apparentent une formidable puissance créatrice et l'étendue des curiosités. Plus tard, avec mauvaise foi, Jacques Laurent contestera que Léon Daudet ait été enraciné intellectuellement dans le siècle de Rabelais, et le dira surtout « formé par l'écriture des polémistes des années 1900 [6] » – ces deux héritages ne coexistent-ils pas dans l'œuvre de Daudet ? Kléber Haedens, Michel Déon, le philosophe Pierre Boutang conserveront un attachement à la fois littéraire et politique à Léon Daudet. Par-dessus tout, les Hussards et leurs alliés exaltent la figure de l'imprécateur qui a su se montrer pleinement libre par rapport à son propre camp, en sachant se démarquer du jugement de Maurras, sans jamais le blesser. Grand témoin des assauts conduits par les Hussards contre la chape de plomb existentialiste et sartrienne, le critique belge Pol Vandromme affirmera – non sans exagérer, lui aussi – que « Léon Daudet était un grand écrivain, plus grand que Maurras [7] ».

Après les Hussards, Michel de Saint-Pierre restera attaché à Léon Daudet. Le futur romancier des *Aristocrates* notera que « nul peut-être – et pas même Maurras – n'a suscité autant de haine que cet homme-là, qui était bon. Et nul n'a été plus méconnu que cet écrivain d'une race prodigieuse [8] ». Auteur de plusieurs pamphlets lui-même, le philosophe et essayiste Pierre Boutang compare Maurras à Don Quichotte : « Il y avait aussi un immense et génial Sancho chez Daudet, personnage épique, ou héroï-comique, de trop grand format pour son temps [9]. » Quant aux continuateurs ou héritiers récents, il est difficile d'en discerner de véritables. On serait tenté de voir dans *Le XIXe siècle à travers les âges* de Philippe Muray une suite du *Stupide XIXe siècle*.

Après la mort de Léon, la famille Daudet rentre dans l'obscurité d'où elle était sortie grâce à Alphonse, telle une constellation qui s'éteint peu à peu dans les ténèbres.

Alors qu'il avait assuré à sa mère qu'il était « le moins fait pour le mariage qui soit », Lucien épouse la sœur cadette de l'écrivain Pierre Benoît, Marie-Thérèse (1890-1974), le 23 septembre 1943. Union *in extremis*, paradoxale, de pure forme, qui ne peut effacer tout ce que Lucien a représenté pour les amours masculines dans les cercles artistiques et mondains qu'il a connus. Lui-même l'oublie si peu qu'un jour, Marie-Thérèse surprend son époux en compagnie virile et rapprochée, entraînant la rupture de ce curieux couple. Avec Alphonse pour père, Léon pour frère aîné et Marcel Proust pour ami, comment le fragile Lucien aurait-il pu se percevoir autrement qu'en artiste contrarié et triste, déplorant une stérilité littéraire qui ne fut que partielle ? *Le Chemin mort*, *Les Yeux ouverts*, *L'Âge de raison*, les souvenirs sur Alphonse, ont été enterrés peu de temps après leur publication. « Tu es un monstre, tu épuises les sujets, tu épuises tout. Comment veux-tu qu'on écrive un roman [10] ? » reprochait-il, éperdu d'admiration, à Marcel. Ami d'un écrivain qu'il savait un géant, et qu'il servit du mieux qu'il put, Lucien a également souffert de Léon : « Ma vie a été tellement bloquée, confessera-t-il à une amie, toute ma vie, empêchée, annihilée, détruite, curieusement saccagée par un frère (que j'aime quand même, à qui je n'en veux pas du tout parce que ce serait folie de récriminer contre une telle calamité et je n'en parlerai jamais) [11]. » Mais Lucien suit bientôt son frère aîné. Quelques mois après avoir revu Julien Green, Lucien Daudet meurt à Paris le 16 novembre 1946 en emportant avec lui les secrets de l'écrivain qu'il n'a pas réussi à devenir. Pourtant, *Le Chemin mort*, certaines nouvelles, son *Alphonse Daudet*, son *Impératrice*, sa correspondance avec Proust en font une personnalité attachante, qui ne mérite assurément pas l'oubli.

Liée à la famille Daudet avant même de se marier avec Léon, Marthe Daudet s'est tracé un destin original de « dame royaliste ». Sans elle, l'évolution politique et intellectuelle de Léon eût été différente. Celle qui a réussi à convertir au royalisme l'un des symboles vivants de la IIIe République, la reine des recettes de cuisine française, Pampille, a courageusement survécu aux épreuves des deuils et de deux guerres. Elle a perdu un fils sans que ses convictions ne soient ébranlées. Véritable égérie et force secrète de l'Action française, vénérée par les Camelots du roi, les abonnés et les « dames royalistes », Mme Léon Daudet a incarné un moment de la conscience culinaire de la France avec ses *Bons plats de France* (1913), un recueil de recettes sans cesse réédité, dont la dernière fois en 2008. Après avoir été une rédactrice intermittente du journal, elle publiera en 1950 les *Contes des deux mères*, avec son amie Mme de Bussac, mais sans réussir à se faire un prénom en littérature. Après avoir survécu près de vingt ans à son mari, Marthe Daudet meurt en 1960.

Les deux fils de Léon meurent à dix ans de distance. Le fils du premier lit, Charles, disparaît le 28 juillet 1960, à soixante-huit ans. Le second fils de Léon et de Marthe, François, a suivi son père à l'Action française tout en étant médecin. Mobilisé en 1939, il a connu la captivité en Allemagne jusqu'en 1942. En 1944, il est le dernier titulaire de la « revue de la presse » du journal royaliste. Présent au procès de Maurras en tant que témoin, il entoure de ses soins le prisonnier – qui est aussi son parrain – lorsqu'il est transféré à la clinique de Tours. François Daudet considère Maurras comme un second père. Directeur de la revue *Libertés françaises* dans les années cinquante, il y retrouve d'anciens rédacteurs de *L'Action française*, mais aussi des rédacteurs occasionnels comme le maréchal Juin, le duc de Lévis-Mirepoix, Henry Bordeaux, Pierre Gaxotte, Raymond Schmittlein et Marcel De Corte. François Daudet sera de toutes les réunions et de tous les cortèges royalistes, mais il tiendra un rôle secondaire dans l'histoire du mouvement politique – interdite en 1945, l'Action française est réapparue quelques années plus tard sous le nom « Restauration nationale ». Il meurt le jour de Pâques en 1970, à Saint-Rémy-de-Provence, sur le territoire de ces anciens Arécomiques issus du Danube, dont la famille Daudet est le fruit le plus fameux.

*

De la Révolution industrielle à la Révolution nationale, deux générations entières de la famille Daudet ont écrit : Alphonse et Léon, bien sûr, mais aussi Ernest, Julia, Lucien et Pampille. Alphonse a donné à la littérature française quelques-uns de ses plus beaux contes et romans – n'en déplaise à ses détracteurs. Ces derniers comptent non seulement des écrivains et des biographes venimeux, comme Wanda Bannour et Jean-Paul Clébert [12], mais aussi d'éminents universitaires, comme Marcel Raymond. Heureusement, Roger Ripoll, Anne-Simone et Pierre-Jean Dufief ont rendu ses droits à un écrivain parmi les plus populaires que la France ait comptés, dégageant des perspectives nouvelles dans son œuvre. Depuis Molière, aucune plume n'a porté sur l'homme un regard plus compatissant, avec cette « faculté d'attendrissement » dont le grand Barbey d'Aurevilly s'émerveillait. Alphonse Daudet a inventé le regard supérieur, celui qui fait de la vision un mode de contemplation et une préparation du pardon.

Léon aura été le plus truculent mémorialiste de sa génération, le pamphlétaire le plus talentueux et l'un des plus exaspérants de son époque. Quant à Lucien, menacé de ne pas exister, son apport est plus ténu, mais sous-estimé. Peu avant Proust, et en même temps que Robert de Montesquiou, il a contribué à apporter une nouvelle sonorité à la psychologie romanesque, en explorant l'homosexualité masculine selon un regard aussi neuf qu'émouvant. Alphonse, Léon, Julia, Lucien ont connu la plupart des grands écrivains, artistes et politiques de leur temps, de Zola à Cocteau, de Renoir à Picasso, de Bizet à Darius Milhaud, et de Gambetta à Clemenceau. Aucune famille ne s'est trouvée davantage au centre de la vie artistique, littéraire et politique d'un siècle rutilant, presque démesuré, tant il contient de génies, de talents, d'œuvres et de documents.

Quelles que soient ses limites, cet « âge Daudet » fournit une admirable clef pour comprendre un segment entier d'histoire littéraire de la France, parmi les plus fulgurants que ce pays ait rencontré, mais il permet également d'apercevoir l'évolution des mentalités d'un siècle à l'autre. Unifiée par la littérature beaucoup plus que par une idéologie, la famille Daudet présente néanmoins un caractère propre : Alphonse, Léon et Lucien déclinent les nuances de la rébellion et de l'esprit d'indépendance, avec une impertinence variable. Alphonse affirme sa liberté vis-à-vis des écoles littéraires, des institutions et de l'ordre moral – encore qu'il sût bénéficier des puissants du Second Empire, et d'amitiés parmi les plus éminentes dans le monde républicain. Léon – héritier de cette même République – a commencé par devenir le critique acerbe de l'académie de médecine dont il a hanté les salles plusieurs années durant, avant de devenir l'une des principales bêtes noires du régime qu'il chercha à dynamiter de son verbe pendant presque quarante ans. Fort en gueule, cet apôtre apparent de l'ordre ancien et traditionnel ne se souciait pas de sa respectabilité. Il n'a manqué aucune occasion de scandaliser et d'effrayer la bonne conscience, notamment catholique, alors que ses convictions politiques incitaient à ménager cette sensibilité majoritaire de son pays. Rebelle par essence et par gourmandise, hanté par l'excès, Léon en vient – délice suprême – à se rebeller contre lui-même et à se trouver très drôle. La rébellion de Lucien est plus discrète : ce doux se fraie une voie dans une littérature alors considérée comme suspecte, qui parle d'une sexualité et d'amours que condamnent l'Église et la loi. Il ose chanter une impératrice en exil quand son frère ne connaît qu'une république à abattre et un royaume à bâtir. Il n'aspire qu'aux douceurs, aux tendresses, aux élégances du monde où il passe, quand Léon brave, frappe, tue, et parfois fait ressusciter.

On ne saurait ranger Alphonse, Léon et Lucien dans aucune catégorie hermétique. Les deux premiers ont connu la gloire ; le troisième, l'obscurité ou la lumière des seuls proustiens. Plus effacés, modestes et conformistes sont, en définitive, Ernest, Julia et Pampille.

Fous de littérature, heureux de vivre dans l'amitié de confrères écrivains et d'artistes de leur époque, ces Daudet font plus que représenter une part d'histoire de France : ils ont consolidé l'alliance que la France a nouée avec ses écrivains pour être et pour durer.

Notes

Des Arécomiques aux pathétiques

1. Alphonse Daudet, « Les étoiles », *Les Lettres de mon moulin*, dans *Œuvres*, éd. de Roger Ripoll, Paris, Gallimard, « Bibliothèque de la Pléiade », 1986-1994, t. I, p. 266.

2. Ernest Daudet, *Mon frère et moi, Souvenirs d'enfance et de jeunesse*, Paris, Plon, 1882, p. 5.

3. Léon Daudet dans *Les Horreurs de la guerre*, cité par Éric Vatré, *Léon Daudet ou le Libre Réactionnaire*, Paris, France-Empire, 1987, p. 232.

4. Ernest Daudet, *Mon frère et moi*, *op. cit.*, p. 45.

5. Alphonse Daudet, *Le Petit Chose*, Paris, Gallimard, « Folio », 1989, p. 21.

6. Ernest Daudet, *Mon frère et moi*, *op. cit.*, p. 68.

7. Pierre Léon, « Vie et mort d'un grand marché international. La foire de Beaucaire », *Revue de géographie de Lyon*, vol. 28, 1953, p. 309-328.

8. Alphonse Daudet, *Numa Roumestan*, Paris, Charpentier, 1881, p. 276.

9. Alphonse Daudet, *Œuvres*, *op. cit.*, t. I, p. 895.

10. *Ibid.*, p. 896.

11. Alphonse Daudet, « Le pape est mort », *Contes du lundi*, Paris, LGF, 1985, p. 229.

12. Rapporté par Alphonse à Edmond de Goncourt, dans Jules et Edmond de Goncourt, *Journal*, Paris, Robert Laffont, « Bouquins », 1989, t. II, p. 1253.

13. Alphonse Daudet, *Contes du lundi*, *op. cit.*, p. 232.

14. Rapporté par Alphonse à Edmond de Goncourt dans Jules et Edmond de Goncourt, *Journal*, *op. cit.*, t. II, p. 1255.

15. Propos rapporté par Edmond de Goncourt dans Jules et Edmond de Goncourt, *Journal*, *op. cit.*, t. III, p. 528.

16. Ernest Daudet, *Mon frère et moi*, *op. cit.*, p. 127.

17. *Ibid.*, p. 165.

18. Alphonse Daudet, « Les gueux de province : le maître d'études », *Le Figaro*, 24 novembre 1859.

Notes de la page 30 à la page 44

Enfant de bohème

1. Théodore de Banville cité par Ernest Daudet, *Mon frère et moi, op. cit.*, p. 193.

2. Alphonse Daudet, « Les dictateurs », *Lettres à un absent*, dans *Œuvres*, *op. cit.*, t. I, p. 420.

3. Henri Rochefort, « L'ami Daudet », *L'Intransigeant*, 19 décembre 1897.

4. Alphonse Daudet, *Carnet Papillon*, dans *Œuvres, op. cit.*, t. I, p. 1391-1392.

5. Alphonse Daudet, *Quarante ans de Paris (1857-1897)*, Genève, La Palatine, 1945, p. 21.

6. Rapporté par Edmond de Goncourt dans Jules et Edmond de Goncourt, *Journal, op. cit.*, t. II, p. 638.

7. Alphonse Daudet, *Quarante ans de Paris, op. cit.*, p. 61.

8. Publiée pour la première fois en 1906.

9. Alphonse Daudet, « Aux petits-enfants », *Les Amoureuses*, cité dans G. Walsh, *Anthologie des poètes français contemporains*, Paris, Delagrave, 1942, p. 165-166.

10. Ernest Daudet, *Mon frère et moi, op. cit.*, p. 208.

11. Alphonse Daudet, « Les cannibales de la banlieue », *Paris-Journal*, 23 juillet 1859.

12. Rapporté par Alphonse Daudet, préface au *Nabab*, Paris, Lemerre, 1887, p. V.

13. Alphonse Daudet, premier état des « Nostalgies de caserne », dans *Œuvres, op. cit.*, t. I, p. 1376.

14. Autographe d'Alphonse Daudet, dans un exemplaire des *Amoureuses*, Paris, Tardieu, 1863, reproduit dans *Catalogue d'éditions originales et de manuscrits autographes d'Alphonse Daudet et d'Anatole France*, Paris, L. Giraud-Badin, 1936, p. 6.

15. Alphonse Daudet à Edmond de Goncourt, dans Jules et Edmond de Goncourt, *Journal, op. cit.*, t. II, p. 684.

16. Alphonse Daudet, *Le Figaro*, 26 mai 1861.

17. Alphonse Daudet, *Le Roman du Chaperon rouge, Scènes et fantaisies*, « Un concours pour Charenton », Paris, Michel Lévy, 1862, p. 165.

18. *Paris-Journal*, 18, 20 et 24 août 1859.

Voyages et ascensions

1. Alphonse Daudet cité par Louis Forestier dans *Tartarin de Tarascon*, Paris, LGF, 1985, p. 158.

2. Alphonse Daudet, « La mule du Cadi », *Le Monde illustré*, 17 janvier 1863.

3. Voir *Tartarin de Tarascon*, dans *Œuvres, op. cit.*, t. I, p. 542 et n. 6 p. 1455.

4. Jules et Edmond de Goncourt, *Journal*, *op. cit.*, t. I, 21 décembre 1851, p. 31.
5. Alphonse Daudet, *Sapho*, Paris, GF-Flammarion, 2005, p. 166.
6. Alphonse Daudet, « Arthur », *Contes du lundi*, dans *Œuvres*, *op. cit.*, t. I, p. 721.
7. Lettre d'Alphonse Daudet à Frédéric Mistral, 14 janvier 1863, citée dans *Histoire d'une amitié, Correspondance inédite entre Alphonse Daudet et Frédéric Mistral (1860-1897)*, présentée et annotée par Jacques-Henri Bornecque, Paris, Julliard, 1979, p. 117.
8. Lettre d'Alphonse Daudet à Frédéric Mistral, 20 mars 1864, citée dans *Histoire d'une amitié. Correspondance inédite entre Alphonse Daudet et Frédéric Mistral*, *op. cit.*, p. 127.
9. Lettre d'Alphonse Daudet à Timoléon Ambroy, 16 novembre 1864, dans Lucien Daudet, *Lettres familiales d'Alphonse Daudet*, Paris, Plon, 1944, p. 6.
10. Alphonse Daudet, « La mort du duc M. », dans *Œuvres*, *op. cit.*, t. I, p. 867.
11. Émile Zola, « M. Alphonse Daudet », supplément littéraire du *Gaulois*, 19 décembre 1885.
12. Rapporté par Roger Ripoll dans Alphonse Daudet, *Œuvres*, *op. cit.*, t. I, p. 1540.
13. Alphonse Daudet cité par Anne-Simone Dufief, *Alphonse Daudet romancier*, Paris, Champion, 1997, p. 39.
14. Jean-Louis Curtis, préface au *Petit Chose*, *op. cit.*, p. 15.
15. Jules Barbey d'Aurevilly, « Lettres de mon moulin », *Le Constitutionnel*, 10 janvier 1870.
16. Lettre d'Alphonse Daudet à Timoléon Ambroy, dans Lucien Daudet, *Lettres familiales d'Alphonse Daudet*, *op. cit.*, p. 16-17.
17. Alphonse Daudet, « L'empereur aveugle », *Contes du lundi*, dans *Œuvres*, *op. cit.*, t. I, p. 784.
18. Alphonse Daudet, *Chroniques dramatiques*, Paris, Champion, 2006, p. 610.
19. Ikunobu Yamane, « L'influence du japonisme dans l'œuvre d'Émile Gallé », *Annales de l'Est*, 2005, p. 55.
20. Alphonse Daudet, *Le Petit Chose*, *op. cit.*, p. 228.
21. Lettre d'Alphonse Daudet aux frères Ambroy, citée par Roger Ripoll dans Alphonse Daudet, *Œuvres*, *op. cit.*, t. I, p. 1287.
22. Lettre de Frédéric Mistral à Alphonse Daudet, 12 décembre 1869, *Histoire d'une amitié*, *op. cit.*, p. 156.
23. Jules Barbey d'Aurevilly, cité par Louis Forestier, commentaires et notes d'Alphonse Daudet, *Lettres de mon moulin*, Paris, LGF, 1985, p. 228.

La France des opérettes

1. Alphonse Daudet, *Chroniques dramatiques*, *op. cit.*, 11 septembre 1876, p. 591.

2. Lucien Daudet, *Lettres familiales d'Alphonse Daudet*, *op. cit.*, p. 26 n. 2.
3. Alphonse et Julia Daudet à Mme Jules Allard, [février 1867], dans Lucien Daudet, *Lettres familiales d'Alphonse Daudet*, *op. cit.*, p. 28.
4. Alphonse Daudet à Timoléon, [janvier 1869], dans Lucien Daudet, *Lettres familiales d'Alphonse Daudet*, *op. cit.*, p. 94.
5. Ernest Daudet, *Le Mariage tragique*, Paris, Éditions du *Figaro*, 1872, Avertissement, p. 3.
6. Alphonse Daudet, *Histoire de mes livres*, dans *Œuvres*, *op. cit.*, t. I, p. 930.
7. Alphonse Daudet à Timoléon Ambroy, dans Lucien Daudet, *Lettres familiales d'Alphonse Daudet*, *op. cit.*, p. 104.
8. Cité par Roger Ripoll dans Alphonse Daudet, *Œuvres*, *op. cit.*, t. I, p. 1388.
9. Henri Rochefort, « L'ami Daudet », *L'Intransigeant*, 19 décembre 1897.
10. Maxime Du Camp, *Les Convulsions de Paris*, Paris, Hachette, 1883, p. 18.
11. Alphonse Daudet, *Carnet Papillon*, dans *Œuvres*, *op. cit.*, t. I, p. 1387.
12. « Je t'envoie par le ballon montant un gros baiser et il m'est agréable de te l'envoyer en langue provençale ; comme cela, je suis sûr que le barbare, si d'un coup le ballon lui tombait entre les mains, ne pourrait pas lire mon écriture ni publier ma lettre dans le *Mercure de Souabe.* »
13. Alphonse Daudet, « Fausse alerte », *Le Figaro*, 8 janvier 1871.
14. Alphonse Daudet, « Une champignonnière de grands hommes », dans *Œuvres*, *op. cit.*, t. I, p. 441.
15. Alphonse Daudet, « Les évadés de Paris », *Œuvres*, *op. cit.*, t. I, p. 434.
16. Lucien Daudet, *Vie d'Alphonse Daudet*, Paris, Flammarion, 1944, p. 84.
17. Léon Daudet, *Panorama de la IIIe République*, Paris, Gallimard, 1936, p. 73.
18. Alphonse Daudet, *Robert Helmont*, dans *Œuvres*, *op. cit.*, t. I, p. 928.
19. Alphonse Daudet, *Contes du lundi*, dans *Œuvres*, *op. cit.*, t. I, p. 669.
20. Yukio Kotani, « Ogai Mori to Daudet », *Hikaku bungaku kenkyû*, 6, 1957.

Au dîner des ratés

1. Lettre d'Alphonse Daudet à Timoléon Ambroy, [fin 1871], dans Lucien Daudet, *Lettres familiales d'Alphonse Daudet*, *op. cit.*, p. 110.
2. Louis Forestier, commentaires à *Tartarin de Tarascon*, Paris, LGF, 1985, p. 161.
3. Lettre de Gustave Flaubert, mars 1872, citée *ibid.*, p. 165.
4. Frédéric Mistral à Gabriel Azaïs, 17 juillet 1862, cité par Roger Ripoll dans Alphonse Daudet, *Œuvres*, *op. cit.*, t. I, p. 1297.
5. Lettre d'Alphonse Daudet à Paul Porel, [août 1885], dans un exemplaire de *L'Arlésienne. Catalogue d'éditions originales et de manuscrits autographes d'Alphonse Daudet et d'Anatole France*, Paris, L. Giraud-Badin, 1936, p. 10.

6. Auguste Vitu, « Premières représentations », *Le Figaro*, 3 octobre 1872.

7. Ernest Reyer, *Le Journal des débats*, 10 octobre 1872.

8. Lucien Daudet, *Lettres familiales d'Alphonse Daudet*, *op. cit.*, p. 119 n. 1.

9. Alphonse Daudet, *L'Arlésienne*, dans *Œuvres d'Alphonse Daudet, Théâtre*, Paris, Lemerre, 1933, p. 335-336.

10. Alphonse Daudet, « L'Arlésienne », *Les Lettres de mon moulin*, dans *Œuvres*, *op. cit.*, t. I, p. 273.

11. Plus que la musique de scène, ce sont les deux suites pour orchestre que Bizet en a tirées qui seront célèbres.

12. Alphonse Daudet, *Quarante ans de Paris*, *op. cit.*, p. 270.

13. Paul Verlaine, *Voyage en France par un Français*, 1880, cité par Georges Voisset, *Histoire du genre pantoun*, Paris, L'Harmattan, 1998, p. 129.

14. Jules et Edmond de Goncourt, *Journal*, *op. cit.*, t. I, p. 538.

15. Jules et Edmond de Goncourt, *Journal*, *op. cit.*, t. II, p. 579.

16. *Ibid.*, p. 580.

17. *Ibid.*, p. 582.

18. *Ibid.*, p. 583.

19. Alphonse Daudet, « *Le Candidat* de Gustave Flaubert », *Journal officiel de la République française*, 15 mars 1874.

20. Lettre d'Alphonse Daudet à Gustave Flaubert, [1874], dans *Catalogue d'éditions originales et de manuscrits autographes d'Alphonse Daudet et d'Anatole France*, *op. cit.*, p. 25.

21. Alphonse Daudet, *Quarante ans de Paris*, *op. cit*, p. 267.

22. *Ibid.*, p. 273.

23. Jules et Edmond de Goncourt, *Journal*, *op. cit.*, t. II, p. 575.

24. Alphonse Daudet, *Quarante ans de Paris*, *op. cit.*, p. 273.

25. Alphonse Daudet cité par Anne-Simone Dufief, *Alphonse Daudet romancier*, *op. cit.*, p. 37.

26. Isaac Pavlowski, *Souvenirs sur Tourgueniev*, Paris, Savine, 1887, p. 76.

27. Alphonse Daudet, *Quarante ans de Paris*, *op. cit.*, p. 267.

28. *Ibid.*, p. 270.

Le royaume Daudet

1. Alphonse Daudet, *Histoire de mes livres*, dans *Œuvres*, *op. cit.*, t. I, p. 1186-1187.

2. *Ibid.*, p. 1191.

3. Lucien Daudet, *Vie d'Alphonse Daudet*, *op. cit.*, p. 108-109.

4. *Ibid.*, p. 1189.

5. Émile Zola, « Les romanciers naturalistes », 1876, cité par François-Marie Mourad dans Zola, *Le Roman expérimental*, Paris, GF-Flammarion, 2006, p. 212 n. 1.

6. Ernest Daudet, *La Vérité sur l'essai de restauration monarchique*, Paris, Dentu, 1873, p. 14.

7. Ernest Daudet, *Le Ministère de M. de Martignac, sa vie politique et les dernières années de la Restauration*, Paris, Dentu, 1875, p. 1.

8. *Ibid.*, p. 5.

9. Jules et Edmond de Goncourt, *Journal, op. cit.*, t. II, p. 644.

10. Anne-Simone Dufief, Introduction à Alphonse Daudet, *Chroniques dramatiques*, Paris, Champion, 2006.

11. Alphonse Daudet, *Chroniques dramatiques, op. cit.*, 10 mars 1879, p. 1061.

12. Lettre d'Alphonse Daudet à Timoléon Ambroy, dans Lucien Daudet, *Lettres familiales d'Alphonse Daudet, op. cit.*, p. 128. Contrairement à ce qu'écrit Lucien Daudet, cette lettre date vraisemblablement du 9 février 1875, jour de l'inhumation.

13. Lettre d'Alphonse Daudet à Edmond de Goncourt, 21 mai 1875, dans Edmond de Goncourt et Alphonse Daudet, *Correspondance*, Genève, Droz, 1996, p. 27.

14. Léon Daudet, *Panorama de la III*e *République, op. cit.*, p. 73.

15. Léon Daudet, *L'Hérédo, Essai sur le drame intérieur*, Paris, Nouvelle Librairie nationale, 1916, p. 33.

16. Lettre d'Alphonse Daudet à Raoul Dubief, [Paris, 1869], *Catalogue d'éditions originales et de manuscrits autographes d'Alphonse Daudet et d'Anatole France, op. cit.*, p. 13.

17. Lettre d'Alphonse Daudet à Timoléon Ambroy, [septembre 1875], dans Lucien Daudet, *Lettres familiales d'Alphonse Daudet, op. cit.*, p. 129.

18. Lettre de Gustave Flaubert à Alphonse Daudet, dans Alphonse Daudet, *Œuvres, op. cit.*, t. II, p. 1156.

19. Gustave Flaubert, *Correspondance*, lettre à George Sand, 10 mars 1876, Paris, Gallimard, « Folio », 2009, p. 668.

20. *Ibid.*, p. 670.

21. Lettre de George Sand à Alphonse Daudet, 1er avril 1876, dans Julia Daudet, *Souvenirs autour d'un groupe littéraire*, Paris, Fasquelle, 1910, p. 71 et 72.

22. Léon A. Daudet, *Alphonse Daudet*, Paris, Charpentier, 1898, p. 68.

23. Émile Zola, *Le Messager de l'Europe*, mars 1876, dans *Œuvres complètes*, Paris, Nouveau monde éditions, t. XI, 2004, p. 198.

24. Lettre d'Alphonse Daudet à Jules Allard, [octobre 1875], dans Lucien Daudet, *Lettres familiales d'Alphonse Daudet, op. cit.*, p. 131.

25. Jules et Edmond de Goncourt, *Journal, op. cit.*, t. II, 23 mars 1876, p. 695.

26. *Ibid.*, 5 mai 1876, p. 700.

27. Alphonse Daudet, *Le Nabab*, dans *Œuvres, op. cit.*, t. II, p. 486.

28. Alphonse Daudet à Edmond de Goncourt, [printemps 1877], dans Edmond de Goncourt et Alphonse Daudet, *Correspondance, op. cit.*, p. 46.

29. Voir Roger Ripoll, notice sur *Le Nabab* dans Alphonse Daudet, *Œuvres, op. cit.*, t. II, p. 1280.

30. Jules et Edmond de Goncourt, *Journal, op. cit.*, t. II, 23 novembre 1877, p. 755.

31. Cité dans Sophie Monneret, *L'Impressionnisme et son époque*, Paris, Robert Laffont, « Bouquins », t. I, 1987, p. 164.

32. Dédicace citée par Roger Ripoll, notice sur *Le Nabab* dans Alphonse Daudet, *Œuvres*, *op. cit.*, t. II, p. 1280.

33. Julia Daudet, citée par Robert de Bonnières, *Mémoires d'aujourd'hui*, Paris, Paul Ollendorff, 1885, p. 324.

34. Karl Steen (Julia Daudet), « Gustave Flaubert : *Trois contes* », *Journal officiel*, 12 juin 1877.

35. Alphonse Daudet à Timoléon Ambroy, [été 1880], dans Lucien Daudet, *Lettres familiales d'Alphonse Daudet*, *op. cit.*, p. 137.

36. Alphonse Daudet, *Histoire de mes livres*, dans *Œuvres*, *op. cit.*, t. II, p. 1130.

37. Alphonse Daudet, *Les Rois en exil*, dans *Œuvres*, *op. cit.*, t. II, p. 1124.

38. Henry Céard à Alphonse Daudet, 3 novembre 1879, dans Henry Céard, *Lettres inédites à Émile Zola*, publiées par C. A. Burns, Paris, Nizet, 1958, p. 109 n. 5.

39. Émile Zola, compte rendu des *Rois en exil*, *Le Voltaire*, 4 novembre 1879.

Alphonse Daudet n'existe pas

1. Émile Zola, *Le Roman expérimental*, *op. cit.*, p. 212.

2. Alphonse Daudet, *Le Figaro*, 25 octobre 1885, cité par Jacques-Henri Bornecque, *Les Années d'apprentissage d'Alphonse Daudet*, Paris, Nizet, 1951, p. 197.

3. Julia Daudet, « J'ai rêvé », *Lumières et reflets*, Paris, Lemerre, 1920, p. 104.

4. Lettre de Gustave Flaubert à Julia Daudet, 7 avril 1879, consultée sur le site Autographe des siècles (http://www.autographes-des-siecles.com).

5. Jules Lemaître, *Les Contemporains, Première série*, Paris, Librairie H. Lecène et H. Oudin, 1886, p. 170 et 173.

6. Léon Daudet, *Fantômes et vivants*, dans *Souvenirs et polémiques*, Paris, Robert Laffont, « Bouquins », 1992, p. 51.

7. *Ibid.*, p. 11.

8. Léon Daudet, *Panorama de la IIIe République*, *op. cit.*, p. 13-14.

9. Alphonse Daudet à Gustave Flaubert, citée par Yvan Leclerc, « Avant-propos », *Romantisme*, n° 122, 2003-2004, p. 3.

10. Alphonse Daudet dans *Le Matin*, 15 décembre 1885, cité par Roger Ripoll dans Alphonse Daudet, *Œuvres*, *op. cit.*, t. III, p. 1185 n. 1.

11. Lucien Daudet, *Vie d'Alphonse Daudet*, *op. cit.*, p. 148.

12. Jules et Edmond de Goncourt, *Journal*, *op. cit.*, t. II, p. 900.

13. Léon Daudet, « À Louis-le-Grand », *L'Action française*, 8 mars 1939.

14. Léon Daudet, *Fantômes et vivants*, dans *Souvenirs et polémiques*, *op. cit.*, p. 66.

15. *Ibid.*, p. 62.

16. Alphonse Daudet, *Notes sur la vie*, cité par Roger Ripoll dans *Œuvres*, *op. cit.*, t. III, p. 1267.

17. Léon Daudet, *Les Idées en armes*, Paris, Éditions du siècle, 1933, p. 139.

18. Léon Daudet, *La Femme et l'Amour*, Paris, Flammarion, 1930, p. 7.

19. Alphonse Daudet à Edmond de Goncourt, [mi-mai 1882], dans Edmond de Goncourt et Alphonse Daudet, *Correspondance*, *op. cit.*, p. 105.

20. Pierre Ouvrard, *Zola et le prêtre*, Paris, Beauchesne, 1986, p. 150.

21. Un monsieur de l'orchestre, « La soirée théâtrale », *Le Figaro*, 28 septembre 1892.

22. Jules et Edmond de Goncourt, *Journal*, *op. cit.*, t. II, p. 1008.

23. Cité par Armand de Pontmartin, *La Gazette de France*, 15 juin 1884, cité par Roger Ripoll, Alphonse Daudet, *Œuvres*, *op. cit.*, t. III, p. 1318 n. 1.

24. Jules et Edmond de Goncourt, *Journal*, *op. cit.*, t. II, p. 1031.

25. Léon Daudet, *Fantômes et vivants*, dans *Souvenirs et polémiques*, *op. cit.*, p. 58.

26. Jules et Edmond de Goncourt, *Journal*, *op. cit.*, t. II, 31 mai 1884, p. 1079.

27. Lettre d'Edmond de Goncourt à Alphonse Daudet, citée par Roger Ripoll dans Alphonse Daudet, *Œuvres*, *op. cit.*, t. III, 1994.

28. Lettre d'Émile Zola à Alphonse Daudet, 27 mai 1884, citée par Anne-Simone Dufief, *Alphonse Daudet romancier*, *op. cit.*, p. 43.

29. Auguste Vitu, « Premières représentations », *Le Figaro*, 19 décembre 1885.

30. Rapporté par Edmond de Goncourt dans Jules et Edmond de Goncourt, *Journal*, *op. cit.*, t. II, 19 juin 1884, p. 1084.

31. Philippe Oriol, « Brinn'Gaubast, Louis Pilate de », dans « Dictionnaire des noms propres », *Au Balcon*, n° 6, juin 1995, p. 177.

32. Édouard Drumont, *La Liberté*, 19 janvier 1883, cité par Roger Ripoll dans Alphonse Daudet, *Œuvres*, *op. cit.*, t. III, p. 1127.

33. Léon Bloy, *Le Désespéré*, Paris, Union générale d'éditions, 1983, p. 323.

34. Léon Bloy, *Histoires désobligeantes*, Paris, Union générale d'éditions, 1983, p. 250.

35. Jules et Edmond de Goncourt, *Journal*, *op. cit.*, t. II, 20 octobre 1884, p. 1109.

36. Lettre d'Alphonse Daudet à Édouard Guillaume, Champrosay, 25 juillet 1884, pièce jointe au manuscrit de *Bompard et Tartarin, Aventures de deux alpinistes*, *Catalogue d'éditions originales et de manuscrits autographes d'Alphonse Daudet et d'Anatole France*, *op. cit.*, p. 16.

37. Octave Mirbeau, *Les Grimaces*, 8 décembre 1883.

38. Paul Arène, « Lettres de leur moulin », *Gil Blas*, 15 décembre 1883.

39. Émile Zola, *Le Roman expérimental*, *op. cit.*, p. 212.

40. Léon Daudet, *Au temps de Judas*, dans *Souvenirs et polémiques*, *op. cit.*, p. 540.

41. Jules et Edmond de Goncourt, *Journal*, *op. cit.*, t. II, p. 1126.

42. Lettre d'Alphonse à Julia Daudet dans Lucien Daudet, *Lettres familiales d'Alphonse Daudet*, [1897], *op. cit.*, p. 220.

Notes de la page 121 à la page 131

Immortelle tentation

1. Léon Daudet, *Fantômes et vivants*, dans *Souvenirs et polémiques*, *op. cit.*, p. 70.
2. Léon Daudet, *Panorama de la IIIe République*, *op. cit.*, p. 68.
3. Jules et Edmond de Goncourt, *Journal*, *op. cit.*, t. II, p. 1160.
4. Léon Daudet, *Fantômes et vivants*, dans *Souvenirs et polémiques*, *op. cit.*, p. 127.
5. Jules et Edmond de Goncourt, *Journal*, *op. cit.*, t. III, p. 66.
6. Léon Daudet, *Fantômes et vivants*, dans *Souvenirs et polémiques*, *op. cit.*, p. 133.
7. Léon Daudet, *Devant la douleur*, dans *Souvenirs et polémiques*, *op. cit.*, p. 147.
8. *Ibid.*, p. 171.
9. Lettre de Sigmund Freud à Martha Bernays, 10 février 1886, citée par Kate Cambor, *Belle Époque*, Paris, Flammarion, 2009, p. 45.
10. Jules et Edmond de Goncourt, *Journal*, *op. cit.*, t. II, 2 avril 1886, p. 1059.
11. Lucien Daudet, *L'Âge de raison*, Paris, Flammarion, 1921, p. 35.
12. *Ibid.*, p. 36.
13. Jules et Edmond de Goncourt, *Journal*, *op. cit.*, t. II, 18 septembre 1886, p. 1266.
14. Julia Daudet citée par Lucien Daudet, *Vie d'Alphonse Daudet*, *op. cit.*, p. 153.
15. Alphonse Daudet, *Jack*, dans *Œuvres*, *op. cit.*, t. II, p. 354.
16. Alphonse Daudet, *L'Évangéliste*, dans *Œuvres*, *op. cit.*, t. III, p. 280.
17. Francis Magnard, « Échos de Paris. La Politique », *Le Figaro*, 19 avril 1886.
18. Léon Poliakov, *Histoire de l'antisémitisme*, Paris, Le Seuil, 1991, t. II, p. 291.
19. « La France juive. Les Duels », *La Croix*, article non signé, 21 avril 1886.
20. Rapporté par Alphonse Daudet à Edmond de Goncourt : Jules et Edmond de Goncourt, *Journal*, *op. cit.*, t. II, p. 1246.
21. Léon Daudet, *Paris vécu. Rive gauche*, dans *Souvenirs et polémiques*, *op. cit.*, p. 1141.
22. Émile Zola, lettre à Alphonse Daudet, 27 avril 1886, dans Émile Zola, *Correspondance*, éd. sous la direction de B. H. Bakker, Montréal/Paris, Presses de l'université de Montréal/Éditions du CNRS, 1978-2010, t. V, p. 391.
23. Denis Charbit, *Retour à* Altneuland, *la traversée des utopies sionistes*, dans Théodore Herzl, *Altneuland, Nouveau pays ancien*, Paris, L'Éclat, 2004, p. 20.
24. Georges Weisz, *Théodore Herzl, une nouvelle lecture*, Paris, L'Harmattan, 2006, p. 258.
25. Léon Daudet, *Fantômes et vivants*, dans *Souvenirs et polémiques*, *op. cit.*, p. 20.
26. Léon Daudet, *Au temps de Judas*, dans *Souvenirs et polémiques*, *op. cit.*, p. 557.

27. Alphonse Daudet, *La Presse*, 9 juillet 1888, cité par Roger Ripoll dans Alphonse Daudet, *Œuvres*, *op. cit.*, t. III, p. 1302.

28. Anatole France cité par François Broche, *Léon Daudet, le dernier imprécateur*, Paris, Robert Laffont, 1992, p. 101.

29. Henry Céard à Alphonse Daudet, 10 juillet 1888, dans Henry Céard, *Lettres inédites à Émile Zola*, *op. cit.*, p. 365 n. 3.

30. Victorien Sardou, « Zola devant Sardou », *Le Gaulois*, 2 août 1888.

31. Lettre d'Émile Zola à Henry Céard, *Lettres inédites à Émile Zola*, *op. cit.*, p. 371 n. 1.

32. Lettre d'Octave Mirbeau à Alphonse Daudet, dans Octave Mirbeau, *Correspondance générale*, Lausanne, L'Âge d'homme, t. I, 2003, p. 829.

Fils de la République

1. Bernard Lazare, « Du népotisme », *Entretiens politiques et littéraires*, août 1891, p. 44.

2. Mémoire de Louis-Pilate de Brinn'Gaubast, cité par Philippe Oriol, « La fondation du *Mercure de France*, documents nouveaux », *Au balcon*, n° 6, juin 1995, p. 185 n. 10.

3. Lettre de Louis-Pilate de Brinn'Gaubast à Gabriel Randon, 12 janvier 1890, BN na.fr ff 480-481, citée *ibid.*, p. 186 n. 10.

4. Alphonse Daudet, *La Doulou*, Paris, L'Herne, 2010, p. 17.

5. Léon Daudet, *Devant la douleur*, dans *Souvenirs et polémiques*, *op. cit.*, p. 149.

6. Léon Daudet, *L'Entre-deux-guerres*, dans *Souvenirs et polémiques*, *op. cit.*, p. 282.

7. Léon Daudet, *Devant la douleur*, dans *Souvenirs et polémiques*, *op. cit.*, p. 25.

8. Léon Daudet, *La Tragique Existence de Victor Hugo*, Paris, Albin Michel, 1937, p. 221.

9. Louis-Pilate de Brinn'Gaubast, *Journal inédit*, présenté par Jean-Jacques Lefrère et Philippe Oriol, Paris, Horay, 1997, p. 208.

10. Léon A. Daudet, *Alphonse Daudet*, *op. cit.*, p. 176-177.

11. Édouard Drumont cité par Edmond de Goncourt dans Jules et Edmond de Goncourt, *Journal*, *op. cit.*, t. III, p. 522.

12. « Le mariage Hugo-Daudet », article signé XX, *Le Figaro*, 13 février 1891.

13. Édouard Drumont, *Le Testament d'un antisémite*, cité par Jean-Paul Clébert, *Les Daudet, 1840-1940. Une famille bien française*, Paris, Presses de la Renaissance, 1988, p. 239.

14. Jules et Edmond de Goncourt, *Journal*, *op. cit.*, t. III, 19 septembre 1891, p. 628.

15. Jules et Edmond de Goncourt, *Journal*, *op. cit.*, t. III, p. 662.

Notes de la page 145 à la page 156

Comment se faire un prénom

1. Zola cité par Raoul Girardet, préface à Émile Zola, *La Débâcle*, Paris, Gallimard, « Folio », 1984, p. 7-18.

2. Lettre de Léon Daudet à Émile Zola, 20 juillet 1892, citée par François Broche, *Léon Daudet, le dernier imprécateur*, *op. cit.*, p. 123.

3. Jules Renard, « Les livres », *Le Mercure de France*, janvier 1894.

4. Octave Mirbeau, « M. Léon Daudet », *Le Journal*, 6 décembre 1896.

5. Léon Daudet, *L'Entre-deux-guerres*, dans *Souvenirs et polémiques*, *op. cit.*, p. 387.

6. Léon Daudet, *Paris vécu. Rive droite*, dans *Souvenirs et polémiques*, *op. cit.*, p. 1002.

7. Léon Daudet, *Les Morticoles*, Paris, Grasset, 1984, p. 358.

8. Citée par François Broche, *Léon Daudet, le dernier imprécateur*, *op. cit.*, p. 132.

9. Maurice Barrès, « Méfiez-vous des médecins », *Le Journal*, 15 juin 1894.

10. Octave Mirbeau, « M. Léon Daudet », *Le Journal*, 6 décembre 1896.

11. Jules et Edmond de Goncourt, *Journal*, *op. cit.*, t. III, p. 1062.

12. Cité par François Broche, *Léon Daudet, le dernier imprécateur*, *op. cit.*, p. 120.

13. Ange Galdemar, « Daudet et le divorce », *Le Gaulois*, 21 mars 1892.

14. Edmond de Goncourt cité par Jules Huret, « Les littérateurs et la politique », *Le Figaro*, 27 août 1893, p. 2.

15. Lettre de Julia Daudet à Edmond de Goncourt, août 1893, citée dans Edmond de Goncourt et Alphonse Daudet, *Correspondance*, éd. par Pierre-Jean Dufief, Genève, Droz, 1996, p. 336.

16. Léon Daudet, *L'Entre-deux-guerres*, dans *Souvenirs et polémiques*, *op. cit.*, p. 273.

17. Reynaldo Hahn, « Mes jeunes années chez Alphonse Daudet », *Le Figaro*, 4 mai 1940.

18. Lettre de Marcel Proust à Julia Daudet [septembre 1913], *Correspondance*, Paris, Plon, t. XII, 1984, p. 273.

19. Jules Renard, *Journal*, Paris, Gallimard, « Bibliothèque de la Pléiade », 1960, p. 266.

20. Jules et Edmond de Goncourt, *Journal*, *op. cit.*, t. III, p. 484.

21. Lucien Daudet, « Lettre à M. François Le Grix à propos de l'exposition Goncourt », *Revue hebdomadaire*, 17 juin 1933.

22. Léon Daudet, « Le châtiment », *Le Figaro*, 6 janvier 1895.

23. Cité par François Broche, *Léon Daudet, le dernier imprécateur*, *op. cit.*, p. 149.

24. Léon Daudet, *L'Entre-deux-guerres*, dans *Souvenirs et polémiques*, *op. cit.*, p. 278.

25. Léon Daudet, *Le Stupide XIXe siècle*, dans *Souvenirs et polémiques*, *op. cit.*, p. 1234.

26. Pierre-Robert Leclercq, *La Comtesse de Loynes : du Second Empire à l'Action française*, Paris, Le Cherche Midi, 2008.

27. Léon Daudet, *Salons et journaux,* dans *Souvenirs et polémiques, op. cit.*, p. 392.

28. Léon Daudet, *Au temps de Judas,* dans *Souvenirs et polémiques, op. cit.*, p. 556.

29. Léon Daudet, *Les Kamtchatka*, Paris, Charpentier et Fasquelle, 1895, p. 285.

30. Léon Daudet, *Les Kamtchatka, La Nouvelle Revue*, avril 1895, p. 789.

Très bonne fin de siècle !

1. Léon Daudet, *La Recherche du beau*, Paris, E. Grevin, 1932, p. 20-21.
2. *Ibid.*, p. 82.
3. Léon Daudet, *Les Universaux*, Paris, Grasset, 1935, p. 140.
4. Jules et Edmond de Goncourt, *Journal, op. cit.*, t. III, p. 1097.
5. Lyall H. Powers, « James's debt to Alphonse Daudet », *Comparative Literature*, vol. 24, n° 2, 1972.
6. Julia Daudet, « Notes sur Londres », dans *Miroirs et mirages*, Paris, E. Fasquelle, 1905, p. 196-197.
7. *Ibid.*, p. 202-203.
8. *Ibid.*, p. 199-200.
9. Octave Mirbeau, « M. Léon Daudet », *Le Journal*, 6 décembre 1896.
10. Charles Maurras, chronique dans la *Revue encyclopédique Larousse*, 29 février 1896.
11. Julia Daudet, « Course rapide à Venise », dans *Miroirs et Mirages, op. cit.*, p. 250.
12. Maurice Barrès à Charles Maurras, 9 novembre 1897, dans Maurice Barrès et Charles Maurras, *La République ou le roi : correspondance inédite, 1888-1923*, Paris, Plon, 1970, p. 146.
13. Charles Maurras à Maurice Barrès, *ibid.*, p. 148.
14. Charles Maurras à Maurice Barrès, 25 mai 1913, *ibid.*, p. 511.
15. Steinlen, « Sous l'œil des morticoles », *L'Écho de Paris*, 31 mars 1896.
16. Marcel Proust à Georges de Lauris, 1er novembre 1910, *Correspondance, op. cit.*, t. X, 1983, p. 194.
17. Jean-Yves Tadié, préface à Marcel Proust, *Jean Santeuil*, Paris, Gallimard, 2001, p. 12 et 13.
18. Léon Daudet, *Le Napus*, Paris, Flammarion, 1927, p. 291.
19. Léon Daudet, *Salons et journaux*, dans *Souvenirs et polémiques, op. cit.*, p. 505.
20. Lettre de Marcel Proust à Julia Daudet, 4 janvier 1896, dans Marcel Proust, *Lettres : 1879-1922*, Paris, Plon, 2004, p. 138.
21. Lettre de Stéphane Mallarmé à Paul Claudel, 18 février 1896, dans Mallarmé, *Œuvres complètes*, Paris, Gallimard, « Bibliothèque de la Pléiade », 1998, p. 813.

22. Léon Daudet, *L'Entre-deux-guerres*, dans *Souvenirs et polémiques*, *op. cit.*, p. 280.
23. Léon Daudet, « Les diables bleus », *L'Action française*, 7 mai 1940.
24. Léon Daudet, *Quand vivait mon père*, Paris, Grasset, 1940, p. 294-295.
25. Alphonse Daudet, « Ultima », *La Revue de Paris*, 15 août 1896.
26. Charles Maurras, « Port-Tarascoun », *Lou Viro-Soulèu*, février 1891 (notre traduction).
27. *L'Aioli*, n° 76, cité dans René Jouveau, *Histoire du Félibrige (1876-1914)*, Nîmes, Bene, 1970, p. 190. La lettre date de 1896.
28. Léon Daudet, « Frédéric Mistral », *Le Gaulois*, 1er décembre 1901.

Soleil couchant

1. Léon Daudet, *Fantômes et vivants*, dans *Souvenirs et polémiques*, *op. cit.*, p. 91.
2. Charles Maurras, « Paul Arène, esquisse biographique », *Revue encyclopédique Larousse*, 9 janvier 1897.
3. Charles Maurras, « Soutien de famille », *Revue encyclopédique Larousse*, 7 avril 1900.
4. Lettre d'Alphonse Daudet à Frédéric Mistral, janvier 1897, *Histoire d'une amitié*, *op. cit.*, p. 251.
5. Léon Daudet, *Devant la douleur*, dans *Souvenirs et polémiques*, *op. cit.*, p. 231.
6. Léon Daudet, « Un critique dramatique », *L'Action française*, 21 avril 1928.
7. Wanda Bannour, *Alphonse Daudet, bohème et bourgeois*, Paris, Perrin, 1990, chap. 22, p. 208-215.
8. Léon Daudet, *Paris vécu. Rive gauche*, dans *Souvenirs et polémiques*, *op. cit.*, p. 1140.
9. François-Marie Mourad dans Émile Zola, *Le Roman expérimental*, *op. cit.*, p. 211 n. 2.
10. Léon Daudet cité dans « Obsèques d'Alphonse Daudet », *Le Figaro*, 21 décembre 1897.
11. Georges Clemenceau, « La mort d'Alphonse Daudet », *L'Aurore*, 18 décembre 1897.
12. Marcel Proust, lettre à Albert Nahmias, 21 août 1912, dans Marcel Proust, *Lettres : 1879-1922*, *op. cit.*, p. 571.
13. Antoine Albalat, *Souvenirs de la vie littéraire*, Paris, Fayard, 1921, p. 12.
14. Jules Véran, « Daudet et le Félibrige », *L'Aioli*, 7 avril 1898.
15. Émile Faguet, « Commérage et rhétorique », *Le Gaulois*, 16 janvier 1898.
16. Léon Daudet, « Mistral ou le génie équilibré » (1920), *Cahiers Charles Maurras*, n° 45, 1973, p. 37.
17. Michel Randal, « Alphonse Daudet et Frédéric Mistral », *Le Gaulois*, 8 février 1898.

18. Jules Véran, « La renaissance méridionale vue par Léon Daudet », *L'Éclair de Montpellier*, 2 janvier 1936.

Quand Léon tourne en rond

1. Léon Daudet, « Lettre » dans « Petite enquête. Où allons-nous ? », *Le Figaro*, 25 septembre 1898.
2. Léon Daudet, *Sébastien Gouvès*, Paris, E. Fasquelle, 1899, p. 96 et 278.
3. Voir Denis Pernot, « Léon Daudet et le roman de l'anarchiste », *Revue d'histoire littéraire de la France*, n° 99, 1999, p. 433 n. 43. Ces identifications sont dues à Philippe Oriol.
4. Robert Poulet dans *Écrits de Paris*, n° 381, juin 1978, cité par Éric Vatré, *Léon Daudet ou le Libre Réactionnaire*, *op. cit.*, p. 217.
5. Lettre de Marcel Proust à Léon Daudet, après le 25 février 1899, dans Marcel Proust, *Lettres : 1879-1922*, *op. cit.*, p.172.
6. Télégramme cité par B. H. Bakker dans Émile Zola, *Correspondance*, *op. cit.*, t. IX, 1993, p. 35 n. 41.
7. *Ibid.*, p. 203 n. 2.
8. Ernest Daudet, « Le fondateur des Assomptionnistes », *Le Gaulois*, 26 novembre 1899.
9. Simone (Pauline Benda), *Sous de nouveaux soleils*, Paris, Gallimard, 1957, p. 81.
10. Léon Daudet, *Salons et journaux*, dans *Souvenirs et polémiques*, *op. cit.*, p. 478.
11. Citée par François Broche, *Anna de Noailles, un mystère en pleine lumière*, Paris, Robert Laffont, 1989, p. 161.
12. Anna de Noailles, lettre à Mme Bulteau, 15 décembre 1902, dans François Broche, *Anna de Noailles*, *op. cit.*, p. 183.
13. Léon Daudet, *La Femme et l'Amour*, *op. cit.*, p. 41.
14. Léon Bloy à Johannes Jörgensen, avril 1899, cité dans Joseph Bollery, *Léon Bloy, sa maturité, sa mort (1892-1897)*, Paris, Albin Michel, 1954, p. 294.
15. Léon Daudet, *Paris vécu. Rive droite*, dans *Souvenirs et polémiques*, *op. cit.*, p. 968.
16. *Ibid.*, p. 969.
17. *Ibid.*, p. 1015.
18. Lettre de Marcel Proust à Georges de Lauris, 29 juillet 1903, dans Marcel Proust, *Lettres : 1879-1922*, *op. cit.*, p. 245.
19. Léon Daudet, « Le faisceau », *Le Gaulois*, 6 février 1901.
20. Léon Daudet à Mme Bulteau, cité par François Broche, *Léon Daudet, le dernier imprécateur*, *op. cit.*, p. 195.
21. Léon Daudet, « Effritement et recul », *Le Gaulois*, 3 février 1903.
22. Éric Vatré, *Léon Daudet ou le Libre Réactionnaire*, *op. cit.*, p. 58.
23. *Revue des Deux Mondes*, 15 mai 1902.

24. Léon Daudet, *Paris vécu. Rive droite*, dans *Souvenirs et polémiques*, *op. cit.*, p. 995.

25. Léon Daudet cité par François Broche, *Léon Daudet, le dernier imprécateur*, *op. cit.*, p. 288.

26. Paul Léautaud, *Journal littéraire*, mercredi 30 octobre 1922, Paris, Mercure de France, 1986, vol. 1, p. 424.

27. Léon Daudet, « Un contemporain », *Le Gaulois*, 10 février 1903.

28. *Le Figaro*, « Mariages », 4 août 1903.

29. Mme Bulteau à Marthe Daudet, citée par François Broche, *Léon Daudet, le dernier imprécateur*, *op. cit.*, p. 206 (archives de Mme François Daudet).

30. Eugen Weber, *L'Action française*, Paris, Fayard, 1985, p. 63.

31. Léon Daudet, *Vers le roi*, dans *Souvenirs et polémiques*, *op. cit.*, p. 643-644.

32. Léon Daudet, « Le pays sans arbitre », *Le Gaulois*, 3 septembre 1904.

33. Léon Daudet, *La Recherche du beau*, *op. cit.*, p. 241-242.

Daudet en flammes

1. Alexandre Millerand cité par Éric Vatré, *Léon Daudet ou le Libre Réactionnaire*, *op. cit.*, p. 99.

2. Léon Daudet, « La dictature et les œuvres de l'esprit », *L'Action française*, 20 décembre 1936.

3. Lettre de Marcel Proust, *Correspondance*, *op. cit.*, t. IV, 1978, p. 337.

4. Léon Daudet, *Le Drame franco-allemand*, Paris, Albin Michel, 1940, p. 108.

5. Victor Hugo cité par Maurice Barrès, *Les Maîtres*, Paris, Plon, 1927, p. 263.

6. Voir la lettre d'Hippolyte Taine à Ernest Daudet, 9 mai 1881, dans Hippolyte Taine, *Sa vie et sa correspondance*, Paris, Hachette, t. IV, 1907, p. 111-113.

7. Arthur Meyer, *Ce que je crois*, Paris, Plon-Nourrit, 1912, p. 42.

8. Lettre de Lucien Daudet à Julia, [vers 1905], dans Lucien Daudet, *Dans l'ombre de l'impératrice Eugénie*, Paris, Gallimard, 1935, p. 95.

9. Lettre de Marcel Proust à Lucien Daudet, 14 juin 1904, dans Marcel Proust, *Lettres : 1879-1922*, *op. cit.*, p. 279.

10. Eugen Weber, *L'Action française*, *op. cit.*, p. 65-66.

11. *Ibid.*, p. 66.

12. Citée *ibid.*, p. 65.

13. Léon Daudet, *Paris vécu. Rive droite*, dans *Souvenirs et polémiques*, *op. cit.*, p. 968.

14. Léon Daudet, *Charles Maurras et son temps*, Paris, Flammarion, 1930, p. 14-15.

Notes de la page 211 à la page 220

Marcel Daudet

1. Claude Arnaud, *Jean Cocteau*, Paris, Gallimard, 2003, p. 40.

2. Lettre de Lucien Daudet à Robert de Montesquiou, 22 février 1909, dans Antoine Bertrand, *Les Curiosités esthétiques de Robert de Montesquiou*, Paris, Droz, 1996, t. II, p. 773.

3. Laure Murat, « Proust, Marcel, 46 ans, rentier », *La Revue littéraire*, n° 14, mai 2005, p. 82-93.

4. Claude Arnaud, *Jean Cocteau*, *op. cit.*, p. 64.

5. Lucien Daudet, *Le Chemin mort*, Paris, Flammarion, 1908, p. 324.

6. Marc Eodonte (Marcel Proust), « Le chemin mort », *L'Intransigeant*, 8 septembre 1908.

7. Marcel Proust à Lucien Daudet, 18 juillet 1908, dans Marcel Proust, *Correspondance*, *op. cit.*, t. XXI, 1993, p. 636.

8. Marcel Proust à Lucien Daudet [août 1908], dans Marcel Proust, *Correspondance*, *op. cit.*, t. VIII, 1981, p. 197.

9. Marcel Proust, « Le prince des cravates », *L'Intransigeant*, 21 septembre 1910.

10. Léon Daudet, *Mes idées esthétiques*, Paris, Fayard, 1939, p. 192.

11. Fernand Divoire, « Courrier littéraire », *L'Intransigeant*, 21 novembre 1909.

12. Rachilde, « Les romans », *Le Mercure de France*, t. LXXV, septembre-octobre 1908, p. 106.

13. Paul Morand, *Journal d'un attaché d'ambassade, 1916-1917*, Paris, Gallimard, 1996, p. 48.

14. Voir Priscilla Parkhurst Ferguson, « Les chroniques de la vie mondaine dans *L'Action française* », dans Olivier Dard et Michel Leymarie (dir.), *Le Maurrassisme et la Culture*, Villeneuve-d'Ascq, Presses universitaires du Septentrion, 2009, p. 73-82.

15. Marcel Proust à Léon Daudet, *Correspondance*, *op. cit.*, t. XI, 1983, p. 301.

16. Jacques Bainville, *La Guerre démocratique : journal 1914-1915*, Paris, Bartillat, 2000, p. 323.

17. Charles Maurras, « Léon Daudet », *L'Action française*, 8 avril 1910.

18. Charles Maurras, « Un grand Français : Léon Daudet », *Cahiers Charles Maurras*, n° 6, 1962, p. 8.

19. Jean Cocteau, *Le Passé défini*, t. I : *1951-1952*, Paris, Gallimard, 1983, p. 308.

20. Lucien Daudet, *Comœdia illustré*, n° 18, 15 juin 1911.

21. François Mauriac dans « Enquête sur l'homosexualité en littérature », *Les Marges*, 15 mars 1926.

22. Jean Cocteau cité par Michel Bonduelle, dans Marcel Proust, *Mon cher petit : lettres à Lucien Daudet*, Paris, Gallimard, 1991, p. 46.

23. Lucien Daudet cité par Philip Kolb, dans Marcel Proust, *Correspondance*, *op. cit.*, t. XII, 1984, p. 256 n. 6.

24. Marcel Proust à Lucien Daudet, [début septembre 1913], dans Marcel Proust, *Lettres : 1879-1922*, *op. cit.*, p. 631.

25. *Ibid.*, p. 633.

26. Marcel Proust, dédicace de *Du côté de chez Swann*, 1913, citée par Michel Bonduelle dans Marcel Proust, *Mon cher petit : lettres à Lucien Daudet*, *op. cit.*, p. 145.

27. Lucien Daudet, « Du côté de chez Swann », *Le Figaro*, 27 novembre 1913.

28. Léon Daudet, *Vers le roi*, dans *Souvenirs et polémiques*, *op. cit.*, p. 757.

29. Léon Daudet, *Panorama de la IIIe République*, *op. cit.*, p. 190.

30. Charles Maurras, Discours préliminaire à l'*Enquête sur la monarchie*, Paris, Nouvelle librairie nationale, 1924, p. XXXIII.

31. Léon Daudet, *La Fausse Étoile*, Paris, Fasquelle, 1913, p. 180.

32. Georges Bernanos, « À propos de *La Fausse Étoile* », *L'Avant-garde de Normandie*, 9 novembre 1913, dans *Essais et écrits de combats*, Paris, Gallimard, « Bibliothèque de la Pléiade », t. I, 1971, p. 943.

Docteur des Hérédos

1. Georges Bernanos, « Léon Daudet », *L'Avant-garde de Normandie*, 6 juin 1914, dans *Essais et écrits de combat*, *op. cit.*, p. 1010.

2. « L'assassinat de M. Jaurès », 1er août 1914 (signé : l'Action française).

3. Léon Daudet, *Paris vécu. Rive droite*, dans *Souvenirs et polémiques*, *op. cit.*, p. 926.

4. « Léon Daudet victime d'un accident » (non signé), *L'Action française*, 3 août 1914.

5. Lettre de Léon Daudet à Jacques Bainville, 29 août 1914, dans Jacques Bainville, *La Guerre démocratique : journal 1914-1915*, Paris, Bartillat, 2000, p. 70.

6. Léon Daudet, « Leur férocité », *L'Action française*, 22 août 1914.

7. Léon Daudet, « La chasse aux maisons allemandes », *L'Action française*, 9 décembre 1914.

8. Léon Daudet, « La dernière guerre européenne ? », *L'Action française*, 17 décembre 1914.

9. Jacques Bainville, 23 août 1914, *La Guerre démocratique*, *op. cit.*, p. 63.

10. Charles Maurras, « Pierre David », *Tombeaux*, Paris, Nouvelle Librairie nationale, 1921, p. 280-285.

11. Lettre de Marcel Proust à Lucien Daudet, 16 novembre 1914, dans Marcel Proust, *Lettres : 1879-1922*, *op. cit.*, p. 710.

12. Camille Saint-Saëns, *L'Écho de Paris*, 6 octobre 1914.

13. Déodat de Séverac, « Avant, pendant et après », *Le Feu*, Aix-en-Provence, 1er janvier 1917.

14. Léon Daudet, *Devant la douleur*, dans *Souvenirs et polémiques*, *op. cit.*, p. 229.

15. Léon Daudet, *L'Entre-deux-guerres*, dans *Souvenirs et polémiques*, *op. cit.*, p. 387.

16. Léon Daudet, « Une guerre totale : eux ou nous », *L'Action française*, 11 mars 1916.

17. Marcel Proust à Lucien Daudet, [10 ? juin 1916], dans Marcel Proust, *Lettres : 1879-1922*, *op. cit.*, p. 775.

18. Léon Daudet, *Salons et journaux*, dans *Souvenirs et polémiques*, *op. cit.*, p. 503-504.

19. Marcel Proust à Léon Daudet, [premiers jours de mars 1917], dans Marcel Proust, *Lettres : 1879-1922*, *op. cit.*, p. 796.

20. Léon Daudet, *Paris vécu. Rive droite*, dans *Souvenirs et polémiques*, *op. cit.*, p. 998.

21. Léon Daudet, *L'Hérédo*, *op. cit.*, p. 28.

22. *Ibid.*, p. 312.

23. Antoine Foncin, « L'Hérédo. Le Monde des images », *Encyclopédie universelle de philosophie*, Paris, PUF, 1998, p. 939. Sur la pensée de Léon Daudet en général, il faut lire la très belle thèse d'Antoine Foncin, *L'Hérédité dans l'œuvre de Léon Daudet*, thèse de philosophie, Paris IV-Sorbonne, 1992.

24. Léon Daudet, *L'Hérédo*, *op. cit.*, p. 102.

25. Léon Daudet, *Le Stupide XIXe siècle*, dans *Souvenirs et polémiques*, *op. cit.*, p. 1296.

26. Léon Daudet, *L'Hérédo*, *op. cit.*, p. 307.

27. Guillaume Apollinaire cité par Eugen Weber, *L'Action française*, *op. cit.*, p. 133.

28. Dans *Essays Ancient and Modern* (1936) et dans *For Lancelot Andrewes* (1926).

29. C. G. Jung, *Collected Works*, Princeton, Princeton University Press, 1968, vol. 9, 1re partie, p. 125.

30. C. G. Jung cité dans *Nietzsche's Zarathoustra : Notes on the Seminar Given in 1934-1939 by C. G. Jung*, Princeton, Princeton University Press, 1988, vol. 2, p. 1267 n. 2.

31. Antoine Foncin, *L'Hérédité dans l'œuvre de Léon Daudet*, *op. cit.*, p. 200 n. 27.

32. Marcel Proust, « À propos du style de Flaubert », *La Nouvelle Revue française*, n° 76, 1er janvier 1920.

La guerre intérieure

1. Léon Daudet, « Lettre ouverte à M. Georges Clemenceau », *L'Action française*, 30 août 1916 (lettre parfois indûment attribuée à Lucien).

2. J. Marque, « Les combats de Léon Daudet de la Marne à la Victoire », *Cahiers Charles Maurras*, n° 28, 1968, p. 24.

3. Léon Daudet, *La Vie orageuse de Clemenceau*, Paris, Albin Michel, 1938, p. 201.

4. Maurice Barrès, *Chronique de la Grande Guerre*, « 30 octobre 1917 », Paris, Plon, 1923, p. 253.
5. Alfred Capus, *Le Figaro*, 29 octobre 1917.
6. Maurice Barrès, *Chronique de la Grande Guerre*, *op. cit.*, p. 233.
7. Léon Daudet, « La guerre totale et les chimères », *L'Action française*, 16 août 1917.
8. Cité par François Broche, *Anna de Noailles*, *op. cit.*, p. 338.
9. Léon Daudet, *Paris vécu. Rive droite*, dans *Souvenirs et polémiques*, *op. cit.*, p. 1023.
10. Georges Clemenceau, lettre à Maxime Réal del Sarte, *L'Action française*, 25 novembre 1929.
11. Éric Vatré, *Léon Daudet ou le Libre Réactionnaire*, *op. cit.*, p. 137.
12. Henri Massis cité par Guy Dupré, dans Maurice Barrès et Charles Maurras, *La République ou le roi*, *op. cit.*, p. 585 n. 4.
13. Léon Daudet, *Panorama de la IIIe République*, *op. cit.*, p. 92.
14. Léon Daudet, « La fille savante et le chat bossu », *L'Action française*, 2 janvier 1920.
15. Cité par Michel de Saint-Pierre, « Léon Daudet, ce vivant », *Cahiers Charles Maurras*, n° 25, 1968, p. 17.
16. Léon Daudet cité par François Maillot, *Léon Daudet, député royaliste*, Paris, Éditions Albatros, 1991, p. 64.
17. Cité par Éric Vatré, *Léon Daudet ou le Libre Réactionnaire*, *op. cit.*, p. 152.
18. Maurice Martin du Gard, *Vérités du moment*, Paris, Éditions de la *Nouvelle Revue critique*, 1928, p. 123.
19. Léon Daudet, *Député de Paris*, dans *Souvenirs et polémiques*, *op. cit.*, p. 16.
20. Charles Maurras à Maurice Barrès, 31 décembre 1920, dans Maurice Barrès et Charles Maurras, *La République ou le roi*, *op. cit.*, p. 585.

Des fleurs pour Marcel

1. Dans Marcel Proust, *Lettres : 1879-1922*, *op. cit.*, p. 833.
2. Léon Daudet, « Un poète érudit. Henry Céard et ses poèmes de guerre », *L'Action française*, 7 mars 1920.
3. Publié aux éditions À la Sirène.
4. Exemplaire d'*Évidences* conservé à la Bibliothèque nationale de France.
5. Lucien Daudet, *Évidences*, Paris, À la Sirène, 1920, p. 29.
6. Benjamin Crémieux, « *Évidences* de Lucien Daudet », *La Nouvelle Revue française*, n° 87, décembre 1920, p. 955.
7. Albert Thibaudet, « *Les Yeux neufs* de Lucien Daudet », *La Nouvelle Revue française*, n° 98, décembre 1921, p. 624.
8. Claude Arnaud, *Jean Cocteau*, *op. cit.*, p. 253.
9. *Ibid.*, p. 258.

10. Frédéric Rouvillois, *Histoire du snobisme*, Paris, Flammarion, 2008, p. 276.

11. Carl B. Schmidt, *Entrancing Muse : A Documented Biography of Francis Poulenc*, New York, Pendragon Press, 2001, p. 64.

12. Darius Milhaud, *Ma vie heureuse*, Paris, Belfond, 1973.

13. Léon Daudet, « Quand occuperons-nous enfin la Ruhr ? », *L'Action française*, 28 octobre 1920.

14. Léon Daudet, « Le sadowisme », *L'Action française*, 6 avril 1921.

15. Léon Daudet, « Ordre en France, désordre en Allemagne », *L'Action française*, 23 mars 1920.

16. Léon Daudet, *Député de Paris*, dans *Souvenirs et polémiques*, *op. cit.*, p. 834.

17. Léon Daudet, « Le banquet des victimes de Benjamin », *L'Action française*, 4 avril 1921.

18. Maurice Pujo, « L'attentat Fieschi », *L'Action française*, 26 mars 1921.

19. « Un fait divers. En pleine rue, M. Daudet se fait rosser », *L'Humanité*, 25 mars 1921.

20. Léon Daudet, *Vers le roi*, dans *Souvenirs et polémiques*, *op. cit.*, p. 721.

21. Emile Berr, « Ernest Daudet est mort », *Le Figaro*, 21 août 1921.

22. « Ernest Daudet » (non signé), *L'Humanité*, 21 août 1921.

23. Léon Daudet, *Les Dicts et Pronostications d'Alcofribas Deuxième*, Chez Valoys, librayre au trois de la place Panthéonienne, MCMXXII, p. 16-17.

24. Léon Daudet, *Député de Paris*, dans *Souvenirs et polémiques*, *op. cit.*, p. 857.

25. Emmanuel Desgrees du Lou, « Le papa de *L'Entremetteuse* », *Ouest Éclair*, 8 juin 1922.

26. Voir François Broche, *Léon Daudet, le dernier imprécateur*, *op. cit.*, p. 309.

27. Léon Daudet, « La mêlée autour du *Stupide* », *L'Action française*, 22 mai 1922.

28. Victor Hugo, préface à *La Légende des siècles*, Paris, LGF, « Livre de poche », 2009, p. 50.

29. Léon Daudet, *Le Stupide XIXe siècle*, dans *Souvenirs et polémiques*, *op. cit.*, p. 1188.

30. *Ibid.*, p. 1331.

31. Léon Daudet, « Trois idées politiques », *L'Action française*, 7 août 1923.

32. Lettre de Max Jacob à Léon Daudet, 20 septembre 1922, citée par Éric Vatré, *Léon Daudet ou le Libre Réactionnaire*, *op. cit.*, p. 321.

33. Lettre de Max Jacob à Jean Cocteau, dans Jean Cocteau, Max Jacob, *Correspondance, 1917-1944*, Paris, Paris-Méditerranée, 2000, p. 125.

34. Marcel Proust, lettre à Walter Berry, [25 mai 1922], dans Marcel Proust, *Lettres : 1879-1922*, *op. cit.*, p. 1106.

35. Marcel Proust, préface à *Tendres stocks* de Paul Morand, dans Paul Morand, *Nouvelles complètes*, Paris, Gallimard, « Bibliothèque de la Pléiade », 1991-1992, t. I, p. 9.

36. Léon Daudet, « La mort de Marcel Proust », *L'Action française*, 20 novembre 1922.

37. « Sur la mort de Marcel Proust. Lettre de Léon Daudet », *L'Intransigeant*, 21 novembre 1922.

Police plutôt criminelle

1. Jules et Edmond de Goncourt, *Journal*, *op. cit.*, t. III, p. 857.
2. Voir Frédéric Rouvillois, *Une histoire des best-sellers*, Paris, Flammarion, 2011, p. 147-148.
3. Léon Daudet, « D'Henry Mürger à Paul Morand », *L'Action française*, 27 mars 1922.
4. Henri Massis, « L'influence de M. André Gide », *La Revue universelle*, 15 novembre 1921.
5. Léon Daudet, « Analyse et typification », *L'Action française*, 9 mai 1923.
6. Léon Daudet, « Le succès du livre et la misère du théâtre », *L'Action française*, 18 août 1923.
7. Léon Daudet, « Un puissant critique des idées, M. Jacques Maritain », *L'Action française*, 13 octobre 1921.
8. Léon Daudet, « Orient et Occident », *L'Action française*, 15 juillet 1924.
9. Léon Daudet, « Le prix des bons romans inaperçus », *L'Action française*, 24 août 1923.
10. Léon Daudet, *Député de Paris*, dans *Souvenirs et polémiques*, *op. cit.*, p. 889.
11. Tous les détails de cette affaire sont issus de l'article d'un condisciple de Philippe Daudet : C.-M. P., « L'assassinat de Philippe Daudet », *Cahiers Charles Maurras*, n° 48, 1973 ; et de Bernard Oudin, « L'affaire Philippe Daudet », dans Léon Daudet, *Souvenirs et polémiques*, *op. cit.*, p. 1335-1347.
12. Elles sont singulièrement ignorées d'Eugen Weber dans son *Action française*, *op. cit.*, p. 190-199.
13. Bernard Oudin, « L'affaire Philippe Daudet », art. cité, p. 1341.
14. Raymond Poincaré, lettre à Julia Daudet, 14 juin 1927, citée dans *L'Action française*, 16 juin 1927.
15. Léon Daudet, *Député de Paris*, dans *Souvenirs et polémiques*, *op. cit.*, p. 893.
16. Lettre de Raymond Poincaré du 18 janvier 1925, citée par Eugen Weber, *L'Action française*, *op. cit.*, p. 194.
17. Philippe Daudet cité par C.-M. P., « L'assassinat de Philippe Daudet », art. cité, p. 53.
18. Maurice Martin du Gard, *Vérités du moment*, *op. cit.*, p. 125.
19. Léon Daudet cité par Henri Massis, *Maurras et notre temps*, Paris, La Palatine, 1951, vol. 2, p. 48.
20. Voir ci-dessus, p. 242.
21. Léon Daudet, *Panorama de la IIIe République*, *op. cit.*, p. 260.

Notes de la page 289 à la page 301

Les royalistes en exil

1. Léon Daudet, « La musique intérieure », *L'Action française*, 7 avril 1925.
2. Léon Daudet, *Charles Maurras et son temps*, *op. cit.*, p. 9-11.
3. Olivier Dard, « La part de la ligue dans l'identité et le rayonnement de l'Action française », dans Olivier Dard et Nathalie Sévilla (dir.), *Le Phénomène ligueur sous la IIIe République*, Metz, Centre régional universitaire lorrain d'histoire, 2010, p. 165 et 169.
4. Lettre de Pampille à Maurras, [1924], dans Pierre-Jean Deschodt (éd.), *Cher Maître : lettres à Charles Maurras*, Étrépilly, Bartillat, 1995, p. 602.
5. Maurice Blanchot, note de lecture sur *La Dentelle du rempart* de Maurras, *L'Insurgé*, 24 février 1937.
6. Maurice Blanchot [signé Bl.], note de lecture sur *Médée* de Léon Daudet, *Aux écoutes*, 13 juillet 1935.
7. Lettre de Walter Benjamin à Gershom Scholem, 13 juin 1924, cité par Rémi Soulié, « Deux abonnés à *L'Action française* », dans Stéphane Giocanti et Axel Tisserand (dir.), *Maurras*, Paris, L'Herne, « Cahiers de l'Herne », 2011, p. 309.
8. Léon Daudet, « "Versailles" dans le lac de Locarno », *L'Action française*, 20 octobre 1925.
9. Léon Daudet, *La Ronde de nuit*, Paris, Grasset, p. 78.
10. Léon Daudet, *Panorama de la IIIe République*, *op. cit.*, p. 258.
11. Léon Daudet, « Clemenceau, orateur, écrivain et penseur », *L'Action française*, 27 novembre 1929.
12. Léon Daudet cité dans « MM. Daudet et Delest se sont rendus au préfet de police », *Le Figaro*, 14 juin 1927 (article non signé).
13. Léon Daudet, *Paris vécu. Rive gauche*, dans *Souvenirs et polémiques*, *op. cit.*, p. 1098.
14. Lettre de Julia Daudet à Raymond Poincaré, 13 juin 1927, citée dans *L'Action française*, 15 juin 1927.
15. D'après « L'évasion de Léon Daudet » (non signé), *Cahiers Charles Maurras*, n° 42, 1972, p. 35.
16. Léon Daudet, *Écrivains et artistes*, Paris, Éditions du Capitole, t. I, 1927, p. 20.
17. Léon Daudet, *Mes idées esthétiques*, *op. cit.*, p. 44.
18. Jacques Copeau, *Journal*, Paris, Seghers, 1991, vol. 2 : *1916-1948*, p. 265.
19. Léon Daudet, *Vingt-neuf mois d'exil*, Paris, Grasset, 1930, p. 219.
20. Léon Daudet, *Courrier des Pays-Bas*, vol. 3 : *Melancholia*, Paris, Grasset, 1928.
21. Charles Maurras, « Un grand Français », *L'Action française*, 4 et 5 juillet 1942.
22. Léon Daudet, *Paris vécu. Rive droite*, dans *Souvenirs et polémiques*, *op. cit.*, p. 1026.
23. *Ibid.*, p. 1003.

24. Léon Daudet, *Le Napus*, *op. cit.*, p. 81-82.
25. Léon Daudet, « Pourquoi j'ai écrit *Le Napus* », *L'Action française*, 23 novembre 1927.
26. Walter Benjamin, « Théories du fascisme allemand » (1930), dans *Œuvres*, Paris, Gallimard, « Folio », 2000, vol. 2, p. 198.
27. Maurice Martin du Gard, *Vérités du moment*, *op. cit.*, p. 120.
28. Léon Daudet, *Le Cœur brûlé* (1929), Paris, Flammarion, « Select Collection », 1936, p. 6.

Vigie des Lettres

1. « Une lettre de Léon Daudet au bourgmestre de Bruxelles » (non signé), *L'Action française*, 13 janvier 1930.
2. Paul Dresse, *Léon Daudet vivant*, Paris, Robert Laffont, 1948, p. 298.
3. Léon Daudet, « Déclaration », *L'Action française*, 8 janvier 1930.
4. Journal inédit d'Alice Gannat, 19 janvier 1930, Archives Nicole Maurras.
5. Léon Daudet, *La Femme et l'Amour*, *op. cit.*, p. 8.
6. Léon Daudet, « L'incapacité civile de la femme », *L'Action française*, 10 février 1931.
7. Léon Daudet et Charles Maurras, *Notre Provence*, Paris, Flammarion, 1933, p. 91.
8. Léon Daudet, « À Lourmarin », *L'Action française*, 21 septembre 1930.
9. Léon Daudet et Charles Maurras, *Notre Provence*, *op. cit.*, p. 81-82.
10. *Ibid.*, p. 100.
11. Léon Daudet, « Les bacchantes », *L'Action française*, 6 novembre 1931.
12. *Ibid.*
13. Charles Maurras cité par « P. G. », « L'amiral Schwerer, Léon Daudet, Charles Maurras à Marseille », *L'Action française*, 13 avril 1931.
14. Léon Daudet, « L'État hitlérien est prêt », *L'Action française*, 8 décembre 1931.
15. Léon Daudet, *Panorama de la IIIe République*, *op. cit.*, p. 260.
16. Léon Blum, « Résultats et sens des élections allemandes », *Le Populaire*, 8 novembre 1932.
17. Léon Daudet, dans *Candide*, 3 octobre 1931.
18. Charles Maurras cité par Michel Toda, *Henri Massis, un témoin de la droite intellectuelle*, Paris, La Table ronde, 1987, p. 244.
19. Lettre de Léon Daudet à Henri Massis citée par Michel Toda, *Henri Massis*, *op. cit.*, p. 242-243.
20. Léon Daudet, « Les précisions d'un porte-flacon », *L'Action française*, 13 novembre 1932.
21. Léon Daudet, « Révélation d'un grand romancier. *Sous le soleil de Satan* de Georges Bernanos », *L'Action française*, 7 avril 1926.
22. Léon Daudet, « Les précisions d'un porte-flacon », art. cité.
23. Léon Daudet, *L'Action française*, 28 avril 1931.

24. Georges Bernanos, [Lettre à M. François Coty], *L'Ami du peuple*, 15 mai 1932, dans *Essais et écrits de combat*, Paris, Gallimard, « Bibliothèque de la Pléiade », 1971, p. 1252.
25. Charles Maurras, « Un adieu », lettre à Georges Bernanos, dans Georges Bernanos, *Essais et écrits de combat*, *op. cit.*, p. 1254.
26. Pierre Boutang, *Maurras, la destinée et l'œuvre*, Paris, Plon, 1984.
27. Léon Daudet, « Bernanos, suce-pieds grandiloquent », *L'Action française*, 14 décembre 1932.
28. Léon Daudet, « Penseur de luxe et de Blum », *L'Action française*, 30 janvier 1931.
29. Léon Daudet, « La fin des notables », *L'Action française*, 27 janvier 1931.
30. Léon Daudet, *La Femme et l'Amour*, *op. cit.*, p. 177.
31. Léon Daudet, « L'essai et le roman », *L'Action française*, 4 décembre 1931.
32. Charles Maurras, « Un grand Français : Léon Daudet », *Cahiers Charles Maurras*, n° 6, 1962, p. 8.
33. François Mitterrand, *La Paille et le Grain*, Paris, Flammarion, 1975.
34. Léon Daudet, « La vie douloureuse de Victor Hugo », *L'Action française*, 6 février 1931.
35. Cité par Dominique de Roux dans *La Mort de Céline*, Paris, Union générale d'éditions, 1969, p. 61. Rédacteur au journal royaliste, L. F. Auphan conteste l'exactitude de ce propos : « Personne n'entendit Maurras grommeler », *Cahiers Charles Maurras*, n° 31, 1969, p. 46.
36. Paul Léautaud, *Journal littéraire*, vol. 2 : *juin 1928-février 1940*, Paris, Mercure de France, 1986, p. 1147.
37. Léon Daudet, « Le prix du roman », *L'Action française*, 6 décembre 1932.
38. Léon Daudet, « Voyage au bout de la nuit », *Candide*, 22 décembre 1932.
39. Louis Destouches (L.-F. Céline) à Léon Daudet, s.d., dans Louis-Ferdinand Céline, *Le Style contre les idées : Rabelais, Zola, Sartre et les autres*, Paris, Complexe, 1993, p. 60.
40. Léon Daudet cité par Olivier Todd, *André Malraux, une vie*, Paris, Gallimard, 2001, p. 142.
41. Pierre Benoît, « Léon Daudet », *Aspects de la France*, 23 mars 1958.

De Charybde en Scylla

1. Charles Maurras, « À propos d'Hitler », *L'Action française*, 31 janvier 1933.
2. Léon Daudet, *Paris vécu. Rive droite*, dans *Souvenirs et polémiques*, *op. cit.*, p. 928.
3. Cité par François Broche, *Léon Daudet, le dernier imprécateur*, *op. cit.*, p. 392.
4. Léon Daudet, « Les protocoles des Sages de Sion », *L'Action française*, 28 janvier 1921.

5. Léon Daudet, « Le pessimisme juif », *L'Action française*, 26 janvier 1909.
6. Léon Daudet, « De la littérature descriptive », *L'Action française*, 24 mai 1928.
7. Léon Daudet, *Au temps de Judas*, dans *Souvenirs et polémiques*, *op. cit.*, p. 562.
8. Voir Michel Winock, *La France et les Juifs*, Paris, Le Seuil, 2005.
9. Armand Lunel, « M. Maurras, les Juifs et Mistral », *Les Cahiers juifs*, janvier 1934.
10. Léon Daudet cité par Jean-Paul Clébert, *Les Daudet, 1840-1940. Une famille bien française*, *op. cit.*, p. 418-419.
11. Léon Daudet, « La science et la guerre d'extermination », *L'Action française*, 13 février 1933.
12. Léon Daudet, « La guerre de motorisation », *L'Action française*, 15 septembre 1933.
13. Léon Daudet, « Le duel juif-allemand », *L'Action française*, 5 avril 1933.
14. Léon Daudet, « La rançon de l'affaire Dreyfus », *L'Action française*, 11 avril 1933.
15. Olivier Dard, « La part de la ligue dans l'identité et le rayonnement de l'Action française », art. cité, p. 158.
16. Léon Daudet, « Le complot manqué et le massacre des Parisiens », *L'Action française*, 11 février 1934.
17. Cité par Olivier Compagnon, « Le maurrassisme en Amérique latine », dans Olivier Dard et Michel Grunewald (dir.), *Charles Maurras et l'étranger*, Berne, Peter Lang, 2009, p. 297.
18. Léon Daudet dans *La Nation Belge*, 23 juin 1928, cité par Jean-Noël Marque, *Léon Daudet*, Paris, Fayard, 1971, p. 259-260.
19. Léon Daudet, *Charles Maurras et son temps*, *op. cit.*, p. 83.
20. Julien Benda, « Le clerc et la guerre d'Éthiopie », *L'Humanité*, 5 janvier 1936.
21. Léon Daudet, *La Lutte, roman d'une guérison*, Paris, Flammarion, « Select Collection », 1936, p. 11.
22. Léon Daudet, *La Lutte, roman d'une guérison*, Paris, Flammarion, 1935, p. 78.
23. Léon Daudet, « Une nouvelle expérience du Juif Blum », *L'Action française*, 7 janvier 1937.
24. Louis-Martin Chauffier, « Un lâche : Léon Daudet », *Vendredi*, 13 décembre 1936.
25. Lettre de Lucien Daudet à Julien Green, dans le catalogue de la vente *Julien Green, un siècle d'écriture*, Pierre Bergé et associés, novembre 2011.
26. Léon Daudet, *Panorama de la IIIe République*, *op. cit.*, p. 55.
27. Léon Daudet, *La Femme et l'Amour*, *op. cit.*, p. 208.
28. Léon Daudet, *La Tragique Existence de Victor Hugo*, *op. cit.*, p. 246.
29. Lucien Daudet, *Lettres familiales d'Alphonse Daudet*, *op. cit.*, p. VIII.

Notes de la page 340 à la page 351

La défaite qui tue

1. Léon Daudet, « Un livre symptomatique : *Bagatelles pour un massacre* », *L'Action française*, 10 février 1938.

2. Léon Daudet, « L'Autriche sous le joug allemand », *L'Action française*, 18 février 1938.

3. Léon Blum, éditorial du *Populaire*, 1er octobre 1938.

4. Léon Daudet, « Devant le danger national », *L'Action française*, 30 septembre 1938.

5. Charles Maurras, « La politique », *L'Action française*, 1er octobre 1938.

6. Léon Daudet, « Le problème de la guerre est reporté », *L'Action française*, 5 octobre 1938.

7. Léon Daudet, « Clairvoyance de *L'Action française* », *L'Action française*, 29 août 1939.

8. Claude Bellander *et al.* (dir.), *Histoire générale de la presse*, Paris, PUF, t. III, 1972, p. 511.

9. Eugen Weber, *L'Action française*, *op. cit.*, p. 503.

10. Léon Daudet, « Les personnalités militaires », *L'Action française*, 9 juin 1940.

11. Léon Daudet, « Binet-Valmer, écrivain et combattant », *L'Action française*, 22 avril 1940.

12. Lettre de Lucien Daudet à Julien Green, [s.d.], catalogue de la vente *Julien Green, un siècle d'écriture*, Pierre Bergé et associés, novembre 2011.

13. Lucien Daudet, *Vie d'Alphonse Daudet*, *op. cit.*, p. 306-307.

14. Envoi autographié de Lucien Daudet, septembre 1940 (Abebooks.fr).

15. André Siegfried, « Le Vichy de Pétain, le Vichy de Laval », *Revue française de sciences politiques*, n° 4, 1956, p. 739.

16. Léon Daudet, « Paroles de bon sens et de charité », *L'Action française*, 16 octobre 1940.

17. Léon Daudet cité par Eugen Weber, *L'Action française*, *op. cit.*, p. 509.

18. Léon Daudet, *Député de Paris*, dans *Souvenirs et polémiques*, *op. cit.*, p. 799.

19. Léon Daudet, « Le cas du traître de Gaulle », *L'Action française*, 3 octobre 1940.

20. Léon Daudet, « Aspects et figures », *L'Action française*, 8 août 1940.

21. Voir celui du 10 octobre 1940 : « Les Juifs britanniques ».

22. Léon Daudet, « Le serment des légionnaires. À Xavier Vallat », *L'Action française*, 23 novembre 1940.

23. Cité par Eugen Weber, *L'Action française*, *op. cit.*, p. 414.

24. Léon Daudet, « L'Action française s'installe à Lyon », *L'Action française*, 29 octobre 1940.

25. Éric Roussel, « Cordier, de Maurras à Moulin », *Le Figaro*, 14 mai 2009.

26. Sur tous ces éléments, voir François-Marin Fleutot, *Des royalistes dans la Résistance*, Paris, Flammarion, 2000.

27. Léon Daudet, « Trois frères », *L'Action française*, 18 décembre 1941.

28. Pierre Dominique, « La mort de Léon Daudet », *Cahiers Charles Maurras*, n° 42, 1972, p. 38.

29. Charles Maurras, « Un grand Français : Léon Daudet », *L'Action française*, 4 et 5 juillet 1942.

30. *Ibid.*

31. Thierry Maulnier, « L'hommage de la presse à Léon Daudet », *L'Action française*, 7 juillet 1942.

32. Edmond Jaloux, « Léon Daudet », *Cahiers Charles Maurras*, n° 25, 1968, p. 20.

Les Daudet sans âge

1. Propos rapporté par Nicole Maurras à l'auteur (2011).

2. Lucien Daudet à Marcel Proust, 15 février 1916, dans Marcel Proust, *Mon cher petit : lettres à Lucien Daudet*, *op. cit.*, p. 188.

3. Georges Bernanos, *Les Grands Cimetières sous la lune*, Paris, Plon, 1938, p. 338.

4. Marc Dambre, *Roger Nimier, hussard du demi-siècle*, Paris, Flammarion, 1989, p. 109.

5. René Vincent [Jacques Laurent], « Tombeau de Léon Daudet », *Idées*, n° 21, juillet 1943, p. 58.

6. « Entretien avec Jacques Laurent », par Laurent Dandrieu, François Huguenin et Guillaume Jacquet, *Réaction*, n° 1, printemps 1991, p. 101.

7. Pol Vandromme, *Bivouacs d'un hussard, ivresses et escagasseries littéraires*, Paris, La Table ronde, 2007, p. 154.

8. Michel de Saint-Pierre, « Léon Daudet, ce vivant », *Cahiers Charles Maurras*, n° 25, 1968, p. 17.

9. Pierre Boutang, *Maurras, la destinée et l'œuvre*, Paris, La Différence, 1993, p. 172.

10. Lucien Daudet à Marcel Proust, cité par Françoise Leriche dans Marcel Proust, *Lettres : 1879-1922*, *op. cit.*, p. 1213.

11. Lucien Daudet, lettre à Édith de Beaumont, 27 juin 1924, citée par Monique Nemer, *Raymond Radiguet*, Paris, Fayard, 2002.

12. Wanda Bannour, *Alphonse Daudet, bohème et bourgeois*, *op. cit.* ; Jean-Paul Clébert, *Les Daudet, 1840-1940. Une famille bien française*, *op. cit.* Ces ouvrages ne citent pas précisément leurs sources.

INDEX

NB : les occurrences des noms d'Alphonse et de Léon Daudet, très nombreuses, ne sont pas répertoriées dans cet index.

Table

III
Bourgeois et rebelles
1897-1921

IV
Grandeurs et furies
1921-1942

Composition et mise en page

NORD COMPO
multimédia

CET OUVRAGE
A ÉTÉ ACHEVÉ D'IMPRIMER
SUR ROTO-PAGE
PAR L'IMPRIMERIE FLOCH
À MAYENNE EN DÉCEMBRE 2012

N° d'édition : L.01EHBN000518.N001. N° d'impression : 83844
Dépôt légal : janvier 2013
(Imprimé en France)